Jochen Krautz | Jost Schieren (Hrsg.)
Persönlichkeit und Beziehung als Grundlage der Pädagogik

Jochen Krautz | Jost Schieren (Hrsg.)

Persönlichkeit und Beziehung als Grundlage der Pädagogik

Beiträge zur Pädagogik der Person

Bibliografische Information der Deutschen Nationalbibliothek

Die Deutsche Nationalbibliothek verzeichnet diese Publikation in der Deutschen Nationalbibliografie; detaillierte bibliografische Daten sind im Internet über http://dnb.d-nb.de abrufbar.

Das Werk einschließlich aller seiner Teile ist urheberrechtlich geschützt. Jede Verwertung außerhalb der engen Grenzen des Urheberrechtsgesetzes ist ohne Zustimmung des Verlags unzulässig und strafbar. Das gilt insbesondere für Vervielfältigungen, Übersetzungen, Mikroverfilmungen und die Einspeicherung und Verarbeitung in elektronischen Systemen.

© 2013 Beltz Juventa · Weinheim und Basel
www.beltz.de · www.juventa.de
Druck und Bindung: Beltz Druckpartner GmbH & Co. KG, Hemsbach
Printed in Germany

ISBN 978-3-7799-2851-5

Inhalt

Einleitung

Jochen Krautz, Jost Schieren
Persönlichkeit und Beziehung als Grundlage der Pädagogik.
Zur Einführung ... 7

Anthropologische Grundlagen

Thomas Fuchs
Interpersonalität – Grundlage der Entwicklung von Geist und Gehirn ... 29

Harald Schwaetzer
Wie es ist, ein Ich zu sein. Intellektueller Existenzialismus ... 45

Bernhard Schmalenbach
Gesten. Zur leiblichen Dimension pädagogischen
und heilpädagogischen Handelns ... 70

Empirische Zugänge

Rainer Dollase
Lehrer-Schüler Beziehungen und die Lehrerpersönlichkeit –
wie stark ist ihr empirischer Einfluss auf Leistung
und Sozialverhalten? ... 85

Heiner Ullrich
Die Bedeutung der Lehrerpersönlichkeit für die Bildungsprozesse
Heranwachsender. Empirische Befunde zur Klassen-
lehrerpädagogik an Waldorfschulen ... 95

Charlotte Heinritz
Biographische Aspekte der Lehrerpersönlichkeit ... 114

Pädagogische Konzeptionen, didaktische Folgerungen

Gabriele Weigand
Person und Schulentwicklung ... 128

Jochen Krautz
Relationalität gestalten: Persönlichkeit und Beziehung
in der Kunstdidaktik   143

Volker Ladenthin
Werterziehung als Aufgabe des Unterrichts   170

Jost Schieren
Was sollen Lehrer können? Kompetenzantinomien im Lehrerberuf   195

Pädagogische Praxis

Christof Wiechert
Zur Beziehungsfähigkeit im Erzieher- und Lehrerberuf   210

Michael Felten
Unterricht – das unterschätzte emotionale Feld   220

Alfred Burger
Der Lehrer als Erzieher: Zur Praxis individualpsychologischer
Pädagogik   230

Rainer Winkel
Was ist (k)ein guter Lehrer, (k)eine gute Lehrerin?
Anthropologische und pädagogische Provokationen   248

Arthur Brühlmeier
Lehrerbildung als Persönlichkeitsbildung.
Hinführung zum Thema   260

Die Autorinnen und Autoren   276

Jochen Krautz, Jost Schieren

Persönlichkeit und Beziehung als Grundlage der Pädagogik. Zur Einführung

„Unser Geschlecht bildet sich wesentlich nur von Angesicht zu Angesicht, nur von Herz zur Herz menschlich."
(Pestalozzi, 1815/1977, S. 19)

Befragt man beliebige Zeitgenossen nach ihren Erinnerungen an die Schulzeit, so dominieren in aller Regel Berichte über Erlebnisse mit Lehrern und Mitschülern – sowohl positive wie negative. In der biografischen Verarbeitung sedimentieren aus den langen Schuljahren mit durchgehender Konstanz die personalen und interpersonalen Faktoren. Welche Schulform besucht, welcher Stundentakt vorgegeben, welche Methoden verwendet oder gar welche Standards erfüllt und Testverfahren absolviert wurden, spielt dagegen eine untergeordnete Rolle. Auch Lerninhalte werden in besonderer Weise dann erinnert, wenn sie mit dem Erlebnis von Personen verbunden sind (vgl. Heinritz in diesem Band).

Insofern ist es nur scheinbar unzeitgemäß, hier Persönlichkeit und Beziehung als Grundlage der Pädagogik zu bezeichnen, denn tatsächlich bilden sie wohl den Kern einer „paedagogia perennis", die auch in Zeiten „von PISA und anderen Aufgeregtheiten des Moments" Gültigkeit behält (Prange 2012, S. 166 mit Bezug auf Willmann 1917). Doch scheint es sinnvoll, gerade aufgrund der Zeiterscheinungen diese grundlegende Dimension der Pädagogik neu zu akzentuieren und im theoretischen wie praktischen Verständnis zu vertiefen.

Denn seit den PISA-Studien stehen praktische Pädagogik und Erziehungswissenschaft unter dem Druck, quantifizierbare Leistung zu erzeugen und messbar zu machen. Wie diese Leistung zustande kommt und welche Rolle die am pädagogischen Geschehen beteiligten Personen dabei spielen, bleibt jedoch weitgehend ausgeklammert. Die in einer „wissenschaftspolitischen Machterschleichung" (Ruhloff 2007) zu Ansehen gekommene empirisch-quantifizierende Bildungsforschung kann die für die Pädagogik konstitutive Dimension des Interpersonalen systematisch nicht erfassen – behauptet dies auch nicht. Doch: Aufgrund der gewachsenen Dominanz eines technologischen Bildungsverständnisses gerät dieser Kern pädagogischer Arbeit außer Acht – auch hier sowohl in pädagogischer Theorie wie schulischer Praxis (Gaus/Driescher 2011, S. 8). Gerade Praktiker empfinden einen unlösbaren Widerspruch zwischen verordneten technokratischen Reformen und ihrer anspruchsvollen Arbeit in der Begegnung mit konkreten jungen Persönlichkeiten, denen sie in größer werdenden Klassenverbänden zu Bildung verhelfen möchten (Felten 2010).

Auch die zu beobachtende Tendenz, Unterricht primär als Inszenierung von „Lernumgebungen" zu verstehen, in denen Schüler vermeintlich „selbstgesteuert" arbeiten, schwächt grundsätzlich den pädagogischen Bezug als Grundform von Lehren und Lernen. Auf der Grundlage eines mehr oder weniger radikal verstandenen Konstruktivismus erscheint der Mensch als „autopoietisches System" ohne direkten Weltzugang, womit eine pädagogische Beziehung nicht mehr denkbar ist (Diesbergen 2000; Pongratz 2009). In der Folge reduziert sich Didaktik auf ein Methodenarsenal, das Techniken der Selbststeuerung bereitstellt. Lehrer gelten nun als „Moderator" oder „Coach", die in Selbstlernarchitekturen allenfalls Beratungsangebote machen (Müller 2009). Verschiedentlich wurde schon darauf aufmerksam gemacht, dass diese Art von „Selbststeuerung" faktisch eine subtile Form der Fremdbestimmung ist: „Sie erzeugt blindes, sozialisatorisch aufgenötigtes und lediglich funktional wirksames *Selbstmanagement* ohne den Effekt einer Ermächtigung zu rationalem Entscheiden und Tun." (Hackl 2007, S. 75) Tatsächlich erweist sich die vermeintliche „Subjektorientierung" als „subjektfeindlich", weil der Lernende von den interpersonalen Bezügen abgeschnitten wird, die Bildung ausmachen: Lernen wird „narzisstisch-selbstbezogen", da der Versuch fehlt, „die kindliche Spontaneität in der pädagogischen Beziehung auf eine Spur zu setzen, auf eine Spur, die dem Kind dazu verhilft, diese seine komplexe und widersprüchliche Wirklichkeit in ihren Strukturen und Ordnungsmustern aufzuschließen, m.a.W. die Bedingungen für Bildung zu schaffen" (Bernhard 2006, S. 206).

Eine ähnliche Tendenz unterstützt auch der forcierte Einsatz digitaler Unterrichtsmedien, die – wie historisch immer wieder den neuesten Technologien unterstellt (Hübner 2005) – die Lehrperson ersetzen können sollen.

Und schließlich gerät die Rede von „pädagogischer Beziehung" oder gar „pädagogischer Liebe" durch die Missbrauchsskandale der jüngeren Zeit unter Verdacht, gerade weil die Fälle an reformpädagogisch geprägten Schulen auftraten, die traditionell die Bedeutung des pädagogischen Bezugs hervorheben (Seichter 2012).

Notwendigkeit der Beziehung

Gleichwohl steht dem eine immer noch und immer wieder interpersonal verfasste pädagogische Praxis gegenüber, in der Beziehungen aufgebaut und gestaltet oder auch vernachlässigt werden und zufällig bleiben, in der Lehrer mit ihrer Persönlichkeit so oder so auf Schüler wirken, und Schüler sich zu Persönlichkeiten entwickeln. Dieser personalen und interpersonalen Verfasstheit des Pädagogischen wird dabei durchaus auch in der Erziehungswissenschaft Rechnung getragen, wie etwa die Arbeiten Winfried Böhms und seiner Schüler zur Konzeptualisierung einer personalistischen Pädagogik zeigen (vgl. Weigand in diesem Band). Der Frage von pädagogischer Liebe (Seichter 2007) im Spannungsfeld von Nähe und Distanz (Dörr/Müller 2012) wird auch im jüngeren erziehungswissenschaftlichen Diskurs weiter nachgegangen, wobei hier wichtige Impulse gerade aus dem Bereich der Sozialpädagogik kommen (Colla 2006; Meyer/Tetzer/Rensch 2009; Drieschner/Gaus 2011), die möglicherweise noch unmittelbarer mit der Unhintergehbarkeit der interpersonalen Begegnung konfrontiert ist. Professionstheoretisch gilt jedenfalls die personale Qualität eines grundsätzlich positiv zugewandten Bezugs zum Kind als Grundlage des Lehrerseins (Gaus/Driescher 2011, S. 7). Die tragende Bedeutung von Beziehung für das Lernen bestätigen auch Forschungen aus dem Kontext der Neurowissenschaften, die allerdings immer pädagogisch zu interpretieren sind. (Bauer 2007; Bauer 2012). Dass gerade in der pädagogischen Ratgeberliteratur die Formel vom „Lernen durch Beziehung" verbreitet ist, verweist möglicherweise darauf, dass hier ein Desiderat zwar erkannt, aber doch zu wenig realisiert erscheint. Gerade auf der Ebene pädagogischer Praxis scheint zu wenig konkretisiert, wie genau eine pädagogische Beziehungsgestaltung aussieht, die weder als Verzärtelung oder Schonung einerseits missverstanden noch andererseits zum effektiven Erwerb von „Selbstwirksamkeit" instrumentalisiert wird.

Daher kommt das Nachdenken über Persönlichkeit und Beziehung in ihrer Bedeutung für die Pädagogik nicht ohne eine bildungstheoretische Rahmung aus, die beidem ihren Ort in einem personal bezogenen wie interpersonal verankerten Bildungsprozess zuweist. Bildung wäre so verstanden dann die „gemeinsame Entwicklung von Menschen miteinander", wozu „geschützte Räume" nötig sind, „in denen je und je das rechte Maß zwischen Offenheit zur Welt und Rücksicht auf leiblich-seelisches-geistiges Werden in die Balance gebracht wird" (Schwaetzer/Vollet 2012, S. 11).

Zur Aktualität des *locus classicus*

Um diese gemeinsame Entwicklung im bildenden Bezug von Selbst, Anderem und Welt genauer zu fassen, lohnt zunächst ein Blick auf den *locus*

classicus für unser Thema, Hermann Nohls Theorie des pädagogischen Bezugs (Nohl 1966). Hier sind früh die wesentlichen Aspekte in ihrer antinomischen Struktur herausgearbeitet und so treffend formuliert worden, dass es einführend sinnvoll erscheint, diese zu rekapitulieren:
Nohl geht – wie auch hier anekdotisch eingeführt – davon aus, dass auch aus Sicht der Educanden Bildung und Erziehung immer als interpersonales Verhältnis erlebt werden: „Also auch vom Bildungserlebnis des Zöglings aus ist die Grundlage der Erziehung die Bildungsgemeinschaft zwischen dem Erzieher und Zögling mit seinem Bildungswillen." (Nohl 1966, S. 21) Die produktive Grundspannung liegt dabei „in jener schweren Ineinssetzung des missionarischen Kulturwillens mit dem persönlichen Ideal und der Spontaneität des Zöglings […]. In dieser Spannung ruht alle Schwierigkeit des Erziehens" (Nohl 1966, S. 25). Die Beziehung von Lehrer und Schüler in ihrer gemeinsamen Gerichtetheit auf die Objektivationen der Kultur ist somit sowohl asymmetrisch wie symmetrisch: Sie kann nicht gleichwertig sein im Vorsprung an Wissen, Können und Reife des Lehrers, damit es überhaupt etwas zu vermitteln gibt. Sie muss dabei aber von der Anerkennung prinzipiell gleicher Würde getragen sein, die den Willen des Educanden nicht bricht, sondern ihm ermöglicht, seinen eigenen Beitrag zum gemeinsamen Leben in Kultur, politischer Gemeinschaft und Wirtschaft zu leisten.

Daher kann der Lehrer nicht nur methodisch geschickter Lernfacilitator für die „selbstgesteuerte" Aneignung von Wissen sein, sondern er steht eben als Person *für* diesen Kulturgegenstand ein: Er verkörpert ihn und eben jenen „Kulturwillen" als Persönlichkeit. „Das ist der Primat der Persönlichkeit und der personalen Gemeinschaft in der Erziehung gegenüber bloßen Ideen, einer Formung durch den objektiven Geist und die Macht der Sache." (Nohl 1966, S. 21) Denn die Sache ist personal vermittelt: „Im Erziehungsprozess geht die Gestaltung unseres Lebens nur vor sich, wo wir uns Personen hingeben, in denen uns solche Aufgaben lebendig entgegenkommen, und auch dann wird nicht die Idee in ihnen gemeint, sondern immer der Mensch und seine persönliche ideale Form, das fleischgewordene Wort, und wir entnehmen aus ihnen weniger die Sache als die persönliche Art ihrer Vertretung, Hingabe und Schwung, die Gewissenhaftigkeit und Treue der Arbeit, die Strenge gegen sich selbst, kurz die persönliche Kraft." (Nohl 1966, S. 21)

Daher ist die entscheidende Aufgabe des Lehrenden, eine Haltung gegenüber den Schülern zu entwickeln, die diese in der Sache herausfordert und im Lernen fördert, und dabei in einer offenen, anteilnehmenden, emotional warmen Beziehung zu ihnen bleibt. Hierzu bedarf es eines Verständnisses sowohl der grundsätzlichen Erziehungssituation wie auch der Individualität des Schülers, das Eduard Spranger „emporbildendes Verstehen" genannt hat (Spranger 1963, S. 49): Der Lehrende muss im Jetzt des Schülers sein mögliches Künftiges sehen, also seine Potenzialität wahrnehmen und ihm dazu verhelfen, diese selbst zu gestalten: „Das Verhältnis des Erziehers zum Kind ist immer doppelt bestimmt: von der Liebe zu ihm in seiner Wirklichkeit und von der Liebe zu seinem Ziele, dem Ideal des Kindes, beides aber nun nicht als getrenntes, sondern als ein einheitliches: aus diesem Kinde machen, was aus ihm zu machen ist, das höhere Leben in ihm entfachen und zu zusammenhängender Leistung führen, nicht um der Leistung willen, sondern weil in ihr sich das Leben des Menschen vollendet." (Nohl 1966, S. 23) Einfühlendes Verstehen bedeutet demnach nicht, den momentanen Stand des Kindes als in sich vollendet zu betrachten und Anforderungen an dieses etwa als „nicht kindgemäß" abzuwehren, sondern „pädagogische Liebe" meint „Einfühlung in das Kind und seine Anlagen [...] immer im Hinblick auf sein vollendetes Leben" (Nohl 1966, S. 23).

Diese komplexe Haltung, die heute gerne vereinfachend als „Fördern und Fordern" in Methodentechnologie übersetzt wird, bedarf tatsächlich einer inneren Reife und Bildung der Lehrperson. Denn sie muss beständig zwischen Nähe und Distanz vermitteln, darf weder als „Kumpel" sich anbiedern noch als „Schulmeister" Strenge vorschützen: „Dieses eigentümliche Gegeneinander und Ineinander von zwei Richtungen der Arbeit macht die pädagogische Haltung aus und gibt dem Erzieher eine eigentümliche Distanz zu seiner Sache wie zu seinem Zögling, deren feinster Ausdruck sein pädagogischer Takt ist [...]." Denn – so beobachtet Nohl genau – der Schüler will bei aller Bindung an den Erwachsenen letztlich selbst können: „Und auch der Zögling will bei aller Hingabe an seinen Lehrer im Grunde doch sich, will selber sein und selber machen [...], und so ist auch von seiner Seite in der Hingabe immer zugleich Distanz und Opposition, und das pädagogische Verhältnis strebt – das ist sein Schicksal und die Tragik des Lehrerseins – von beiden Seiten dahin, sich überflüssig zu machen und zu lösen, – ein Charakter der so keinem anderen menschlichen Bezuge eigen ist." (Nohl 1966, S. 24)

Dabei wäre diese alters- und entwicklungsbedingte Veränderung der Qualität des Bezugs missverstanden, wenn man annimmt, in der Pubertät würde sich diese Beziehung auflösen und Erwachsene verlören ihre Bedeutung. Allein die Form der Beziehung und auch das, was Jugendliche von Erwachsenen in dieser Beziehung erwarten, ändert sich und bedarf entsprechender neuer Haltungen seitens der Lehrer. Dass sich die Beziehung gerade nicht „auflöst" machen solche Erinnerungen deutlich wie einführend geschildert: Die innere Verbindung zum Lehrer kann bis ins hohe Alter bestehen bleiben, wenn dieser längst nicht mehr ist. Die „Tragik des Lehrerseins" (und vielleicht mancher Bestandteil des verbreiteten „Burn-Out") besteht also allenfalls darin, dass Lehrerinnen und Lehrer meist von diesen oft tiefgreifenden und langfristigen Wirkungen, die sie entfaltet haben, nichts mehr erfahren – ein Problem, das gerade in den seltenen Momenten deutlich wird, wenn sie einmal solche Rückmeldungen erhalten.

Dass Nohl mit seinen Überlegungen zum pädagogischen Bezug ein immer noch aktuelles Kernmoment von Pädagogik treffend herausgearbeitet hat, zeigen viele neuere Forschungen etwa aus Bindungstheorie, personaler Tiefenpsychologie, Kulturanthropologie, Evolutionsbiologie und Neurophysiologie, wie sie in diesem Band u.a. Thomas Fuchs erörtert. Die Neuigkeiten, die etwa die Hirnforschung über Lernen und Erziehung zu vermelden hat, bestätigen insofern tradiertes pädagogisches Wissen, wie es einführend auch mit Pestalozzi formuliert ist: „Alles schulische Lernen ist eingebettet in ein interaktives und dialogisches Beziehungsgeschehen." (Bauer 2007, S. 14)

Die schon früh vorgebrachte Kritik an Nohls Theorie des pädagogischen Bezugs wird hier als inzwischen allgemein anerkannt vorausgesetzt (Kluge 1972): So widerspricht die bei Nohl exklusiv anmutende Beziehung eines Lehrers zu einem Schüler selbstverständlich der schulischen Realität, in der der Lehrende eine solche Beziehung immer zu all seinen Schülerinnen und Schülern unterhalten und zugleich die Beziehung der Schüler untereinander anregen und in ihrer Ausgestaltung anleiten muss (Nohl hat dies später selbst entsprechend korrigiert; vgl. Colla 2006, S. 113). Insofern ist eine Schulklasse auch keine Addition von Einzelbeziehungen zwischen Schülern und Lehrer, sondern eine komplexe Beziehungsgemeinschaft, worin gerade ihr pädagogischer Wert liegt. Hierzu bedarf es nach Otto F. Bollnow insgesamt einer „pädagogischen Atmosphäre", wobei er die „gefühlsmäßigen zwischenmenschlichen Voraussetzungen der Erziehung" dezidiert beschreibt, die notwendig sind, „damit überhaupt so etwas wie Erziehung gelingen kann" (Bollnow 2001, S. 11). Dazu gehören für den Erzieher, den Lehrer, das Vertrauen zum Kind, das Zutrauen in seine Fähigkeiten, die erzieherische Liebe, Geduld, Hoffnung sowie Heiterkeit, Humor und Güte. Mit diesen Beziehungsqualitäten ist demnach die Stimmung in einer ganzen Klasse zu gestalten.

Auch dürfte selbstverständlich sein, dass Nohls idealisch klingende Schilderung in der Praxis keineswegs frei von Widersprüchen und Misslingen ist. Solche Negativitätserfahrungen sind unvermeidbar Elemente menschlicher Beziehungen, stellen deren Bedeutung aber nicht in Frage, sondern unterstreichen diese in ihrer Bedeutung gerade noch. Allerdings muss solches Misslingen dem Lehrenden Anlass zur vertieften Verstehensbemühung, zur Selbstreflexion und zur Neu- und Andersgestaltung des pädagogischen Bezugs sein.

Obwohl also das interpersonale Verhältnisses sich in einer nicht linearen, kontingenten Form vollzieht, ist es gleichwohl vom Lehrenden intentional strukturiert, ohne damit vollständig als solches herstellbar zu sein (Lippitz/Woo 2008, S. 417). Die pädagogische Beziehung ist zwar notwendig asymmetrisch, aber eben nicht einseitig, wie gerade Negativitätserfahrungen deutlich machen: „Keine Belehrung ist einseitig" (Lippitz/Woo 2008, S. 417); auch der Lehrende lernt in der Begegnung mit den Lernenden, das Verhältnis ist wechselseitig responsiv (Lippitz/Woo 2008, S. 417).

Beziehung als tragender Grund

Schließlich ist gegenüber Nohls eher dyadischer Fassung des pädagogischen Bezugs herauszustellen, dass die pädagogische Beziehung nicht wie eine Liebes- oder Freundschaftsbeziehung Selbstzweck ist, sondern sich auf ein drittes richtet, die Sache oder Welt. Diese Sache vertritt der Lehrende in der Beziehung: „Der Erzieher steht zwischen Sache und Zögling. Er macht diesem gegenüber den Anspruch eines Gehaltes geltend, den er vermittelt, den Anspruch, adäquat aufgefasst zu werden." (Spaemann 2001, S. 488)

Dabei darf aber „Beziehung" wiederum nicht als Mittel zur Zielerreichung verstanden werden, sondern sie muss um der Würde der Person willen als bedingungslos gelten: Der Lehrer tritt nicht in Beziehung zum Schüler oder inszeniert beziehungsförmig aussehende Formen von „classroom management", *um* effizienter „Stoff vermitteln" zu können. Eine solche Funktionalisierung von Beziehung, von wohlwollender Zuneigung wäre eine weitere Instrumentalisierung, diesmal auch der interpersonalen Dimension (Uhle 2011, S. 90 ff.). Vielmehr ist das pädagogische Beziehungsverhältnis ein Ausdruck des gemeinsamen In-der-Welt-Seins, der daraus resultierenden Aufgabenhaftigkeit des Lebens und der daraus für alle am Bildungsgeschehen Beteiligten erwachsenden Verantwortung gegenüber diesem Leben und der Welt (Braun 1983). Im Horizont dieser gemeinsamen Aufgabe nehmen Lehrende Lernende als Personen ernst und fordern und fördern sie so, dass sie diesen Aufgaben je individuell entsprechen können. Beziehung ist somit der Ermöglichungsgrund von personalem Dasein, die Lehrer wie Schüler tragende Grundlage gemeinsamen Lebens. Eine technologische Lehrhaltung, die sich aus dieser grundlegenden Beziehung zurückzieht, hebt somit die Grundlage des gemeinsamen „In-der-Welt-Seins" auf, sie missachtet elementarste Ansprüche des jungen Menschen auf ein sinnbezogenes Lernen und das allgemeine Wohl, auf das sich dieses Lernen bezieht.

Die Form der pädagogischen Beziehung in der Schule kann also nicht auf Dauer dyadisch sein, sondern ist prinzipiell eine Triade: Die Beziehung von Lehrer und Schüler in ihrer gemeinsamen Beziehung zur Welt, zu deren Sachen und Aufgaben. Dieses klassische „pädagogische Dreieck" (Krautz 2008) kennzeichnet daher nicht nur eine didaktische Struktur, sondern erwächst aus dem Selbst-, Mit- und Weltverhältnis von Lehrenden und Lernenden (vgl. Krautz in diesem Band). Es entspricht der anthropologischen Grundverfasstheit des Menschen, der sich gerade durch die Fähigkeit zu „geteilter Intentionalität" auszeichnet (Tomasello 2006, S. 84 ff.), also der Fähigkeit, die Aufmerksamkeit gemeinsam auf ein Drittes zu richten. Die pädagogische Triade, die didaktische Grundfigur entspricht genau solchen „Situationen gemeinsamer Aufmerksamkeit" (Tomasello 2006, S. 127 f.), auf denen die Fähigkeiten zum Verstehen anderer, zu Empathie und Resonanz beruhen.

Insofern liegt auch der Missbrauch der pädagogischen Beziehung nicht allein in der „Missachtung der Grenze" (Seichter 2012) innerhalb eines dyadischen Bezugs begründet, sondern systematisch gesehen in der Auflösung dieses genuin pädagogischen Verhältnisses, das immer auf ein gemeinsames Drittes gerichtet ist. Im Missbrauch richtet sich die „Aufmerksamkeit" des Lehrenden als (im schlimmsten Falle geschlechtliches) Begehren nur noch auf den Schüler selbst, nicht mehr auf die gemeinsame Sache. Durch das Ausschalten des gemeinsamen Sach- und Weltbezugs wird aus dem pädagogischen Dreieck ein Linie der Macht: Der Lehrer *miss*braucht den Schüler, weil er ihn *gebraucht* als Mittel für eigene Zwecke, weil er ihn nicht mehr achtet als Zweck seiner selbst im gemeinsamen Bildungsprozess. Hier liegt auch die Problematik von aus bestimmten therapeutischen Bezügen hergeleiteten Empfehlungen begründet, der Lehrende möge sich in der Beziehung zum Schüler möglichst „echt" verhalten und seine Befindlichkeiten ungebrochen an den Schüler mitteilen („Ich-Botschaften"). Denn persönliche Befindlichkeiten des Lehrers dürfen nicht Gegenstand des pädagogischen Verhältnisses sein, weil sie den Schüler auf den Lehrer und seine Befindlichkeit fixieren und so den Bezug auf die gemeinsame Sache stören oder aufheben. So sind etwa unerledigte Hausaufgaben nicht problematisch, weil der Lehrende dann persönlich gekränkt ist, was er dem Schüler entsprechend als „Ich-Botschaft" mitteilen müsste, sondern weil dies die gemeinsame Aufgabe des Lehrens und Lernens behindert. Zwar kennt jeder Lehrende den Reflex persönlichen Betroffenseins, doch gilt es diesen gerade nicht auszuleben; vielmehr müssen gerade solche emotionalen Reflexe zum Gegenstand der professionellen Reflexion der eigenen Gefühlslage seitens des Lehrers werden, damit die Beziehung zum Schüler als tragender Grund nicht gestört wird.

Persönlichkeit und Persönlichkeitsbildung

Damit tritt notwendig die zweite titelgebende Kategorie in den Blick, die *Persönlichkeit*. Denn wenn personale Beziehung als Grundlage des Pädagogischen gilt, ist dies nur zwischen Personen mit je individuellen Persönlichkeiten denkbar (Gaus/Driescher 2011, S. 18). Unterricht ist dann ein Feld interpersonaler Bezüge, in dem Personen mit Personen verkehren, in dem erwachsene auf heranwachsende Persönlichkeiten treffen. Beide Seiten rücken hier in den Fokus: Die sich bildende und zu bildende Persönlichkeit des jungen Menschen, die trotz ihrer Entwicklungsaufgabe zu jedem Zeitpunkt schon Wert und Würde besitzt; und die Persönlichkeit des Lehrenden, die gebildet sein und sich im pädagogischen Bezug täglich weiter bilden muss, um diese Begegnung adäquat zu gestalten. Persönlichkeitsbildung ist demnach sowohl Ziel in Hinsicht auf die Schüler, wie sie Voraussetzung auf Lehrerseite ist. Damit rückt eine heikle Dimension von schulischer Bildung wie Lehrerbildung in den Vordergrund: Denn Schule kann nur den Raum geben für und die Anlässe zur Persönlichkeitsbildung der Schüler bieten; sie kann und darf Persönlichkeit nicht festzulegen, herzustellen und den Erfolg gar noch zu „evaluieren" suchen. Gabriele Weigand verweist in ihrem Beitrag daher auf den „Prozesscharakter" der Person: Sie steht immer in der Spannung zwischen ihrem jetzigen Sein und ihrem potenziellen Werden, an der sie selbst gewissermaßen das „Autorenrecht" hat. Und an dieses Recht ist ebenso untrennbar die Verantwortlichkeit hierfür gebunden.

Doch spielt eben jener Prozess der Persönlichkeitsbildung auch für die Lehrerbildung ein wichtige Rolle, wenn man davon ausgeht, dass auch hier Persönlichkeiten nicht „fertig" sind, wenn sie ein Lehramtsstudium aufnehmen, so dass man etwa mittels Tests geeignete Persönlichkeiten herausfiltern könnte.

Das berührt eine schwierige Antinomie: Denn Studium ist als Bildung durch Wissenschaft zunächst einmal auf die reflexive und kritische Auseinandersetzung mit einem Gegenstand angelegt. Hiervon können und sollen bildende Wirkungen ausgehen. Gleichwohl stellt sich für die Pädagogik als Wissenschaft von der Praxis die Frage, in welchem Verhältnis hierzu die auch notwendige Einübung von pädagogisch förderlichen Haltungen steht, ein notwendig auch affirmativer Vorgang, der insofern einer wissenschaftlich-kritischen Bildung zu widersprechen scheint. Daher muss Lehrerbildung unabdingbar auch Momente, die die Persönlichkeit der künftigen Lehrerinnen und Lehrer betreffen, immer reflektierbar und revidierbar halten: Die Entscheidung für oder gegen eine Haltung muss frei sein. Insofern erscheinen auch etwa aus der Gruppendynamik entlehnte psychologische Techniken problematisch, weil sie Situationen schaffen, in denen unter Gruppendruck Selbstaussetzungen provoziert werden, die als Erfahrungen nicht revidierbar sind.

Diese Frage wird in diesem Band in Modellen von Lehrerbildung aufgegriffen, die diese als Persönlichkeitsbildung in einer realen Gemeinschaft gestalten (vgl. Brühlmeier) oder versuchen, durch biografische Selbstreflexion Beiträge zur Persönlichkeitsentwicklung zu leisten (vgl. Heinritz). Auch dürften Ansätze einer pädagogischen Hermeneutik hierfür wesentlich sein, denn jedes Bemühen um ein Verstehen von Schülern impliziert auch Dimensionen des Selbstverstehens (vgl. aus unterschiedlichen Perspektiven Schieren, Wiechert, Felten, Burger, Winkel): „Verstehen und Selbstverstehen fördern und bedingen einander; im Maße, wie man sich erkennt, kann man andere begreifen, und wer etwas am anderen begriffen hat, kommt in seiner Selbsterkenntnis voran." (Rattner 2003, S. 15)[1] Insofern ist pädago-

---

1 Es wirft in diesem Zusammenhang ein bezeichnendes Licht auf den Stand der an der Lehrerbildung beteiligten Lehr-Lern-Psychologie, dass solche genuin pädagogisch-hermeneutischen Ansätze pauschalisierend als „nicht wissenschaftlich" bezeichnet

gisches Verstehen zu lehren und zu lernen eine wesentliche, womöglich aber immer noch „vernachlässigte Aufgabe der Lehrerbildung" (Klafki 2002), die großes Potenzial für eine reflexive Persönlichkeitsentwicklung von Studierenden birgt.

„Beziehungsdidaktik"?

Summierend lässt sich bis hierin festhalten, dass Beziehung als Grundkategorie des pädagogischen Verhältnisses gelten kann, dass in seiner triadischen Form nicht nur zwei Personen umfasst, sondern als geteilte Intentionalität auf ein Drittes, die Sache gerichtet ist. Hierin hat die pädagogische Beziehung überhaupt ihre Begründung. Löst sich die triadische Struktur dauerhaft auf, geht das Pädagogische dieser Beziehung verloren und sie droht im schulischen Kontext ihre Grenze zu überschreiten.

Wird nun neuerdings insbesondere unter Bezug auf Kersten Reich (2006) verbreitet von „Beziehungsdidaktik" gesprochen, so ist in unserem Zusammenhang zu fragen, welche Dimension von Beziehung hiermit gemeint sein soll: Ist die interpersonale pädagogische Beziehung gemeint und wieso wird sie dann der Didaktik zugeschlagen, oder ist die relationale Dimensionierung der unterrichtlichen Gegenstände gemeint (wie in diesem Band von Krautz vorgeschlagen)?

Reichs „konstruktivistische Didaktik", die sich insbesondere in der zweiten Phase der Lehrerbildung derzeit hoher Popularität erfreut, verwischt hier die Kategorien: Die – pädagogisch und didaktisch alles andere als neue – Grundeinsicht, dass Menschen nicht Objekte von Instruktion sind, sondern Lernen und Bildung eine eigene Aktivität voraussetzen und gleichzeitig ermöglichen wollen, wird hier herangezogen, um interpersonale Beziehungen zum eigentlichen Gegenstand des Unterrichts zu machen.

---

werden, weil sie den Kriterien naturwissenschaftlicher Objektivierbarkeit nicht genügten (Stern in Felten/Stern 2012, S. 92). Die Erziehungswissenschaft hat in ihrer Methodenreflexion längst herausgearbeitet, dass pädagogische Hermeneutik genau solche Allgemeingültigkeit systematisch nicht erreichen kann und will, sondern in Vermeidung beliebiger Subjektivität und Befangenheit eine je situative Annäherung an Objektivität anstreben muss (Danner 1998, S. 54 f.). Dabei geht in jede Erkenntnis der Erkennende mit ein: Subjekt und Objekt stehen innerhalb der Erkenntnisrelation in einem Lebensbezug, denn Erkenntnis ist ein „totaler Akt der Gesamtperson" (Danner 1998, S. 23).
Hierzu muss Subjektivität nicht ausgeschaltet, sondern „qualifiziert" werden, so Bätschmann analog für die kunstwissenschaftliche Hermeneutik: „Durch Ausschaltung des Subjekts kommt man nicht zur Sache, sondern zu einer schlechten Objektivität. Schlecht, weil sie durch Normierung oder Formalisierung des Verhaltens die Reflexion auf die Bedingungen der Möglichkeit von Verstehen, Sehen, Erfahren und Anschauen ersetzen will." (Bätschmann 2001, S. 114) Diese „Qualifizierung" von Subjektivität bedeutet aber eben einen Persönlichkeitsbildungsprozess.

Reich baut hierzu einen Gegensatz von Inhalts- und Beziehungsorientierung auf und plädiert – nicht verwunderlich – für mehr Beziehung versus reiner Inhaltsbezogenheit (vgl. Reich 2006, S. 15 ff.). Die Figur des Professor Unrat wird als zwar überwunden heraufbeschworen, aber dennoch kennzeichne „ein großes Machtgefälle zwischen Lehrenden und Lernenden" das schulische Geschehen immer wieder (Reich 2006, S. 20). Dem Klassenunterricht (wie gängig als „Frontalunterricht" missverstanden) wird unterstellt, hier lerne jeder „wie auf einer Insel für sich allein" (Reich 2006, S. 19). Hiergegen wird nun Beziehung als Mittel einer menschenfreundlicheren Didaktik in Stellung gebracht. Fachliche Kompetenz gilt dagegen als weniger wichtig (Reich 2006, S. 22). Die gewünschte Interaktion von Lehrenden, Lernenden und dem Sachgegenstand soll nun vor allem durch entsprechende Methodik garantiert werden („gestaltete Lernumgebung") (Reich 2006, S. 24). Der Lehrer tritt also aus der direkten Beziehung zurück und soll durch Methoden der Selbstorganisation „intrinsische" Motivation erzeugen, ohne jedoch die Kontrolle über das Geschehen aufzugeben. Für die nun isoliert vom Gegenstand zu gestaltende „Beziehungsarbeit" werden „systemische Methoden" empfohlen (Reich 2006, S. 38 f.), also Techniken sozialpsychologischer Steuerung wie Feedback, Psychodrama, Reframing, Systemaufstellung u.a.m. (Reich 2006, S. 295 ff.).

In einer kategorialen Verunklarung wird also zunächst das pädagogische Grundverhältnis der Didaktik zugeschlagen. Der systematische Zusammenhang von Inhalts- und Beziehungsdimension wird derart gegeneinander ausgespielt, so dass der interpersonal und coexistenzial verankerte Grund von Bildung aufgetrennt wird in nun einzeln methodisch bearbeitbare Dimensionen: Aus pädagogisch zu verantwortender Beziehungsgestaltung wird „Beziehungsarbeit", Lernen erscheint im konstruktivistischen Paradigma ohnehin als solipsistische Angelegenheit. Bildungstheoretisch fundierte Didaktik erscheint in dieser Perspektive als inhaltslastig und beziehungsarm. Formen des Klassenunterrichts, die in ihrer Komplexität der vielfältigen Beziehungsdimensionen gerade besonders das gemeinsame Denken und die Bezug- und Rücksichtnahme aufeinander fördern und fordern können, gelten als Selbstständigkeit verhindernd. Doch mit dem Hintansetzen der Inhalte und dem direkten Bearbeiten der Beziehungen mittels psychologischer Techniken drohen Erziehung und Bildung manipulativ zu werden: „Denn der Gegensatz von Selbstbestimmung und Fremdbestimmung bricht erst dort auf, wo die Inhalte verschwinden, die uns miteinander verbinden." (Spaemann 2001, S. 258)

Statt also Denken, Argumentieren und Begründen im interpersonalen Dialog und zwischen den Schüler anzuleiten und dabei von Lehrerseite in die unabdingbar asymmetrische Beziehung den eigenen Expertisevorsprung so einzubringen, dass er das geistige und seelische Wachstum der Schüler fördert, soll der Schüler als autonomer „Konstrukteur seines Wissens" vom Lehrer nur noch als „Moderator" begleitet werden. Thomas Mikhail hat unter Bezug auf Alfred Petzelt präzise herausgearbeitet, dass damit das pädagogische Grundverhältnis, so wie wir es auch hier verstanden haben, aufgelöst wird: Der gemeinsame Bezug auf eine Aufgabe, die das pädagogische Verhältnis konstituiert, geht verloren: „Wer der Schule ihren Aufgabencharakter, d.h. das Proprium des inhaltlichen Lehrens und Lernens nehmen und durch zwischenmenschliche Beziehungsarbeit ersetzen wollte, der würde damit zugleich deren Abschaffung vorbereiten." (Mikhail 2010, S. 188) Dies wird vom Konstruktivismus damit begründet, gemeinsame Sacherkenntnis sei ohnehin nicht mehr möglich. Wenn jedoch der Lehrer seine Schüler nicht mehr zum eigenständigen Prüfen von Geltung der verhandelten Sache anleitet, sondern die wechselseitigen Befindlichkeiten in den Vordergrund rückt, wirkt er manipulativ: Pädagogik verfällt dann in einen „voraufklärerischen Zustand", denn die Fragen nach „wahr" und „gut" werden durch Sympathie oder Antipathie ersetzt: „Wer die Beziehung der Erziehung vorzieht, der öffnet der Manipulation und Indoktrination Tür und Tor." (Mikhail 2010, S. 190) Weil er die Sachen und Verhältnisse nicht mehr selbst auf Geltung zu prüfen lernt, wird der Schüler gleichzeitig den gegebenen Verhältnissen ausgeliefert, denen er sich anpassen muss, weil nach der These von K. Reich über Geltung gesellschaftliche Mehrheiten entscheiden (Mikhail 2010, S. 189). Insofern basiert die sogenannte „Beziehungsdidaktik" gerade *nicht* auf einer „pädagogischen Beziehung im Sinne eines Aufgabenverhältnisses" (Mikhail 2010, S. 188), sondern löst deren unvermeidliche Komplementarität, die gleichwohl unter „regulativer Symmetrie" steht, auf: „Gleichheit", so Mikhail treffend, „ist Ziel aller pädagogischen Bemühungen, jedoch nicht ihr Ausgangspunkt" (Mikhail 2010, S. 188).

Tiefenpädagogik und ihre Antinomien

Die Klärung dieses entscheidenden Unterschieds zwischen Beziehung als Grundlage von Pädagogik und einem „Primat der Beziehung" erscheint wesentlich, um das Anliegen dieses Bandes richtig einzuordnen: Die Betonung der Beziehung zielt demnach hier nicht auf das Herstellen von Schonräumen mit „Wohlfühlatmosphäre", auf die Zurückdrängung der Inhaltsdimension oder auf die Implementierung gruppendynamischer Psychotechniken in den Unterricht. Vielmehr zielen die Beiträge auf die bewusste und vom Lehrer zu verantwortende Gestaltung des aufgabenhaften Bezugs des Schülers zur Sache, indem der Lehrer sowohl die Persönlichkeit des Schülers genauer versteht als auch sein eigenes Gewordensein, das seine Wahrnehmung und seine Haltung in dieser Situation prägt (vgl. hierzu v.a. die Beiträge von Heinritz, Schieren, Wiechert, Felten, Burger). Ziel ist dabei immer, das Maß der Selbstständigkeit des Schülers durch bewusste Anleitung und auch emotionale Unterstützung, auf die Lernen angewiesen ist (Bauer

2012), zu vergrößern. Lernen wird also als Gestaltung der Selbst-, Mit- und Weltbezugs verstanden (vgl. Krautz in diesem Band), das auf Prüfung von Geltung durch den Schüler beruht (vgl. den Beitrag von Ladenthin). Wenn dabei die „Achtung der Grenze" (Seicher 2012) betont wird, so ist dies gerade in aktuellen Kontexten ihrer Missachtung richtig. Doch darf dies nicht daran hindern, das personale Verhältnis gerade dadurch achtsamer zu gestalten, dass das Verstehen der Schülerpersönlichkeit gefördert und gefordert wird. Die Grenze ist also zu achten, zugleich aber die Qualität der pädagogischen Beziehung zu vertiefen. In diesem Sinne ist es aufschlussreich von „Tiefenpädagogik" im Gegensatz zu einer „Oberflächenpädagogik" zu sprechen[2]: Das vertiefte Verstehen psychischer und seelischer Strukturen des Heranwachsenden und der inneren Beweggründe äußerlichen Verhaltens (z.B. Stören, Provozieren, Verweigerung), das sein Lernen behindert, vertieft Beziehung, ohne sie im Sinne psychischer Übergriffigkeit zu entgrenzen, weil sie auf die Sache bezogen bleibt. Ansätze zu einer solchen Tiefenpädagogik finden sich in diesem Band sowohl aus tiefenpsychologischer Tradition wie aus der Waldorfpädagogik, die in ihrem Ansatz immer auf ein spezifisches seelisches Verstehen zielt. Dieses vertiefte Verstehen setzt dabei jeweils eine Vertiefung des Selbstverstehens der Lehrerpersönlichkeit voraus.

Doch treten dabei auch unweigerlich die Antinomien vertiefter und längerer Beziehungsverhältnisse zutage (vgl. Schieren in diesem Band) sowie die aus unzureichender oder gescheiterter Beziehungsführung erwachsenden Problematiken: Seien es Formen zu enger Bindung von Schülern an Lehrpersonen, seien es Gesten des Unverständnis für individuelle Schwierigkeiten von Schüler, seien es Formen von Lehrerbildung, die personale und interpersonale Faktoren der Pädagogik quasi ausblenden oder auch überbetonen. Die Antinomie von Bindung und Selbstständigkeit arbeitet etwa der Beitrag von Heiner Ullrich empirisch heraus. Er zeigt, dass pädagogische Beziehungen problematisch werden können, wenn sie nicht hinreichend reflektiert und entwicklungsgemäß gestaltet werden.

Die Fokussierung auf den personalen und interpersonalen Kern des pädagogischen Geschehens will dabei auch keineswegs die Bedeutung gesellschaftlicher, institutioneller, ökonomischer und anderer Schule und Erziehung prägender Faktoren leugnen. Allerdings entfalten auch diese Faktoren zu wesentlichen Teilen ihre Wirkung übersetzt in die Beziehungen von Personen. So wirkt etwa das derzeit dominante ökonomistische Bildungsverständnis und seine kybernetischen Steuerungsideologien (Krautz 2007) nicht als abstrakter „Diskurs" direkt auf Schüler ein, sondern verändert die

---

2 Den Hinweis auf diese von der frühen tiefenpsychologisch orientierten Pädagogik entwickelten Begrifflichkeit und ihr aktuelles Potenzial verdanken wir dem Kollegen Armin Bernhard, Universität Essen (unveröff. Manuskript eines Vortrag an der Alanus Hochschule für Kunst und Gesellschaft, Alfter, 25.10.2012).

innere Haltung von Lehrern zu Schülern und Schülern zu Lehrern. Wenn etwa Standards und messbare Outputerwartungen Lehrer unter Druck setzen, die „Effizienz" ihres Handelns unter (vermeintlichen) Wettbewerbsbedingungen zu beweisen, hat dies unmittelbare Folgen für die Einstellung, mit denen sie Schülern begegnen. Nervosität und Druck drohen auf beiden Seiten zu wachsen, Beziehungen verändern sich tendenziell zu Funktionsverhältnissen usw. Gerade aufgrund der Bedeutung der Beziehungsverhältnisse und der pädagogischen Haltungen von Lehrern werden diese in aktuellen Reformprozessen mit speziellen sozialpsychologischen Steuerungstechniken bearbeitet, um den funktionalistischen „Change" jenseits rationaler Argumentation manipulativ durchzusetzen (Krautz 2013).

Doch liegt in der notwendig personalen „Übersetzung" gesellschaftlicher Bedingungen in konkrete Pädagogik zugleich immer auch ein möglicher Freiraum begründet: Weil der Mensch als Person nicht gesellschaftlich determiniert ist, kann er diese Verhältnisse immer auch reflektieren und innerhalb der pädagogischen Beziehung bewusst und gezielt anders, eben personal gestalten. Gerade hier, in der konkreten Begegnung mit Schülern, liegt ein großes Potenzial an gestaltbarem Freiheitsraum. Und in das Nachdenken über die Verhältnisse der Zeit und die gemeinsamen Gestaltungsmöglichkeiten können auch die Schüler selbst und das Kollegium einbezogen werden. Dieser personale Gestaltungsraum dürfte auch dafür verantwortlich sein, dass auch Schulen gleicher Schulform, die unter vergleichbaren Bedingungen arbeiten, eben nicht alle gleich sind, denn die darin tätigen Personen prägen die institutionellen, sozialen und gesellschaftlichen Bedingungen je individuell und als Gemeinschaft. (Worin im Übrigen der Ansatz für tatsächliche „Schulentwicklung" in realer „Autonomie" als Selbstbestimmung der Schulgemeinschaft zu suchen sein könnte.)

Konzeption des Bandes

Das *Konzept dieses Bandes* umreißt also den ganzen Horizont der Problemlage, die nun skizziert wurde: So werden sowohl die Fragen der Lehrer-Schüler-Beziehung, wie mögliche Folgerungen für die Lehrerbildung behandelt. Es werden sowohl anthropologische, philosophische und pädagogische Grundlagen von Persönlichkeit und Beziehung in der Pädagogik erörtert wie pädagogische und didaktische Konzeptualisierungen vorgestellt und Einblicke in pädagogische Praxis gegeben, die die angesprochenen Dimensionen konkret machen und zugleich reflexiv einholen. Humanwissenschaftliche, philosophische, pädagogische und didaktische Theorie wird bewusst mit den Reflexionen pädagogische Praktiker kombiniert, die aus oft jahrzehntelanger Erfahrung die Relevanz der Fragestellung beleuchten und konkretisieren. Dies geschieht aufgrund der Überlegung, dass akademische Pädagogik und insbesondere akademische Lehrerbildung gut daran tut, den Kontakt zur Praxis gezielt zu suchen und als ernsthaften Dialog mit den Praktikern zu betreiben. Dass daher die Beiträge aus den unterschiedlichen Feldern auch einen jeweils anderen Duktus aufweisen, ist so selbstverständlich wie notwendig. So wie theoretische Darlegungen einen eher diskursiven Charakter aufweisen, benötigen praxisbezogene Darstellungen eine eher narrative und konstatierende Form.

Eine weiterer konzeptueller Schwerpunkt des Bandes ist der Einbezug der Waldorfpädagogik, die als anthropologisch begründete und entwicklungsorientiert gestaltete Pädagogik die besondere Bedeutung der Lehrerpersönlichkeit und der Beziehungsdimension für den Bildungsprozess betont.[3] Hier liegt eine beinahe hundertjährige pädagogische Praxis vor, deren Konzepte und Erfahrungen im akademischen Diskurs wenig präsent sind. Insofern bieten die im Band präsenten theoretischen, empirischen und praktischen Beiträge aus dem Kontext der Waldorfpädagogik bereichernde Impulse für die Fragestellung.

Struktur und Beiträge des Bandes

Die *Beiträge des Bandes* bauen diesen Überlegungen gemäß in vier Abteilungen aufeinander auf: Nach *anthropologischen Grundlagen* aus humanwissenschaftlicher, philosophischer und pädagogischer Sicht geben *empirische Zugänge* Hinweise auf Möglichkeiten und Realisationsproblemen der Dimensionen von Lehrerpersönlichkeit und Beziehungsgestaltung für schulisches Lehren und Lernen sowie für die Lehrerbildung. Daran schließen sich *pädagogische Konzeptionen und didaktische Folgerungen* an, die konzeptuelle Folgerungen aus den entwickelten Grundlagen zu ziehen versuchen, dabei aber sehr unterschiedliche Zugänge und Felder behandeln. Die Beiträge aus der *pädagogischen Praxis* sind dann nicht reine Erfahrungsberichte, sondern zeigen das Potenzial einer Praxis, die auf Grundlage eines im weiteren Sinne personalen Menschenbildes und entsprechender pädagogischer und psychologischer Theorie versucht, den pädagogischen Bezug reflexiv vertieft und verantwortlich zu gestalten.

Thomas Fuchs gibt in seinem einführenden Beitrag einen Überblick über die entwicklungspsychologische, neurophysiologische und evolutionsbiologische Forschung zu den Grundlagen menschlicher Interpersonalität. Diese humanwissenschaftlichen Befunde zeigen, dass der „pädagogische Bezug" nicht allein eine spezifische Idee geisteswissenschaftlicher Pädagogik war, sondern anthropologisch konstituierend für menschliche Entwick-

---

3 Dieser Dialog von akademischer Erziehungswissenschaft und Fachdidaktik sowie der Waldorfpädagogik entspricht einem Forschungsanliegen des Fachbereichs Bildungswissenschaft der Alanus Hochschule für Kunst und Gesellschaft, Alfter, an dem auch die Ringvorlesung durchgeführt wurde, die dem vorliegenden Band zugrunde liegt.

lung ist: Aus der „sicheren Bindung" der dyadischen Mutter-Kind-Beziehung entwickelt sich die nur dem Menschen eigene Fähigkeit zu gemeinsamer Aufmerksamkeit, zu geteilter Intentionalität, zu Einfühlung in Andere und intersubjektivem Verstehen. Diese Fähigkeit zu einer triadischen Beziehung bildet das Grundparadigma jeder Pädagogik: Im Lehren und Lernen sind die Beteiligten in einer „Szene gemeinsamer Aufmerksamkeit" (Tomasello 2006, S. 127) auf einen geteilten Weltausschnitt bezogen. Das Beziehungsverhältnis umfasst also Lehrer, Schüler und Sache oder Welt: Nichts anderes beschreibt die bekannte Grundfigur des „pädagogischen Dreiecks". Lernen erweist sich damit eben nicht als Instruktionsverhältnis, sondern ist in seiner Konstitution wie in seinem Gelingen abhängig von geteilter Aufmerksamkeit und intersubjektiver Beziehungsgestaltung aller am Lernprozess Beteiligten. Daher, so Fuchs programmatisch, müsse Pädagogik die natürliche Tendenz der Kinder fördern, „in und durch Beziehungen zu lernen".

Interpersonalität stellt zugleich die Frage nach dem „Ich", also dem Subjekt dieser Beziehung. *Harald Schwaetzer* entfaltet die Frage „Wie es ist, ein Ich zu sein"aus philosophischer Sicht, wobei er dem in der Postmoderne ausgerufenen „Tod des Subjekts" (Lischewski 1998), der zugleich die Möglichkeit von personaler Beziehung in Frage stellt, mit einer historisch-systematischen Reflexion der Leistungen des späten Mittelalters und der frühen Neuzeit für ein Verständnis von Subjektivität begegnet. In Bezug auf Cusanus entwickelt er so eine nicht-konstruktivistisches, sondern perspektivisches Verständnis des erkennenden Wirklichkeitsbezugs: Erkenntnis enthält zwar subjektive Anteile, ist deshalb aber nicht ausschließlich subjektiv. Damit ist ein anderes, nicht-relativistisches Verständnis von Erkennendem und Wirklichkeit formuliert, das das Ich als aktives Subjekt des Erkenntnisprozesses charakterisiert, sein Erkennen aber zugleich als Bildungs- und Entwicklungsaufgabe sieht, um das Erkenntnisvermögen dem Gegenstand anzunähern. Bildung als Selbstbildung bedeutet dann, den Anteil der eigenen Subjektivität am Erkennen umzugestalten. Von dieser philosophischen Überlegung geht insofern eine unmittelbare Linie zu den Fragen pädagogischen Verstehens und Selbstverstehens, wie sie einleitend aufgerissen wurden.

Bernhard Schmalenbach geht aus heilpädagogischer Sicht auf die gestische Sprache als wichtiges nonverbales Moment der Kommunikation in pädagogischen Beziehungen ein. Gesten sind leiblich verankert und spiegeln daher den „ganzen Menschen" in der Breite sozialer, kognitiver und kommunikativer Phänomene wider. Dabei spielt die Hand als „Organon des Geistes" eine zentrale Rolle, ist Ausweis einer „embodied cognition". Schmalenbach betont dabei zu Recht, dass auch in der gestischen Kommunikation Bedeutungen nicht einfach „übertragen" werden, wie dies von älteren Kommunikationstheorien angenommen wird, sondern dass sie in zwischenleiblichen, dynamischen Situationen entstehen. Damit ist die gestischkommunikative Dimension der pädagogischen Beziehung unmittelbarer Ausdruck der auch von Fuchs mit Merleau-Ponty betonten „Zwischenleiblichkeit" als Basis der Intersubjektivität.

Rainer Dollase trägt empirische Befunde zur Bedeutung der Lehrer-Schüler-Beziehung für den Lernerfolg und das Sozialverhalten zusammen, deren Bedeutung er mit Blick auf die Forschung als „herausragend" zusammenfasst. Dabei knüpft Dollase an die schon dargelegten entwicklungspsychologischen bzw. evolutionstheoretischen Grundlagen des menschlichen Lernens in Beziehungen an und erörtert daher auch den bindungstheoretischen Vorlauf des schulischen Lernens, wobei auch er betont, dass Interpersonalität immer eingebunden ist in eine Wechselwirkung von Kultur, Natur, Gesellschaft und Individuum. Als besonders erfolgreich akzentuiert er den sogenannten „autoritativen Erziehungsstil", dessen Charakteristik[4] sich in wichtigen Belangen auf die mit Nohl dargelegte Form der pädagogischen Beziehung beziehen lässt. Die herausragende Bedeutung der Lehrer-Schüler-Beziehung spreche zudem deutlich gegen das schon zitierte, konstruktivistische Verständnis des Lehrers als „Moderator selbstgesteuerter Lernprozesse". Die empirischen Befunde favorisierten eine andere Richtung: „Aktivierende und führende Lehrerverhaltensweisen sind wirksamer als die erleichternden, ‚facilitative' Formen." Selbstständigkeit des Schülers sei zwar das Ziel, der Weg dahin bedürfe jedoch der wohlwollenden, aber richtungsweisenden Führung und Anleitung.

Heiner Ullrichs empirische Studien untersuchen das besondere Verhältnis von Klassenlehrern an Waldorfschulen zu ihren Schülerinnen und Schülern. Dies ist für unser Thema von besonderem Interesse, da der Klassenlehrer an Waldorfschulen eine Klasse über acht Jahre leitet und die meisten Fächer unterrichtet, hier also ein intensiver pädagogischer Bezug möglich ist, der großes Potenziale birgt. Zugleich zeigen sich in Ullrichs Untersuchungen auch die angesprochenen Antinomien besonders deutlich, gerade weil die große Entwicklungspanne auch eine Veränderung in der Beziehungsgestaltung seitens des Lehrers bedürfen (vgl. hierzu auch Wiechert in diesem Band). Misslingt dies, ergeben sich auch pädagogisch problematische Beziehungskonstellationen. Insofern bieten Waldorfschulen Möglichkeiten der Ausgestaltung der Lehrer-Schüler-Beziehung, die „in ihrer Nähe und Intensität die Qualitäten pädagogischen Handelns im Unterricht an Regelschulen weit transzendieren", wie Ulrich resümiert. Zugleich zeigt sich aber, dass der Grad der Realisation der anspruchsvollen Aufgabe sehr von der individuellen Persönlichkeit des Lehrers abhängt. Ihr Misslingen zieht dann auch erhebliche Probleme für die Schüler nach sich.

---

4 Der von D. Baumrind so bezeichnete „autoritative Erziehungsstil" ist weder strafend noch autoritär. Autoritative verhalten sich im Kontrast zu gewährenlassenden Eltern fordernder gegenüber ihren Kindern und sind im Vergleich zu autoritär-einschränkenden Eltern emotional zugewandter. Vgl. Staub 1981, S. 149 ff.

Charlotte Heinritz' Überlegungen zu den biografischen Aspekten der Lehrerpersönlichkeit knüpfen insofern an diese Ergebnisse an, als sie die biografischen Erfahrungen des Lehrers thematisiert, die sein bewusstes oder unbewusstes Bild von Schule, Schülern, Lernen und somit sein Berufsverständnis prägen, denn: „Jeder Erzieher ist auch ein Erzogener". Biografische Faktoren erweisen sich zudem empirisch als entscheidend für die Berufszufriedenheit von Lehrern. Insofern erweist sich die biografische Selbstreflexion als entscheidend für die Lehrerausbildung. Hierzu stellt Heinritz verschiedene Möglichkeiten vor, die beitragen können, die Bedeutung der eigenen Biografie für das Lehrersein ins Bewusstsein zu heben und somit auch veränderbar zu machen. Heinritz verweist darauf, dass die Forderung nach einer biografischen Selbstreflexion von künftigen Lehrerinnen und Lehrern als Bestandteil der Lehrerbildung beinahe 200 Jahre alt ist – sie bedarf der Umsetzung.

Auf der Grundlage einer personalen Anthropologie entwirft dann *Gabriele Weigand* eine genuin pädagogisch begründete Theorie der Schule, die die Person als Ausgangs- und Zielpunkt von Pädagogik versteht. Die Person versteht Weigand als Prinzip und Prozess, da sie sowohl ist wie immer auch wird. Und sie ist konstitutiv relational verfasst, womit ihre pädagogischen Überlegungen direkt an die zuvor erörterten Positionen anschließen. Die Relationalität bezieht sich dabei auf das Selbst, die mitmenschlich-sozialen Bezüge, die sachliche und die ethische Dimension. Aufgrund dieser relationalen Bezüge steht die Person auch in der Verantwortung für deren Gestaltung. Derart gewinnt das Personprinzip konstitutive, kritisch-konstruktive und regulative Funktion für Bildung und Erziehung und eine Theorie und Praxis der Schule. Mit diesen in ihrer Tragweite noch kaum ausgeschöpften Überlegungen zur grundlegenden Bedeutung von Personalität und Relationalität für Schule schafft Weigand eine wichtige Basis für mögliche Konkretisierungen in der Praxis.

Jochen Krautz erörtert dann am Beispiel der Kunstpädagogik, welche didaktischen Folgerungen aus einer Orientierung an Personalität und Relationalität zu ziehen sein können und bezieht sich dabei auf ein relationales Lernverständnis, das er kunstdidaktisch konkretisiert. Krautz schließt dabei an Positionen personaler Pädagogik an und zieht die didaktischen Konsequenzen aus einem „Sein-in-Beziehung", indem er für eine Didaktik der Gestaltung menschlicher Relationen argumentiert. Es zeichnen sich hier Konturen einer personalen Didaktik ab, die die Gestaltung der Relationen von Ich, Wir und Welt, also von Selbst-, Mit- und Weltbezug zum Ausgangspunkt ihrer Überlegungen macht.

Die Überlegungen von *Volker Ladenthin* zur Werterziehung im Unterricht gehen davon aus, dass es in Schule nicht nur um Wissen, sondern auch um den Wert des Wissens und die Haltung zum Gewussten geht. Vor dem Hintergrund der Gefahr, dass Werteerziehung zur Indoktrination in vorgegebene Werte missbraucht wird, plädiert er für eine Werterziehung, die befähigt, begründet selbst werten zu können, die also auf die eigenständige und methodische Prüfung von Geltung durch die Schülerinnen und Schüler zielt: Sie müssen lernen, Werte zu begründen und zu reflektieren, um zu einem eigenen Werturteil kommen zu können. Unterricht als erziehender Unterricht stellt demnach die Frage nach der größeren Bedeutung von Fachinhalten und leitet an, dies anhand der Kriterien Zweckhaftigkeit, Conditio Humana, Sittlichkeit und Sinn zu entscheiden.

Jost Schieren nimmt seinen Ausgang von den spezifischen Lehrerkompetenzen, die allgemein als Fach-, Methoden- und Sozialkompetenz bestimmt werden. Er zeigt auf, wie diese Kompetenzen in der konkreten pädagogischen Arbeit notwendig flexibel gehandhabt werden müssen, da sie teilweise in ein antinomisches Verhältnis zueinander treten. Das unterrichtliche Handeln fordert daher von den Lehrenden einen bewusst reflektierten und kritisch abwägenden Umgang gerade auch in Bezug auf die eigenen vermeintlichen Stärken und Fähigkeiten. *Schieren* bezieht sich dabei in seinen Ausführungen dezidiert auf die Lehrerrolle in der Waldorfpädagogik.

Auch *Christoph Wiecherts* Darstellung nimmt auf die Waldorfpädagogik Bezug, sie basiert auf seiner jahrzehntelangen Tätigkeit als Waldorflehrer und verdeutlicht, wie grundlegend die pädagogische Beziehung in der Waldorfpädagogik verstanden wird. Er arbeitet auf der Basis des waldorfpädagogischen Entwicklungsbegriffes heraus, dass sich die pädagogische Beziehung je nach Lebensalter des Kindes und Jugendlichen modifiziert und daher immer wieder neue Herausforderungen an die Lehrenden stellt.

Michael Felten betont die emotionale Dimension des Unterrichts, um zu einem sowohl realistischen wie optimistischen Verständnis des Lernens zu kommen. Seine Überlegungen zu einer tiefenpsychologisch gestützten Pädagogik zielen dabei darauf, Schülern das „Glück des Könnens" zu ermöglichen. In einer resonanten, um Verstehen bemühten pädagogischen Beziehungsgestaltung sollen Schüler so ermutigt werden, dass ihre Freude am Lernen wächst. Dazu muss der Lehrer nicht nur den einzelnen Schüler und die ganze Klassengemeinschaft im Auge haben, sondern zugleich die eigene Emotionen, also seine innere Haltung zu den Schülern. Verstehen und Selbstverstehen hängen für den Lehrer daher untrennbar zusammen, will er nicht gemäß einer biografisch geprägten Privatlogik handeln. Insofern plädiert Felten für einen Vertiefung des pädagogischen Bezugs und gegen eine Oberflächenpädagogik, die gewissen methodisch-didaktischen Modeerscheinungen folgt.

Wie Felten bezieht sich auch *Alfred Burger* auf die personale Tiefenpsychologie Alfred Adlers um zu zeigen, wie wesentlich eine vertieftes psychologisches Verstehen des Schülers und seiner Schwierigkeiten ist, will Pädagogik nicht an der Oberfläche von methodischen Anweisungen bleiben. Dabei bezieht sich pädagogisches Handeln auf die regulative Idee eines anthropologisch angelegten wie zu entfaltenden Gemeinschaftsgefühls. Dies wird konkretisiert in einer genauen und ausführlichen Fallbeschreibung, die deutlich macht, welches Potenzial eine so verstandene „Tiefenpädagogik" hat, die sich um Verstehen und Helfen bemüht, um einen schon abgeschriebenen Jugendlichen zu gelingendem Lernen zu führen und letztlich eine Lebensperspektive zu öffnen.

Rainer Winkel verbindet die Erfahrungen als Gründungsdirektor einer Gesamtschule mit seiner jahrzehntelangen Lehr- und Forschungstätigkeit als Universitätsprofessor für Erziehungswissenschaft in der Lehrerausbildung. Er zeigt in sehr konkreten und daher auch anwend- und handhabbaren Grundsätzen, welche Qualitäten von Lehrerinnen und Lehrern gefordert werden.

Arthur Brühlmeier schließlich resümiert, dass der Anspruch, Menschen ganzheitlich zu bilden (Brühlmeier 2007) solche Persönlichkeitsqualitäten auf Seiten der Lehrerinnen und Lehrer voraussetzt, weshalb Lehrerbildung notwendig auch als Persönlichkeitsbildung zu verstehen sei. Im Bewusstsein der mit der Forderung einer über Wissen und Fertigkeiten hinausgehenden Lehrerbildung einhergehenden Antinomien, stellt er gleichwohl ein praktiziertes Modell eines seminaristischen Bildungskonzepts vor, dass versuchte, die vielfältigen Ansprüche zu vereinen. Sein mit Pestalozzi argumentierendes Plädoyer, dass Schulreformen „jene Grundsätze aus dem europäischen Humanismus beherzigen (sollten), welche Bildung nicht als Anhäufen von Wissen verstehen, sondern als das Entwickeln eines ganzheitlichen und lebendigen Bezugs des Schülers zur natürlichen und kulturellen Welt und zu sich selber", summiert abschließend das Anliegen dieses Bandes: „Eine diesen Ideen entsprechende Schulwirklichkeit erfordert allerdings einen Lehrer, der sich nicht bloß als Organisator versteht, sondern der als Persönlichkeit einen ganzheitlichen Bildungs- und Erziehungsauftrag wahrzunehmen bereit ist."

Literatur

Bätschmann, O. (2001): Einführung in die kunstgeschichtliche Hermeneutik. Die Auslegung von Bildern. 5. Auflage. Darmstadt: Wissenschaftliche Buchgesellschaft.
Bauer, J. (2007): Lob der Schule. Sieben Perspektiven für Schüler, Lehrer und Eltern. Hamburg: Hoffmann und Campe.
Bauer, J. (2012): Die Bedeutung der Beziehung für das schulische Lehren und Lernen. Eine neurobiologisch fundierte Perspektive. In: Herrmann, U./Schlüter, S. (Hrsg.) (2012): Reformpädagogik – eine kritisch-konstruktive Vergewisserung. Bad Heilbrunn: Klinkhardt, S. 274–279.
Bernhard, A. (2006): Postmoderne Lebenswelt und Didaktik-Cocktail: Über das Driften im didaktischen Feld und die gründliche Entsorgung von Bildung. In: Jahrbuch für Pädagogik 2006: Neue Lernkulturen oder Infantilisierung? Frankfurt am Main: Lang, S. 193–209.
Bollnow, O. F. (2001): Die pädagogische Atmosphäre. Untersuchungen über die gefühlsmäßigen zwischenmenschlichen Voraussetzungen der Erziehung. Essen: Die Blaue Eule.

Braun, W. (1983): Das In-der-Welt-Sein als Problem der Pädagogik. Frankfurt am Main: Diesterweg.

Brühlmeier, A. (2007): Menschen bilden. 27 Mosaiksteine. Baden-Dättwil: Baden-Verlag.

Colla, H. E. (2006): Auf der Spurensuche: Liebe in der Sozialpädagogik. In: Heimgartner, A./Lauermann, K. (Hrsg.) (2006): Kultur in der Sozialen Arbeit. Festschrift für Universitäts-Prof. Dr. Josef Scheipl. Klagenfurt, Laibach und Wien: Mohorjeva, S. 98–122.

Danner, H. (1998): Methoden geisteswissenschaftlicher Pädagogik. 4. Auflage. München und Basel: Reinhardt.

Diesbergen, C. (2000): Radikal-konstruktivistische Pädagogik als problematische Konstruktion. Eine Studie zum Radikalen Konstruktivismus und seiner Anwendung in der Pädagogik. 2. Auflage. Bern: Peter Lang.

Drieschner, E./Gaus, D. (Hrsg.) (2011): Liebe in Zeiten pädagogischer Professionalisierung. Wiesbaden: VS Verlag.

Dörr, M./Müller, B. (Hrsg.): (2012) Nähe und Distanz. Ein Spannungsfeld pädagogischer Professionalität. 3. Auflage. Weinheim und Basel: Beltz Juventa.

Felten, M. (2010): Auf die Lehrer kommt es an! Für eine Rückkehr der Pädagogik in die Schule. 2. Auflage. Gütersloh: Gütersloher Verlagshaus.

Felten, M./Stern, E. (2012): Lernwirksam unterrichten. Im Schulalltag von der Lernforschung profitieren. Berlin: Cornelsen.

Gaus, D./Driescher, E. (2011): Pädagogische Liebe. Anspruch oder Widerspruch von professioneller Erziehung? In: Gaus, D./Driescher, E. (Hrsg.) (2011): Liebe in Zeiten pädagogischer Professionalisierung. Wiesbaden: VS Verlag, S. 7–26.

Hackl, B. (2007): Abschied von der Vermittlung? Zeitgeistige Didaktiken als Konzepte sinnreduzierter Welterschließung. In: Hackl, B./Pechar, H. (Hrsg.) (2007): Bildungspolitische Aufklärung. Um- und Irrwege der österreichischen Schulreform. Festschrift für K. H. Gruber. Innsbruck und Wien: Studienverlag, S. 71–86.

Hübner, E. (2005): Anthropologische Medienerziehung – Grundlagen und Gesichtspunkte. Dissertation. Frankfurt am Main: Peter Lang.

Klafki, W. (2002): Pädagogisches Verstehen – eine vernachlässigte Aufgabe der Lehrerbildung. In: Klafki, W. (2002): Schultheorie, Schulforschung und Schulentwicklung im politisch-gesellschaftlichen Kontext. Weinheim und Basel: Beltz, S. 176–195.

Kluge, N. (1972): Pädagogisches Verhältnis und Erziehungswirklichkeit. Essen: Neue Deutsch Schule Verlagsgesellschaft.

Krautz, J. (2006): Personale Bildkompetenz. Zur Phänomenologie des Vor-Bildes in der pädagogischen Situation. In: Pädagogische Rundschau 2, S. 167–176.

Krautz, J. (2007): Ware Bildung. Schule und Universität unter dem Diktat der Ökonomie. Kreuzlingen und München: Diederichs.

Krautz, J. (2008): Ein Bild von Bildung. In: engagement – Zeitschrift für Erziehung und Schule 4, S. 276–284.

Krautz, J. (2010): Kunst, Pädagogik, Verantwortung. Zu den Grundfragen der Kunstpädagogik. Oberhausen: Athena.

Krautz, J. (2013): Bildungsreform und Propaganda. Strategien der Durchsetzung eines ökonomistischen Menschenbildes in Bildung und Bildungswesen. In: Sonderheft „Demokratie setzt aus" der Vierteljahresschrift für wissenschaftliche Pädagogik.

Lischewski, A. (1996): „Tod des Subjekts"!? Zum Selbstverständnis Pädagogischer Anthropologie zwischen „Subjekt" und „Postmoderne". Würzburg: Ergon.

Lippitz, W./Woo, J. G. (2008): Pädagogischer Bezug. Erzieherisches Verhältnis. In: Handbuch der Erziehungswissenschaft. Band I: Grundlagen Allgemeine Erziehungswissenschaft. Hrsg. im Auftrag der Görres-Gesellschaft zur Pflege der Wissenschaft

von G. Mertens, U. Frost, W. Böhm und V. Ladenthin. Paderborn: Schöningh, S. 403–419.
Meyer, C./Tetzer, M./Rensch, K. (Hrsg.) (2009): Liebe und Freundschaft in der Sozialpädagogik. Personale Dimensionen professionellen Handelns. Wiesbaden: VS Verlag.
Mikhail, T. (2010): Beziehung oder Erziehung? Überlegungen zu einem pädagogischen Begriffsproblem. In: Mikhail, T. (Hrsg.) (2010): Bildung als Aufgabe. Zur Neuvermessung der Pädagogik. Frankfurt am Main: Peter Lang, S. 171–193.
Müller, W. (2009): Schnee von gestern. Was ist das Neue an der „Neuen Unterrichtskultur"? In: Vierteljahresschrift für wissenschaftliche Pädagogik 1, S. 26–38.
Nohl, H. (1966): Die Theorie der Bildung. In: Nohl, H./Pallat, L. (Hrsg.) (1966): Handbuch der Pädagogik. 1. Band: Die Theorie und die Entwicklung des Bildungswesens. Weinheim: Beltz, S. 3–80.
Pestalozzi, J. H. (1815/1977): An die Unschuld. Sämtliche Werke. Kritische Ausgabe, Band 24A. Berlin, de Gruyter.
Pongratz, L. A. (2009): Untiefen im Mainstream. Zur Kritik konstruktivistischsystemtheoretischer Pädagogik. Paderborn: Schöningh.
Prange, K. (2012): Die Zeigestruktur der Erziehung: Grundriss der Operativen Pädagogik. 2. Auflage. Paderborn: Schöningh.
Rattner, J. (2003): Ästhetische und tiefenpsychologische Erkenntnis. In: Rattner, J. (Hrsg.) (2003): Tiefenpsychologie, Psychotherapie und Kunst – Eine Synthese im Sinne der Lebenskunst. Jahrbuch für Verstehende Tiefenpsychologie und Kulturanalyse Band 23/24. Berlin, S. 135–149.
Reich, K. (2006): Konstruktivistische Didaktik. Lehr- und Studienbuch mit Methodenpool. 3. Auflage. Weinheim und Basel: Beltz.
Ruhloff, J. (2007): „Einmaligkeit" oder Kritik einer wissenschaftspolitischen Machtergreifung. In: Einmaligkeit, Selbigkeit, Individualität. Zur Problematik pädagogischer Leitbegriffe. Für Marian Heitger zum 80. Geburtstag. 2. Auflage. Wien.
Schwaetzer, H./Vollet, M. (Hrsg.) (2012): Werte-Bildung in Europa. Coincidentia – Zeitschrift für europäische Geistesgeschichte, Beiheft 1. Münster, Aschendorff.
Seichter, S. (2007): Pädagogische Liebe. Erfindung, Blütezeit und Verschwinden eines pädagogischen Deutungsmusters. Paderborn, Schöningh.
Seichter, S. (2012): Die Missachtung der Grenze. Zu einer kritischen Reflexion des reformpädagogischen Habitus. In: Herrmann, U./Schlüter, S. (Hrsg.) (2012): Reformpädagogik – eine kritisch-konstruktive Vergewisserung. Bad Heilbrunn: Klinkhardt, S. 219–230.
Spaemann, R. (2001): Grenzen. Zur ethischen Dimension des Handelns. Stuttgart: Klett-Cotta.
Spranger, E. (1963): Psychologie des Jugendalters. 27. Auflage. Heidelberg: Quelle & Meyer.
Staub, E. (1981): Entwicklung prosozialen Verhaltens. Zur Psychologie der Mitmenschlichkeit. München, Wien und Baltimore: Urban & Schwarzenberg.
Tomasello, M. (2006): Die kulturelle Entwicklung des menschlichen Denkens. Zur Evolution der Kognition. Frankfurt am Main: Suhrkamp.
Uhle, R. (2011): Pädagogischer Eros und effektiver Unterricht. In: Gaus, D./Driescher, E. (Hrsg.) (2011): Liebe in Zeiten pädagogischer Professionalisierung. Wiesbaden: VS Verlag, S. 85–101.

Thomas Fuchs

Interpersonalität – Grundlage der Entwicklung von Geist und Gehirn

Einleitung

Wie kein anderes Lebewesen bedarf der Mensch seiner Artgenossen, um seine Anlagen zu Fähigkeiten zu entfalten. Dazu gehören insbesondere seine sozialen und kommunikativen Fähigkeiten. Seit der Antike wurde der Mensch vor allem als das Wesen ausgezeichnet, das Sprache hat – als zóon lógon échon, wie es bei Aristoteles heißt.[1] Erst die vergleichende evolutionäre Verhaltensforschung und die Säuglingsforschung der letzten Jahrzehnte haben gezeigt, welcher Reichtum von Kommunikation und Dialog sich beim Menschen schon vor dem Erlernen der Sprache entfaltet. Die nonverbale Kommunikation, die Körpersprache, wie man sie auch nennt, wird vermittelt durch Berührungen, durch den Ausdruck von Mimik und Gestik, die Intonation der Stimme und schließlich durch die gesamte Körperhaltung. Bereits diese Ausdruckskommunikation des Menschen weist eine Differenziertheit und Vielfalt auf, die im Tierreich einzigartig ist. Sie ist, wie wir noch sehen werden, auch die Basis, auf der sich die sprachlich-symbolischen Formen der Verständigung überhaupt erst entwickeln können.

Wenn wir daher die Interpersonalität als Grundlage der spezifisch menschlichen Entwicklung betrachten wollen, dann müssen wir zuerst ihre leiblich-interaktive Dimension ins Auge fassen. Zwar regeln wir unser Leben, unsere Informationen und Beziehungen in hohem Maß durch die Sprache, ja zunehmend durch digital-elektronische Zeichenkommunikation. Doch diese symbolische Sprache bleibt immer angewiesen auf eine ursprünglichere Kommunikation, die gewissermaßen schon unsere Körper miteinander verbindet und eine grundlegende Intersubjektivität herstellt, die der französische Philosoph Merleau-Ponty (Merleau-Ponty 2003, S. 256) einmal als „Zwischenleiblichkeit" bezeichnet hat.

---

[1] Aristoteles, Politik: *Lógos* bedeutet zunächst „Wort" oder „Sinn", erweitert dann auch „Denken", „Vernunft". Die spätere lateinische Übersetzung von *zóon lógon échon*, nämlich *animal rationale* hat also nicht mehr die gleiche Bedeutung wie im Griechischen.

Dass diese Sphäre der Kommunikation von so maßgeblicher Bedeutung ist, hat mehrere Gründe. Jenseits aller verbalen Beteuerungen vermittelt die Körpersprache den eigentlichen Gefühlsausdruck, der für die Beziehungsebene der Kommunikation entscheidend ist. Wir haben sie auch nur bedingt unter Kontrolle – die meisten körpersprachlichen Signale laufen weitgehend unbewusst ab, und wir können sie nur sehr begrenzt zur gezielten Kommunikation einsetzen. Friedrich Nietzsche hat dies gewohnt pointiert formuliert: „Man lügt wohl mit dem Munde; aber mit dem Maule, das man dabei macht, sagt man doch noch die Wahrheit" (Nietzsche 1886/1988, S. 166). Mimikanalysen haben gezeigt, dass etwa ein künstliches Lächeln weniger Gesichtsmuskeln aktiviert (v.a. ist der Augenringmuskel nicht beteiligt) und daher für den guten Menschenkenner immer durchschaubar bleibt. Freilich können wir die Mimik auch verstellen oder zumindest still stellen. Doch in der Regel werden wir uns im Kontakt mit anderen unbewusst eher auf die nonverbalen Signale verlassen als auf seine Worte, nämlich wenn es um die Beziehung, das Vertrauen oder die „Chemie" zwischen uns und dem anderen geht.

Im Folgenden will ich die biologischen, psychologischen und sozialen Grundlagen der frühkindlichen Entwicklung im Überblick darstellen. Ich beginne dabei mit einem kurzen Blick auf die Gehirnentwicklung, denn diese stellt die Basis für alle Lernprozesse dar, die sich in der Kindheit vollziehen. Dann werde ich den Entwicklungsschritten nachgehen, in denen der Säugling durch zwischenleibliche Interaktion vom ersten Lächeln zum ersten Wort und schließlich zum Selbstbewusstsein gelangt.

Neuroplastizität und Entwicklung

Der Mensch, so sagte ich bereits, bedarf wie kein anderes Lebewesen der Mitmenschen, um seine Anlagen zu entfalten. Keine andere Spezies kommt aber auch mit einem so plastischen und formbaren Gehirn zur Welt. Aufgrund der neuronalen Plastizität, also der Ausbildung der Synapsenstruktur vor allem in der frühen Kindheit, entwickelt sich das Gehirn zu einem Organ, das komplementär zu seiner Umwelt passt wie der Schlüssel zum Schloss. Unsere neurobiologischen Anlagen bedürfen also der passenden emotionalen und intellektuellen Angebote unserer Bezugspersonen, um sich zu entfalten. Die emotionalen, kognitiven und sozialen Fähigkeiten des Kindes entwickeln sich in einer Wechselwirkung von biologischen Potenzialen und interaktiven Erfahrungen in seiner sozialen Umwelt. Der Mensch ist im Sinne des Wortes ein „zóon politikón", ein soziales Lebewesen, dessen Organismus bis in das Gehirn hinein durch die Gemeinschaft mit anderen geformt wird. Das menschliche Gehirn ist wesentlich ein sozial und biographisch gebildetes Organ.

Der amerikanische Neurophysiologe Hebb formulierte 1949 das Grundgesetz des synaptischen Lernens: Simultan aktvierte Neuronen verstärken ihre synaptischen Koppelungen bzw. bilden zusätzliche Verschaltungen. Dies führt zu einer Bahnung, also künftig erhöhten Signalübertragung. Selten oder gar nicht benutzte Verbindungen hingegen werden wieder abgebaut, was dem „Verlernen" entspricht. Man könnte dies mit einem Dschungelpfad vergleichen, der bei häufigem Begehen allmählich breiter und schließlich zu einem bequemen Weg wird; bleibt er jedoch unbetreten, so wird er überwuchert und verschwindet schließlich wieder. Häufig genutzte neuronale Verbindungen gleichen gut ausgetretenen Pfaden, während selten aktivierte Verschaltungen wieder verloren gehen.

Ein gewaltiger Überschuss an Neuronen und Synapsen wird in den ersten Lebensmonaten gebildet und dann je nach Anregung und Gebrauch gefestigt oder wieder abgebaut. Es sind zunächst fast doppelt so viele Synapsen wie schließlich gebraucht werden (Markowitsch/Welzer 2005, S. 133). Dieser erfahrungsabhängige Selektionsprozess formt bis zum Ende des zweiten Lebensjahres das bleibende anatomische Nervennetzwerk. Lebenslang veränderlich bleibt aber seine Feinstruktur in Form von synaptischen Verschaltungsmustern, ja sogar die Neubildung von Neuronen im erwachsenen Hippocampus konnte inzwischen nachgewiesen werden (Björklund/Lindvall 2000). So wie Muskeln durch Übung wachsen, ohne Tätigkeit aber atrophieren, so wachsen oder degenerieren je nach Ausübung einer Funktion die für sie zuständigen neuronalen Netze.

Die neuronalen Strukturen verändern sich also mit jedem Gebrauch, in Abhängigkeit von den Reizen, die jede Sekunde auf das Gehirn treffen, und von den Beziehungen, die es vermittelt. Das Gehirn eines Menschen repräsentiert gleichsam die Summe aller Erfahrungen aus seiner Vergangenheit. Es ist umso beeindruckbarer, je jünger der Mensch ist, je intensiver die Eindrücke sind und je öfter diese wiederholt werden. Grundsätzlich gilt aber das ganze Leben hindurch: Wir formen und verändern durch unsere Erfahrungen ununterbrochen die neuronale Struktur unseres Gehirns und damit auch unsere Wahrnehmungs- und Handlungsbereitschaften – wir verändern uns selbst.

Primäre Intersubjektivität

Nach diesen Vorbemerkungen zur Neuroplastizität will ich mich nun dem eigentlichen Thema, der Entwicklung der Interpersonalität in der frühen Kindheit zuwenden. Ich werde dabei immer wieder einen Blick auf die biologische Basis dieser Entwicklung werfen. Beginnen wir mit dem ersten Lebensjahr, der Phase, die in der Säuglingsforschung auch als die der „primären Intersubjektivität" bezeichnet wird (Trevarthen 2001).

Zwischenleibliche Resonanz und Empathie

„Am Anfang war Beziehung" – und die unmittelbarste Form der Beziehung zur Welt stellt der Tastsinn her. Der taktile Körperkontakt, das Berühren, Hochheben, Wiegen und natürlich auch das Stillen, ist die erste Form der Kommunikation zwischen Mutter und Kind. Er vermittelt die Erfahrungen des Getragen- und Gehaltenseins, der Wärme und Geborgenheit, die entscheidend sind für die Entwicklung des Urvertrauens in die Welt und in die anderen Menschen. Auf biologischer Ebene sind sie bei Mutter und Kind begleitet von der Ausschüttung von Oxytocin – einem Hormon, das nicht nur den Milchfluss anregt, sondern auch die Bindung zwischen Mutter und Kind unterstützt. Tiermütter kümmern sich umso intensiver um den Nachwuchs, je höher ihr Oxytocinspiegel ist. In ursprünglichen Kulturen ist der Körperkontakt zwischen Säugling und Bezugspersonen in der Regel ungleich intensiver als in den Industriestaaten, und dies hat wahrscheinlich eine höhere Bindungssicherheit der Kinder zur Folge.

Gehen wir über zum Sehsinn. Auch hier sind Säuglinge schon biologisch auf soziale Interaktionen eingestellt. Sie verfügen zum einen über die vermutlich angeborene Fähigkeit, belebte und unbelebte Objekte zu unterscheiden. Zum anderen zeigen sie von Geburt an eine erhöhte Aufmerksamkeit für Gesichter. Mehr noch: Sie sind sie auch von Anfang an in der Lage, Gesten von Erwachsenen wie Zunge zeigen, Mundöffnen, Stirnrunzeln u.a. zuverlässig nachzuahmen (Meltzoff/Moore 1977). Das heißt, dass Säuglinge über ein angeborenes soziales Körperschema verfügen, so dass sie den eigenen gespürten Körper mit dem wahrgenommenen Körper des anderen verbinden, also beide von vorneherein als verwandt erfahren. Das Neugeborene nimmt also seine Mutter nicht als bloßes „Bild" oder Gegenüber wahr, sondern mimetisch, indem es ihren Ausdruck in sich nachbildet. Die Forschungen der letzten Jahrzehnte sprechen dafür, dass diese Fähigkeit des menschlichen Säuglings zur spontanen Nachahmung von Ausdruck und Handlungen anderer die Grundlage für die Empathie und das zwischenmenschliche Verstehen ist – ich komme noch darauf zurück.

Durch zahlreiche kulturvergleichende Studien ist es heute belegt, dass bestimmte Grundmuster menschlicher Mimik zunächst auf biologischer Basis hervorgebracht und auch verstanden werden. Sie sind an stammesgeschichtlich ältere Teile unseres Gehirns gebunden, nämlich an Stammhirn und limbisches System. Dementsprechend gibt es einen Satz von sieben Grundemotionen, deren mimischer Ausdruck in allen Kulturen gleich ist, nämlich Freude, Überraschung, Trauer, Wut, Angst, Ekel und Verachtung (Ekman 1988). Entsprechende Ausdrucksformen sind etwa Stirnrunzeln, Naserümpfen, Lächeln, Hochziehen der Augenbrauen, Weinen usw. So entwickeln Säuglinge ungefähr sechs bis acht Wochen nach der Geburt die Fähigkeit, auf ihre Umgebung mit Lächeln zu reagieren und so mit anderen Menschen in Interaktion zu treten. Im weiteren Verlauf entwickeln sich dann auch andere, stärker kulturgeprägte Emotionen und Ausdrucksformen wie Scham oder Stolz.

Vermittelt durch die frühen Nachahmungs- und Ausdrucksformen entwickelt sich nun zunehmend eine emotionale Resonanz zwischen dem Säugling und der Mutter. Sie antwortet auf seine Signale und Initiativen intuitiv mit geeigneten stimmlichen und gestischen Reaktionen. Mütter benutzen dabei unbewusst vereinfachte, prototypische Verhaltensformen (Ammensprache, expressive Mimik, Augenkontakt, Begrüßungsreaktion u.a.), die den noch unentwickelten Repertoires des Kindes entsprechen. Die Säuglingsforscher Papoušek und Papoušek haben diese und ähnliche Umgangsformen als „intuitive elterliche Kompetenzen" bezeichnet (Papoušek/Papoušek 1995). Mütter und Väter verfügen danach über ein biologisch angelegtes Wissen, das sie dazu befähigt, sich dem Säugling durch Laute, Mimik und Gestik verständlich zu machen, ihn angemessen zu beruhigen oder zu stimulieren, und sich dabei von den kindlichen Signalen leiten zu lassen.

Dieser frühe Dialog von Mutter und Kind ist besonders geprägt von musikalischen Ausdrucksqualitäten, vom Rhythmus und von der Dynamik der mimischen, stimmlichen und gestischen Interaktion („crescendo", „decrescendo", fließend, weich, explosiv etc.). Sie führt zu der wechselseitigen „Affektabstimmung" und den „gemeinsamen Bewusstseinszuständen" von Mutter und Säugling, die die Säuglingsforschung hervorhebt. Daniel Stern hat auch von einem „gemeinsamen Tanz" gesprochen, den Mutter und Säugling spontan miteinander ausführen (Stern 1998a). Im Laufe dieser Kommunikation lernt das Kind zunehmend, den mütterlichen Gefühlsausdruck mit typisch wiederkehrenden Situationen in Verbindung zu bringen und so seine verschiedenen Bedeutungen zu unterscheiden. Zugleich lernt es seine eigenen Gefühle immer besser zu verstehen und zu differenzieren. Vor allem aber entwickelt es das Grundgefühl, mit anderen in einer gemeinsamen emotionalen Welt zu leben und mit ihnen verbunden zu sein.

Fassen wir diese Beobachtungen zum Gefühlsausdruck und zur Imitation zusammen, so können wir von einem ursprünglichen, auch biologisch angelegten Resonanz- und Empathie-System sprechen, das die frühe Entwicklung des Kindes prägt. Wir wachsen auf in einer ursprünglichen Sphäre kommunikativer „Zwischenleiblichkeit", in der wir auch unser ganzes Leben hindurch bleiben: Immer wenn zwei Personen einander begegnen, sind sie von vornherein in ein Interaktionsgeschehen einbezogen, das ihre Körper miteinander verbindet und ein intuitives Verstehen herstellt. Die Gefühle des Anderen werden in seinem Ausdruck unmittelbar verständlich, weil dieser in uns einen meist unbemerkten leiblichen Eindruck mit subtilen Empfindungen und Gefühlsvorstufen hervorruft. Daraus ergibt sich eine zwischenleibliche Resonanz: Man spürt den Anderen buchstäblich am eigenen Leib.

Spiegelneuronen

Aus der Resonanz ergibt sich das Einfühlungsvermögen, die schon erwähnte Empathie. Sie ist das Fundament unseres sozialen Lebens und macht Kommunikation überhaupt erst möglich. Menschen fühlen sich ständig in das Denken und Fühlen andere Menschen ein. Sie spüren den Schmerz und die Freude anderer, sie verstehen die Absicht hinter einer zum Gruß ausgestreckten Hand, sie verstehen, warum ein anderer nach einem Glas greift. Die neuronale Basis dieser Einfühlung ist in den letzten zehn Jahren entdeckt und erforscht worden, nämlich das System der Spiegelneurone („mirror neurons", Rizzolatti/Fogassi/Gallese 2001).

Diese Neuronen wurden zunächst bei Affen in der prämotorischen Hirnrinde identifiziert, die für die Bewegungsorganisation und -regulation zuständig ist. Inzwischen ließen sich auch beim Menschen in prämotorischen, aber auch anderen Arealen des Gehirns solche Neuronengruppen nachweisen. Spiegelneurone werden sowohl dann aktiviert, wenn wir eine ganz bestimmte Handlung wie etwa das Greifen nach einem Apfel oder einer Tasse selbst ausführen, als auch dann, wenn wir die gleiche Handlung bei einem anderen wahrnehmen. Das Spiegelneuronensystem verknüpft also die interpersonelle Wahrnehmung mit der Eigenbewegung. Bereits bei der Beobachtung der Bewegung kommt es zu unterschwelliger Aktivität der entsprechenden eigenen Muskeln. Man könnte den Effekt so ausdrücken: Ich verstehe, was es heißt, wenn du nach einer Tasse greifst, weil sich dabei in meinem Arm eine gleichartige Bewegung andeutet. Spiegelneurone werden auch dann aktiviert, wenn man sich die Ausführung einer Bewegung vorstellt, am meisten aber dann, wenn man eine beobachtete Bewegung imitiert. Auch die Imitation bei Säuglingen dürfte auf der Aktivität von Spiegelneuronen beruhen.

Das System hat also, soweit wir heute sagen können, zwei hauptsächliche Funktionen:
1. Es stellt eine Resonanz zwischen dem eigenen Körper und dem des anderen her und erleichtert damit das Verstehen seiner Handlungen.
2. Die Resonanz der Spiegelneurone bahnt auch Handlungsbereitschaften. Je öfter man eine Aktion bei Anderen beobachtet hat, desto niedriger liegt die Schwelle für ihre Nachahmung, desto leichter fällt sie auch. Damit stellt das Spiegelsystem eine Basis für das Imitations- und Modell-Lernen dar, eine für die Kulturentwicklung zentrale menschliche Fähigkeit.

Neuronale Spiegelsysteme spielen vermutlich auch bei der „Ansteckung" durch Lachen, Weinen oder Gähnen anderer eine Rolle. Weitere derzeit intensiv erforschte Mitempfindungen betreffen Gefühlsreaktionen wie Schmerz oder Ekel: Beobachtet man die Ekelempfindungen anderer bei einer unangenehmen Geruchswahrnehmung, so wird ein Areal in der vorderen Insel des Gehirns aktiviert, das auch eigenen Ekelreaktionen zugrunde liegt (Wicker et al. 2003). Aufgrund dieser Forschungsresultate kann man inzwischen von einem komplexen, über verschiedene Hirnregionen verteilten Spiegelsystem ausgehen, das Eigen- und Fremdwahrnehmung verknüpft und so die Fähigkeiten der Imitation und Empathie vermittelt.

Freilich bringt dieses biologisch angelegte System die menschliche Sozialität nicht etwa hervor; seine Aktivität ist nicht einfach angeboren, sondern beruht auf typisch wiederkehrenden Erfahrungen. Das Greifen nach einem Apfel kann das Spiegelsystem erst aktivieren, wenn der Apfel für das Kind in bestimmen Situationen die Bedeutung eines Greifziels erhalten hat. Auch die Mitempfindung von Gefühlsreaktionen wie etwa Ekel erfordert ein Verständnis der Situation, etwa für den Zusammenhang von Geruch und Ekel. Das Spiegelsystem kann also seine Funktion erst erfüllen, wenn es in einen sozialen Interaktions- und Bedeutungsraum eingebettet ist. Es gibt inzwischen auch Studien, die einen Trainingseffekt auf das Spiegelneuronensystem belegen (Catmur/Walsh/Heyes 2007).

Implizites Gedächtnis

Gehen wir nun weiter in der frühkindlichen Entwicklung. Wie vollzieht sich eigentlich das soziale Lernen im ersten Lebensjahr? Das Erinnerungsgedächtnis, in dem einzelne biographische Erlebnisse oder erlernte Fakten gespeichert sind, reift erst im zweiten Lebensjahr aus. Doch es gibt noch eine ganz andere Form des Gedächtnisses. Das Meiste von dem, was wir irgendwann erlernt haben, wenden wir nämlich ganz automatisch im alltäglichen Lebensvollzug an, ohne uns dabei an Vergangenes zu erinnern. Durch wiederholte Erfahrungen oder Übung haben sich Fähigkeiten oder Gewohnheiten gebildet, die in der passenden Situation unwillkürlich aktiviert werden. In der Gedächtnisforschung spricht man vom impliziten im Unterschied zum autobiographischen Gedächtnis (implizit = unwillkürlich, unbewusst). Man kann es auch das prozedurale Gedächtnis nennen, denn es enthält vor allem Prozeduren oder Verhaltensmuster wie Laufen, Schwimmen oder Fahrradfahren, Sprechen oder Schreiben, aber auch die Fähigkeiten des Umgangs mit anderen, die wir bei jeder Begegnung zur Verfügung haben, ohne eigens darauf achten zu müssen.

Das implizite Gedächtnis beruht auf anderen Hirnstrukturen als das autobiographische Gedächtnis; es ist eher subkortikal organisiert und wesentlich früher funktionsfähig. Bereits drei bis vier Monate alte Kinder sind mittels dieses Gedächtnisses in der Lage, aus wiederholten Erlebnissen Regelmäßigkeiten zu bilden, sich Fähigkeiten anzueignen und zu lernen. Vor allem erwerben sie im Kontakt mit anderen interaktive Verhaltensmuster, die ihren Umgang mit anderen organisieren, "schemes-of-being-with", wie

Daniel Stern sie genannt hat – „Ich-mit-Mami-beim-Stillen", „Ich-mit-Papa-beim-Ballspielen" usw. Daraus entsteht das, was man auch implizites Beziehungswissen nennt (Stern 1998b), nämlich ein Wissen, wie man mit anderen umgeht – wie man mit ihnen Vergnügen hat, Freude ausdrückt, Aufmerksamkeit erregt, Ablehnung vermeidet usw. Es ist ein zeitlich organisiertes, gewissermaßen „musikalisches" Gedächtnis für die Rhythmik, die Dynamik und die „Untertöne", die in der Interaktion mit den Anderen unhörbar mitschwingen.

Bereits in den ersten Lebensmonaten lässt sich ein Gedächtnis für solche gemeinsamen Interaktionssequenzen nachweisen, nämlich an den Erwartungen der mütterlichen Reaktionen, die das Kind zeigt. Babys lernen rasch, welche emotionalen Äußerungen die Eltern ansprechen, aktivieren oder eher abweisen usw. Sie zeigen deutlich Erwartungen, und daher auch Überraschungen und Enttäuschungen. Beim sogenannten still-face-Experiment (Tronick/Brazelton/Als 1978) fordert man die Mütter auf, im Verlauf einer normalen Spielsituation mit ihrem Säugling zwei Minuten lang ihre Mimik starr zu stellen und geradeaus zu blicken. Babys reagieren darauf in der Regel mit deutlicher Irritation und Unruhe – die erwartete Resonanz der Mutter bleibt aus – und versuchen auf alle mögliche Weise, gestikulierend und vokalisierend, die Mutter wieder zur Rückkehr zum gewohnten Kontakt zu veranlassen.

Dabei lassen sich zwei Gruppen von Kindern differenzieren (Field 1984; Papoušek 2001):
1. Kinder von sensiblen und lebhaften Müttern bleiben auch in der still-face-Situation aktiv und erwarten offensichtlich, dadurch die Mutter wieder in den Kontakt zu bringen;
2. Babys von Müttern mit eher unsensibler, mangelnder Resonanz, etwa aufgrund einer nachgeburtlichen Depression, reagieren dagegen anders: sie sind zwar anfangs beunruhigt, werden dann aber rasch passiv und hilflos. Sie haben nicht gelernt, ihr Verhalten wirksam im Kontakt einzusetzen, d.h. sie entwickelten ein gewohnheitsmäßiges Schema von anderen als relativ unerreichbar und unbeeinflussbar.

Gelingt es den Kindern also nicht, Beziehungsschemata zu erwerben, mittels deren sie mit anderen in sicheren Kontakt treten, so können sich auch ihre Bindungen nicht angemessen entwickeln. Sie zeigen im weiteren Verlauf eine deutliche Bindungsschwäche (Field et al. 1988). Wie sich zeigt, schlagen sich die frühe Interaktion und Kommunikation von Anfang an in den Gedächtnis- und Gehirnstrukturen des Kindes nieder.

Bindungssystem

Damit kommen wir zu einem zentralen Konzept der Entwicklungspsychologie der letzten ein bis zwei Jahrzehnte, nämlich der Bindungstheorie. Nach John Bowlby, der diese Theorie in den 50er Jahren des letzten Jahrhunderts entwickelt hat, werden die sozialen Beziehungen in der frühen Kindheit von einem biologisch angelegten Bindungssystem reguliert, das die Funktion erfüllt, die Nähe, Fürsorge und emotionale Verbundenheit mit den wichtigsten Bezugspersonen sicherzustellen (Bowlby 1982). Es umfasst
1. biologisch verankerte, bei Kindern und Erwachsenen aufeinander abgestimmte Signale wie Suchen, Rufen, Anblicken, Weinen, Anklammern;
2. die entsprechenden Triebregungen und Bedürfnisse etwa nach Geborgenheit, Pflege, Wärme und Zuneigung;
3. die dazugehörigen physiologischen, etwa neuroendokrinen Funktionen.

Durch dieses System werden die elementaren Bedürfnisse des Säuglings erfüllt: Er ist angewiesen auf die Wärme des Körpers der Mutter, auf ihren Geruch, ihre Berührungen, liebevolle Zuwendung, angemessene Anregung und Beruhigung. Diese Interaktionen spielen für die emotionale und soziale Entwicklung des Säuglings eine unersetzliche Rolle. Gelingt die komplementäre Ergänzung und Regulation durch die Mutter, dann wird der Säugling zunehmend fähig, seine Gefühlszustände, also auch unangenehme oder Stresszustände selbst zu regulieren. Zugleich gehen seine frühen Beziehungserfahrungen in das implizite Gedächtnis ein und werden als sichere Bindungen verankert. Er gewinnt das Grundvertrauen und die sichere Basis, um die Welt aktiv zu erforschen. Die ersten Beziehungen werden auch zu inneren Vorbildern, die seine späteren Beziehungen bis ins Erwachsenenalter maßgeblich prägen (Brisch et al. 2002).

Umgekehrt jedoch führen mangelnde Zuwendung, Geborgenheit oder Trennungen von der Mutter beim Säugling zu psychophysischen Stressreaktionen mit zunächst steigender Erregung, dann aber zunehmender Resignation, Apathie oder Verzweiflung. Schon aus den 1960er Jahren sind die Untersuchungen von René Spitz (1967) an Heimkindern bekannt, die bei völligem Entzug emotionaler Fürsorge schwere Deprivationssyndrome mit Apathie, Depression und erhöhter Sterblichkeit zeigten. Bereits weniger gravierende Beziehungsstörungen etwa infolge einer Depression der Mutter in der Zeit nach der Geburt wirken sich nachteilig auf die kognitive und emotionale Entwicklung des Kindes aus (Murray/Cooper 2003). Nicht nur die Ausformung der kognitiven Hirnstrukturen, sondern auch die noch grundlegendere Reifung des emotionalen Beziehungssystems ist also ein erfahrungsabhängiger Prozess, der vielfältigen Störungsmöglichkeiten unterworfen ist (Fuchs 2010).

Sekundäre Intersubjektivität

Ich habe nun die frühen, non-verbalen Formen von Kommunikation und Beziehung dargestellt, die auch als primäre Intersubjektivität bezeichnet werden. In der nächsten Stufe, der sekundären Intersubjektivität, entwickelt sich die sprachlich-symbolische Kommunikation und damit die eigentliche menschliche Dialogfähigkeit. Betrachten wir auch diese Entwicklung etwas näher.

Gemeinsame Aufmerksamkeit

Ein entscheidender Schritt ist dabei die Entwicklung der „gemeinsamen Aufmerksamkeit" („joint attention"), bei der sich Mutter und Kind gemeinsam auf ein äußeres Objekt richten – eine Fähigkeit, die sich etwa ab dem neunten Lebensmonat ausschließlich beim Menschen entwickelt. Biologisch unterstützt wird diese Entwicklung dadurch, dass die Neubildung neuronaler Verschaltungen oder Synapsen in diesem Zeitraum ihren Höhepunkt erreicht. Hier liegt die Phase der intensivsten Umwandlung von Umwelterfahrungen, insbesondere von sozialen Interaktionen, in die bleibenden Netzwerke des Gehirns (Markowitsch/Welzer 2005, S. 174).

In diesem Alter beginnen Babys also, sich gemeinsam mit Erwachsenen Gegenständen zuzuwenden und sich dabei deren Aufmerksamkeit durch kurze Blicke zu vergewissern. Bald gehen die Babys aber auch dazu über, die Aufmerksamkeit der Erwachsenen durch Zeigegesten auf Dinge zu lenken: Sie zeigen auf ein Glas, damit die Mutter es füllt, auf ein interessantes Tier, damit sie es sieht, oder auch auf einen Gegenstand, den die Mutter sucht, um ihr zu helfen. Umgekehrt beginnen Babys nun auch, die Zeigegesten der Erwachsenen zu verstehen, also die „Bedeutung" der deutenden Hand. Das Zeigen beinhaltet die gemeinsame Beziehung auf ein Drittes, das von beiden Partnern gesehen oder gehandhabt wird. In den Zeigegesten manifestiert sich eine spezifisch menschliche Kommunikation, die Verständigung über einen gemeinsamen äußeren Bezugspunkt. Hier liegt die grundsätzliche Grenze der mentalen Fähigkeiten anderer Primaten, die keine gemeinsame Aufmerksamkeit entwickeln können (Fuchs 2010, S. 207 f.).

Die Zeigegeste ist also grundlegend. Der Säugling erlebt nämlich dabei, dass es eine Aufmerksamkeitsrichtung der anderen gibt, die er selber beeinflussen kann und die ihn selber beeinflusst. Er macht die Erfahrung, dass die Welt aus den Augen der Mutter anders aussieht als seine eigene Welt, dass er sich aber mit ihr darüber verständigen kann. Wenn er ihr etwas zeigt, dann kann er das nur, wenn er ein Verständnis davon hat, dass sie es noch nicht sieht, es aber vielleicht gleich sehen kann. Das heißt, er entwickelt das Verständnis dafür, dass es eine Perspektive außerhalb der seinigen gibt – die eines anderen. Das beginnt um den neunten Lebensmonat. Es ist eine so grundlegend neue Stufe, dass man auch von der 9-Monats-Revolution spricht (Tomasello 2002).

Kinder verstehen nun auch, dass andere Ziele haben und bestimmte Mittel einsetzen, um sie zu erreichen. Mit 12–14 Monaten sind sie bereits in der Lage zu begreifen, was ein Erwachsener tun möchte und führen eine unvollständige Handlung an seiner Stelle zu Ende (Meltzoff/Brooks 2001). Nun haben sie auch die Möglichkeit, gezielt von anderen zu lernen. Sie beginnen Handlungen anderer nicht mehr nur unwillkürlich nachzuahmen, sondern durch selbst gesteuerte Imitation einzuüben, etwa den Gebrauch von Werkzeugen. Dazu müssen die Kinder Ziel, Zweck und Mittel der Handlung anderer erfassen können. Sie versetzen sich in sie, identifizieren sich mit ihnen und übernehmen in spielerischer Imitation ihre Haltungen und Rollen. Auf diese Weise erwerben sie spezifische Kulturtechniken im Umgang mit Objekten ebenso wie soziale Kompetenzen im Umgang mit Anderen.

Freilich gibt es außer der Zeigegeste noch weitere kommunikative Gesten, die sich in den ersten Lebensmonaten entwickeln. In nahezu allen Kulturen bedeutet z.B. ein Kopfschütteln „nein". Den Anfang dieser Bewegung lässt sich bereits beim Säugling beobachten, der auf einen unangenehmen Reiz hin den Kopf zur Seite und somit das Gesicht vom Reiz weg bewegt. Im Verlauf der Stammesgeschichte kam es vermutlich zu einer Ritualisierung: Da das Signal eindeutig sein muss, wurde es auffälliger ausgeführt, nämlich durch eine Zunahme der Kopfdrehung bis über die Mittelachse des Körpers und durch Wiederholung der Bewegung. Auf der anderen Seite steht ein Kopfnicken in den meisten Kulturen für „ja". Das Senken des Kopfes stellte wahrscheinlich eine Art Demutsgeste dar, mit der Bedeutung: Ich beuge mich dem, was du sagst, ich bin einverstanden.

Mit den Gesten, besonders mit der Zeigegeste, sind nun aber auch die ersten Worte verbunden. Die Eltern zeigen auf Gegenstände und benennen sie. Ebenso sind die ersten Worte, die Kinder verwenden, häufig verbunden mit Zeigegesten. Sie sind eingebettet in kooperative Aktivitäten, die von den Eltern strukturiert werden: Windeln wechseln, Essen im Kinderstuhl, mit dem Auto fahren, Enten füttern, einen Turm aus Klötzen bauen usw. Das Sprachvermögen entwickelt sich also in der gemeinsamen, auf die Umwelt gerichteten Praxis. Ohne eine sinnvolle Interaktion mit dem Erwachsenen, der einen neuen sprachlichen Ausdruck verwendet, hören Kinder nur Geräusche, die aus dem Mund der anderen kommen. Sie müssen erkennen, dass die Bezugspersonen Wörter zielgerichtet, also mit einer Bezeichnungsabsicht verwenden. Sie übernehmen ein Wort für einen neuen Gegenstand nur dann, wenn die Aufmerksamkeit des Erwachsenen tatsächlich auf den Gegenstand gerichtet ist. Sieht er in eine andere Richtung oder kommt die Stimme vom Band, stellt das Kind die Beziehung von Wort und Gegenstand nicht her.

Perspektivenübernahme und Selbstbewusstsein

Mit der Sprache erlernt das Kind ein grundlegend neues Medium der Kommunikation und damit der Erkenntnis der Welt. Es vermag sich nun noch besser in andere hineinzuversetzen, ihre Absichten nachzuvollziehen und ihre Perspektive im eigenen Handeln mitzudenken. Doch wie lernt das Kind eigentlich „ich" zu sagen? Wie kommt es zur Entwicklung von Selbstbewusstsein? Wir werden sehen, dass auch sie an die Beziehung und Kommunikation mit den anderen gebunden ist.

Zwar bringt der Säugling bereits ein sehr elementares Selbstgefühl, ein leibliches Selbsterleben mit. Er hat schon vor der Geburt grundlegende Empfindungen von Berührung und Bewegung, in denen er zugleich sich selbst spürt. Doch erst in den in den ersten Lebensmonaten entwickelt und differenziert sich dieses elementare Selbstempfinden, vor allem durch die Erfahrungen mit den anderen, die ihn ansehen und ansprechen. Die Vorstufen von Selbstbewusstsein entwickeln sich mit dem Sich-Spiegeln in den Augen der Mutter. Freilich kann der Säugling sein Selbstempfinden noch nicht reflektieren im Sinne eines „Ich" oder eines Selbstbewusstseins, aber er spürt, dass er wahrgenommen wird und gemeint ist. Er ist ein „Selbst-mit-Anderen", wie man es ausdrücken könnte.

Das bedeutet aber noch kein „Ich-Selbst". Der entscheidende Schritt auf dem Weg zum eigentlichen Selbstbewusstsein vollzieht sich ab dem neunten Lebensmonat, wenn der Säugling die „gemeinsame Aufmerksamkeit" erlernt und die Perspektive anderer zu begreifen beginnt. Würden wir alleine aufwachsen, könnten wir unserer selbst gar nicht bewusst werden. Wenn das Kind aber die Perspektive der anderen erfassen kann, lernt es auch, sich selbst mit ihren Augen zu sehen – und nur so entwickelt sich das Selbstbewusstsein. Das Kind lernt zum Beispiel zu verstehen, was es bedeutet, einen eigenen Namen zu haben, etwa dass ich „Monika" bin. Das geschieht, wenn das Kind merkt, dass der Name auf es „zeigt". Diese Bedeutung versteht das Kind im Laufe des zweiten Lebensjahres. Interessanterweise sagen Kinder ja zunächst einmal: „Monika spielt Puppen" oder „Monika hat das gemacht"; sie benützen also erst ihren Eigennamen, bevor sie „ich" sagen.

Im Laufe des zweiten Lebensjahrs wird es dem Kind auch möglich, sein Spiegelbild als sich selbst zu erkennen. Um dies nachzuweisen, malt man Kindern unbemerkt einen roten Fleck auf die Stirn. Wenn sie sich nun im Spiegel sehen, greifen sie ab dem 16.-18. Lebensmonat an die eigene Stirn, verstehen also, dass das Spiegelbild sie selbst darstellt. Zuvor ist es für sie einfach nur ein lustiges Gesicht. Sich im Spiegel zu erkennen bedeutet, sich selbst aus der Perspektive der anderen, gewissermaßen von außen sehen zu können – ein entscheidender Schritt in der Entwicklung des Selbstbewusstseins.

Ab dem 2./3. Lebensjahr schließlich lernt das Kind, mit dem ich-Pronomen umzugehen. „Ich" steht zwar für mich, wechselt aber jeweils zum

Sprecher und damit ständig den Ort. Ich sage jetzt „ich", aber sobald du anfängst zu sprechen, sagst du plötzlich auch „ich" – eine zunächst verwirrende Doppeldeutigkeit. Erst wenn das Kind versteht, dass jeder gleichermaßen „ich" sagen kann, begreift es die Allgemeinheit der persönlichen Perspektive. Nun ist es bei dem Verständnis angekommen, einer unter anderen zu sein, einer Gemeinschaft von Personen anzugehören.

Die Verinnerlichung sprachlicher Interaktionen lässt sich dann mit den reflexiven, in sich dialogischen Denkprozessen identifizieren, in denen das Kind über sich nachdenkt und auf sich selbst Bezug nimmt. In diesem Sinn hat bereits Platon die Gedanken als „das innere Gespräch der Seele mit sich selbst, das ohne Stimme vor sich geht", verstanden (Platon, Sophistes, 263 E.) Selbstbewusstsein bedeutet die stets gegebene Möglichkeit dieses Selbstgesprächs. Es kann sich nur entwickeln, wenn das Kind die Perspektive der anderen auf es selbst erfasst und sich zu eigen gemacht hat. Die dazu erforderlichen Strukturen des Präfrontallappens im Gehirn reifen in den interaktiven Erfahrungen heran, in denen das Kind von den anderen angesprochen und als eigene Person mit der Fähigkeit zur Selbststeuerung behandelt wird. Selbstbewusstsein, Selbstständigkeit, Autonomie und Freiheit sind ebenso wie die dafür erforderlichen Gehirnstrukturen letztlich in der sozialen Interaktion erworbene Fähigkeiten.

Zusammenfassung

Der Mensch kommt nicht als ein Einzelwesen auf die Welt, das erst nach und nach in die Gemeinschaft eingeführt werden muss. Er ist vielmehr schon biologisch von Anfang an auf Beziehung zu anderen angelegt. Gerade der fast ausschließlich in Gruppen und Sippen lebende Frühmensch war für sein Überleben auf ein hoch differenziertes System von Kommunikation, Kooperation und Beziehungen angewiesen. Das Bindungssystem erfüllte dabei nicht nur für die Säuglinge die Aufgabe, Nähe, Fürsorge und emotionale Verbundenheit mit den wichtigsten Bezugspersonen sicherzustellen. Auch die Beziehungen zwischen den erwachsenen Mitgliedern der Sippe wurden und werden wesentlich vom psychobiologisch verankerten Bindungssystem getragen. Darüber hinaus entwickelte sich mit dem Resonanz- und Empathiesystem bei den höheren Primaten und vor allem beim Menschen ein biologisch angelegtes System subtilen sozialen Verstehens. Es umfasst unter anderem die von Geburt an mögliche Nachahmung des Ausdrucks von Artgenossen und die Affektabstimmung in der Interaktion von Mutter und Kind.

Auf dieser Basis entwickelt sich beim Menschen wie bei keiner anderen Gattung die Fähigkeit der Ausdruckskommunikation, des Mitfühlens und Einfühlens. Menschliche Kommunikation beruht primär auf dieser vorsprachlichen, nonverbalen Kommunikation, die wir als frühe Zwischenleiblichkeit bezeichnet haben. Im ersten Lebensjahr wird die Basis von Beziehung, Bindung und wechselseitigem Verstehen gelegt, auf der sich im Laufe des zweiten und dritten Lebensjahres die symbolisch-sprachliche Kommunikation entwickeln kann.

Diese eigentlich dialogische Kommunikation tritt in der frühen Kindheit zum ersten Mal in Form spontaner Gesten des Zeigens und Gestikulierens auf. Sie entwickelt sich in kooperativen Situationen, als eine Form des gemeinsamen praktischen Umgangs mit den Dingen. Diese Entwicklung beruht zum einen auf der Fähigkeit des Menschen, eine geteilte Aufmerksamkeit oder geteilte Intentionalität herzustellen – sich also gemeinsam mit einem anderen auf einen Gegenstand zu richten und zu wissen, dass der andere dies ebenfalls tut, gemeinsame Absichten und Ziele auszubilden. Zum anderen beruht die Entwicklung der Sprache auf den Grundmotiven der menschlichen Kommunikation, nämlich einander zu informieren, einander zu helfen und Gefühle miteinander zu teilen. Diese altruistische und kooperative Grundausrichtung unterscheidet den Menschen auch von den höchsten Primaten, die ihre Gesten nur einsetzen, um mit Hilfe des anderen einen Vorteil für sich zu erreichen (Tomasello 2009).

Die Fähigkeit der gemeinsamen Aufmerksamkeit und das Verständnis für die Perspektive anderer ist auch die Basis der Entwicklung des Selbstbewusstseins. Es enthält gleichsam einen verinnerlichten Dialog, in dem das Kind die Haltungen und Äußerungen anderer gegenüber dem eigenen Selbst in das eigene Bewusstsein aufnimmt. Dies manifestiert sich schließlich in der Fähigkeit, „ich" zu sagen, das heißt, sich als eine Person unter anderen Personen zu begreifen. Das Ich ist in uns angelegt, und doch ist es ebenso eine Gabe der anderen.

Kommen wir zum Abschluss noch einmal auf die Rolle des Gehirns zurück. Wir haben gesehen, dass der menschliche Geist, die Sprache und das Selbstbewusstsein sich nur in der Interaktion mit anderen entwickeln können. Geistige Prozesse werden nicht in einem isolierten neuronalen Apparat produziert. Sie überschreiten vielmehr fortwährend die Grenzen des Gehirns ebenso wie die des Körpers. Denn Geistiges beruht auf Bedeutungen, und Bedeutungen auf Beziehungen. Sie leiten sich ab von der frühkindlichen Erfahrung der geteilten Aufmerksamkeit, des Zeigens, und vom gemeinsamen Gebrauch der Worte. Neuronale Muster, die diesen Bedeutungen entsprechen und zugrunde liegen, werden dem Gehirn im Verlauf der frühkindlichen Entwicklung eingeschrieben, aufgeprägt. Das Gehirn wird damit zum „Organ der Möglichkeiten", zu einer Matrix, die die Beziehungserfahrungen des Kindes aufnimmt und in bleibende Fähigkeiten verwandelt (Fuchs 2010). So gesehen wird es auch zum Organ des Geistes. Doch der Geist ist ein Geschenk der anderen, der Gemeinschaft, nicht ein Produkt des Gehirns. Umso mehr tragen wir die Verantwortung, die pädagogischen Umwelten der Kinder so zu gestalten, dass sie ihre natürliche Tendenz fördert, nämlich in und durch Beziehungen zu lernen.

Literatur

Björklund, A./Lindvall, O. (2000): Self-repair in the brain. In: Nature 405, S. 892–895.
Bowlby, J. (1982): Attachment and loss. Volume I: Attachment. New York: Basic Books.
Brisch, K. H./Grossmann, K. E./Grossmann, K./Köhler, L. (2002): Bindung und seelische Entwicklungswege. Stuttgart: Klett-Cotta.
Catmur, C./Walsh, V./Heyes, C. (2007): Sensorimotor Learning Configures the Human Mirror System. In: Current Biology 17, S. 1527–1531.
Ekman, P. (Hrsg.) (1988): Gesichtsausdruck und Gefühl. 20 Jahre Forschung von Paul Ekman. Paderborn: Junfermann.
Field, T (1984): Early interactions between infants and their postpatum depressed mothers. In: Infant Behavior and Development 18, S. 1–3.
Field, T./Healy, B./Goldstein, S./Perry, S./Bendell, D./Schanberg, S./Zimmermann, E. A./Kuhn, C. (1988): Infants of depressed mothers show "depressed" behavior even with nondepressed adults. In: Child Dev 59, S. 1569–1579.
Fuchs, T. (2008): Leib und Lebenswelt. Neue philosophisch-psychiatrische Essays. Kusterdingen: Die Graue Edition.
Fuchs, T. (2010): Das Gehirn – ein Beziehungsorgan. Eine phänomenologisch-ökologische Konzeption. 3. Auflage. Stuttgart: Kohlhammer.
Gallese, V. (2001): The "shared manifold" hypothesis. From mirror neurons to empathy. In: Journal of Consciousness Studies 8, S. 33–50.
Markowitsch, H. J./Welzer, H. (2005): Das autobiographische Gedächtnis. Hirnorganische Grundlagen und biosoziale Entwicklung. Stuttgart: Klett-Cotta.
Meltzoff, A. N./Brooks, R. (2001): "Like me" as a building block for understanding other minds: Bodily acts, attention, and intention. In: Malle, B. F./Moses, L. J./Baldwin, D. A. (Hrsg.) (2001): Intentions and intentionality: foundations of social cognition. Cambridge, Mass: MIT, S. 171–191.
Meltzoff, A. N./Moore, M. K. (1977): Imitation of facial and manual gestures by human neonates. In: Science 198, S. 74–78.
Merleau-Ponty, M. (2003): Das Auge und der Geist. Hamburg: Meiner.
Murray, L./Cooper, P. (2003): Intergenerational transmission of affective and cognitive processes associated with depression: infancy and the preschool years. In: Murray L./Cooper P. (Hrsg.) (2003): Unipolar depression: a lifespan perspective. Oxford: Oxford University Press, S. 17–46.
Nietzsche, F. (1886/1988): „Jenseits von Gut und Böse". Stuttgart: Reclam. gutenberg.spiegel.de/buch/3250/6 (Abruf 30.10.2012).
Papoušek, H./Papoušek, M. (1995): Vorsprachliche Kommunikation: Anfänge, Formen, Störungen und psychotherapeutische Ansätze. In: Petzold, H. G. (Hrsg.) (1995): Die Kraft liebevoller Blicke. Psychotherapie und Babyforschung. Band II. Paderborn: Junfermann, S. 123–142.
Papoušek, M. (2001): Wochenbettdepressionen und ihre Auswirkungen auf die kindliche Entwicklung. In: Braun-Scharm, H. (Hrsg.) (2001): Depressionen und komorbide Störungen bei Kindern und Jugendlichen. Weinheim: Wissenschaftliche Verlagsgesellschaft, S. 201–226.
Rizzolatti, G./Fogassi, L./Gallese, V. (2001): Neurophysiological mechanisms underlying the understanding and imitation of action. In: Nature Neuroscience 2, S. 661–670.
Spitz, R. A. (1967): Vom Säugling zum Kleinkind. Naturgeschichte der Mutter-Kind-Beziehungen im ersten Lebensjahr. Stuttgart: Klett-Cotta.

Stern, D. N. (1998a): Die Lebenserfahrungen des Säuglings. 6. Auflage. Stuttgart: Klett-Cotta.
Stern, D. N. (1998b): The process of therapeutic change involving implicit knowledge: Some implications of developmental observations for adult psychotherapy. In: Infant Mental Health Journal 19, S. 300–308.
Tomasello, M. (2002): Die kulturelle Entwicklung des menschlichen Denkens. Zur Evolution der Kognition. Frankfurt am Main: Suhrkamp.
Tomasello,. M. (2009): Die Ursprünge der menschlichen Kommunikation. Frankfurt am Main: Suhrkamp.
Trevarthen, C. (2001): The neurobiology of early communication: intersubjective regulations in human brain development. In: Kalverboer, A. F./Gramsberg, A. (Hrsg.) (2001): Handbook of brain and behaviour in human development. Dordrecht, Boston und London: Kluwer Academic Publishers, S. 841–881.
Tronick, E. Z./Brazelton, T. B./Als, H. (1978): The structure of face-to-face interactions and its developmental functions. In: Sign Language Studies 18, S. 1–16.
Wicker, B./Keysers, C./Plailly, J./Royet, J./Gallese, V./Rizzolatti, G. (2003): Both of Us Disgusted in My Insula: The Common Neural Basis of Seeing and Feeling Disgust. In: Neuron 40, S. 655–664.

Harald Schwaetzer

Wie es ist, ein Ich zu sein.
Intellektueller Existentialismus

„Die meisten Menschen würden leichter dahin zu bringen seyn, sich für ein Stück Lava im Monde, als für ein *Ich* zu halten" (Fichte 1794–95/1971, S. 175, Anm.), schrieb Johann Gottlieb Fichte. Heute scheint die Situation anders zu sein. Auch das „Ich" ist in der Postmoderne angekommen: Nichts leichter, als sich für ein solches zu halten. Und nicht nur ein Ich, sondern zugleich mehrere zu sein, gelegentlich bescheiden als „Teil-Ich" apostrophiert. Galt der philosophischen Tradition der Spiegel als Bild des Ich und war für das Mittelalter der zerbrochene Spiegel, der doch in jedem seiner Teile das Ganze wiederum abbildet, ein wichtiges Symbol (Mandrella 2012, S. 140), so konnte das späte 20. Jahrhundert unbekümmert aus der Zersplitterung des Ichs heraus den Schluss auf einen vollständigen Verzicht einer solchen Hypothese ziehen. So behauptete in der philosophischen Diskussion in den letzten Dekaden des vergangenen Jahrhunderts der Versuch das Feld, das Subjekt für überflüssig zu halten. Freilich gab es immer einige Stimmen, wie etwa diejenige von Dieter Henrich, welche sich dieser Tendenz nicht anschlossen. Blickt man insgesamt auf die Situation der Gegenwart, so wird „Subjektivität" zwar wieder zu einem zentralen Thema, aber es wird zunehmend unklar, was ein Subjekt oder ein Ich ist.

Nicht zuletzt diese Unklarheit über Ich, Subjekt, Person mit ihren folgereichen Auswirkungen in der Gesellschaft, man denke nur an die Themenfelder von Bildung und Bioethik, hat die philosophische Überlegungen auch auf die Historie des Ich-Begriffs geführt. Insbesondere die Leistungen des späten Mittelalters und der frühen Neuzeit für ein Verständnis von Subjektivität sind in der letzten Zeit vermehrt ins Bewusstsein getreten (Aertsen/Speer 1996; Krieger/Ollig 2001; De Libera 2007; De Libera 2008; Schwaetzer/Vannier 2011).

Die folgenden Überlegungen wollen daran anschließen und zeigen, dass ein historischer Blick systematische Perspektiven für ein Ichverständnis der Gegenwart nach sich ziehen kann. Dabei wollen sie zeigen, dass die Differenz von Ich-Erkenntnis und Nicht-Ich-Erkenntnis auch daran liegt, dass für die Ich-Erkenntnis die Genese die Geltung garantiert, während im anderen Falle Geltung und Genese zu trennen sind. Aus dieser Einsicht erwächst in der Renaissance die Rede von der Würde des Menschen. Dabei ist freilich ein Genese-Verständnis gemeint, welches jenseits postmoderner Beliebigkeit durch eine „verbindliche Beliebigkeit" im Sinne einer transzendentalen Transzendenz ausgezeichnet ist.

Ich = Ich oder Ich bin

Die vorliegenden Überlegungen nehmen ihren Ausgangspunkt von der Grundeinsicht Johann Gottlieb Fichtes. Um diesen Ausgangspunkt in seiner Bedeutung verstehen zu können, muss kurz Immanuel Kant Erwähnung finden; denn anhand von dessen Philosophie ist Fichte zu seiner Einsicht gekommen. Dabei sei hier um der systematischen Knappheit willen auf eine historische Schilderung verzichtet.

Die Grundfrage von Kants „Kritik der reinen Vernunft", die sich von da an durch alle drei Kritiken zieht, ist diejenige nach Metaphysik als Wissenschaft. Das Ergebnis lautet eigentümlich. Kant schreibt in der Einleitung zur „Kritik der Urteilskraft":

„Es gibt also ein unbegrenztes, aber auch unzugängliches Feld für unser gesamtes Erkenntnisvermögen, nämlich das Feld des Übersinnlichen [...] ein Feld, welches wir zwar zum Behuf des theoretischen sowohl als praktischen Gebrauchs der Vernunft mit Ideen besetzen müssen, denen wir aber in Beziehung auf die Gesetze aus dem Freiheitsbegriffe, keine andere als praktische Realität verschaffen können, wodurch unser theoretisches Erkenntnis nicht im mindesten zu dem Übersinnlichen erweitert wird." (KdU B XIX)

Die Frage nach der Möglichkeit einer Erkenntnis des Übersinnlichen wird also gewissermaßen ambivalent beantwortet. Auf der einen Seite ist es für den Menschen unmöglich, das Feld des Übersinnlichen zu erkennen, auf der anderen Seite muss er aber in Erkennen und Handeln davon ausgehen, dass es gleichwohl existiert. Diese eigentümliche Form, die Existenz des Übersinnlichen als Bedingung der Möglichkeit von Erkenntnis behaupten zu müssen, ohne einen direkten Zugang zu haben, prägt und stimuliert Kants Nachfolger im deutschen Idealismus. Kant hatte ihnen auch Erkenntnisformen an die Hand gegeben, wie eine Erkenntnis des Übersinnlichen möglich wäre, wenn der Mensch über sie verfügte. Wie Eckhart Förster jüngst gezeigt hat, sind es zwei Arten: der intuitive Verstand und die intellektuelle Anschauung. Beide weisen für ihn nochmals zwei Unterarten auf: „den intuitiven Verstand als (a) ursprünglichen, selbstanschauenden Verstand (Grund aller Möglichkeiten); und (b) als synthetisch-allgemeinen Verstand; zweitens die intellektuelle Anschauung als (a) produktive Einheit von Möglichkeit (Denken) und Wirklichkeit (Sein), und (b) als nichtsinnliche Anschauung von Dingen an sich." (Förster 2011, S. 160)

Wenngleich nur negativ formuliert, d.h. als Möglichkeit einer Erkenntnisform, die für den Menschen keine Wirklichkeit ist, bereiteten Kants präzise Überlegungen den Boden dafür, dass die Denker des deutschen Idealismus an dieser Stelle über Kant hinauszugehen versuchten. Bei allem heute fragwürdig Erscheinenden, bietet doch Fichtes Grundeinsicht, die von allen übrigen Denkern des deutschen Idealismus geteilt wird, einen gültigen Gesichtspunkt.

Fichte diskutiert in seiner frühen Philosophie den Unterschied zwischen dem Satz A = A und dem Satz Ich = Ich. Bei dem ersten kann von der Existenz des A gänzlich abgesehen werden; die Existenzbedingungen sind vom Urteil unabhängig. Ganz anders ist es, so Fichte, im zweiten Fall. Der Satz Ich = Ich kann ausgedrückt werden in dem Satz „Ich bin". Das Urteil als geistige Handlung, welches vollzogen wird, ist nicht nur ein Erkenntnisurteil, sondern hat als Handlung eine Konsequenz: die Existenz des Ich als Selbstselbstsetzung. Was damit insgesamt für den einen Gedanken gewonnen ist, ist die Einsicht Fichtes, dass mit der Ich-Erkenntnis als Selbstsetzung erfahrbare Realität ist, dass eine übersinnliche Erkenntnis möglich ist. Bezogen auf das Ich nennt Fichte diese Erkenntnisart intellektuelle Anschauung (Förster 2011; Fichte 1794–95/1971).

Der Kürze halber sei noch vom frühen Schelling aus auf einen Aspekt dieses Gedankens geschaut. In der Schrift „Vom Ich als Prinzip der Philosophie" führt Schelling aus, dass das Prinzip des Denkens und das Prinzip des Seins zusammenfallen (Schelling SW I/1, S. 162 f.). Er fährt fort, dass weder Subjekt noch Objekt als ein solches Prinzip in Frage kommen, da beide aufeinander verweisen (Schelling SW I/1, S. 165). Geschickt führt Schelling das, was unbedingt ist, als das, was kein Ding ist, ein. Von hier aus ist es ein kleiner Schritt zum absoluten Ich (Schelling SW I/1, S. 167), das eben deshalb absolut ist, weil es sich selbst hervorbringt. Es bringt sich nicht nur durch sein Denken selbst hervor, sondern es ist auch nur, wenn es sich selbst hervorbringt. Da das Ich also niemals Objekt oder Begriff werden kann, vermögen wir seiner nur ansichtig zu werden, so Schelling, durch eine „fremde Anschauung", also das, was später bei ihm und schon bei Fichte die „intellektuelle Anschauung" genannt wird (Schelling SW I/1, S. 168 und S. 181).[1] Schelling macht deutlich, dass er sein (und Fichtes) so konzipiertes „Ich" nicht als empirisches Selbstbewusstsein versteht; dieses

---

[1] Schelling macht ganz deutlich, dass er sein „Ich" nicht als empirisches Selbstbewusstsein versteht; dieses ziehe vielmehr die Gefahr nach sich, das Ich zu verlieren (Schelling 1801/2009, S. 180), eben weil nur das Subjekt im Blick ist. Ganz gefeit scheint Schelling gegen diese Gefahr selbst nicht gewesen zu sein. Wenig später führt Schelling, noch ganz im Fichteschen Fahrwasser, ein Nicht-Ich ein, das als Objekt dem absoluten Ich entgegengesetzt ist. Vgl. zum Verhältnis Fichte – Schelling mit Bezug auf den Ich-Begriff in dieser Schrift Görland 1973, S. 19 ff., vor allem S. 27: „In den beiden auf das absolute Ich bezogenen Sätzen: dem Fichteschen – das Ich ist Alles und ist Nichts, weil es für sich nichts ist – und dem Schellingschen – Selbstbewußtsein setzt die Gefahr voraus, das Ich zu verlieren – präzisiert sich der Unterschied ihrer Auffassungen zur Antithese."

ziehe vielmehr die Gefahr nach sich, das Ich zu verlieren (Schelling SW I/1, S. 180), eben weil nur das Subjekt im Blick ist.

Aus dieser kleinen Skizze folgt, dass der Ich-Begriff systematisch in verschiedener Weise ausgesagt werden kann (und ich verlasse hier die historische Diskussion):
1. als empirisches Ich (hier: Subjekt genannt)
2. als über Subjekt und Objekt seiendes Ich, in welchem Denken und Sein zusammenfallen und welches nur existiert, wenn es sich denkend hervorbringt

Das unter 2. genannte Ich ist nun seinerseits mindestens in zwei Bedeutungen verstehbar:
2a. als individuelles geistiges Ich (hier: Individualität genannt)
2b. als überindividuelles geistiges Ich (hier: Gott genannt)

Daraus ergeben sich insgesamt drei Ich-Begriffe: Das Ich als Subjekt, Individualität und Gott im gemeinten Sinne – andere Worte wie Person und andere Zuschreibungen der Worte zu dem gemeinten Begriff sind natürlich möglich. Angesichts der sehr unterschiedlich gebrauchten Terminologie, sei für die folgenden Überlegungen einfach diese Konvention festgeschrieben.

Zwischen diesen drei Ich-Begriffen sind nun unterschiedliche Verhältnisse möglich.

1. Alle drei sind voneinander unabhängig. Das empirische Subjekt, die Individualität und Gott haben keinen Bezug zueinander. Wird diese Aussage von einem modernen mitteleuropäischen Menschen getroffen, dann kann sie sinnvollerweise nur vom Standpunkt des Subjektes aus getroffen sein. Der Sinn wäre dann, dass das empirische Subjekt in seiner empirischen Beliebigkeit erkennend nicht über sich hinaus kann (in der Sprache des Idealismus wäre es dann bedingt – ein Ding unter anderen). Je nachdem, wie man die nicht-erkennende Beziehung gestaltet, kann man dann davon ausgehen, dass es nichts weiter als das empirische Subjekt gibt, das existiert, solange es Bewusstsein hat, oder man kann *glauben*, dass dieses Subjekt in Beziehung zu anderen Ich-Formen steht, etwa zu Gott. Seit der Neuzeit haben sich diese beiden Formen etabliert. Mit der oben geschilderten Kantischen Position ist die zweite Option dieser Version bestärkt worden. Fällt aber der traditionelle Glaubenshintergrund weg, dann wird die erste Option die bevorzugte sein. Von ihrer Warte aus kann man die Beliebigkeit des Subjektes vertreten, und da das behauptete Subjekt nicht über diese Beliebigkeit hinaus gelangen kann, ist es nur ein folgerichtiger Schritt, das Subjekt ganz aufzugeben und es als gesellschaftliches Aggregat, als System, als Gehirn oder dergleichen zu behandeln.

2. Den Fall, dass das Subjekt zwar ein Verhältnis zur Individualität, aber nicht zu Gott haben könne, findet man in Mitteleuropa selten vertreten. Höchstens gilt dieses in einem gewissen Sinne von religiösen Traditionen, die aus der sogenannten negativen Theologie stammen. In ihr wird die Unerkennbarkeit Gottes vertreten, ohne dass für das Ich ein Zusammenhang von Subjekt und Individuum aufgegeben würde. Gleichwohl sind dieses aber Positionen, die durchweg theologisch basiert sind, also im strengen Sinne nicht unter den hier gemeinten Fall gehören.
3. Die rein quantitativ größte Menge aller philosophischen Positionen findet sich unter der Annahme einer Bezugnahme aller drei Ich-Begriffe aufeinander. Dieses hängt nicht zuletzt damit zusammen, dass der Ich-Begriff mit dem Gottesbegriff im Abendland sowohl in der griechischen wie in der jüdischen Tradition eng miteinander verbunden ist.

Zur Erläuterung dieses Sachverhaltes füge ich einen Exkurs ein. Bis ins hohe Mittelalter ist der Vers aus dem zweiten Buch Mose (Ex 3,14) der Ausgangspunkt schlechthin für christliche Denker, um den Begriff des „Ich" zu denken: „Ego sum, qui sum", wie der lateinische Text formuliert. „Ich bin, der ich bin" – die Aussage erfolgt als Antwort Gottes auf die Frage des Moses vor dem brennenden Dornbusch, welchen Namen er den Israeliten für den Gott mitteilen solle, welcher von ihnen den Auszug aus Ägypten verlange und ihn unter seinen Schutz stelle. Da das Verständnis von Namen in der Antike, wie schon die Schöpfungsgeschichte im ersten Buch Mose zeigt, durchaus namensmagisch ist, ist die Antwort des Gottes im brennenden Dornbusch signifikant. Er selbst spricht sich zu, dass er im strengen und unterscheidenden Sinne ein Ich ist, was für alle weiteren Ausleger die Konsequenz barg, dass der Mensch ein solches Ich nicht ist. Dabei muss man, so lehrt noch das hochmittelalterliche Denken, zwischen der grammatischen und der metaphysischen Verwendung unterscheiden. Selbstverständlich gibt es einen grammatischen Gebrauch der ersten Person Singular, aber selbst die Grammatik des Mittelalters ist in dieser Hinsicht noch von anderen philosophischen Dimensionen geprägt als die heutige (Mauriège 2011). Festzuhalten ist also zunächst, dass der Ich-Begriff der jüdisch-christlichen Tradition in der Antike in einem exklusiven Sinne auf Gott bezogen wird.

Die griechisch-hellenistische Tradition verfährt nicht anders. Aus dem Bereich der Mysterien des Heiligtums zu Delphi übermittelt beispielsweise Plutarch in seiner Schrift „Über das EI zu Delphi" Folgendes: Neben der Inschrift „Erkenne dich selbst" finde sich eine weitere Inschrift „EI", was entweder die Partikel zur Einleitung eines Wunschsatzes bedeute oder mit: „Du bist" zu übersetzen sei. Naheliegend ist für ein Orakel zunächst einmal die erste Bedeutung, aber Plutarch lässt in seinem Dialog einen Gesprächsteilnehmer ausführen, dass „EI" der Gruß der Priester an den Gott ist:[2]

> „Apollo empfängt jeden von uns, der zu ihm kommt, mit dem Wort: Kenne dich selbst – ein Gruß, der gewiß nicht schlechter ist, als das gewöhnliche Chaire (sey gegrüßet, oder, freue dich). Darauf antworten wir ihm dann mit dem Ausdruck: Ei, d.h. du bist, und bringen ihm also den ächten, unverfälschten, einzigen und ihm allein gebührenden Gruß, der von seinem Daseyn hergenommen ist."

Selbst wenn man, wie schon früh Heinrich von Stein (1864, S. 280 und Umgebung), Zweifel daran hegt, ob Plutarchs Denken in diesem Punkte demjenigen Platons entspricht, also „die" griechische Tradition fortführt, so wird man doch nicht umhin kommen, dass selbst bei Platon der Subjektbegriff nicht auf den Menschen bezogen ist. Den *locus classicus* bietet der Dialog „Alkibiades maior", wenn er mit der Mehrheit der Forscher hier als echt gelten darf[3]. In ihm wird die Frage: „Was ist der Mensch?" verhandelt.[4] Das Ergebnis ist, dass das, was den Menschen im eigentlichen Sinne auszeichnet, das Göttliche in der Seele ist; wer auf das Göttliche in der Seele, auf Gott und die Phronesis, die Vernunft, schaut, der erkennt auch sich selbst am besten (133c) – eine Stelle, welche u.a. Eusebius angeregt hat, den Text ein wenig weiterzuschreiben.[5]

In Summa lässt sich also festhalten, dass der Begriff „Ich" in seinem wesenhaften Gebrauch eine exklusive Gottesbezeichnung ist und dem Menschen nicht zukommt. In ihm bilden Denken und Sein eine untrennbare Einheit. Charakteristisch ist jedoch, dass sich doch schon zwischen Mensch und Gott trennen lässt. Während Platon im „Phaidros" zwar natürlich die Unterscheidung von Göttern und Menschen kennt, aber sie nur derart zum Ausdruck bringt, dass die Götter vollendete Seelen sind, wohingegen die Menschen unvollkommen sind, und somit nur eine graduelle Differenz veranschlagt, bietet das Denken der Zugehörigkeit des Ich zu Gott zunehmend auch die Möglichkeit, eine qualitative Differenz wahrzunehmen.[6]

---

2 Die deutsche Übersetzung ist zitiert nach Kaltwasser 1786, S. 507 f. – Diese Übersetzung stand (natürlich neben den griechischen Texten) bereits den Denkern um 1800 zur Verfügung.
3 Gegen die Echtheit hatte sich bereits Wilamowitz- Moellendorff 1962, S. 327 ausgesprochen. Eine intensive Diskussion daraufhin später bei seinem Schüler Paul Friedländer (Friedländer 1923), der zu zeigen versucht, dass der Dialog von Platon selbst stammt.
4 Platon: Alkibiades I 111e und vor allem 129e sowie die sich daran anschließende Diskussion.
5 Vgl. dazu die kritischen Apparate zur Stelle. Die Passage ist: Eusebios: Praeparatio Evangelica 11,27.
6 Die Ambivalenz findet sich beispielsweise schon bei Pindar: „Eines der Menschen, eines der Götter Geschlecht, aus einer aber atmen wir / aus einer Mutter beide; es

Als Zwischenergebnis sei folgendes festgehalten:
1. Fichtes Einsicht, dass das Ich sich selbst setzt, führt dazu, dass eben dieser Akt nur erfahren werden kann, wenn er vollzogen wird. Im Sinne der getroffenen Unterscheidung ist das Subjekt nie *gezwungen* die Erfahrung einer Individualität zu machen. Es muss den Akt der Selbstsetzung nicht bewusst vollziehen und reflektieren. Wenn also im Folgenden solche Optionen diskutiert werden, dann gilt als hermeneutisches Prinzip, was Goethe einmal an Hegel schrieb:
„Es ist hier die Rede nicht von einer durchzusetzenden Meinung, sondern von einer mitzutheilenden Methode, deren sich ein jeder, als eines Werkzeugs, nach seiner Art bedienen möge." (Goethe WA, S. 295)
2. Macht das Ich als Individualität die Entdeckung Fichtes, dann ist zu diskutieren, wie es sich a) zum Subjekt und b) zu Gott verhält.

Die unter 2. formulierte Frage wird im Weiteren mit historischem Bezug auf Meister Eckhart und Nikolaus von Kues illustriert. Dabei wird die Option 2a) anhand von Eckhart und die Option 2b) anhand von Cusanus besprochen.

Die Seele als Ort der Ideen – wider die Abstraktion

Die Frage, wie sich Subjekt und Individualität zueinander verhalten, kann auf zwei Weisen beantwortet werden: Entweder lässt man das Subjekt in der Individualität aufgehen oder aber die Individualität geht in das Subjekt ein und wandelt dieses dadurch.[7]

Für den deutschen Idealismus, insbesondere für Schelling, herrscht hier eine Abstraktionstheorie vor; als ein Beispiel sei der Anfang von „Darstellung meines Systems" angeführt. Dort beginnen die Überlegungen mit folgendem Satz:

---

trennet aber die gänzlich geschiedene / Macht, dass das eine nichts, das andere aber / als ein eherner, unerschütterlicher, ewiger Sitz / bleibet – der Himmel." Vgl. Pindar: Sechste nemeische Ode (Übersetzung von H. Schwaetzer).

7 Es sei angemerkt, dass hier noch eine weitere Option zu diskutieren wäre, nämlich das direkte Aufgehen des Subjektes in Gott, unter Überspringung einer geistigen Individualität. Freilich lässt sich dieser Variante unter Annahme eines erkennenden Verhältnisses nicht viel abgewinnen. Denn darüber herrscht Einigkeit, dass das empirische Subjekt, so wie es ist, Gott nicht zu erkennen vermag, mag man es nun kantisch oder postmodern begründen. Eine solche Position ist für Glaubensstandpunkte relevant, aber nicht für ein philosophisches Erkennen. Bevor nicht ausgemacht ist, ob eine Möglichkeit der Erkenntnis realisiert werden kann, ist diese Option, die auf der Negation der Erkenntnis beruht, unbegründet. Zudem ist sie, teilt man die Grundeinsicht des deutschen Idealismus von der Selbstsetzung des Ichs schlechterdings unmöglich, eben weil es die Individualität als erkennende gibt.

„§ 1. Erklärung. Ich nenne *Vernunft* die absolute Vernunft, oder die Vernunft, insofern sie als totale Indifferenz des Subjectiven und Objectiven gedacht wird." (Schelling AA, S. 116)

Die Indifferenz von Subjekt und Objekt wird so begründet, dass der Denkakt erkenntnistheoretisch der Differenz von Subjekt und Objekt vorgeordnet ist, weil die Bestimmung von „Subjekt" und „Objekt" schon Urteile der Vernunft sind:
„Das Denken der Vernunft ist jedem anzumuthen; um sie als absolut zu denken, um also auf den Standpunct zu gelangen, welchen ich fordere, muß vom Denkenden abstrahirt werden. Dem, welcher die Abstraction macht, hört die Vernunft unmittelbar auf, etwas Subjectives zu seyn, wie sie von den meisten vorgestellt wird, ja sie kann selbst nicht einmal mehr als etwas Objectives gedacht werden, da ein Objectives oder Gedachtes nur im Gegensatz gegen ein Denkendes möglich wird, von dem hier völlig abstrahirt ist; sie wird also durch jene Abstraction zu dem wahren *An sich*, welches eben in dem Indifferenzpunct des Subjectiven und Objectiven fällt." (Schelling AA, S. 116 f.)

Die Forderung ist klar: Es handelt sich um eine Abstraktion; in dem Moment, so Schelling, wo vom Denkenden als Subjekt abstrahiert wird, hört die Vernunft auf, etwas Subjektives zu sein. Man kann (und hat) Passagen wie diese so gelesen, dass sie den Verzicht, die Aufgabe des empirischen Subjektes verlangen, damit die Individualität in den Blick treten kann.

Angesichts solcher Lesarten und möglicher Missverständnisse, beziehe ich mich auf einen der frühesten mir bekannten Texte, welcher die andere Möglichkeit thematisiert: das Eingehen der Individualität in das Subjekt.

Bevor auf den diesbezüglichen Text von Meister Eckhart eingegangen werden kann, muss wieder wie bei Fichte ein kurzer Blick auf einen Vorgänger geworfen werden. Hier ist es Johannes Scottus Eriugena. Von ihm stammt eine Wendung (die ihrerseits an Augustinus orientiert ist), welche die Fichtesche Einsicht nämlich in gewisser Weise antizipiert. Was man Eriugenas „Cogito" nennt, beginnt mit einem „Ich weiß nämlich, dass ich bin" / „Scio enim me esse".[8] Wie auch immer man die textkritischen Entscheidungen im weiteren Verlauf von Eriugenas „cogito" vollzieht, eindeutig ist jedenfalls, dass er eine Art transzendental-allgemeines „Ego" denkt. Die Bestimmung eines Ichs wird von den Bedingungen der menschlichen Erkenntnis her gedacht. Es ist nicht das Subjekt, von dem das Denken abhängt, sondern es ist das Denken, von dem das Subjekt bestimmt wird. Diese (noch nicht weiter hinterfragte und gegebene) Vorordnung des Denkens vor das Subjekt sichert die Verbindung zwischen Subjekt und Objekt, weil das Subjekt sich als Subjekt mit Hilfe des Denkens bestimmt. Damit bleibt

---

8 Johannes Scottus Eriugena: Periphys. IV (PL 776B, Jeauneau, p.51).

ihm das Denken als Instrument, das über es hinausführt und nicht nur es, sondern auch das Objekt zu bestimmen vermag. Diesen Grundgestus wird auch Cusanus noch beibehalten.[9]

Von diesem Befund her sei nun auf eine Stelle aus den Pariser „Quaestiones" des Meister Eckhart geblickt. In der „Quaestio II" behandelt Eckhart die Frage, ob das Denken des Engels, insofern es Tätigkeit ist, sein Sein ist. Wie zuvor Thomas und andere verneint Eckhart die Frage. Denn ein Wesen, bei dem die Eigentätigkeit das Sein ist bzw. garantiert, ist offenbar ein göttliches Wesen. Im Verlaufe der Quaestio werden dabei auch verschiedene erkenntnistheoretische Überlegungen angestellt. Dabei ist es Eckhart, dem Realisten im scholastischen Sinne, ein Anliegen, dass das Sein der Idee nicht von Gott bestimmt ist, aber Ideen auch keine Erzeugnisse des Subjektes sind; vielmehr lässt er sie, und man versteht diese Interpretation als eine bestimmte Spielart eines mittelalterlichen Aristotelismus, ganz und gar von ihrem Objekt her gegründet sein.

„Wenn das Erkenntnisbild etwa ein Seiendes ist, so ist es ein Akzidens; denn es ist nicht Substanz. Nun ist aber das Erkenntnisbild kein Akzidens, weil das Akzidens ein Subjekt hat, welches ihm das Sein gibt. Das Erkenntnisbild aber hat ein Objekt und kein Subjekt, weil Ort und Subjekt etwas Verschiedenes sind. Nun ist das Erkenntnisbild in der Seele nicht als seinem Subjekt, sondern als seinem Ort. Denn die Seele ist der Ort der Erkenntnisbilder, das heißt nicht die Seele als Ganzes, sondern der Intellekt. Es steht aber fest, daß, wenn das Erkenntnisbild überhaupt ein Subjekt hätte, nur die Seele dieses Subjekt sein könnte. Daher ist das Erkenntnisbild kein Seiendes."[10]

In der Passage fällt der Einschub auf: „Es steht aber fest, daß, wenn das Erkenntnisbild überhaupt ein Subjekt hätte, nur die Seele dieses Subjekt sein könnte". Er wäre für die Argumentation unnötig. Das folgende „Daher" des letzten Satzes bezieht sich nicht auf ihn, sondern auf den Satz zuvor. Eckhart hat den fraglichen Satz mit Rücksicht auf Thomas eingefügt – das zu-

---

9 Zur Linie, die von Eriugena zu Cusanus geht, vgl. Kijewska/Majeran/Schwaetzer 2011.
10 Magister Echardus: Quaestio Parisiensis II n.5 (LW V, p. 51): „Si species sit ens, est accidens; non enim est substantia. Sed species non est accidens, quia accidens habet subiectum, a quo habet esse. Species autem habet obiectum et non subiectum, quia differunt locus et subiectum. Species autem est in anima non sicut in subiecto, sed sicut in loco. Anima enim est locus specierum, non tota, sed intellectus. Constat autem, si haberet subiectum species, quod anima esset eius subiectum. Quare species non est ens." Zu: „Anima enim est locus specierum, non tota, sed intellectus" vgl. Aristoteles: De anima III c.4 (429a 27). Der Begriff des Seins wird in dieser Passage im Sinne der ersten Kategorie bzw. des Verhältnispaares Substanz – Akzidenz gebraucht; das ist wichtig zu notieren, damit man nicht denkt, das Sein der Ideen wäre in Frage gestellt. Zur Diskussion vgl. Vannier 2011.

mindest wäre die These zur historischen Diskussion, die nahe liegt. Der systematische Befund erscheint aber wichtiger: Eine Idee ist ihrem Wesen nach objektbezogenen. Die Seele ist nicht Subjekt, sondern Ort, an dem sie sich ausspricht. Ideen sind also nichts weniger als subjektive Gebilde. Diese Position erinnert an Eriugena. Die Zufügung lautet, dass, wenn es ein Subjekt gäbe, dieses die Seele wäre. Erstens ist daran bedeutsam, dass das Subjekt der Ideen nicht mehr Gott oder das Eine ist – das ist eine deutliche Änderung gegenüber dem Neuplatonismus. Zweitens ist die Perspektive wesentlich: Denn wenn es denkbar wäre, dass die Seele Subjekt der Ideen wäre, dann müsste das so geschehen, als wäre sie nur Ort der Ideen. Denn wenn die Seele Ideen subjektiv erzeugt, dann besteht die Gefahr, dass der Objektbezug der Idee verloren geht. In dem Fall aber wäre die Idee keine Idee mehr. Nur also dort, wo die Seele so erzeugt, wie sie zu empfangen wünscht, um eine Wendung Schillers aus den ästhetischen Briefen zu imitieren, wo sie also als Subjekt ausschließlich Ort bleibt, kann die Seele als Subjekt Träger der Idee werden.

Meister Eckhart denkt also hier die Möglichkeit, dass die Individualität sich im Subjekt zeigt, wenn das Subjekt sich nicht subjektiv in den Erkenntnisakt einmischt. Gegenüber dem modernen Einwurf, das unser Denken immer gefärbt etc. ist, wendet sich der Meister mit der klassischen Idee, dass das Subjekt die Selbstlosigkeit in seinem Denken und Handeln immer mehr erwerben kann und dass dann die Individualität immer mehr im Subjekt erscheint und zu erscheinen vermag. Die hier vorfindliche Option lautet also dahingehend, dass gerade das Subjekt, wenn es sich selbst zu seiner ganzen Erkenntnis- und Handlungsstärke heranbildet oder entwickelt als Subjekt zur Individualität wird. Das ist kein Abstraktionsvorgang, sondern ein Umwandeln der Subjektivität durch das Subjekt durch Selbstentwicklung und Fähigkeitsbildung. Da diese Option das für das 21. Jahrhundert einzige zunächst verfügbare Ich-Bewusstsein, das Subjektbewusstsein, aufgreift und zu entwickeln vermag, scheint sie mir, auch wenn es eine Möglichkeit aus dem 13. Jahrhundert ist, systematisch gesehen bedenkenswert.

„Sei du dein, und ich werde dein sein" – Selbstsetzung des Gottesbezugs

Es ist recht auffallend, dass Nikolaus von Kues im strengen Sinne recht wenig vom „Ich" spricht, obwohl doch seine Philosophie im eminenten Sinne als Beitrag zur Ausbildung von Subjektivität in der frühen Neuzeit gelesen wird.[11]

---

11 Vgl. zuletzt Schwaetzer/Vannier 2011. Grundlegend noch immer Herold 1975; ferner Bocken 2003, S. 51–63 und Müller/Vollet 2012, vor allem der Aufsatz von Isa-

Ein erster systematischer Beitrag des Cusanus ist seine Lehre von der Konjekturalität (Bocken 2007; Schwaetzer, Harald 2010c). Cusanus definiert die Konjektur in „De coniecturis" als Partizipation an der Wahrheit in Andersheit.[12] Diese Bestimmung erläutert er, wie so gerne, durch ein Bild.[13] Die Kardinäle stehen im Kreis um Papst Eugen IV. Jeder Kardinal sieht den Papst nicht in seinem Ansich, sondern unter einem bestimmten Wahrnehmungswinkel. Gleichwohl sehen sie doch den Papst. Die Wahrheit wird demnach in einer eingeschränkten Form erfahren. In „De coniecturis" will Cusanus den konjekturalen Charakter vor allem in der Beschränkung des Winkels verankert wissen, unter dem man blickt. Dies gilt auch für solche Gegenstände, die nicht rein sinnlicher Natur sind, etwa für die Mathematik. Was Cusanus also mit der angeführten Stelle in „De coniecturis" begründet, ist eine Lehre von den Standpunkten. Dabei sind diese Standpunkte keineswegs relativistisch oder als reine Konstruktion gemeint, sondern Cusanus will gerade deutlich machen, dass in jedem Standpunkt doch die Wahrheit erfahren wird, freilich auf seine Weise. Damit enthält seine Lehre ein notwendiges Bestimmungsstück der Moderne, negiert aber ein anderes Kriterium.

Mit der Lehre von der Perspektivität trägt Nikolaus der Idee der Bedeutung des Subjekts für die Erkenntnis Rechnung. Darin ist seine Position modern. Nicht modern (vielleicht aber gerade deswegen aktuell) ist sie darin, dass sie aus der Tatsache, dass die Erkenntnis notwendig subjektive Anteile enthält, nicht schließt, dass diese ausschließlich subjektiv ist. Wo-

---

belle Mandrella. Einen Überblick über die Forschungslage bietet Schwaetzer 2011c, S. 1109–1111.

12 Nikolaus von Kues: De coni. I c.11 (h III n. 57); (H 17, 67): „Coniectura igitur est positiva assertio in alteritate veritatem, uti est, participans." „Daher ist die Mutmaßung eine bejahende Feststellung, die in der Andersheit am Wesen der Wahrheit teilhat."

13 Nikolaus von Kues: De coni. I c.11 (h III n. 57); (H 17, 67–69): „Nam dum tu, pater, clarissimis tuis oculis faciem pontificis summi, sanctissimi domini nostri Eugenii papae quarti, coram conspicis, de ipsa positivam assertionem concipis, quam praecisam secundum oculum affirmas. Dum autem ad radicem illam, unde discretio sensus emanat, te convertis - ad rationem dico -, intelligis sensum visus participare vim discretivam in alteritate organice contracta. Ob quam causam defectum casus a praecisione intueris, quoniam faciem ipsam non, uti est, sed in alteritate secundum angulum tui oculi, ab omnibus viventium oculis differentem, contemplaras." „Wenn du z.B., Vater, mit deinen hellen Augen das Antlitz des obersten hohen Priesters, unseres heiligsten Herrn und Vaters Eugen IV., vor dir siehst, dann bildest du dir davon einen Begriff, und zwar eine bejahende Feststellung, die du für genau entsprechend deinem Gesichtssinn hältst. Sobald du dich aber der Wurzel zuwendest, aus der die Unterscheidungsfähigkeit der Sinne herausfließt – ich meine zur Vernunft –, dann siehst du ein, daß der Gesichtssinn an der Unterscheidungskraft nur in einer dem Organ entsprechend eingeschränkten Andersheit teilhat. Daher erkennst du auch, daß hierin ein Mangel und ein Abfall von der Genauigkeit liegen, da du ja das Antlitz nicht in seinem Wesen betrachtest, sondern in der Andersheit gemäß deinem Sehwinkel, der von dem aller andere Menschen unterschieden ist."

ran Cusanus also arbeitet ist, systematisch gesehen, die Idee Eckharts, welcher dieser noch im Irrealis formuliert hatte: Dass die Seele nicht nur Ort der Ideen ist, sondern sie auch erzeugt. Offenbar kommt dann alles darauf an, dass die Seele die Begriffe so erzeugt, als wäre sie – die Seele – nur Ort, aber nicht Erzeuger.

Damit ist ein zweiter wichtiger Punkt der cusanischen Erkenntnistheorie gegeben. Sie nimmt das von Augustinus stammende Motiv der willentlichen Erkenntnis auf. Denn wenn die Erkenntnis des Menschen so subjektiv ist, dass sie in Gefahr steht, subjektivistisch zu werden, dann kommt offenbar alles darauf an, dass der Mensch selbst sein Erkennen so gestaltet, dass es sich ändert. Offenbar hat er dazu den Anteil seiner Subjektivität umzugestalten. Da es also um eine Änderung seiner selbst geht, ist er erstens in der Lage, diese Änderung zu vollziehen; denn der Gegenstand seines Handelns ist (als er selbst) in seiner Verfügungsgewalt. Zweitens ist auch niemand anders in der Lage – sei es Gott oder Mensch –, eine solche Änderung für ihn an ihm vorzunehmen. In letzter Konsequenz kann und vermag nur der Mensch selbst sich selbst zu ändern. Für Nikolaus folgt daraus eine radikale Freiheit des Menschen – eine Freiheit, die ihm zwar von Gott geschenkt ist, die ihn aber auch Gott gegenüber frei sein lässt. „Sei du dein, und ich werde dein sein"[14] – diesen Satz legt er Gott als Anrede an den Menschen in den Mund.

Der dritte entscheidende Punkt der cusanischen Konzeption von Erkenntnis ist damit die Auffassung vom Menschen. Nikolaus bestimmt ihn als „viva imago Dei", als lebendiges Bild Gottes, damit unmittelbar Meister Eckhart rezipierend und weiterführend (Schwaetzer 2005). Die Malerei seiner Zeit aufgreifend, erläutert Nikolaus seine Idee an einem Maler, der zwei sehr unterschiedliche Selbstporträts malt:

„Das ist so, wie wenn ein Maler zwei Bilder malte, von denen das eine, tote, ihm in Wirklichkeit ähnlicher schiene, das andere aber, das weniger ähnliche, lebendig wäre, nämlich ein solches, das, durch seinen Gegenstand in Bewegung gesetzt, sich selbst immer gleichförmiger machen könnte. Niemand zweifelt daran, daß das zweite vollkommener ist, weil es gleichsam die Malerkunst mehr nachahmt."[15]

---

14 Nikolaus von Kues: De visione Dei (h VI n.25).
15 Nikolaus von Kues: De mente c.13 (h V^2 n.149): „quasi si pictor duas imagines faceret, quarum una mortua videretur actu sibi similior, alia autem minus similis viva, scilicet talis, quae se ipsam ex obiecto eius ad motum incitata conformiorem semper facere posset, nemo haesitat secundam perfectiorem quasi artem pictoris magis imitantem". Cusanus konnte bei Eckhart einen Gedanken finden, der dieses Bild inspiriert haben mag, vgl. Expos. s. ev. sec. Io., c.1 (Largier II 522): Der Maler besitze erstens die Form des Gemäldes in sich; es müsse zweitens als Urbild in ihm sein, während er an dem äußeren Bild arbeite; das gemalte Bild im Geiste des Malers sei drittens die Kunst selbst, durch die der Maler Ursprung des Bildes sei. Zudem ist auf Plotins Enneade VI,4 (22), 10 zu verweisen. Insgesamt vgl. zum Spiegelgleichnis

Ohne auf den Kontext des damals ausgesprochen ungewöhnlichen Bildes einzugehen (als Nikolaus dieses Gleichnis niederschrieb, entstanden gerade erst die frühen Selbstporträts, aber noch keines davon war beispielsweise signiert, schon das „tote" Porträt ist also außergewöhnlich aktuell[16]), sei nur darauf aufmerksam gemacht, dass Nikolaus den Menschen so versteht, dass ein Teil der göttlichen Schöpferkunst, der *ars divina*, auf ihn übergegangen ist. Anders als die übrige Schöpfung ist der Mensch insofern nicht bloßes Abbild im Sinne des Produkts, sondern er ist Abbild im Sinne des Produzierens. Insofern steht dem Menschen eine *vis creativa* zur Verfügung, eine kreative Kraft.[17] Diese kreative Kraft versteht Nikolaus als eine intellektuelle Kraft, die zu kreativen Schöpfungen fähig ist; diese können auch in Erfindungen ihren Niederschlag finden. Aber der ursprüngliche und eigentliche Raum der Kreativität ist der Intellekt.

Was aber, und damit ist ein vierter Punkt angesprochen, ist unter Intellekt bei Cusanus zu verstehen?[18] In welchem Verhältnis stehen Intellekt und Ich? Auf den ersten Blick scheint deutlich, dass Nikolaus ganz anders als Eckhart die Seele als ausschließlichen Urheber der Begriffe denkt. Für ihn ist es der menschliche Geist, welcher die Begriffe schafft, „fabriziert".[19] Dass der menschliche Geist indes die Begriffe schafft, bedeutet noch nicht, dass das Subjekt sie schafft. Zu fragen ist also, ob Cusanus den menschlichen Geist und das Subjekt gleichsetzt. Hier offenbart sich wiederum der Bruch mit der Moderne. Nikolaus denkt den menschlichen Geist zwar als je einzelnen und individuellen, aber er denkt einen *Begriff von menschlicher Individualität*. Nikolaus denkt die Idee vom Menschen in dem Sinne, dass der einzelne eine je individuelle Substanz ist. Daraus ergibt sich für ihn die Idee der Individualität als das alle Individuen Übergreifende (aber nur in ihnen je und je in die Erscheinung Tretende). Gerade die Individualität begrifflicher Produktion ist eine Universalie der Individuen. Nikolaus führt das Produzieren der Begriffe darauf zurück, dass dem menschlichen Geist überhaupt ein „iudicium concreatum" gegeben sei, eine „angeborene Urteilskraft". In der vorgeschalteten Kapitelübersicht des 4. Kapitels von „De mente" heißt es: „quomodo est sine notionibus, habens tamen iudicium concreatum" – „wie der Geist ohne Begriffe ist, aber dennoch eine angebo-

---

bei Cusanus und Eckhart Schwaetzer 2011b. Zu der Deutung des Zitates und zu seinem Bezug zu Rogier van der Weyden vgl. Schwaetzer 2012a.
16 Vgl. Schneider 1994. Das Selbstporträt ist auch einschlägig für die im vorliegenden Text entwickelte Idee einer Menschenwürde, vgl. dazu ebd. S. 9.
17 Nikolaus gebraucht diesen Ausdruck u.a. im sogenannten Kosmographengleichnis, vgl. dazu Schwaetzer 2010a, S. 267–290.
18 Vgl. dazu vor allem die Beiträge von Johann Kreuzer und Isabelle Mandrella: Kreuzer 2011; Mandrella 2011a; Mandrella 2011b; Mandrella 2010.
19 Nikolaus von Kues: De mente c.7 (h ^{2}V n.97): „[…] mentemque ex se notiones fabricare […]."

rene Urteilskraft hat".[20] Bezeichnenderweise ist diese angeborene Urteilskraft, darauf hat Isabelle Mandrella hingewiesen (Mandrella 2012, S. 144), „notionum universitas"[21]. In ihr liegt also die Gesamtheit aller Begriffe, obwohl der menschliche Geist nur sie, aber keine Begriffe hat. Verständlich wird das Verhältnis, wenn man sich vor Augen hält, dass zwischen der Urteilskraft und den Begriffen ein Verhältnis von Produzieren und Produziertem besteht. Der konturierte Begriff ist die zu einem Produkt gewordene Urteilskraft. Das Verhältnis zwischen den beiden Porträts, die der Maler von sich malt, wiederholt sich in gewisser Weise.

Daraus folgt aber auch für das menschliche Ich Wesentliches. Denn selbstverständlich, das ist Nikolaus schon aus dem Gedankengut eines Meister Eckharts klar, geht es nicht um das Ich, insofern es ein Produziertes ist, sondern insofern es ein Produzierendes ist. Das produzierte Ich – im Sinne des toten Porträts – ist die gewordene Vorstellung meines Ichs, in der Terminologie dieses Beitrages: das Subjekt. Dieses unterscheidet den Menschen, so lehrt das Porträt-Beispiel, zwar durchaus von der übrigen Schöpfung, aber nur in einem kontingenten Sinne. Denn im toten Bild kommt nur zum Ausdruck, dass es sich als totes von den übrigen toten Bildern in der Weise unterscheidet, dass es eines ist, das die Möglichkeit hätte, sich selbst zu malen, wenn es seiner Lebendigkeit sich bewusst wäre. Insofern liegt das *proprium* des Menschen darin, sich individuell selbst zu malen. Das aber bedeutet, eine Individualität auf der Ebene des Produzierens zu entfalten, nicht nur auf der Ebene des Produktes.

Wie aber verhalten sich dann Subjekt und angeborene Urteilskraft auf der Ebene des Produzierens zueinander? Das Beispiel des mathematischen Winkels, wie Nikolaus es in seiner Schrift „De beryllo" gibt, bietet zwar vordergründig nur ein mathematisches Begriffsbeispiel, verrät aber daran sehr viel zur Ichbildung. Zunächst stelle sich der Geist, schlägt Nikolaus vor, einen konkreten Winkel vor; damit hat er nicht „Winkel überhaupt" vor dem inneren Auge, sondern nur „diesen Winkel". In einem weiteren Schritt stelle sich das Bewusstsein nicht einfach nur „diesen Winkel" statisch vor, sondern es versetze ihn in Bewegung, um sich so die verschiedenen Möglichkeiten von Winkel vor Augen zu führen: stumpfe, spitze, rechtwinklige etc.[22] So durchläuft das bewegliche Vorstellen je und je verschiedene Winkel. Dabei bleibt das Gesehene trotz der Bewegung zunächst nichts anderes als immer ein konkreter Winkel.

Doch kann sich das den Winkel in Bewegung vorstellende Bewusstsein klar darüber werden, dass es bereits für sein In-die-Bewegung-Versetzen des Winkels eine Voraussetzung gemacht hat. Denn es führt eine Bewegung aus, welche, indem es von einem Winkel zum nächsten übergeht,

---

20 Nikolaus von Kues: De mente c. 4 (h V^2 n.48, 74) sowie die Entfaltung in n.77.
21 Nikolaus von Kues: De mente c. 3 (h ^{2}V n.72).
22 Vgl. Nikolaus von Kues: De beryllo c.16 (h XI/1 n.19sqq.). Dazu D'Amico 2005.

niemals den Horizont von „Winkel" verlässt. Immer ist „Winkel" im Blick. Konkret bedeutet dies, dass das Vorstellen die einen Winkel konstituierenden Elemente unangetastet hält. Würde man beispielsweise nicht den ganzen Schenkel des Winkels in Bewegung setzen, sondern nur den halben, so würde entweder der Schenkel in zwei getrennte Teile zerbrechen oder ein weiterer Winkel entstehen. Indem das Bewusstsein also so bewegt, wie es bewegt, wird ihm deutlich, dass in aller Bewegung die entscheidenden Elemente von dem, was ein Winkel ist, erhalten bleiben. Die Denkbewegung stellt in der Vorstellung immer eine Bezüglichkeit der für den Winkel konstitutiven Elemente dar.

Aufgrund dieser Einsicht sieht das Bewusstsein in der Vorstellung zwar nach wie vor einen konkreten Winkel. Aber es sieht diesen Winkel nicht nur als „diesen Winkel", sondern zugleich als konkrete Erscheinung des Begriffs „Winkel". In dem jeweiligen Winkel tritt der Begriff des Winkels in die Erscheinung, weil das Bewusstsein immer genau die Elemente wahrnimmt, welche zu „Winkel überhaupt" gehören.

Was sieht das Bewusstsein, wenn es das Ineinander von konkreter Vorstellung und ihrem Begriff in der Bewegung des Produzierens sieht? Auf der einen Seite sieht es, dass bloß angeschaut werden muss. Die Anschauung selbst liefert den Beleg dafür, ob die Anschauung ein Winkel ist oder nicht. Der Begriff wird eine Tatsache der Wahrnehmung, die nicht weiter deutungsbedürftig ist. Dieser Sachverhalt selbst ist eine solche Tatsache, indem das Bewusstsein sieht, dass dasjenige, was es in der Schau des Begriffs von Winkel liegt, für alle Begriffe gilt. In der Schau des Begriffs von Winkel liegt also zugleich die Schau des Begriffs vom Begriff überhaupt, also diejenige des Denkens.

Daran klärt sich, warum Nikolaus die „notionum universitas" und den menschlichen Geist mit seinem „iudicium concreatum" in eins setzen kann. Zwar vollzieht sich das In-die-Erscheinung-Treten des Begriffs nicht ohne die konkrete subjektive Tätigkeit (Genese), aber es hängt keineswegs vom Subjekt ab, ob das Gesehene ein Winkel ist (Geltung). Es ist für den Begriff vom Winkel gleichgültig, welcher Mensch ihn in die Vorstellung erhebt. Seine Gültigkeit ändert sich dadurch nicht.

Für den Menschen ändert sich hingegen alles. Für ihn ist es alles andere als gleichgültig, ob er eine Erkenntnis hat oder nicht. Auch dieser Gedanke lässt sich mit einer Cusanus-Paraphrase noch weiter verdeutlichen. Um den Begriff „Winkel" im oben genannten Sinne zu schauen, benötigt das Bewusstsein eine Unzahl anderer Begriffe. Denn in der Anschauung des Begriffs „Winkel" sind vorausgesetzt: Linie, Schenkel, Schnittpunkt (oder Scheitelpunkt), Raum, Bewegung, Farbigkeit (als nicht relevant), Lebendigkeit (als nicht relevant) etc. Der Begriff des Winkels enthält alle anderen Begriffe, die aus einer bestimmten Perspektive, nämlich vom Winkel aus, angeschaut werden und dadurch zueinander in einem bestimmten Verhältnis stehen. Der von Cusanus entwickelte Begriff der Perspektivität wird also nunmehr auf der Ebene der Begriffe selbst verankert. Dabei wird die Erfahrung des einzelnen Begriffs eine Erfahrung der Widerspiegelung aller Begriffe. Ein Begriff als Begriff kann genau dann als Wahrheit erlebt werden, wenn sich in ihm die Gesamtheit aller Begriffe widerspiegelt. Jeder Begriff ist eine bestimmte Perspektive auf den Zusammenhang aller Begriffe in ihrem Zusammenhang. Diese produktive Totalität der Begriffe ist für Nikolaus das bereits genannte „iudicium concreatum".

Die menschliche Urteilsfähigkeit nimmt also in der Begriffsbildung eine eigentümliche Position ein. Sie ist darin weder nur Produzierendes noch nur Produziertes. Insofern die Begriffsbildung von Seiten der Vorstellung angeschaut wird („dieser Winkel") neigt sie zum Produzierten, insofern sie unter der Perspektive des Begrifflichen in der Vorstellung angeschaut wird, ist sie nicht mehr universell produktiv, aber doch bezogen auf den Begriff, unter dem sie angeschaut wird (Der Begriff des Winkels produziert konkrete Winkel, aber keine Kreise). Wird der konkrete Begriff selbst als Beispiel von Begriff genommen, so entsteht die Idee eines „Begriffs vom Begriff" („conceptus de conceptu")[23]. Als Begriff ist dieser Begriff des Begriffs reines Produzieren, eben jene angeborene Urteilskraft. Als solche wird sie nicht vom denkenden Bewusstsein erfahren; in ihm tritt sie nur im Modus der Vorstellung auf. Was aber ist eine Vorstellung des menschlichen Geistes, welche *de facto* die reine Produktivität enthält? Offenbar die Möglichkeit für diesen Geist, sich eben dieser Fähigkeit zu bedienen. Der Gedankengang ist wieder bei dem sich selbst malenden Porträt angekommen.

Aber als Gewinn der Überlegungen hat sich dabei Folgendes ergeben: Der menschliche Geist ist genau dann in seinem Erkennen kreativ, wenn er sich die Vorstellung des reinen Produzierens (des Begriffs vom Begriff) zueigen machen kann. Eine solche Vorstellung ist aber kein Produkt mehr; sie ist nur noch als Produzieren möglich. Damit ist erstens eine scharfe Grenze zwischen Individualität und Subjektivismus gegeben. Der menschliche Geist, der sich in den Raum des Produzierens begibt, wird als Produzent zum Ort der Ideen im Sinne Eckharts. Nicht das Subjekt, sondern der Begriff spricht sich in der Vorstellung aus. Zweitens ist deutlich, dass sich auf dieser Ebene ein Begriff neu bildet, der vorher nicht da war: der Begriff einer individuellen Universalität. Denn das beteiligte Subjekt entsteht in einem jeden Erkenntnisprozess neu und anders. Es produziert sich also selbst. Insofern ist auch es in jedem Erkenntnisprozess enthalten und je neu konstituiert, der zur Schau eines Begriffs als Perspektive auf alle Begriffe führt. Die Nähe dieser Konzeption zur eingangs geschilderten von Fichte ist evident. Nur in Klammern sei vermerkt, dass an dieser Stelle deutlich wird, dass das „Ich" im Sinne des Cusanus nur von und mit einem „Du" her sinnvoll gedacht werden kann (Schwaetzer 2010b).

---

23 Vgl. dazu mit Stellenbelegen und Kontext Schwaetzer 2011a.

In dem Traktat „Vom Sehen Gottes" illustriert Nikolaus das Verhältnis von „Ich" und „Du" anhand eines Bildes eines allsehenden Christusantlitzes. Nikolaus bittet die Mönche, das Bild mit dem „Mona Lisa"-Effekt an der Nordwand der Klosterzelle aufzuhängen und sich um es herum aufzustellen.[24]

Dann lässt er sie vier Experimente durchführen: Zunächst wird ihnen auffallen, dass das Bild alle und jeden einzelnen anblickt. Dieser Umstand einer Koinzidenz dürfte Verwunderung erregen, scheint es doch nicht vorstellbar, dass, wenn der Bruder im Osten angeblickt wird, auch der Bruder im Westen den Blick auf sich ruhen fühlt. Deshalb soll als nächstes der Bruder aus dem Osten in den Westen gehen, um auch dort zu erfahren, dass er angeblickt wird. Nun wird er sich wundern, wie, da das Bild unbeweglich ist, der Blick einmal in den Osten und einmal in den Westen gehen kann. Darum soll er als drittes ein dynamisches Experiment durchführen und, den Blick fest auf das unbewegliche Bild geheftet, sich von Osten nach Westen bewegen. Der unbewegliche Blick bewegt sich, wird er erfahren. Als zweites dynamisches Experiment, welches dem zweiten statischen entspricht (dem Platzwechsel), mag er viertens einen Bruder bitten, von Osten nach Westen zu wandern, während er selbst von Westen nach Osten geht. Sie werden bemerken, dass auf beide der unbewegliche Blick des Bildes ständig gerichtet ist. Dass es sich so verhält, kann im letzten (kommunikativen) Experiment der eine aber nur vom anderen erfahren. Wenn er es nicht glauben würde, könnte er nicht begreifen, dass es möglich ist. Im weiteren Verlauf der Schrift kommen andere Überlegungen hinzu, vor allem die folgende: Selbst wenn ich das Bild nicht anblicke, so blickt es mich an. In dem Raum, in dem ich bin, bin ich je und je schon konstituiert und in einem Verhältnis zum Bild, ob ich will oder nicht; freilich gesteht mir der Blick Christi aus dem Bilde die Freiheit zu, ihn zu ignorieren.

Die cusanische Schrift ist nach der Darstellung der Experimente der Reflexion derselben gewidmet. Sie geschieht in der Form einer an Gott gerichteten Meditation. Ein einziger Satz ist es, den Cusanus nicht den Menschen an Gott richten lässt, sondern den umgekehrt Gott an den Menschen richtet. Cusanus lässt Gott zum Menschen sagen: „Sei Du dein, und ich werde dein sein."

Wenn der Blick für den einen von links nach rechts, für den anderen von rechts nach links geht, dann wird in diesem Vorgang bildhaft deutlich, wie einander entgegengesetzte religiöse Erfahrungen oder auch allgemeiner Welterkenntnisse erlebt werden. Nikolaus beschreibt nun aber gerade keinen „clash of civilizations" an dieser Stelle, sondern genau dort heißt es, dass die Mönche einander wechselseitig glauben und vertrauen. Für ihn steht an der Stelle des „Zusammenpralls der Kulturen" ein „Ineinsfall der

---

24 Die folgenden Passagen zu „De visione Dei" sind mit geringfügigen Änderungen entnommen aus Schwaetzer 2010b.

Begegnung". Dass es zu keinem Zusammenprall kommt, verdankt sich der Tatsache, dass zwei Individuen einander in einer echten Ich-Du-Relation wahrnehmen, um einen Terminus von Martin Buber zu gebrauchen.[25]

Wenn der eine Bruder dem anderen Glauben schenkt, dass auch seine Erfahrung Wahrheit ist, dann ist dieses Vertrauen freilich nicht blind. Immerhin handelt es sich um das letzte von vier Experimenten. Der vertrauende Bruder hat also seinerseits Erfahrungen gemacht, die es ihm plausibel erscheinen lassen, dass der andere Bruder andere und gleichwohl wahre Erfahrungen hat. Zwar bietet dieser Sachverhalt keine Gewähr, insofern die Wahrheit des anderen dem einen nicht verfügbar ist, aber er macht dem einen doch klar, dass eine von der seinigen abweichende oder ihr sogar entgegengesetzte Erfahrung wahr sein kann, ohne dass die seine deswegen falsch wäre.

Aufgrund dieser Erwägungen gelangt die Reflexion auf eine tiefere Schicht. Sie bemerkt, dass sie dem anderen dieselbe Dignität zuspricht wie sich selbst. Diese Erfahrung ist kein theoretisches Zusprechen der Würde an den anderen. Sie ist, und das ist der praktische Teil dieser Reflexion, eine Tatsache der Wahrnehmung. Denn der andere ist mein Bruder, und als solchen nehme ich ihn unmittelbar wahr. Auf diesen Aspekt weist Nikolaus mit seinem Experiment hin.

Die Tatsache, dass die beiden einander Begegnenden Brüder sind, verweist auf den tragenden Grund der Begegnung: Zwischen Brüdern herrscht weder Identität noch Differenz, es besteht Gleichheit. Der Terminus Gleichheit erlaubt es, auf der einen Seite an dem, was beiden gemeinsam ist, festzuhalten und auf der anderen Seite die Differenz nicht zu übersehen. Identität lässt keine getrennten Erfahrungen zu, Differenz keine gemeinsamen. Gleichheit hingegen bezeichnet die Differenz von Identischem. Sie ist damit eine präzise Beschreibung des Verhältnisses von Ich und Du. Denn ein Du zu erfahren bedeutet, den anderen als Ich zu erleben, aber als ein vom eigenen Ich differentes Ich.

Gleichheit ist bei Nikolaus von Kues ein besonderer Begriff. Aus der Schule von Chartres übernimmt er den sogenannten Ternar „Einheit, Gleichheit, Verbindung" als Umschreibung der göttlichen Trinität. Ohne dieses im Einzelnen zu erläutern, sei nur darauf verwiesen, dass „Gleichheit" derjenige Begriff ist, welcher der zweiten Person der Trinität, dem Christus-Logos, zugeordnet ist (Schwaetzer 2000). Die Gleichheit als Grundlage der Begegnung muss also im Sinne des Cusanus christologisch gelesen werden. Die Wahrnehmung des Anderen als eines Bruders ist die Wahrnehmung der Gleichheit und damit die Wahrnehmung dessen, der Menschsein als Ich-Sein begründet und die Du-Erfahrung ermöglicht, die

---

25 Buber hat seine Dissertation über Cusanus und Böhme geschrieben. Vgl. Bocken 2005.

Wahrnehmung des Christus. In allen Antlitzen, so Nikolaus, wird auf aenigmatische Weise das eine Antlitz geschaut.[26]

An diesem Experiment wird also deutlich, und damit sei die Klammer zur Ich-Du-Frage geschlossen, dass für Cusanus ein Ich nur in und aus der Relation zu einem Du heraus lebt, (wobei die Frage nach dem Verhältnis von Ich-Du zur Gemeinschaft hier noch genauer ausgearbeitet werden müsste) und dass tatsächlich, etwa im vierten Experiment, eine Erkenntnis gewonnen wird, die einer alleine nicht gewinnen kann (weil er niemals erfahren kann, dass Gottes Blick sich zugleich (!) von links nach rechts und von rechts nach links bewegt). In den Thesen zu den dritten Kueser Gesprächen ist dieser Sachverhalt eine „Begegnungseinsicht" genannt worden.[27]

Kehren wir zum Gedanken zurück, dass das Ich sich in jedem Erkenntnisakt auch selbst produziert. Gewöhnlich betrachtet man diese Einsicht vom produzierten Bewusstsein aus. Man kann es aber auch vom produzierenden Bewusstsein aus anschauen. Während für die Geltung aller übrigen Begriffe der Vollzug derselben keine Bedeutung hat, gilt dieses für den Begriff des Begriffs nicht. Denn dieser individualisiert sich selbst im menschlichen Bewusstsein, das ihn denkt. Für das menschliche Bewusstsein, und nur für dieses, gilt also, dass hier die Genese selbst Geltungsbedeutung hat. Um präzise zu sein: Im Geneseprozess erzeugt es aus dem angeborenen Denken und sich selbst als subjektiver Form des menschlichen Bewusstseins eine Individualität, die Ursprung ihrer selbst ist, darum weiß und nicht bloß Ergebnis ihr vorausliegender Prozesse ist.[28]

Für das Ich im Sinne von Individualität, die im Subjekt ist, und nur für dasselbe, garantiert also die Genese auf der Ebene reiner Intellektualität (und nur auf dieser Ebene) die Geltung. Das Ich ist, was es ist, wenn es sich vollzieht, wie auch oder was auch immer es sein mag. Mit einem gewissen Recht – hier wäre ein Blick u.a. auf „De ludo globi" zu werfen – kann man diese Position als einen intellektuellen Existentialismus bezeichnen, wobei der Intellekt aber, wie gezeigt, als rein geistiges Vermögen der Ideenschau zu denken ist, nicht in einem modernen Sinne ‚intellektualistisch'. Dabei ist die jeweilige Unbestimmtheit, Unvorhersehbarkeit gerade der entscheidende Nerv eines Ich-Wesens. Es ist nicht verwunderlich, dass einige Jahrzehnte später Giovanni Pico della Mirandola den Begriff der Menschenwürde aus einem solchen Verständnis ableiten wird.[29]

---

26 Nikolaus von Kues: De visione Dei c.6 (h VI n.21).
27 Vgl. These 6: „Bildung als intellektueller Verstehensakt ist ein soziales Geschehen. Das gemeinsame Gespräch und die Bildung eines gemeinsam eröffneten Erkenntnisraumes zu erlernen und zu erfahren erlaubt Begegnungseinsichten, die ansonsten verschlossen bleiben." Schwaetzer 2012b, S. 6.
28 Nikolaus verdeutlicht diese ganze Überlegung exemplarisch im sogenannten Kosmographen-Gleichnis, vgl. dazu Schwaetzer 2010a.
29 Vgl. zum Verhältnis von Cusanus und Pico Schwaetzer 2002.

Systematisch gesehen finden sich damit am Ursprung der neueren Zeit drei Ich-Begriffe, welche den eingangs voneinander abgegrenzten entsprechen: erstens das gewöhnliche Ich-Bewusstsein als Produkt, das Subjekt; dieses ist für Nikolaus subjektiv und nur subjektiv; zweitens das reine Denken als angeborene Urteilskraft, die in ihrem Ansich göttlich ist (produzierend) (Gottesbegriff); drittens dasjenige Ich, welches produzierendes Produkt ist (Individualität); dieses Ich steht im Ausgangspunkt der Erkenntnis, nicht wie das Produkt-Ich an ihrem Ende. Die Möglichkeit dieses letzten Ichs zeigt sich als Wirklichkeit nur im Vollzug vom gewöhnlichen Bewusstsein aus; aber sie beinhaltet zugleich den Übergang eines ‚Produkt-Bewusstseins' zu einem ‚Bewusstsein des Produzierens'.

Damit sei nochmals auf den Satz „Sei du dein, und ich werde dein sein"[30] eingegangen. Wenn Nikolaus diesen Satz Gott als Anrede an den Menschen in den Mund legt, dann impliziert diese radikale Freiheit auch mit Blick auf die Individualität, dass es in ihrer Macht liegt (weil Gott ihr, theologisch gesprochen, die Freiheit lässt), einen Bezug zu Gott aufzubauen. Gott wartet, dass der Mensch ihn anspricht. Man kann diesen Satz enttheologisieren, wenn man will. Er besagt nichts weiter, als dass sich wiederholt, was für Fichtes Entdeckung des Ichs gesagt war: Das Subjekt muss diese Entdeckung nicht machen. Es steht in seiner Freiheit. Gleiches wiederholt sich nunmehr auf der Ebene der Individualität.

Ich-Entscheidung

Blickt man auf den Gedankengang zurück, so hat sich ergeben, dass, ausgehend vom Subjekt, entweder dieses Subjekt eine Erfahrung der Individualität machen kann oder nicht. Diese Erfahrung zu machen ist eine Frage der Bereitschaft, Fähigkeiten zu erwerben und Erkenntnismöglichkeiten zu schulen – ohne vorab die Gewissheit zu haben, dass damit etwas erreicht wird. Allerdings kann man ja an Vordenkern einiges lernen. Und auch auf der nächsten Ebene, dem Bezug der Individualität zum „Ich bin, der ich bin" wiederholt sich derselbe Schritt. In beiden Fällen geht es um Entscheidung oder Entschluss.

Spätestens ab der Wende ins 20. Jahrhundert ist das Bewusstsein über die Entscheidung und den Entschluss philosophisch bemerkt und verarbeitet worden, vor allem in der Existenzphilosophie.

Systematisch gesehen zieht bereits Rudolf Steiner in seiner im Spätherbst 1893 publizierten „Philosophie der Freiheit" die Konsequenz, dass für die Ich-Frage auf den Begriff der Entscheidung geschaut werden müsse. Im zweiten Kapitel der ersten Auflage verweist er pointiert auf die Bedeutung des Vollzugs eines Sich-Entschließens:

---

30 Nikolaus von Kues: De visione Dei (h VI n.25).

„Nicht darauf kommt es an, ob ich einen gefaßten Entschluß zur Ausführung bringen kann, sondern *wie der Entschluß in mir entsteht.*" (Steiner GA 4, S. 18)

Man kann die weiteren Ausführungen Steiners im zweiten Teil der Schrift mit der Beschreibung von moralischer Intuition, moralischer Phantasie und moralischer Technik als einen Umsetzungsversuch im Sinne des intellektuellen Existentialismus lesen.[31]

Unabhängig von Steiner hat ein anderer Neukantianer, und zwar ein Marburger, nämlich Heinrich Barth, im 20. Jahrhundert gleichfalls in diesem Sinne die Entscheidung zum Thema gemacht.[32] In seinem „Grundriß einer Philosophie der Existenz" (aber auch an anderen Orten) wird, das sei im letzten Teil dieses Abschnittes gezeigt, ein Modell vorgestellt, wie sich bei ihm Entscheidung und die Idee der transzendentalen Transzendenz miteinander verbinden.

Was meint Barth mit transzendentaler Transzendenz (– der Ausdruck ist in diesem Beitrag von ihm entlehnt)?[33]

„Wir verstehen unter ‚Transzendenz' jenes ‚Hinübersteigen', das in der ‚transzendentalen' Begründung der Erkenntnis, wie sie Kant vollzogen hat, sichtbar wird. ‚Transzendentale' Bedeutung hat das ‚Prinzip' der Erkenntnis, in deren Einheit alle ihre Formen und Möglichkeiten ihre Voraussetzung haben, wie denn auch alle Aktualisierung der Erkenntnis den Logos als solchen in einem transzendentalen Sinne voraussetzt. In diesem prius der transzendentalen Voraussetzung aller möglichen und wirklichen Erkenntnis meinen wir die reine, kritisch einwandfreie und zugleich wahrhaft bedeutungsvolle ‚Transzendenz' zu erkennen." (Barth 1967, S. 116)

Barth formuliert hier seine Ansicht, dass alles menschliche Erkennen auf den Logos als seine Voraussetzung zurückverweist. Dieser Logos wird im Sinne Kants als Bedingung der Möglichkeit von Erkenntnis verstanden. Er ist, wiederum im Kantischen Sinne, ein transzendentales Prinzip, kein

---

31 Man kann diese Passagen auch als eine neukantianische Reaktion auf das Problem der Kantischen Schematismuslehre begreifen – der vorliegende Bezugspunkt soll keineswegs als der einzige gekennzeichnet sein. In diesem Sinne ist zwar das Unternehmen von Traub, die „Philosophie der Freiheit" und auch „Wahrheit und Wissenschaft" von Fichte her zu beurteilen, ein durchaus sinnvoller, aber doch sehr einseitiger Zugang, vgl. Traub 2011.
32 Nicht alle Existenzphilosophen, die sich auf „Entscheidung" beziehen, untersuchen das „Wie" der Entscheidung, für manche genügt schon das „Dass" derselben. Weder Ortega noch Sartre haben in dem Sinne substantiell wie Barth oder Steiner zur Aufhellung dieses „Wie" beigetragen; an Jaspers kann man studieren, wie trotz aller Abwendung ein neukantischer Rest (der Südwestdeutschen) eine eigentümliche Sicht auf das „Wie" hervorruft, die übrigens ja zu einem Cusanus-Buch geführt hat (Jaspers 1964).
33 Vgl. dazu u.a. die Beiträge des Sammelbandes Graf/Schwaetzer 2010 sowie grundlegend Graf 2008. Zu Barths Verhältnis zum Neukantianismus vgl. Zeyer 2007.

transzendentes (im Sinne eines metaphysisch Seienden). Aber Barth bleibt an dieser Stelle nicht stehen; denn die Beobachtung des Logos als eines transzendentalen Prinzips, lehrt ihn, dass dieser nicht in der Verfügung des Menschen steht.

„Erkenntnis kann nicht anthropologisch begründet werden; denn alle Anthropologie setzt Erkenntnis schon voraus." (Barth 1967, S. 116)

Aus dieser Einsicht folgt für ihn, dass der im kantischen Sinne transzendental verstandene Logos zugleich transzendent ist, insofern er nicht im letzten erfassbar, verstehbar oder beherrschbar ist. Die Transzendenz des transzendentalen Logos wird ihm daran sichtbar, dass er nicht als metaphysische Seinsgröße oder epistemologisches Objekt gefasst werden kann, sondern als die Möglichkeit derselben ihnen vorausliegt. Aus diesem Grunde betont Barth, dass er vom Prinzip des Transzendentalen her den Zugang zum Begriff der Transzendenz gewinne (Barth 1967, S. 116). Barth will folglich nicht Transzendentes als Metaphysisches ins Transzendentale überführen, sondern seine Intention liegt darin, zu zeigen, dass bereits im Bereich des Transzendentalen auch Transzendentes zu erfahren ist.

Damit kehrt die Betrachtung wiederum an ihr cusanisches Zentrum zurück. Es ist der Logos, der Intellekt, selbst, in dem die Seele sich so hineinstellt, als wäre sie nur der Ort. Wenn sie dieses vermag, dann erfährt sie, wie sich aus dem Transzendentalen auch die eigene Transzendenz bilden lässt. Barth freilich bleibt in seiner Deutung zurückhaltend, geht aber doch in seinem Existenzverständnis entscheidende Schritte auf diesem Weg.

„Existenz als Sein in der Entscheidung" (Barth 2007, S. 22) ist für Barth etwas, was theoretische und praktische Aspekte gleichermaßen mit einschließt. Ein Beispiel mag diesen Ansatz verdeutlichen:

„In der P h y s i o g n o m i e des Schreibenden; in der die S i n n b e d e u t u n g der sich vollziehenden Bewegung sichtbar wird. Sie wird n i c h t n u r an der sinnvoll bewegten H a n d sichtbar; auch im A n t l i t z des Schreibenden; auch in der ganzen G e s t e . In der Physiognomie des schreibenden Menschen tritt das Schreiben – ein Akt des Existierens – in die Erscheinung als ü b e r l e g t e , s i n n v o l l e , e n t w o r f e n e und als solche g e w o l l t e B e w e g u n g ; als die sie erst im „Schreiben" ist. „Schreiben" ist also n i c h t n u r ein B e w e g u n g s v o r g a n g ; vielmehr ein I n - d i e - E r s c h e i n u n g - T r e t e n d e s M e n s c h e n – des ganzen Menschen! –, das als solches A u s d r u c k s b e d e u t u n g hat." (Barth 2007, S. 27 f.)

Im weiteren Verlauf (Barth 2007, S. 85 ff.) entwickelt Barth, dass er „Selbst" nennt, was als unverwechselbares Individuum in diesem Vorgang in die Erscheinung tritt. Also nur das einen Existenzakt bewusst vollziehende Ich ist sich als eines solchen Selbstes bewusst. Er unterscheidet von diesem „Selbst" als Bedingung seiner Möglichkeit ein „Ich". Dieses „Ich" ist bei allen „Selbsten" eben diese Grundlage. Insofern nennt Barth es ein „überindividuelles Ich" „aber im präzisen Sinne des Transzendentalen". (Barth 2007, S. 98)

Das so konstituierte Individuum begreift sich nun aber offenbar doch im Sinne der transzendentalen Transzendenz, d.h. aus dem überindividuellen, transzendentalen „Ich" entsteht ein „Selbst", dessen „Sein" keineswegs nur erscheinungshafter oder empirischer Natur ist.

Für Barth konstituiert sich also das Ich im Ganzen aus den drei hier geschiedenen Ich-Begriffen. Erst wenn alle drei zusammenkommen, ist für ihn die Existenz des Menschen beschrieben. Und Existenz ist „Sein in der Entscheidung". (Barth 2007, S. 22)

Literatur

Aertsen, J. A./Speer, A. (Hrsg.) (1996): Individuum und Individualität im Mittelalter. Berlin und New York: de Gruyter.
Barth, H. (1967): Existenzphilosophie und neutestamentliche Hermeneutik. Abhandlungen. Herausgegeben von Günther Hauff. Basel und Stuttgart: Schwabe.
Barth, H. (2007): Grundriss einer Philosophie der Existenz. Herausgegeben von Christian Graf, Cornelia Müller und Harald Schwaetzer. Regensburg: Roderer.
Bocken, I. (2003): Konjekturalität und Subjektivität. Einige Anmerkungen zur Position der Geistphilosophie des Nicolaus Cusanus in der neuzeitlichen Philosophiegeschichte. In: Reinhardt, K./Schwaetzer, H. (Hrsg.) (2003): Nicolaus Cusanus. Perspektiven seiner Geistphilosophie. Regensburg: Roderer, S. 51–63.
Bocken,I. (2005): Die Wahrheit des Dialogs. Die Bedeutung des cusanischen Denkens für Martin Bubers Entwurf einer Dialog-Philosophie. Reinhardt, K./Schwaetzer, H. (Hrsg.) (2005): Cusanus-Rezeption in der Philosophie des 20. Jahrhunderts, Regensburg: Roderer, S. 9–32.
Bocken, I. (2007): L'Art de la Collection: Introduction historico-éthique à l'herméneutique conjecturale de Nicolas de Cues. Leuven und Paris: Peeters.
D'Amico, C. (2005): Die Rolle der geometrischen Figur in der Zusammensetzung der scientia aenigmatica. In: Pukelsheim, F./Schwaetzer, H. (Hrsg.) (2005): Mitteilungen und Forschungsbeiträge der Cusanus-Gesellschaft. Band 29: Das Mathematikverständnis des Nikolaus von Kues. Mathematische, naturwissenschaftliche und philosophisch-theologische Dimensionen. Trier: Paulinus, S. 265–278.
De Libera, A. (2007): Archéologie du sujet. I: Naissance du sujet. Paris: Vrin.
De Libera, A. (2008): Archéologie du sujet. II: La quête de l'identité. Paris: Vrin.
Fichte, J. G. (1794-95/1971): Grundlage der gesammten Wissenschaftslehre. In: Fichte, I. H. (Hrsg.) (1971): Fichtes Werke. Band I. Berlin: de Gruyter.
Förster, E. (2011): Die 25 Jahre Philosophie. Eine systematische Rekonstruktion. Frankfurt am Main: Vittorio Klostermann.
Friedländer, P. (1923): Der große Alkibiades – ein Weg zu Platon (1. Teil). Bonn: Cohen.
Görland, I. (1973): Die Entwicklung der Frühphilosophie. Frankfurt am Main: Klostermann.
Goethe, J. W. von (1887–1919/1990): Goethes Werke. Weimarer Ausgabe (WA). Band IV/33. München: dtv.

Graf, C. (2008): Ursprung und Krisis. Heinrich Barths existential-gnoseologischer Grundansatz in seiner Herausbildung und im Kontext neuerer Debatten. Schwabe Philosophica Band 12. Basel: Schwabe.

Graf, C./Schwaetzer, H. (Hrsg.) (2010): Existentielle Wahrheit. Heinrich Barths Philosophie im Spannungsfeld zwischen Wissenschaft, Kunst und christlichem Glauben. Regensburg: Roderer.

Herold, N. (1975): Menschliche Perspektive und Wahrheit. Zur Deutung der Subjektivität in den philosophischen Schriften des Nikolaus von Kues. Münster: Aschendorff.

Jaspers, K. (1964): Nikolaus Cusanus. München: Piper.

Kaltwasser; J. F. S. (Hrsg.) (1786): Plutarchs moralische Abhandlungen. Band 3. Frankfurt am Main: Hermann.

Kijewska, A./Majeran, R./Schwaetzer, H. (2011): Eriugena – Cusanus. Lublin: Wydawnictwo KUL.

Kreuzer, J. (2011): Der Geist als lebendiger Spiegel. Zur Theorie des Intellekts bei Meister Eckhart und Nikolaus von Kues. In:. Schwaetzer, H./Steer, G. (Hrsg.) (2011): Meister Eckhart und Nikolaus von Kues. Meister-Eckhart-Jahrbuch 4. Stuttgart: Kohlhammer, S. 49–66.

Krieger, G./Ollig, H. L. (Hrsg.) (2001): Fluchtpunkt Subjekt. Facetten und Chancen des Subjektgedankens. Paderborn: Schöningh.

Mandrella, I. (2010): Natura intellectualis imitatur artem divinam. Nikolaus von Kues über die Angleichung des Menschen an Christus als ars Dei. In: Moritz, A. (Hrsg.) (2010): Ars imitatur naturam. Transformationen eines Paradigmas menschlicher Kreativität im Übergang vom Mittelalter zur Neuzeit. Münster: Aschendorff, S. 187–202.

Mandrella, I. (2011a): Das Subjekt bei Nicolaus Cusanus: Freie und intellektuelle Natur. In: Schwaetzer, H./Vannier, M. A. (Hrsg.) (2011): Der Subjektbegriff bei Meister Eckhart und Nicolaus von Kues. Münster: Aschendorff, S. 77–88.

Mandrella, I. (2011b): Intellektuelle Selbsterkenntnis als Anähnlichung an Gott bei Meister Eckhart und Nicolaus Cusanus. In: Schwaetzer, H./Steer, G. (Hrsg.) (2011): Meister Eckhart und Nikolaus von Kues. Meister-Eckhart-Jahrbuch 4. Stuttgart: Kohlhammer, S. 67–82.

Mandrella, I. (2012): Das Spiegelmotiv in der Philosophie des Nicolaus Cusanus. In: Filippi, E./Schwaetzer, H. (2012): Spiegel der Seele. Reflexionen in Mystik und Malerei. Münster: Aschendorff, S. 139–150.

Mauriège, M. (2011): In welchem Sinne ist Gott „Subjekt" bei Meister Eckhart? In: Schwaetzer, H./Vannier, M. A. (Hrsg.) (2011): Der Subjektbegriff bei Meister Eckhart und Nicolaus von Kues. Münster: Aschendorff, S. 49–66.

Müller, T./Vollet, M. (Hrsg.) (2012): Die Modernitäten des Nikolaus von Kues. Bielefeld: Transcript.

Schelling, F. W. J. (1795/1856-1861): Ich als Prinzip der Philosophie. In: Schelling, K. F. A.(1856–1861): Friedrich Johann Joseph von Schellings sämmtliche Werke (SW). Stuttgart: Cotta.

Schelling, F. W. J. (1801/2009): Darstellung meines Systems der Philosophie. In: Durner, M. (Hrsg.) (2009): Friedrich Wilhelm Josef Schelling: Historisch-kritische Ausgabe (AA). Reihe I: Werke. Band 10. Stuttgart: Frommann-Holzboog.

Schneider, N. (1994): Porträtmalerei. Köln: Taschen.

Schwaetzer, H. (2004): Aequalitas: erkenntnistheoretische und soziale Implikationen eines christologischen Begriffs bei Nikolaus von Kues. Eine Studie zu seiner Schrift De aequalitate. 2. Auflage. Hildesheim: Georg Olms.

Schwaetzer, H. (2002): „Semen universale". Die Anthropologie bei Nikolaus von Kues und Giovanni Pico della Mirandola. In: Thurner, M. (Hrsg.) (2002): Nicolaus Cusanus zwischen Deutschland und Italien. Berlin: Akademie Verlag, S. 555–574.

Schwaetzer, Harald (2005): Viva imago Dei. Überlegungen zum Ursprung eines anthropologischen Grundprinzips bei Nicolaus Cusanus. In: Bocken, I. M. K./Schwaetzer, H. (Hrsg.): Spiegel und Porträt. Zur Bedeutung zweier zentraler Bilder im Werk des Nikolaus von Kues. Maastricht: Shaker, S. 113–132.

Schwaetzer, H. (2010a): „… quia naturae similitudo". Natur und Kunst im cusanischen Konzept der intellektuellen Anschauung. In: Moritz, A. (Hrsg.) (2010): Ars imitatur naturam. Transformationen eines Paradigmas menschlicher Kreativität im Übergang vom Mittelalter zur Neuzeit. Münster: Aschendorff, S. 267–290.

Schwaetzer, H. (2010b): Ineinsfall der Begegnung. In: Coincidentia. Zeitschrift für europäische Geistesgeschichte 1, S. 13–38.

Schwaetzer, H. (2010c): Vom Reinigen der Brille. Perspektivität und Wahrheit. In: Krautz, Jochen (Hrsg.) (2010): Kunst, Pädagogik, Verantwortung. Zu den Grundfragen der Kunstpädagogik. Oberhausen: Athena, S. 111–122.

Schwaetzer, H. (2011a): Einführung in „De non aliud" und Einordnung ins Gesamtwerk. In: Reinhardt, K./Machetta, J. M./Schwaetzer, H. (Hrsg.) (2011): Nikolaus von Kues: De non aliud. Nichts anderes.. Münster: Aschendorff, S. 11–23.

Schwaetzer, H. (2011b): Art. Miroir. In: Vannier, M. A./Euler, W. A./Reinhardt, K./Schwaetzer, H. (Hrsg.) (2011): Encyclopédie des mystiques rhénans d'Eckhart à Nicolas des Cues et leur réception. Paris: Les Éditions du Cerf, S. 813–820.

Schwaetzer, H. (2011c): Art. „Sujet (Nicolas de Cues)". In: Vannier, M. A./Euler, W. A./Reinhardt, K./Schwaetzer, H. (Hrsg.) (2011): Encyclopédie des mystiques rhénans d'Eckhart à Nicolas des Cues et leur réception. Paris: Les Éditions du Cerf, S. 1109–1117.

Schwaetzer, H./Vannier, M. A. (Hrsg.) (2011): Der Subjektbegriff bei Meister Eckhart und Nicolaus von Kues. Münster: Aschendorff.

Schwaetzer, H. (2012a): Zum lebendigen Selbstporträt bei Nikolaus von Kues und Rogier van der Weyden. In: Filippi, E./Schwaetzer, H. (Hrsg.) (2012): Spiegel der Seele. Reflexionen in Malerei und Philosophie. Münster: Aschendorff, S. 169–182.

Schwaetzer, H./Vollet, M. (2012): Werte-Bildung in Europa. Coincidentia. Zeitschrift für europäische Geistesgeschichte, Beiheft. Münster: Aschendorff.

Stein, H. von (1864): Sieben Bücher zur Geschichte des Platonismus. Untersuchungen über das System des Plato und sein Verhältnis zur späteren Theologie und Philosophie. Zweiter Theil: das Verhältniss des Platonismus zum klassischen Altertum und zum Christenthum enthaltend. Göttingen: Vandenhoeck und Ruprecht.

Steiner, R. (1983): Die Philosophie der Freiheit. Grundzüge einer modernen Weltanschauung. GA 4. Dornach: Philosophisch-Anthroposophischer Verlag am Goetheanum.

Traub, H. (2011): Philosophie und Anthroposophie. Stuttgart: Kohlhammer.

Vannier, M. A. (2011): Eckhart und die Frage nach dem Subjekt. In: Schwaetzer, H./Vannier, M. A. (Hrsg.) (2011): Der Subjektbegriff bei Meister Eckhart und Nicolaus von Kues. Münster: Aschendorff, S. 17–23.

Wilamowitz- Moellendorff, U. von (1962): Platon. Band 2: Beilagen und Textkritik (die Dialoge). 3. Auflage. Berlin: Weidmann

Zeyer, K. (2007): Bitte recht höflich? Von den Gründen für Heinrich Barths Mitteilung der Etikette, ihn als einen „verspäteten Nachzügler der Marburger Schule" anzusehen. In: Schwaetzer, H./Graf, C. (Hrsg.) (2007): Existenz. Genese, Umfeld und Facetten eines zentralen Begriffs bei Heinrich Barth. Regensburg: Roderer, S. 89–104.

Bernhard Schmalenbach

Gesten
Zur leiblichen Dimension pädagogischen und heilpädagogischen Handelns

Pädagogische Beziehungen gründen in hohem Maße auf der Sprache und sie werden auch anhand der sprachlichen Kommunikation reflektiert. Mehr und mehr werden aber auch Forscher und Praktiker aufmerksam auf die vielfältige Bedeutung der nonverbalen Ausdrucksformen. In der heilpädagogischen Arbeit hingegen kamen den Gesten und Gebärden schon in ihren Anfängen in der Gehörlosenförderung eine besondere Bedeutung zu. Heute gehört die Verwendung von Gesten und Gebärden zum Repertoire der Sprachförderung, der Frühförderung und der Unterstützung von Menschen, die von Behinderungen betroffen sind, insbesondere von Autismus, zu dessen grundlegenden Symptomen gerade Auffälligkeiten im Gebrauch und im Verständnis von nonverbalen Ausdrucksweisen gehören. Bei vielen Kindern, Jugendlichen und Erwachsenen, welche sich sprachlich nur eingeschränkt äußern können, spielen Gesten im Alltag, in der Schule und in der Arbeitswelt eine große Rolle.

Eine systematische Erforschung des nonverbalen Ausdrucks, vor allem in Hinblick auf seine Bedeutung in Pädagogik und Heilpädagogik, steht erst noch in den Anfängen. Dank der Pionierarbeiten von Wallace Ekman und Paul Friesen (1969), Adam Kendon (2004), David McNeill (1992) und Susan Goldin-Meadow (2003) verfügen wir über einen tiefen Einblick in die Bedeutung der Gesten. Diese sind mit einer Fülle von sozialen, kognitiven und kommunikativen Phänomenen verbunden und daher weit mehr als Medium des emotionalen Ausdrucks. Gesten können als ein höchst subtiles Instrument für die Gestaltung der Kommunikation gelten, sie bilden ein Mittel, gemeinsam mit der Sprache in einer Äußerung eine Vielfalt von Inhalten und Einstellungen darzustellen und sind zudem ein selbständiges Organ der Gedankenbildung. Auch in den Gesten erscheint daher die Hand als „organon" des Geistes (Aristoteles, S. 431) – im Sinne der heute vielfach beschriebenen *situated cognition* und der *embodied cognition* als Medium des verkörperten und zugleich in der Umgebung situierten Geistes. Im folgenden Beitrag wird den Formen und Funktionen von Gesten und ihrer Bedeutung für die Pädagogik und Heilpädagogik nachgegangen. Vieles spricht dafür, einen Beitrag über Gesten mit Hinweisen auf die einzigartigen Eigenschaften der menschlichen Hand zu beginnen.

Die Sonderstellung der menschlichen Hand

Wie kein anderes Organ des menschlichen Körpers verbindet die Hand Gegensätze. Ausgestattet mit einer sehr hohen Dichte von taktilen Rezeptoren und mit einer einzigartigen biomechanischen Ausstattung (Reill 1999), vermittelt sie Bewegung und Wahrnehmung als die beiden elementarsten Weltbezüge des Menschen. Durch die flexible Opposition des Daumens vermag der Mensch eine Vielfalt höchst differenzierter und fein abgestimmter Bewegungen ausführen, welche die Grundlage aller naturbezogenen und kulturellen Tätigkeiten sind: im Umgang mit Pflanzen und Tieren, in der Vielfalt handwerklicher Arbeiten, in den Werken der bildenden Kunst wie der Musik, im Schreiben von Buchstaben und Zahlen. Auch im sozialen Leben kommt der Hand eine große Bedeutung zu: in den Berührungen, im Geben und Nehmen, im Zeigen und den anderen Gesten gestaltet die Hand den sozialen Raum, indem sie Nähe und Distanz vermittelt und einen Spiegel der Empfindungen wie der Intentionen bildet. In den Symbolsystemen, z.B. von Fluglotsen oder im Rechnen mit den Fingern, wird die Hand Trägerin von Bedeutungssystemen, bis hin zu den Gebärdensprachen, denen alle formalen Merkmale von Sprache eigen sind.

All diese Tätigkeiten gründen darauf, dass sich die Hand, anders als entsprechende Organe bei Säugetieren, aus dem steten Kontakt mit der Umwelt und von der Fortbewegung befreit hat. Zuwendung und Distanzierung in den sozialen Handlungen und Gesten werden durch die nur dem Menschen gegebene Verbindung von Einwärtsdrehung (Pronation) und Auswärtsdrehung (Supination) vermittelt, sowie durch die freie Beweglichkeit zwischen Beugung und Streckung. Auch die Vielfalt und Differenziertheit der Bewegungen im Raum basiert auf den hohen motorischen Freiheitsgraden der Gelenke in Armen und Händen.

Mit der Hand verfügt der Mensch über ein Organ, das dem Körper gegenübergestellt, man kann auch sagen: das vergegenständlicht werden kann. In diesem Vermögen entspringt eine erste, leiblich gegründete Möglichkeit der Selbstreflexion, aber auch die Voraussetzung dafür, dass die Hände gleichsam *transparent* für Bedeutungen und damit Träger von Zeichen und Symbolen werden. So bilden die Hände ein Organ, welches auch die leibliche und die geistige Natur des Menschen miteinander vermittelt.

Einer phänomenologischen Studie von Armin Husemann folgend, können wir am Menschen räumliche Bewegung, physiologische Bewegung und Ausdrucksbewegung unterscheiden, welche in der aufrechten menschlichen Gestalt verschiedene Kristallisationszentren haben (Husemann 1989). So finden wir die Raumbewegung besonders bei den Beinen und Füßen, während sich die Ausdrucksbewegung von Blick, Sprache und Mimik im Kopfbereich des Menschen konzentriert. Das Zentrum der physiologischen Bewegungen von Atem und Puls wiederum bildet die rhythmischen Organe des „mittleren Menschen". Auch in diesem Spektrum der Bewegungen kommt der Hand eine mittlere Stellung zu: Im tätigen Umgang mit Gegenständen, Substanzen und Werkzeugen greifen Arme und Hände in die materielle Welt ein und setzen sich mit der Schwerkraft auseinander; dabei sind viele Bewegungen rhythmisch strukturiert.[1] In der Gestik entbinden sie sich der Schwerkraft und dienen dem Ausdruck emotionaler wie kognitiver Vorgänge. All diese Bewegungen haben einen individuellen Anteil und sind damit Bild wie Instrument einer Persönlichkeit. Diese hier charakterisierten Merkmale der Hand als Organ des Übergangs und der Integration finden wir dann auch in den Formen, wie auch in den Funktionen von menschlichen Gesten wieder.

Formen von Gestik

Die vielfältigen Formen von Gesten ergeben ein Spektrum, dessen Kategorien Übergänge und auch Überlagerungen zeigen, nicht zuletzt dadurch, dass Gesten im Verlauf einer Äußerung oft ineinander übergehen, ihre Bedeutung oder ihren Charakter verändern, oder mehrere Bedeutungen und Funktionen zugleich einnehmen können.

Expressive Gesten

Gesten können Stimmungen und emotionale Zustände ausdrücken; bekannte Beispiele sind die nach oben erhobenen und dann wieder fallen gelassenen Hände, in denen sich Ratlosigkeit spiegelt oder die vor Wut geballte Faust. Eine besondere Gruppe bilden die von Ekman und Friesen (Ekman/Friesen 1969) so bezeichneten Adaptoren, auf den eigenen Körper gerichtete Bewegungen ohne kommunikative Absicht. Dazu gehören das Kratzen oder das Kraulen der Haare, in denen sich u.a. Anspannung oder Müdigkeit abzeichnen. Obgleich solche Bewegungen nicht mit einer kommunikativen Absicht verbunden sind, haben sie in Dialogen oft eine Funktion: Wenn ein Sprecher etwa nach einer Äußerung eine selbstbezogene Geste ausführt, ist dies für sein Gegenüber oft das Signal, seinerseits die Sprecherrolle zu übernehmen (Streeck 2009a).

Deiktische Gesten

Mit den häufig verwendeten Zeigegesten bezeichnen wir einen Gegenstand oder eine Person im Raum, oft auch ein bestimmtes Merkmal. Deiktische Gesten, ausgeführt mit dem Zeigefinger oder mit der Hand, nicht selten

---

1 Siehe Kunesch 1996 im Hinblick auf Explorationsbewegungen. Arbeitsbewegungen sind ebenfalls sehr oft rhythmisch gegliedert.

aber auch mit einer Kopf- und Blickbewegung, schaffen solcherart Eindeutigkeit und verankern Namen und Begriffe im Raum. Neben diesen konkreten Anwendungen gibt es auch Formen abstrakter Deixis: In der Schule etwa, wenn eine Chemielehrerin die Eigenschaften einer chemischen Substanz aufzählt und dies mit Zeigebewegungen im sogenannten Gestenraum, von links nach rechts verbindet; oder wenn ein Geschichtslehrer die Begriffe „Marktwirtschaft" und „Sozialismus" gegenüberstellt, dies im Gestenraum durch zwei imaginäre Orte anzeigt und in seinen weiteren Erläuterungen hierauf wieder zurückkommt.

Beats

Beats sind Auf- und Abwärtsbewegungen der Arme im Verlauf des Sprechens (McNeill 1992). Sie begleiten, in rhythmischen Mustern organisiert, den Prozess des Sprechens und schlagen im Takt mit dem Sprachrhythmus. Auch zwischen Sprecher und Hörer sind diese Bewegungen aufeinander abgestimmt und etablieren auf diese Weise einen rhythmisch strukturierten Rahmen für den Dialog (McClave 1994). Beats können zudem wichtige Elemente des Gesprochenen hervorheben oder anzeigen, dass eine neue Information mitgeteilt oder eine neue Person eingeführt wird (McNeill 1992).

Darstellende Gesten

Die größte Vielfalt und Variabilität zeigen die darstellenden oder referentiellen Gesten, welche die gleichzeitig gesprochenen Worte veranschaulichen, erweitern oder modulieren. Oft fügen diese Gesten der verbalen Darstellung eine bildhaft, räumlich-visuelle Information hinzu; sie veranschaulichen Formen, Relationen oder Bewegungen. David McNeill unterscheidet in seiner fundamentalen Studie über Gesten, *Hand and Mind* (McNeill 1992), drei Phasen im Vorgang des Gestikulierens: In der Aufbauphase gehen die Arme gleichsam in Stellung, dann wird die eigentliche Geste mit dem Höhepunkt (stroke) ausgeführt, schließlich kehren die Hände in die Ausgangsstellung zurück. Der Stroke verläuft parallel mit dem Fokus der verbalen Äußerung, welcher oft auch durch Tonhöhe und Lautstärke akzentuiert wird. Damit gelingt es, einen Inhalt gleichzeitig in zwei Modalitäten, Sprache und Geste, auszudrücken, wobei diese jeweils verschiedene Aspekte darstellen. Bei den darstellenden Gesten handelt es sich um kreative Handlungen, mit denen der Gestikulierende im Gestenraum gleichsam „zeichnet" oder auch „plastiziert". (Müller 1998) Auch bei diesen Gesten finden wir abstrakte Formen, so wenn der Begriff „Evolution" durch vorwärts rollende Bewegungen beider Hände veranschaulicht wird oder der

Begriff „Wechselwirkung" durch abwechselnde Bewegungen der beiden, einander zugewandten Hände.

Embleme

Eine besondere Gruppe der darstellenden Gesten weist eine stabile Beziehung zwischen Form und Bedeutung auf: etwa der aufgestreckte Daumen beim „O.K."-Zeichen. Diese Gesten folgen kulturellen Standards und werden bewusst und mit kommunikativer Absicht ausgeführt. Zu den Emblemen oder symbolischen Gesten gehörten auch die Zeichensysteme z.B. von Fluglotsen oder Börsianern.

In dem Spektrum der Gesten übergreifen sich die Gegensätze im Hinblick auf bewusst/unbewusst, explizit/implizit und analog/propositional. Die Embleme bilden die Brücke zu den Gebärden der Gebärdensprachen, welche gegenüber den Gesten eine eigene Kategorie bilden: denn anders als diese sind sie wie Worte auch analytisch und sequentiell organisiert, sie haben eine stabile Beziehung von Inhalt und Form und werden, wie auch die Sprache, von der linken Gehirnhälfte aus gesteuert (Hitchok/Bellugi/Klima 2001).

Einige Funktionen von Gestik

Die Vielfalt der Formen korrespondiert mit den Funktionen von Gesten, welche zum Teil auch gleichzeitig erfüllt werden. So zeugen Gesten von Emotionen und Stimmungen und ermöglichen damit auch eine basale Form der Selbstvergewisserung. Gesten unterstützen darüber hinaus die Lebendigkeit und Flüssigkeit des Sprechens und helfen dem Sprecher, die gesuchten Worte zu finden (Rauscher/Krauss/Chen 1996; Krauss et al. 1995). Eine bedeutende Rolle spielen Gesten im Spracherwerb des Kindes: Die Entwicklung von Gesten und Sprache verläuft parallel, von Geburt an sind Hand und Mund eng miteinander verbunden (Bates/Dick 2002; Iverson/Thelen 1999). Dabei gehen auf jeder Stufe die Handbewegungen und Gesten den entsprechenden sprachlichen Äußerungen voraus. Sie bilden damit eine entscheidende Brücke von Handlungen im Raum zur Sprache (Bates et al. 1979; Capirci et al. 1996; Capirci/Montenari/Volterra 1998). Die weiteren Funktionen seien im Folgenden etwas eingehender charakterisiert.

Gesten regeln die Interaktion

Gesten tragen, gemeinsam mit der Mimik, Sprache und Blickbewegung, zur Gestaltung der Kommunikation bei. Manche Gesten signalisieren, dass der

Redende seinen Beitrag beendet hat, andere fordern den Partner auf, das Wort zu ergreifen.

Doch findet die Koordination im Gespräch noch auf tieferen Ebenen statt: Zum einen zeigen Analysen der Bewegungssequenzen im Mikrobereich, dass die Kommunikation der Partner durch rhythmisch-synchronisierte Bewegungen getragen wird. Jemanden sprechen hören alleine reicht schon aus, in einem gemeinsamen Rhythmus zu kommen (Richardson/ Dale/Shockley 2008). So entsteht ein gemeinsamer Fluss von Bewegungen, welcher die Bezogenheit der Partner aufeinander, das Sprechen und Verstehen trägt (Condon 1982; Wachsmuth 2000). Fehlt dieses Verständnis, so zeigt sich dementsprechend eine Disharmonie in den Bewegungen. Entwicklungspsychologen konnten demonstrieren, dass diese gemeinsam orchestrierten Bewegungen die Grundlage für den frühkindlichen Aufbau der Beziehungen und den Spracherwerb bilden (Beebe et al. 2002; Mazokopaki/Kugiumitzakis 2009).

Gesten verdeutlichen und erweitern das Gesagte

Oft werden Gesten und Worte zu semantischen Einheiten zusammengefasst und parallel ausgeführt. Dabei nehmen die Gesten gleichzeitig Bezug auf die nonverbalen Eigenschaften der Sprache: zum Beispiel zu steigenden und fallenden Konturen, zu Expressivität und Tonhöhe (McNeill 1992). Hier ergänzen Gesten die Worte um einen *bildhaften* Aspekt, indem sie räumliche Verhältnisse, Formen oder Bewegungsverläufe nachzeichnen. Nicht weniger bedeutend ist die Repräsentation von abstrakten Konzepten wie Gleichgewicht, Gegensatz, Konflikt, Prozess u.a. In diesen Fällen stecken die Gesten den übergeordneten konzeptionellen Rahmen ab, in dem die weiteren Begriffe und Illustrationen eingefügt werden. Bezeichnenderweise erscheinen in diesen Gesten Metamorphosen von elementaren Handlungsmustern wie Greifen, Stützen, Tragen, Halten oder Formen (Streeck 2009a S. 148).

Eine weitere Form der Veranschaulichung geben Gesten auf der Ebene von *Sprechakten,* indem sie verdeutlichen, dass eine Äußerung als Bitte, als Frage oder als Behauptung gemeint ist. Damit verwandt sind die von Adam Kendon beschriebenen modalen Gesten, welche das Gesagte gleichsam kommentieren. Wenn der Sprechende zum Beispiel Daumen und Fingerspitzen zusammen führt, so sieht man darin, dass er nun etwas ins Zentrum der Aufmerksamkeit rücken möchte. Mit dem Öffnen der Hand dann beginnt er, dieses Thema weiter zu entfalten (Kendon 2000 S. 24; Streeck 2009).

Die vermutlich größte Rolle im Kontext von Unterweisung und Lernen spielen wohl die Zeigegesten: Sie stellen die gemeinsame Aufmerksamkeit auf den Unterrichtsgegenstand her und verdeutlichen insbesondere, welche seiner Aspekte oder Elemente gerade angesprochen werden – ob es sich um

Gegenstände und Materialien handelt, mit denen gearbeitet wird, um Bilder, um Zahlen oder um Schrift. Gerade hier wird die integrierende Funktion der Geste offensichtlich, insofern sie Körper, Umwelt und Bewusstsein aufeinander bezieht und eine Bewegung schafft, welche zwischen wechselnden Aufmerksamkeitszentren und der Peripherie des Themas interagiert. Man muss sich vor Augen führen, dass in diesem Geschehen eine hohe Dynamik lebt, welche man bewusst kaum verfolgen kann. Für das Wechselspiel von Worten, Gesten und Dingen, aus dem Bedeutungen entspringen und vergehen, gilt der Satz aus dem Buch Hiob, den Goethe seiner *Metamorphose der Pflanzen* voranstellte: „Siehe, er gehet vor mir über, ehe ich's gewahr werde, und verwandelt sich, ehe ich's merke" (Hiob 9, 11 in der Übersetzung Luthers).

Gesten als „Fenster" des denkenden Geistes

Nicht nur Worte, auch Gesten ermöglichen uns, Anteil an den mentalen Vorgängen des anderen zu nehmen. Schon die Zeigegeste in Verbindung mit einem Wort macht deutlich, worauf der Sprechende seine Äußerung bezogen haben will oder welchen Aspekt z.B. eines Gegenstandes oder Bildes er nun mit seinen Worten beschreibt/kommentiert. Die bahnbrechenden Forschungen von Susan Goldin-Meadow und ihrer Kollegen haben hier noch subtilere Vorgänge aufdecken können: Sie fanden nämlich heraus, dass es z.B. beim Erlernen von Problemlösestrategien häufig zu Situationen kommt, in denen der Schüler in der Sprache eine andere Information ausdrückt als in der Geste. Dieses Phänomen des *mismatches* hat Goldin-Meadow etwa beim Lösen von Gleichungen entdeckt: So löst ein 9-jähriges Mädchen die Aufgabe „3 + 5 + 4 = _ + 3" mit 12 und erklärt dies auf folgende Weise: „Ich habe die 3, die 4 und die 5 zusammengezählt." Während sie dies sagt, zeigt sie mit dem Zeigefinger nacheinander auf diese Zahlen. In diesem Fall enthalten Worte und Gesten die gleichen Informationen. Ein anderes Mädchen hingegen, welches auch 12 in die Lücke schreibt, erklärt dies in Worten so wie das erste Mädchen, doch in ihren Gesten zeigt sie etwas anderes: Sie zeigt auf die 3, die 5 und die 4 auf der linken und auf die 3 auf der rechten Seite der Gleichung und addiert damit durch ihre Gesten alle Zahlen. Somit gibt es einen Widerspruch zwischen der (falschen) verbal erläuterten Strategie und der (ebenfalls falschen) Strategie, welche in den Gesten demonstriert wird. Goldin-Meadows weitere Untersuchungen ergeben nun, dass Kinder, welche bei der Lösung von mathematischen Problemen solche *mismatches* produzieren, die Strategie, welche sie in der Geste demonstrieren, nicht in die Sprache überführen. Damit können Gesten Informationen resp. Bedeutungen aufnehmen, welche nicht sprachfähig sind. Darüber hinaus sind Kinder, welche *mismatches* zeigen, besonders dazu prädestiniert, einen Lernfortschritt zu machen (Goldin-Meadow 2006,

S. 336 ff.). Dies gilt für Kinder wie für Erwachsene und für eine Vielzahl von Inhaltsbereichen (Eine Auflistung gibt Goldin-Meadow 2006, S. 342 f.). Selbst wenn beide Strategien falsch sind, beinhalten sie doch beide Elemente der richtigen Strategie. Wir sehen Gesten hier auf halbem Wege zwischen implizitem und explizitem Wissen, beide Wissensformen miteinander verbindend. Auch dies haben Goldin-Meadow und ihre Mitarbeiterinnen an einem Schlüsselexperiment zeigen können: Lässt man Kinder im Laufe von Gleichungsaufgaben Lösungen bewerten, welche sie vorher in ihren Gesten, aber nicht in ihren Worten gezeigt haben, so billigen sie auch diese Lösung (Goldin-Meadow 2006). Das in der eigenen Geste gefasste Wissen bildet damit das Organ für die Aufnahme des von anderen sprachlich mitgeteilten Wissens.

Gesten als Instrument des Denkens

Schon die Alltagsbeobachtung, vor allem von Kindern, zeigt, wie sie mit ihren Händen denken: Wenn kleine Kinder sich mit Gegenständen betrachten und auf sie zeigen, Konturen nachfahren oder Vorgänge pantomimisch nachvollziehen, nehmen sie auf diese Weise Eigenschaften und Zusammenhänge auf, indem sie diese verleiblichen. Ein Großteil des kindlichen Spiels als die Domäne seiner Aneignung von Welt vollzieht sich in symbolischen (abbildenden Gesten). Hier werden die Ereignisse seiner Lebenswelt verinnerlicht, zugleich aber auch eigene Verhaltensweisen in Rollen und Szenen erprobt. Auch im Spiel vermitteln die Gesten beide Richtungen: Wahrgenommenes wird verinnerlicht oder angeeignet, Erdachtes leiblich in Szene gesetzt.

Für die kognitive Fruchtbarkeit der Gesten gibt es inzwischen zahlreiche Beispiele, von denen wenigstens einige genannt seien: Die Zeigegeste spielt eine wichtige Rolle in der Ausbildung des Zählens und der Entwicklung des Zahlbegriffs; auch hier ist es die Geste, welche die abstrakte Repräsentation der Zahl in der – rhythmischen – Bezugnahme auf eine Reihe von Objekten in die Wege leitet (Graham 1999). Wenn Kinder aufgefordert werden, ihre Hände beim mathematischen Problemlösen zu bewegen, dann beginnen sie Strategien zu zeigen, welche sie vorher nicht hatten, und zwar in den Gesten, nicht in der Sprache. Später können sie entsprechende Unterweisungen besser aufnehmen als Kinder, welche nicht gestikuliert hatten (Goldin-Meadow 2009). So sehen wir in den Gesten das Denken gleichsam in statu nascendi.[2]

---

[2] Auf diese Weise tritt die Geste auch epistemologisch zwischen Handlungen und Propositionen/Repräsentationen als Instrument des Denkens. Der Prozess des Denkens selbst ist von diesen seinen Manifestationen zu unterscheiden. Das Denken expliziert sich im Kontinuum von Handlung, Geste, Sprache, Vorstellung. Denken als

Gesten und Sprachverstehen

Zu den weitereichenden Verbindungen von Gesten und Sprache, die auf einen gemeinsamen Ursprung verweisen, gehört auch die erst seit kurzem diskutierte Rolle der *eigenen* Gesten für das Verstehen von Sprache. So werden das Verständnis und die Merkfähigkeit von Sprache erleichtert, wenn man mit der Sprache korrespondierende Gesten des Sprechers sieht (Skipper et al. 2009). Das Sprachverstehen wiederum ist verbunden mit der Aktivierung von Gehirnzentren, welche mit der Sprachproduktion einhergehen (D'Ausilio et al. 2009; Galantucci/Fowler 2006). Demnach bildet das eigene Sprachvermögen die Wahrnehmungsgrundlage für das Verstehen eines fremden Sprechers. In ähnlicher Weise sind auch Gehirnareale, welche Handlungen vorbereiten und steuern, beteiligt an der Verarbeitung von Gesten, welche man beobachtet. Damit sind die eigenen Handbewegungen in einem Resonanzvorgang beteiligt am Prozess des Sprachverstehens, indem die Gesten des Gegenübers *simuliert* werden (Skipper et al. 2009).

Pädagogische und heilpädagogische Bezüge

In der pädagogischen Beziehung, und insbesondere in der Schule, sind die oben beschriebenen Funktionen von Gesten virulent, im Hinblick auf den Lehrer wie den Schüler und auf beider Interaktion. Anders als es ein überkommenes Modell von Kommunikation suggerierte, wird „Bedeutung" nicht von einen zum anderen „übertragen", Bedeutungen entstehen vielmehr in einem dynamischen und fließenden Prozess zwischen der Pädagogin und dem Kind. Gesten bilden hier in mannigfaltiger Weise Brücken: in der Schule etwa zwischen den abstrakten Begriffen und den konkreten Materialien, wie eine Fallstudie am Beispiel des Lernens der Uhr schildert (William 2008). Im Mathematikunterricht können Gesten dazu beitragen, mathematische Konzepte zu vermitteln: nicht als Metaphern, sondern indem sie die den mathematischen Konzepten zugrunde liegende Dynamik oder Struktur verkörpern (z.B. Annäherung, Oszillieren, Richtungen etc.; Núnez 2008). Ganz allgemein profitieren Schüler davon, wenn ihr Unterricht durch Gesten begleitet wird (Goldin-Meadow 2007).

Strukturbildungsvorgang äußert sich auch in Gesten, jedoch in einer flüssigeren Form als in der Sprache. Gesten gehen dabei den Weg zwischen Wahrnehmung und Begriff in beide Richtungen, und sie kommen beiden sehr nahe. Abbildende Gesten etwa schließen an das Feld der Wahrnehmungen unmittelbarer an als Worte, zugleich vermögen sie Strukturen zu bilden. Auch scheinen sie, mindestens teilweise, näher an die Quelle der begrifflichen Intuitionen zu reichen. Von beiden Seiten gesehen, bilden Gesten damit ein plastisches Medium, welches u.a. dazu beiträgt, Wahrnehmungen wie begriffliche Intuitionen in Vorstellungen zu überführen; erkenntnistheoretisch durchlaufen sie das Spektrum von Konstruktion, Repräsentation und Explikation.

Gesten spiegeln wie auch die anderen, sprachlichen und nichtsprachlichen Ausdrucksformen, die Identifikation des Lehrenden mit dem Unterrichtsgegenstand und mit seiner Klasse wider. Gerade für einen Unterricht, der das Element der Bildhaftigkeit besonders betont, bilden sie ein wesentliches Mittel: für die Schüler, weil Gesten die Anschaulichkeit des verbalen Unterrichts verstärken, aber auch das Gesagte energetisch steigern. Aber auch für den Lehrenden selbst, dem sie eine Art taktiler und visueller Rückkoppelung des Gesagten geben, indem sie dessen zugrunde liegende Struktur und Dynamik leiblich vermitteln (Streeck 2009a, S. 291 f.).

Der Lehrer schafft auf diese Weise eine die Sprache begleitende, sie bildhaft – plastisch und rhythmisch-ergänzende „Umgebung"; der Unterrichtsgegenstand wird auf diese Weise in einem quasi künstlerischen Vorgang verkörpert und in Szene gesetzt, was umso wirksamer und um so nötiger sein dürfte, je jünger die Schüler sind.

Wir haben gesehen, dass Schüler in ihren Gesten den Stand des eigenen Verständnisses im Hinblick auf Problemlösungen anzeigen; dies ist insbesondere frappant bei den oben beschriebenen *mismatches*. Bemerkenswerterweise brachten Forschungen von Susan Goldin-Meadow und Kollegen zutage, dass Lehrer unbewusst auch die Informationen aufnehmen, welche die Kinder in ihren Gesten andeutungsweise „erfassen", und diese oft verbalisieren. Lehrer geben Schüler, welche *mismatches* produzieren, mehr variierende Instruktionen und Erklärungen. Damit formen Kinder durch ihre Gesten die Lernumgebung (Goldin-Meadow 2006). Aber auch die Kinder ihrerseits greifen die Gesten der Lehrer auf, in denen sich spezifische Lösungsstrategien niederschlagen. Anschließend sind sie auch besser in der Lage, von den Instruktionen der Lehrer zu profitieren (Goldin-Meadow 2009). Ein auf die Kinder eingestellter Blick vermag damit, dass sich in ihren Gesten vorbereitende, gleichsam im Werden begriffene Verständnis aufzunehmen und die eigenen Äußerungen darauf abzustimmen.

Die pädagogischen Gesichtspunkte im Hinblick auf die Gesten gelten in besonderer Weise auch für heilpädagogische Aufgabenstellungen. Bereits aus den oben referierten Studien ergibt sich das Potenzial der Gestik in der Förderung von Sprache und von Sprachverstehen, welches anhand einiger Studien bereits im Einzelnen nachgewiesen wurde:

- Bei Patienten mit Aphasie etwa fördert das Zeigen, insbesondere der rechten Hand, die Korrektheit und Geschwindigkeit des Nennens (Hanlon et al. 1990 und Hader et al. 1998, zit. nach Meister et al. 2003).
- Kinder mit Sprachentwicklungsstörungen zwischen sieben und neun Jahren verwenden nicht mehr Gesten als andere. Jedoch zeigen sie ihr Wissen bei Konservierungsaufgaben stärker in der Geste als in der Sprache (Goldin-Meadow 2006), und sie basieren ihr Sprachverständnis und ihr Sprechen stark auf der Verbindung von Worten und Gesten (Botting et al. 2010).

- Bei Kindern und Jugendlichen mit Autismus besteht eine starke Verbindung zwischen Gesten, Sprache und sozialem Verhalten (Schmalenbach 2005, S. 189 ff. und S. 208 ff.). Hier bewährt sich eine Förderung von Sprache und Sprachverständnis durch eine Förderung der Gesten (Ingersoll/Lalonde 2010).
- Gesten sind auch ein Prädikator für die künftige Sprachentwicklung von Kindern mit Hirnschädigungen. Kinder, welche mit 18 Monaten nur wenige Formen von Gesten aufwiesen, zeigten ein Jahr später Verzögerungen in ihrem Wortverständnis. Ein Jahr später als andere Kinder, welche ein reicheres Repertoire an Gesten hatten (Sauer/Levine/Goldin-Meadow, zit. nach Goldin-Meadow 2009).

Diese wenigen empirisch fundierten Beispiele mögen hier genügen, um die Bedeutung der Gesten in der Heilpädagogik zu untermauern. Sie reicht sicher aber noch weiter: Angesichts der Probleme im Verstehen von Sprache ist der heilpädagogisch fördernde Lehrer besonders aufgerufen, das von ihm Dargestellte auch zu verkörpern. Nicht nur in therapeutischen Settings wird es ferner darauf ankommen, die dialogische Einstimmung auch auf der Ebene von Gesten und ihrem Wechselspiel zu suchen. Aus der psychiatrischen Arbeit berichtet Ulrich Streeck von typischen gestischen Verhaltensweisen etwa bei Patienten mit Angststörungen: Diese neigen offenbar dazu, sich dem nonverbalen Verhalten des Therapeuten anzugleichen. Personen, die unter strukturellen Störungen und Persönlichkeitsstörungen leiden, tendieren dagegen dazu, frühe Beziehungserfahrungen in ihrem nonverbalen Ausdruck zu reinszenieren (Streeck 2009b, S. 62 f. und S. 63 ff.).

Wie auch in anderen Bereichen wird die heilpädagogische Bemühung die „pädagogische" dadurch vertiefen, dass die Interventionen individueller und bewusster gehandhabt werden. Der auf das individuelle Kind, den Jugendlichen oder Erwachsenen eingestimmte Blick versucht auch typische Bewegungen und Gesten vor dem Hintergrund eines individuellen Verhältnisses der Person zu seinem Leib, der Umwelt und den anderen Menschen zu verstehen. Nicht selten finden wir etwa bei Kindern im Rahmen einer heilpädagogischen Förderung charakteristische Gesten, welche viel aussagen können: Man denke an ein Kind, welches die eigenen Hände und den durch sie gebrochenen Lichteinfall eingehend betrachtet, oder einen Jugendlichen, der sich anderen Menschen mit einer spezifischen Geste nähert: Er tritt auf sie zu, berührt sie kurz, und entfernt sich dann schneller, als er gekommen ist. Man kann versuchen, solche Gesten gleichsam zu *lesen* und dies auf verschiedenen Ebenen: einer sensorisch-motorischen, einer symbolischen, einer biografischen Ebene. Wo Wortsprache nicht beherrscht wird oder nicht hinreicht, können Gesten Aufschluss geben über das, was einem Menschen wichtig ist, worauf er seine Aufmerksamkeit richtet, was er tun – und lassen – möchte.

Gesten bilden den „ganzen Menschen" ab: In ihnen spiegeln sich die körperlichen Gegebenheiten wie auch die Beziehung eines Individuums zu seinem Körper. Ebenso geben sie ein bewegliches Bild der vital-energetischen Prozesse, der Emotionen und der Gedanken.

Wie wir gesehen haben, sind Gesten nicht nur ein Bild von Vergangenem, sondern können auch Ausdruck eines Impulses oder eines künftigen Verstehens sein; sie haben damit eine auf die Zukunft gerichtete, schöpferische Qualität. In ihnen, nicht nur in seinen Taten und Worten, malt sich der Mensch, und mit ihnen stimmt er sich mit anderen auf einen gemeinsamen Klang (Rhythmus) ein.

Das Feld der Förderung von Gesten ist unbegrenzt. So profitieren viele Kinder auch ohne spezifische Sprachstörungen davon, wenn in ihrer Umgebung sprachunterstützende Gebärden leben. In der Vermittlung von Inhalten liegt es nahe, den Weg vom praktischen Tun zum Begreifen über die Gesten zu nehmen. Diese bahnen den Weg in beide Richtungen. Ausgehend von konkreten Erfahrungen können sie eine erste Station der Vergegenständlichung und Reflexion noch vor der Sprache sein. In die andere Richtung aber können sie Kindern helfen, welche stark von Vorstellungen und Wortbildern bestimmt sind, den Weg in die Tat zu finden, und in das leibliche Selbsterleben. Indem man Gesten anregt, trägt man in vielen Situationen auch zu einer Befreiung von Händen und Armen bei, was u.a. bei Personen eine große Bedeutung hat, deren Bewegungen von Reflexen beeinträchtigt sind. Hier gibt es mindestens zwei Gruppen: Bei Kindern resp. Erwachsenen mit kognitiven und/oder körperlichen Behinderungen fallen diese dominierenden Reflexe sogleich ins Auge. Andere Kinder wiederum – und dies ist eine weitaus größere Gruppe – zeigen subtilere Auffälligkeiten in Verbindung mit Reflexen oder reflexähnlichen Bewegungen. Bei beiden Gruppen kann über eine „entwicklungslogische" Förderung über rhythmische Bewegungen und Gesten bis hin zur Sprache an der Befreiung der Arme und Hände gearbeitet werden.[3] Dann erst können die Gesten die vielfältigen Aufgaben übernehmen, welche in diesem Beitrag skizziert wurden.

---

3 Hier hat auch die von Rudolf Steiner angeregte und noch nicht hinreichend rekonstruierte „Eurythmie" ihren Ort, welche – anders als oft behauptet – keine dogmatisch bestimmten Bewegungen „lehrt", sondern die in diesem Beitrag angedeuteten, impliziten dynamischen Strukturen von Sprache – und von Musik – in explizite Bewegungen überführt, und damit die Verleiblichung von Sprache und Musik verstärkt, im Sinne einer Förderung „musical and speech-related embodied cognition". Siehe dazu Schmalenbach 2005, S. 265 ff.

Literatur

Aristoteles: Von der Seele (De anima). Gigon, O. (Hrsg.) (1983): Aristoteles. Vom Himmel. Von der Seele. Von der Dichtkunst. München und Zürich: Artemis.

Bates, E./Dick, F. (2002): Language, gesture and the developing brain. In: Developmental Psychobiology 40, H. 3, S. 293-310.

Bates, E./Benigni, K./Bretherton, K./Camaioni, L./Volterra, V. (1979): Cognition and communication from 9 to 13 months: Correlational findings. In: Bates, E. (Hrsg.) (1979): The Emergence of Symbols: Cognition and Communication in Infancy. New York: Academic Press.

Beebe, B./Jaffe, J./Lachmann, F./Feldstein, S./Crown, C./Jasnow, M. (2002): Koordination von Sprachrhythmus und Bindung. In: Brisch, K. H./Großmann, K. E./ Großmann, K./Köhler, L. (Hrsg.) (2002): Bindung und seelische Entwicklungswege. Stuttgart: Klett-Cotta, S. 47–85.

Bopp, K. D./Mirenda, P. (2011): Prelinguistic predictors of language development in children with autism spectrum disorders over four–five years. In: Journal of Child Language 38, H. 3, S. 485–503 (online unter dx.doi.org/10.1017/S0305000910000140, Abruf 10.10.2012).

Botting, N./Riches, N./Gaynor, M./Morgan, B. (2010): Gesture production and comprehension in children with specific language impairment. In: British Journal of Developmental Psychology 28, H. 1, S. 51–69.

Capirci, O./Iverson, J. M./Pizzuto, E./Volterra, V. (1996): Gestures and words during the transition to two-word speech. In: Journal of Child Language 23, H. 3, S. 645–673 (online unter dx.doi.org/10.1017/S0305000900008989, Abruf 10.10.2012).

Capirci, O./Montenari, S./Volterra, V. (1998): Gestures, signs, and words in early language development. In: New Directions for Child Development 79, S. 45–60.

Condon, W. S. (1982): Sound-film microanalysis as a technique for the assessment of dysfunctional behaviour. In: Dissertation-Abstracts-International 43, S. 278.

D'Ausilio, A./Pulvermüller, F./Salmas, P./Bufalari, I./Begliomini C./Fadiga, L. (2009): The Motor Somatotopy of Speech Perception. In: Current Biology 19, H. 1, S. 381–385.

Ekman, P./Friesen, W. V. (1969): The repertoire of nonverbal behavioral categories – origins, usage and coding. In: Semiotica, 1, S. 49–98.

Galantucci, B./Fowler, C. A. (2006): The motor theory of speech perception reviewed. In: Psychonomic Bulletin & Review 13, H. 3, S. 361–377.

Goldin-Meadow, S. (2003): Hearing Gesture. How our hands help us think. Cambridge: Belknap Press of Harvard University Press.

Goldin-Meadow, S. (2006): Nonverbal communication: The hand's role in talking and thinking. In: Damon, W./Lerner, R./Kuhn, D./Siegler, R. (Hrsg.) (2006): Handbook of Child Psychology. Volume 2. Cognitive Perception and Language. 6. Auflage. New York: John Wiley & Sons.

Goldin-Meadow, S. (2007): Gesture with speech and without it. In: Duncan, S. D./Cassell, J./Levy, E. T. (Hrsg.) (2007): Gesture and the Dynamic Dimension of Language. Amsterdam und Philadelphia: John Benjamins Publishing Company, S. 31–49.

Goldin-Meadow, S. (2009): How gestures promoes learning throughout childhood. In: Child Development Studies 2, S. 106–111.

Graham, T. A. (1999): The role of gesture in children's learning to count. In: Journal of Experimental Child Psychology 74, S. 333–355.

Hitchok, G./Bellugi, U./Klima, E. (2001): Sign Language in the Brain. In: Scientific American 84, H. 6, S. 58–65).

Husemann, A. (1989): Der musikalische Bau des Menschen. Stuttgart: Verlag Freies Geistesleben.
Ingersoll, B./Lalonde, K. (2010): The impact of object and gesture imitation training on language use in children with autism. In: Journal of Speech, Language and Hearing Research, 53, H. 4, S. 1040–1051.
Iverson, J.M./Thelen, E. (1999): Hand, mouth and brain. The dynamic emergence of speech and gesture. In: Journal of Consciousness Studies, 6, S. 19–40.
Kendon, A. (2000): Language and gesture: unity of duality? In: McNeill, D. (Hrsg.) (2000): Language and Gesture. Cambridge und New York: Cambridge University Press, S. 51–63.
Kendon, A. (2004): Gesture: Visible Action as Utterance. Cambridge und New York: Cambridge University Press.
Krauss, R. M./Dushay, R. A./Chen, Y./Rauscher, F. (1995): The communicative value of conversational hand gestures. In: Journal of Experimental Social Psychology 31, S. 533–552.
Kunesch, E. (1996): Neurophysiologische Untersuchungen zur sensomotorischen Interaktion der menschlichen Hand. Dissertation. Hamburg: Kovač.
Mazokopaki, K./Kugiumitzakis, G. (2009): Infant Rhythms: Epressions of Musical companionship. In: Malloch, S./Trevarthen, C. (Hrsg.) (2009): Communicative Musicality: Exploring the basis of human companionship, Oxford und New York: Oxford University Press, S. 185–208.
McClave, E. (1994): Gestural beats: The rhythm hypothesis. In: Journal of Psycholinguistic Research 23, H. 1, S. 45–66.
McNeill, D. (1992): Hand and Mind. Chicago: University of Chicago Press.
McNeill, D. (2005): Gesture and thought. Chicago: University of Chicago Press.
Meister, I. G./Boroojerdi, B./Foltys, H./Sparing, R./Huber, W./Töpper, R. (2003): Motor cortex hand area and speech: implications for the development of language. In: Neuropsychologia 41, S. 401–406.
Müller, C. (1998): Redebegleitende Gesten. Kulturgeschichte, Theorie, Sprachvergleich. Berlin: Spitz.
Núnez, R. (2008): A fresh look at the foundations of mathematics. In: Cienki, A./Müller, C. (Hrsg.): Metaphor and gesture. Amsterdam und Philadelphia: John Benjamins Publishing Company, S. 93–114.
Rauscher, F. H./Krauss, R. M./Chen, Y. (1996): Gesture, speech and lexical access: The role of lexical movements in speech production. In: Psychological Science 70, S. 226–231.
Reill, P. (1999): Alles im Griff. In: Wehr, M./Weinmann, M. (Hrsg.) (1999): Die Hand – Werkzeug des Geistes. Heidelberg: Spektrum Akademischer Verlag, S. 61–77.
Richardson, C./Dale, R./Shockley, K. (2008): Synchrony and swing in conservation: coordination, temporal dynamics and communication. In: Wachsmuth, I./Lenzen, M./Knoblich, G. (Hrsg.) (2008): Embodied communication in humans and machines. Oxford: Oxford University Press.
Schmalenbach, B. (2005): Eine heilpädagogische Psychologie der Hand. Entwicklungspsychologische und heilpädagogische Aspekte unter besonderer Berücksichtigung des Autismus und des Down-Syndroms. Luzern: Edition SZH.
Skipper, J.I./Goldin-Meadow, S./Nusbaum, H. C./Small, S. L. (2009): Gestures orchstrate brain networks for language understanding. In: Current Biology 19, S. 661–667.
Streeck, J. (2009a): Gesturecraft. The manu-facture of meaning. Amsterdam und Philadelphia: John Benjamins Publishing Company.
Streeck, U. (2009b): Gestik und die therapeutische Beziehung. Stuttgart: Kohlhammer.

Wachsmuth, I. (2000): Kommunikative Rhythmen in Gestik und Sprache. In: Kognitionswissenschaft 8, S. 151–159.
William, R. F. (2008): Gesture as a conceptual mapping tool. In: Cienki, A./Müller, C. (Hrsg.): Metaphor and gesture. Amsterdam und Philadelphia: John Benjamins Publishing Company, S. 55–89.

Rainer Dollase

Lehrer-Schüler Beziehungen und die Lehrerpersönlichkeit – wie stark ist ihr empirischer Einfluss auf Leistung und Sozialverhalten?

Wenn man wissen will, was die Gesellschaft im Innersten zusammenhält, dann muss man auf der Hohenzollernbrücke in Köln über den Fußgängerweg vom Bahnhof zur Messe gehen. Der seitliche Zaun ist mit Tausenden von Schlössern geschmückt – an jedem Schloss stehen Namen von Paaren: Karin und Günther, Marion und Silke, Mark und Oliver, Simone und Patrick. Freundespaare, Liebespaare, Eheleute haben sich auf diese Art und Weise am Zaun verewigt.

Interpersonelle Beziehungen werden von einem der ersten Theoretiker der Beziehungsstrukturen in der Gesellschaft, Jakob Levy Moreno, der „Tiefenstruktur" der Gesellschaft zugeordnet. Davon abzusetzen ist die „Oberflächenstruktur", d.h. die Beziehungen zwischen verschiedenen gesellschaftlichen Rollen (Moreno 1934 und 1953; Dollase 1975 und 1981).

Beziehungen gestalten auch das Leben in der Schule. Einerseits die Rollenbeziehungen der Oberflächenstruktur zwischen der Rolle des Lehrers und des Schülers, der Eltern, der Mitschüler, die relativ fix an gesellschaftliche Erwartungen geknüpft sind, und auf der anderen Seite natürlich all die persönlichen, emotionalen Beziehungen der Tiefenstruktur zwischen den Schülern, zwischen Lehrern und Schülern und Eltern. Die informellen Beziehungen sind kaum systematisierbar, sie reichen von Bekanntschaft, Freundschaft und Liebesbeziehungen, zur Ambivalenz bis hin zu Feindschaften und Hass.

Wer über die Bedeutung der Beziehungen im Schulsystem referiert, muss von vornherein klarmachen, dass es sich innerhalb des Schulsystems nicht nur um Beziehungen in den vorgeschriebenen Rollen der Oberflächenstruktur handelt und dass auch die empirische Forschung weit über die offiziellen Positionsanforderungen und Regelkataloge für die Ausfüllung von Lehrer- und Schülerrollen hinausgeht. Beziehungen zwischen Lehrern und Schülern heißt, auch nicht offizielle und nicht bürokratisierbare Beziehungsqualitäten zwischen Menschen zu beachten.

Ähnlich vielschichtig ist die Frage der Persönlichkeit des Lehrers. Persönlichkeit ist das Gesamt der Eigenheiten eines Menschen. Sie ergibt sich soziologischer Diktion gemäß aus einer Wechselwirkung zwischen Positionsanforderung und Eigenheiten des Positionsinhabers. Sie ist nicht nur Oberflächenstruktur und Rolle, sondern auch Tiefenstruktur und Privatheit, ist nicht nur Soziologie, sondern auch Psychologie.

In der angloamerikanischen Fachliteratur wird ein größeres Schwergewicht auf das gelegt, was der Lehrer tut. Konkrete Verhaltensweisen im Unterricht sind eher Gegenstand als holistische Betrachtungen der Struktur seiner Persönlichkeit oder tiefgreifende Analysen seiner Einstellung gegenüber Schülern. Auch hier ist eine mehrschichtige Betrachtungsweise möglich.

Im Folgenden soll zunächst das entwicklungspsychologische Erbe bzw. die evolutionstheoretische Hypothek des menschlichen Lernens in Beziehungen erläutert werden, ehe Beziehung und Persönlichkeit der Lehrkräfte auf den empirischen Prüfstand gestellt werden. Beziehungen und Persönlichkeit müssen allerdings immer als vielschichtig, als Wechselwirkung zwischen Kultur und Natur, zwischen Gesellschaft und individuellen Eigenheiten, gedacht werden.

Durch Bindung geschieht Lernen: der bindungstheoretische Vorlauf des schulischen Lernens

Das Besondere am Menschen ist, dass er während seiner Lebensspanne eine relativ gesetzmäßige psychische Entwicklung in allen Kulturen der Welt durchläuft. An kleinen Kindern und ihrem Verhalten bei der Eroberung der Welt kann man erkennen, worauf sie programmiert sind. Zum Beispiel neben der selbständigen Erkundung auf Bezugspersonen (Grossmann 1977; Grossmann 1989; Spangler/Zimmermann 1999). In der Bindungstheorie wird die Bedeutung von Bezugspersonen thematisiert. Eine sichere Bindung stellt sich zwischen Bezugspersonen und Säugling ein, wenn dessen Bedürfnisse durch die Bezugsperson prompt und angemessen beantwortet werden.

Offenbar hat für den Säugling eine Bezugsperson einen besonderen Stellenwert: Sie hilft ihm, Situationen der Unsicherheit und der Hilflosigkeit zu bewältigen, besser: bewältigen zu lassen. Weil der Mensch ein Nesthocker ist, benötigt er andere Personen, um zu lernen, wie er die für ihn fremde Welt erfolgreich bestehen und bewältigen kann.

Während die erwachsene Bezugsperson die Hilflosigkeit des kleinen Kindes gewissermaßen kompensiert, lernt der Nachwuchs durch Imitation der Verhaltensweisen seiner Bezugsperson, wie man die Bewältigung der Welt selber machen kann. Die Bezugsperson hilft den Kleinen, es selbst zu tun – um eine Formulierung der Pädagogin Maria Montessori zu benutzen.

Dieses Bindungsverhalten kann man, wenn man will, auch bei Erwachsenen, ja auch bei alten Menschen beobachten. Immer dann, wenn Menschen in eine Situation der Unsicherheit geraten und sie den Eindruck haben, dass andere Personen mit dieser Situation gut zurechtkommen und Bescheid wissen, gehen sie mit diesen eine Beziehung ein. Sie bitten um Hilfe, sie imitieren, sie machen nach – kurz: Sie lernen. Die sprachliche Formel: „Durch Bindung geschieht Lernen" (ich habe sie von Anne Heck, Infans, Berlin gehört) ist also eine durchaus zutreffende Heuristik.

Hier wird nun die These vertreten, dass diese Ausschau nach einer kompetenten Bezugsperson vor allen Dingen immer dann aktiviert wird, wenn der Mensch in eine Unsicherheitssituation kommt. Für die Kinder und Jugendlichen in unseren Schulen bedeutet dies, dass sie beim fortschreitenden Stoff laufend Unsicherheit erleben und folglich die Anlehnung an eine Bezugsperson wünschen. Bezugsperson kann beim Säugling nur der sein, der die Bedürfnisse des Kindes prompt und angemessen befriedigt – so ähnlich dürfte es auch in höherem Lebensalter sein. Lehrer und Lehrerinnen sind die Bezugspersonen, die die Verunsicherung beim Erlernen des Neuen reduzieren. Sie machen sie so fit, dass sie es anschließend selber tun können. Bezugspersonen sind ein Trick der Evolution auf dem Weg der Entwicklung des Nachwuchses.

Zum Beleg der These gibt es eine Reihe von Umfragen, zum Beispiel die Studie von Brügelmann (Universität Siegen, Panorama Studie genannt), in der Kinder und Jugendliche angegeben haben, dass sie von Eltern und von Lieblingslehrern vieles lernen können – aufschlussreich im Sinne der These ist hier, dass die ersten Plätze nur Personen belegen, zu denen auch eine positive emotionale Beziehung besteht.

Auch in der Zeitschrift GEO (Heft 1, 2011) konnte man lesen, dass gute Lehrer in skandinavischen Ländern bei der Übernahme problematischer Schulklassen zunächst einmal versuchen, zu möglichst vielen Schülern und Schülerinnen ihrer neuen Klasse eine positive Beziehung aufzubauen: Sie interessieren sich für sie als Person, sie kennen die Vor- und Nachnamen, sie wissen, wann sie Geburtstag haben, sie kennen ihre Hobbys, sie kennen ihre Stärken und Schwächen und nehmen Bezug auf die Bedürfnisse des Schülers/der Schülerin. Sie kennen also die Bedürfnisse ihrer Schüler und Schülerinnen und können sie deshalb prompt und angemessen beantworten. Gute Lehrkräfte sind Bezugspersonen für ihre SchülerInnen – sie haben „Beziehungen" zu den SchülerInnen aufgebaut.

Der so genannte „Autoritative Erziehungsstil" (Fuhrer 2005; Lamborn et al. 1991; Chan/Koo 2008) ist einer der empirisch erfolgreichsten Erziehungsstile überhaupt. Zahlreiche Untersuchungen weisen nach, dass einer Kombination von Lenkung (Führung) und Zuwendung bzw. Wärme beste Wirkungen folgen sollen: u.a. das Ausbleiben von Problemverhaltensweisen, die stärkere Schulorientierung, wachsendes Selbstvertrauen und soziale Kompetenz. Kinder und Jugendliche, denen man mit dieser Mischung aus Lenkung, Führung und gleichzeitiger Zuwendung gegenübertritt, fühlen sich offenbar selber in dieser Art der Behandlung sehr wohl. Unschwer erkennt man in der Beschreibung dieses Stils, dass hier eine Bezugspersonenbeziehung besteht, die lenkt und führt in Zuneigung zum Nachwuchs.

Interessant ist, wie im Umkreis der Forschung zu diesem autoritativen Erziehungsstil neue Konzepte angesiedelt werden. Beispiel: Lehrer und Lehrerinnen sind „epistemische Autoritäten", was soviel heißt wie: Experten dafür, wie man die Welt erkundet. Auch hierin erkennen wir Montessoris „Hilf mir, es selbst zu tun" oder aber „guided participation", was soviel bedeutet wie „geführte Teilhabe" am Leben des Heranwachsenden (Kruglanski 2006).

Die auf Carl Rogers zurückgehenden therapeutischen Variablen des personenzentrierten Ansatzes sind theoretisch und empirisch führend, wenn man relevante Ansätze zur erfolgreichen Beziehungsgestaltung sammelt. Wie Tausch (2010) schreibt, sind es „Achtung und positive Zuwendung" (früher: Achtung, Wärme, Rücksichtnahme, Akzeptanz), „Einfühlungsvermögen" (Empathie, „nicht wertendes einfühlendes Verstehen") und „Aufrichtigkeit" (früher: Echtheit, Fassadenfreiheit). Auch „nicht direktive Tätigkeiten" im Kontext des Schul- und Erziehungslebens führen zu zahlreichen empirisch gesicherten Folgen des personenzentrierten Ansatzes, z.B. einer besseren Leistung bei komplizierten Aufgaben und einem höheren kognitiven Niveau, geringeren Disziplinproblemen, einem besseren Umgang der Schüler untereinander, einem besseren Verhältnis zu den Lehrern, einem günstigen Selbstbild und günstigem Selbstvertrauen. Die „nicht direktiven Tätigkeiten" scheinen der „Führung und Lenkung" im autoritativen Erziehungsstil zu widersprechen, dafür aber die Zuneigung und Wärme stärker zu betonen – dazu weiter unten mehr.

Beziehung und Persönlichkeit des Lehrers auf dem Prüfstand der empirischen Forschung

In den Fachdatenbanken der Psychologie und Pädagogik nehmen empirische Untersuchungen zu Erziehung und Unterricht einen großen Platz ein. Man schätzt, dass es mehr als 1,5 Millionen relevanter empirischer Arbeiten zu diesen beiden großen Themen gibt.

Um die große Menge an Information zu bündeln, werden heute zunehmend Metaanalysen angefertigt. Metaanalysen sind Zusammenfassungen von vielen vergleichbaren Originaluntersuchungen zu einem Thema, um aus der Vielzahl der Forschungsergebnisse ein Fazit, ein Desiderat oder eine evidenzbasierte praktische Folgerung ziehen zu können.

Noch neuer und wichtiger ist mittlerweile der Trend in der internationalen Fachliteratur wiederum mehrere Metaanalysen zu einem Gebiet zusammenzufassen, gewissermaßen „Meta"-Metaanalysen, die dann die Sicherheit evidenzbasierter Schlussfolgerungen noch einmal etwas erhöhen.

Es ist bedauerlich, dass viele schulpolitische und unterrichtspraktische Vorschläge der Pädagogik sich von der Zusammenfassung empirischer Fachliteratur weltweit nicht beeinflusst zeigen. Man hat hin und wieder den Eindruck, als würde in Deutschland am internationalen Erkenntnisstand vorbei argumentiert. Oder aber man versteht unter „empirischer Bildungsforschung" lediglich die internationalen Untersuchungen wie PISA, IGLU, TIMSS und andere. Diese Studien stellen aber nur einen winzigen Ausschnitt der Informationen über den guten Unterricht und die richtige Erziehung dar.

Die Metaanalyse von Wang/Haertel/Walberg 1993

Eine relativ folgenreiche (Meta-)Metaanalyse war die von Wang/Haertel/Walberg (1993). Insgesamt über 90 Meta-Analysen sind in diese Studie eingeflossen, zahlreiche Expertengespräche, Handbuchartikel usw. Insgesamt 11.000 Bezüge zwischen Charakteristika des Unterrichtes und seinem kognitiven und sozialen Erfolg wurden berücksichtigt. Am Ende dieser Studie steht eine Hitparade: Es führt als stärkster Faktor des guten Unterrichtes das „group management". Gruppenmanagement ist die Fähigkeit, Lehr- und Lernprozesse in einem größeren Kollektiv wirksam zu organisieren. Es ist die Fähigkeit, jedem Schüler und jeder Schülerin das Gefühl zu geben, dass der Unterricht für ihn/sie gestaltet ist und dass er/sie in diesem Unterricht vorankommt (vgl. die „psychologische Reduzierung der Gruppengröße" in Dollase 1995). Damit ist nicht nur die Durchführung von Gruppenarbeit, individuellem Lernen oder selbstgesteuertem Lernen gemeint (bei diesen Tätigkeiten sind ja auch längst nicht alle aktiv), sondern selbstverständlich kann man eine geistige und gefühlte „Vollbeschäftigung im Unterricht" auch in einem lehrerzentrierten Unterricht erreichen. Die Klassiker des „group management", wie Kounin (1970 und 1976), haben gezeigt, dass es darauf ankommt, dem Schüler das Gefühl zu geben, dass er an einem gut organisierten, von Störungen und Leerlauf freien Lernprozess teilhat. Fähigkeiten wie Allgegenwärtigkeit und Überlappung, in der Reformpädagogik „Wahrnehmungs-" und „Kontaktkapazität" genannt (Winnefeld 1967; Kerschensteiner 1921), heute würde man „Multitasking" sagen, sind die entscheidenden Voraussetzungen für den erfolgreichen Unterricht.

Im erfolgreichen Unterricht ist es also eine der wesentlichen Tätigkeiten, dass man zu Vielen gleichzeitig so etwas wie eine Beziehung herstellen kann. Das bedeutet gleichzeitig: Schüler und Schülerinnen brauchen diese Eins-zu-eins-Beziehung. Hilfreich ist dabei der Zuschaueraspekt des unterrichtlichen Lernens: Alles, was man einem Schüler gesagt hat, hat man allen anderen Schülern auch gesagt. Jede Äußerung der Lehrkraft ist eine Selbstoffenbarung und trägt zu einer Beziehungsgestaltung zu allen anderen

Schülern bei, weil diese jene selbstreferenziell für ihre eigene Beziehung interpretieren. Ein Irrglaube besteht darin, dass man glaubt, nur in der individuellen Instruktion Beziehungen gestalten zu können – im Gegenteil: Das ist auch vor großen Massen und erst recht vor großen Klassen möglich.

Die anderen in der (Meta-)Metaanalyse von Wang folgenden positiven Kennzeichen des Unterrichtes sind kognitive Voraussetzungen des Schülers, die Bildungsnähe des Elternhauses, aber dann folgt die soziale Interaktion zwischen Lehrer und Schüler an relativ vorderer Stelle (sechster Platz) mit einem überdurchschnittlichen Wirkungskoeffizienten. Die „akademische Interaktion", d.h. die fachdidaktische Interaktion, folgt mit recht großem Abstand als ein leicht unterdurchschnittlich wirksamer Faktor.

Die (Meta-)Metaanalyse von Wang u.a. belegt also auch über die herausgehobene Stellung des Gruppenmanagements, wie bedeutsam die Gestaltung sozialer Beziehungen zwischen Lehrer und Schüler ist, wobei in einem Kollektiv diese individuelle Beziehungsgestaltung zum Einzelnen über kollektive Prozesse stattfindet. Was man einem Schüler gesagt hat, hat man allen Schülern gesagt – Vollbeschäftigung im Unterricht erzeugt sozialen und akademischen Rapport.

Die Metaanalyse von Hattie (2009)

Die aktuell bedeutsamste (Meta-)Metaanalyse wurde von dem Neuseeländer Hattie 2009 vorgelegt. Über 800 Metaanalysen werden in seinem Buch mit dem Titel „Visible learning" zusammengefasst.

An drei Stellen dieses Buches wird deutlich, welche empirisch belegbare Bedeutung die Beziehung zwischen Lehrern und Schülern hat.

Im Kontext zusammengefasster Variablenbereiche der Lehrerpersönlichkeit hat die Lehrer-Schüler-Beziehung mit einem Wirkungswert von $d = 0{,}72$ (Anteil an der Standardabweichung eines Unterschiedes zur Kontrollgruppe) einen herausragenden überdurchschnittlichen Effekt, der nur noch übertroffen wird von der Effektivität des „micro teaching", das aber mit der Lehrerausbildung zu tun hat und nicht mit der Lehrer-Schüler-Beziehung. Hattie fasst diesen Bereich der „teacher student relationships" wie folgt zusammen (Hattie 2009, S. 119): In Schulklassen mit personenzentriert arbeitenden Lehrern (s.o.; das sind die Dimensionen Rogers) gibt es mehr Engagement, mehr Respekt für sich selbst und andere, es gibt weniger widerständiges Verhalten der Schüler und eine größere Nichtdirektivität zu beobachten, d.h. Schüler haben öfter die Gelegenheit selber Lernprozesse in Gang zu setzen und ihre Aktivitäten selber zu regulieren. Und es gibt einen deutlich höheren Leistungsoutput. Ermutigungen für das Lernen und für anspruchsvolles Denken werden häufiger ausgesprochen und Lehrkräfte passen sich auch den Unterschieden in den Schülerpersönlichkeiten besser an.

Die zweite Stelle (Hattie 2009, S. 243) ist in diesem Zusammenhang ebenfalls wichtig, denn sie scheint der ersten Stelle zu widersprechen. Hattie stellt hier den Lehrer als „Aktivator" und den Lehrer als „Facilitator" (vulgo: „Lehrer als Moderatoren selbstgesteuerter Lernprozesse") einander gegenüber und stellt fest, dass aktive und geführte Lernprozesse durch den Lehrer höhere Effektstärken erreichen. Unter den aktivierenden Strategien findet man solche mit Feedback, mit direkter Instruktion, mit „mastery learning" usw. Unter denen des Lehrers als Moderator selbstgesteuerter Lernprozesse findet man u.a. die individualisierte Instruktion, das problembasierte Lernen, das induktive Lehren etc. Also alles, was bundesdeutscher Pädagogik heilig ist. Der klare empirische Befund favorisiert eine andere Richtung: Aktivierende und führende Lehrerverhaltensweisen sind wirksamer als die erleichternden, „facilitative" Formen.

Die Befunde scheinen sich zu widersprechen – tun es aber nicht wirklich bzw. sie stürzen nur jene in die Irritation, die Texte auf Widerspruchsfreiheit prüfen – nicht aber jene, die wissen, dass in der Praxis auch Widersprüche hervorragend wirken. Die aktivierende und fördernde, führende Rolle des Lehrers/der Lehrerin kann auch bei Nichtdirektivität beibehalten werden. Man kann das vom Schüler kontrollierte Lernen mehr oder weniger als Beobachter verfolgen oder aber als aktivierender Trainer für selbstgesteuerte Lernprozesse auftreten. Man kann – andere Auflösung des scheinbaren Widerspruchs – erst unter Anleitung einer Lehrkraft (fremdgesteuert – sic!) aktivierend lernen und es dann selber machen. „Hilf mir, es selbst zu tun" (Montessori) heißt, erst beibringen, dann alleine tun. Banal, aber es ist nötig, das heute wieder zu betonen, weil manche die Nichtdirektivität als Abschaffung des Lehrers missverstanden haben und Autodidaktik als Heil preisen. „Der Weg zur Selbständigkeit muss selber selbständig sein" – nein, das wäre unpsychologisch und unbiologisch gedacht. Erst helfen und dann alleine weitermachen – das ist gemeint. Für Inhalte und Denkmuster, die ein Schüler/eine Schülerin völlig alleine erwerben kann (oder mit Hilfe allgemeiner, selbstverständlicher Methoden), benötigen wir keine Lehrer. Die sind nur dann nötig, wenn das alleine nicht geht ...

Wie konnte es zu solchen Fehlrezeptionen kommen? Forschung muss sich in irgendeiner Form immer auf Konzepte, Dimensionen oder Begriffe beziehen, hinter denen dann konkrete Handlungen und Handlungsfolgen verschwinden. Die variablentheoretische Forschung in Psychologie und empirischer Pädagogik abstrahiert immer von konkreten Verhaltensweisen. Und die verbale Beschreibung von Dimensionen, die man etwa in einer (statistischen) Faktorenanalyse findet, darf nun nicht freihändig auf konkrete Handlungen hin interpretiert werden, die unter Umständen nicht zu diesem Oberbegriff geführt haben. Begriffe lassen sich nicht logisch zwingend auf Unterbegriffe und konkrete Verhaltensweisen ableiten (das sind jeweils kreative Setzungen), sondern man muss dann schon in die empirischen Originaluntersuchungen schauen, um herauszufinden, welche konkreten Verhaltenselemente zu welchem Oberbegriff geführt haben. Schon alleine die temporale Sequenz von Verhaltensweisen (z.B. erst helfen, dann nichtdirektiv weitermachen), kann in einer variablentheoretischen Dimensionsanalyse verlorengehen.

In einer dritten Stelle dieses Buches kann man allgemein die Bedeutung des Lehrers und seiner Methoden im Vergleich zu den großen anderen Kategorien der Einflussfaktoren ablesen (Hattie 2009, S. 18 Tab. 2.1). Von den Einflussbereichen Schüler, Elternhaus, Schule, Lehrer, Curriculum, Lehrmethoden hat der Bereich Lehrer mit insgesamt 31 Metaanalysen unter Zusammenfassung von 2.225 Einzelstudien und einer Gesamtzahl von 402.325 Versuchspersonen den höchsten Effektwert (0,49). Es folgen mit 0,45 das Curriculum und mit 0,42 die Lehrmethode, danach die Schülereigenschaften mit 0,40. Den geringsten Einfluss haben das Elternhaus (mit 0,31) und die Schule als System mit (0,23). Diese empirische Reihenfolge dürfte Zündstoff für manche aktuelle pädagogische Debatte sein.

Eines ist aber überdeutlich geworden: Die Lehrerpersönlichkeit und die Lehrer-Schüler-Beziehungen sind (auch) empirisch ein herausragender Beitrag zur Erreichung von kognitiven und sozialen Lernergebnissen. Nicht nur werden dadurch Leistungen, vor allen Dingen höherrangige kognitive Leistungen gefördert, sondern gleichzeitig auch das soziale Verhalten der Schüler.

Wie lernt man „Beziehung" und „Persönlichkeit"?

Es ist auffällig, dass auch von bekannten Pädagogen die Beziehungsgestaltung zwischen Lehrern und Schülern mit einem gewissen Misstrauen beobachtet wird. Man liest schon einmal von „überhitzten emotionalen Beziehungen" zwischen Lehrern und Schülern. Und in der Tat hat die Pädophilie-Debatte des Jahres 2010 – das Aufdecken pädophiler Straftaten in früher hoch geschätzten Reformschulen – das ihrige dazu getan. Man liest aber auch davon, dass man alles, was für das erfolgreiche Lehren notwendig sei, konkret lernen könne – wie ein Dachdecker seine Kunstfertigkeit. Hier sind allergrößte Zweifel angebracht – der Lehrerberuf ist nichts für Bürokraten, Persönlichkeitsverstecker und Distanzfreaks.

Eins darf nicht vergessen werden: Wer Lehrer oder Lehrerin werden möchte, muss an der Persönlichkeit von Kindern und Jugendlichen und jungen Erwachsenen eine gewisse Freude haben. Dass diese Freude am Nachwuchs nicht zu kriminellen Neigungen und Taten führen darf, ist so banal, dass man darüber eigentlich nicht mehr diskutieren muss. Aber Interesse und Freude am Nachwuchs sind für die ehrliche Beziehungsgestaltung eminent wichtig. Die existenzielle Wichtigkeit des Nachwuchses für das Weiterbestehen der Gesellschaft (und damit auch der eigenen Altersversorgung) – diese und ähnliche biologische Zwangsläufigkeiten werden für die

Permanenz des Interesses am Nachwuchs – auch gegen aktuelle, gesellschaftlich medial erzeugt Anti-Kind Strömungen – sorgen.

Dennoch ist notwendig, dass man über die strenge Auswahl derjenigen, die man für den Lehrerberuf empfiehlt, darauf achtet, dass diese Freude an kindlicher Neugier, an kindlichen Streichen, an jugendlicher Begeisterungsfähigkeit, am Lernfortschritt von Kindern und Jugendlichen, der Freude daran, dass sie Fortschritte im Lernen und in der Eroberung der Welt machen, eine Grundvoraussetzung für erfolgreiches Unterrichten ist. Auch darf ein Lehrer durch den explorierenden Charakter vieler kindlicher und jugendlicher Verhaltensweisen nicht so frustriert werden, dass er den Beruf nicht mehr mag. Stress in diesem Sinne gehört zum Lehrerberuf.

Viele Pädagogen glauben, dass man die Beziehungsfähigkeit und Persönlichkeit des Lehrers durch Kataloge von beruflichen Verhaltensweisen (sog. Standards) ersetzen könnte. Das ist fraglich. Ob man die Zuwendung und Herzlichkeit im Kontakt mit jungen Menschen durch mechanisches Nachplappern von Höflichkeitsfloskeln realisieren kann, wird innerhalb der Forschung, die ja auch gleichzeitig „Echtheit" der kommunikativen Äußerungen fordert, heftig bestritten. Man muss schon die herzliche, zugewandte Beziehung mit der gesamten Persönlichkeit leben und darstellen. Schüler und Schülerinnen müssen merken, dass der Lehrer/die Lehrerin sich für sie interessiert, für ihren Lernfortschritt, dass sie ihre Fragen und Sorgen respektiert usw.

Während man früher geglaubt hat, dass das Training angemessener Verhaltensweisen unabhängig von der Echtheit ausreichend sei – sowie in anderen Berufen Verhalten trainiert wird und nicht unbedingt Einstellung – so ist man im Rahmen des personenzentrierten, empirisch erfolgreichen Ansatzes nahe dran, dass auch die richtige Philosophie und Einstellung zum Nachwuchs eine bedeutsame Rolle spielt. Früher glaubte man, dass Einstellungen nicht so wichtig seien wie Verhaltensweisen – heute weiß man, dass die richtigen Einstellungen auch die richtigen Verhaltensweisen leichter nach sich ziehen können. Die Vermutung von Gleichwertigkeit für Kinder und Heranwachsende, die Perspektive auf einen Heranwachsenden als jemand, der prinzipiell ein ernstzunehmender Zeitgenosse ist, wäre die beste kognitive Voraussetzung, um die richtigen Verhaltensweisen im Umgang mit den Beziehungen zum Schüler und zur Schule zu gewinnen.

Literatur

Chan, T. W./Koo, A. (2008): Parenting Style and Youth Outcome in the UK. Oxford: University of Oxford.

Dollase, R. (1975): Soziometrie als Interventions- und Meßinstrument. Gruppendynamik. In: Forschung und Praxis 6, S. 82–92.

Dollase, R. (1981): Gegenstand, Ziel und Methode der soziometrischen Aktionsforschung. In: H. Petzold (Hrsg.) (1981): Jakob Levy Moreno – Ausgewählte Werke. Band 1. Paderborn: Junfermann, S. 7–14.

Dollase, R. (1995): Die virtuelle oder psychologische Reduzierung der Schulklassengröße. In: Bildung und Erziehung 48, Heft 2, S. 131–144.

Fuhrer, U. (2005): Lehrbuch Erziehungspsychologie. Bern: Huber.

Grossmann, K. (1977): Die Entwicklung der Lernfähigkeit in der sozialen Umwelt. München: Kindler.

Grossmann, K. E./Grossmann, K./Kindler, H./Scheuerer-Englisch, H./Spangler, G./Stöcker, K./Suess, G. J./Zimmermann, P. (1989): Die Bindungstheorie: Modell und entwicklungspsychologische Forschung. In: Keller, H. (1989) (Hrsg.): Handbuch der Kleinkindforschung. Berlin: Springer, S. 31–55.

Hattie, J. A. C. (2009): Visible Learning: A synthesis of over 800 Meta-Analyses relating to achievement. London und New York: Routledge.

Kerschensteiner, G. (1921): Die Seele des Erziehers und das Problem der Lehrerbildung. München: Oldenbourg.

Kounin, J. S. (1970): Discipline and group management in classrooms. New York: Holt, Rinehart and Winston.

Kounin, J. S. (1976): Techniken der Klassenführung. Bern und Stuttgart: Huber Klett.

Kruglanski, A. W./Pierro, A./De Grada, E. (2006): Groups as epistemic providers: need for closure and the unfolding og group-centrism. In: Psychological Review 113, Heft 1, S. 84–100.

Lamborn, S. D./Mounts, N. S./Steinberg, L./Dornbusch, S. M. (1991): Patterns of Competence and Adjustment among Adolescents from Authoritative, Authoritarian, Indulgent, and Neglectful Families. In: Child Development 62, S. 1049–1065.

Moreno, J. L. (1934): Who shall survive? A new approach to the problem of human interrelations. Washington: Nervous and Mental Disease Publishing.

Moreno, J. L. (1953): Who shall survive? Foundations of Sociometry, Group Psychotherapy, and Sociodrama. Beacon: Beacon House.

Spangler, G./Zimmermann, P. (Hrsg.) (1999): Die Bindungstheorie. 3. Auflage. Stuttgart: Klett Cotta.

Tausch, R. (2010): Personzentrierte Unterrichtung und Erziehung. In: Rost, D. H. (Hrsg.) (2010): Handwörterbuch Pädagogische Psychologie. 4. Auflage. Weinheim und Basel: Beltz, S. 642–651.

Wang, M. C./Haertel, G. D./Walberg, H. J. (1993): Toward a Knowledge Base for School Learning. In: Review of Educational Research 63, Heft 3, S. 249–294.

Winnefeld, F. (1967): Pädagogischer Kontakt und pädagogisches Feld. 4. Auflage. München und Basel: Reinhardt.

Heiner Ullrich

Die Bedeutung der Lehrerpersönlichkeit für die Bildungsprozesse Heranwachsender

Empirische Befunde zur Klassenlehrerpädagogik an Waldorfschulen

Den programmatischen Versuch, die Lehrer-Schüler-Beziehung über einen möglichst langen Zeitraum als ein hierarchisch, von Autorität und Liebe bestimmtes pädagogisches Generationenverhältnis zu gestalten, findet man heute fast nur noch in der Waldorfpädagogik. Man geht hier nach wie vor davon aus, dass der Schüler in der Zeit zwischen Schulreife und Pubertät die „richtunggebende" Persönlichkeit einer „natürlichen Autorität" braucht, die durch ihren „entwicklungsgemäßen" Unterricht ein vielseitiges Weltinteresse veranlagen soll (Kranich 1994; Leber 1996). Daher unterrichtet er die Schüler seiner Klasse in der Regel vom ersten bis zum achten Schuljahr in allen Epochen des allmorgendlich zweistündigen Hauptunterrichts (Neuffer 2000). Insgesamt gesehen nimmt die Persönlichkeitspädagogik des Waldorfklassenlehrers im heutigen Feld pädagogischer Kommunikation eine besonders exponierte Stellung ein.

Das Waldorfklassenlehrerkonzept im Feld pädagogischer Kommunikation

Als Medium pädagogischer Kommunikation darf gelten das Wissen in all seinen unterschiedlichen Formen (Kade 1997): von spezifischen, eng begrenzten Wissensbereichen (z.B. dem Satz des Pythagoras) bis hin zu umfassenden Wissenskomplexen, die auf Selbstbildung der Person zielen (z.B. die ostasiatische Kunst des Bogenschießens und der Zen-Meditation). Pädagogische Kommunikation findet in höchst unterschiedlichen und komplexen Rahmungen statt: Diese reichen von fest institutionalisierten und professionellen Settings wie schulischem Unterricht, in denen die Absicht professioneller Vermittlung herrscht, bis zu informellen und selbst gesteuerten Formen des Lernens wie z.B. Bürgerinitiativen, in denen der Modus subjektiver Aneignung dominiert. Das pädagogische Feld ist dann – wie in Abbildung 1 gefasst – folgendermaßen zu strukturieren: Es spannt sich in der Horizontalen zwischen idealtypisch entworfenen „reinen" Formen des subjektiven Aneignungsmodells und „reinen" Formen des professionellen Vermittlungsmodells auf. In der Vertikalen zwischen eher spezifisch begrenztem Wissen und eher diffusen, umfassend auf Individuation und Personwerdung bezogenen Wissensformen. Darin nimmt – wie in Teilfeld I verortet – das Konzept des Waldorfklassenlehrers eine polare Position selbst innerhalb des Professionsmodells und der Wissensbezüge ein. Dies deswegen, weil hier die Vermittlungsposition besonders zentral ist und diese sich zugleich in ihrem Wissensbezug „ganzheitlich" auf die gesamte Person und die Formung des Individuums bezieht.

	Wissen als ganzheitliche Bildung des Individuums	
Selbsthilfe-Gruppe		*Waldorfklassenlehrer*
Teilfeld IV Selbstgesteuerte Aneignung von Wissen als selbstbezüglicher Bildungsprozess der Person		**Teilfeld I** *Professionelle Vermittlung von überfachlichem Wissen als Bildung und Formung der Person*
Aneignungs-Modell		**professionelles Vermittlungs-Modell**
Teilfeld III Selbstgesteuerte, informelle Aneignung von spezifischem (fachlich) begrenztem Wissen		**Teilfeld II** Professionelle Vermittlung von spezifischem, fachlich begrenztem Wissen
jugendliche informelle Musikmontage		Fachlehrer
	Wissen als begrenzte, spezifische Form (insbes. Fachwissen)	

Abbildung 1: Das Feld modernisierter pädagogischer Kommunikation

Innerhalb der schulbezogenen Felder professioneller Vermittlung unterscheidet sich das waldorfpädagogische Klassenlehrer-Konzept nicht nur von der Praxis der staatlichen Regelschulen, sondern auch noch einmal deutlich von ähnlichen Formen der Ausgestaltung der Lehrer-Schüler-Beziehungen an den klassischen und heutigen reformpädagogischen bzw. alternativen Schulen (Skiera 2003; Ullrich 2008).

Wissen als Bildung/Erziehung
des Individuums

Teilfeld I

KlassenlehrerIn
an Waldorfschulen
Unterricht in allen Hauptfächern
in Jahrgangsklassen vom 1.-8. Schuljahr

LehrerIn / LernbegleiterIn
an Montessori-Schule
Freiarbeit in altersheterogenen Stammgruppen
in vorbereiteter Lernumgebung

Bezugsperson an
Freien Alternativschulen
Mathetisches Lernen in okkasionellen Lerngruppen
an offenen Projektangeboten

professionelles
Vermittlungsmodell

Abbildung 2: Pädagogisches Feld I – Professionelle Vermittlung als Bildung und Formung der Person

Im Hinblick auf die *soziale Dimension* weist das Waldorfkonzept den höchsten Grad an personaler Kontinuität und Kohäsion auf; denn hier unterrichtet die Lehrperson acht Jahre eine stabile Jahrgangsklasse vom ersten bis zum achten Schuljahr. In den Montessori-Schulen begleitet die Klassenleiterin ihre drei Jahrgänge umfassende Stammgruppe maximal über vier Schuljahre lang in der allmorgendlichen Freiarbeit. Ein ähnliches zeitliches Ausmaß an personaler Konstanz findet sich auch an den Freien Alternativschulen zwischen den Lerngruppen und ihren Bezugspersonen. Auch bezüglich der *curricularen Dimension* nimmt das Konzept des Waldorfklassenlehrers eine Extremposition ein. Während die Bezugsperson an Alternativschulen den Schülerinnen und Schülern ihrer Lerngruppe ein offenes, lebensweltbezogenes und damit oft überfachliches Lernangebot macht und die Lehrperson an Montessori-Schulen in der Freiarbeit vor den Fachunterrichtsstunden die Schüler bei der Bearbeitung des fächerübergreifenden autodidaktischen Materials beobachtet und unterstützt, unterrichtet der Waldorfklassenlehrer alle zentralen Schulfächer im Rahmen eines Lehrplans, der einen in sich geschlossenen traditionellen Bildungskanon repräsentiert. In der Gestaltung der *methodischen Dimension* des Lehr-Lernprozesses gibt es ebenfalls beträchtliche Unterschiede zwischen den Reformschulpraxen. Auf der linken, stärker aneignungsbezogenen Seite steht das selbstregulative „mathetische" Lernmodell der Alternativschulen, bei welchem die Bezugsperson der Lernpartner der Schüler sein will. Dazwischen liegt gleichsam in der Mitte die sowohl das autodidaktische Lernen als auch die fachdidaktische Wissensvermittlung umfassende Praxis der Montessori-Schulen, in welcher die Lehrpersonen zum einen als Lernhelfer und zum anderen als Fachlehrer der Schüler fungieren. Am äußersten rechten Ende der Vermittlungsseite ist die direktiv-frontale Unterrichtsarbeit des Waldorfklassenlehrers zu lokalisieren; denn gleichsam als didaktischer Monarch und Universalist versucht er in den Fachepochen seines Hauptunterrichts – in Comenius' Worten gesagt – „allen alles allseitig" zu lehren.

Anfragen an das Waldorfklassenlehrer-Konzept heute

Der mit dem Rollenentwurf des Waldorfklassenlehrers formulierte Anspruch, als personales Vorbild ein von Autorität und Liebe bestimmtes pädagogisches Verhältnis mit den Schülern seiner Klasse zu realisieren, gerät heute angesichts der sozialwissenschaftlichen Diagnosen zum Strukturwandel des Aufwachsens und zur Erosion der pädagogischen Vorbilder (Zinnecker/Behnken/Maschke 2002) zunehmend unter Druck. Im Lichte der noch weiter ausgreifenden Thesen einer Informalisierung der sozialen Beziehungen und eines Auraverlustes der Schule (Du Bois-Reymond 1998) wird heute von immer mehr heranwachsenden Schülern jede Lehrerautorität als im Schwinden begriffen oder als tief greifend erschüttert prinzipiell in Frage gestellt. Angesichts dessen lohnt es sich empirisch zu untersuchen, ob und inwieweit in einer Reformschule, deren vor fast einem Jahrhundert konzipierte autoritative Persönlichkeitspädagogik den gesellschaftlich dominierenden Wandlungen geradezu entgegengesetzt ist, heute noch eine Lehrer-Schüler-Beziehung von besonderer personaler Qualität generiert werden kann. Genauer gefragt: Schafft das auf langjährige personale Kontinuität angelegte Klassenlehrer-Schüler-Verhältnis ein von Empathie, Vertrauen und Gegenseitigkeit gekennzeichnetes Arbeitsbündnis oder bringt dieses enge, asymmetrische und an emotionaler Nähe orientierte pädagogische Verhältnis für heutige, großenteils in familialen Verhandlungshaushalten aufgewachsene Schüler auch erhebliche Probleme mit sich?

Um einen möglichst offenen Zugang zum Untersuchungsfeld zu gewährleisten und um die Perspektive der Handelnden selber möglichst authentisch und komplex erfassen zu können, haben wir einen qualitativen Forschungsansatz gewählt (Helsper et al. 2007). An drei schulkulturell deutlich kontrastierenden Waldorfschulen[1] wurden nach einer ethnographischen Beobachtungsphase der Hauptunterricht des Klassenlehrers in der

---

1 Es wurden nur solche Schulen einbezogen, an denen es eine Lehrperson gab, welche eine aktuelle achte Klasse ununterbrochen vom ersten Schuljahr an geführt hat. Mit der Wahl der Schule war auch schon die Entscheidung für einen bestimmten Klassenlehrer mit getroffen, da die allermeisten Waldorfschulen nur einzügig sind. Rückblickend erwies sich die Auswahl als besonders günstig, weil sich nicht nur die Profile der Schulen, sondern auch die Persönlichkeiten der mit uns kooperierenden Klassenlehrer stark voneinander unterscheiden.

achten Jahrgangsstufe eine Woche lang videographiert, berufsbiographische Interviews mit den Klassenlehrern durchgeführt, (schul-)biographische Interviews mit je vier ausgewählten Schülerinnen und Schülern der achten Klasse erhoben, für diese Schüler zusätzlich die Verbalzeugnisse der siebten Klasse dokumentiert und schließlich in jeder der drei Waldorfschulen eine Gruppendiskussion mit ausgewählten Lehrern und Repräsentanten zur Tragfähigkeit des Klassenlehrerprinzips aufgezeichnet. Im Folgenden möchte ich aus diesem Fundus einen – vereinfacht gesagt – „gelingenden" und einen „misslingenden" Fall skizzieren, um im Anschluss daran die Frage nach der Produktivität und Riskanz eines acht Jahre dauernden Lehrer-Schüler-Verhältnisses zu diskutieren, für welches Persönlichkeit und Beziehung die pädagogische Grundlage bilden soll.

Fallstudie A: Frau Weber und Martin – zwischen fürsorglicher Belagerung und schulischer Rollenförmigkeit

Frau Weber entstammt einer Landwirtsfamilie und besucht als einziges von vier Kindern das Gymnasium, welches sie erfolgreich mit dem Abitur abschließt. Ihr Berufswunsch, Lehrerin in den Fächern Biologie und Religion zu werden, erwacht im zwölften Lebensjahr, als der plötzliche Tod ihres Vaters die Familie mit einer übergroßen Belastung konfrontiert. Der weitere Ausbildungsweg von Frau Weber steht nun unter einem besonderen Bewährungsanspruch, den sie offensichtlich erfüllt. Sie absolviert das Lehramtsstudium für Grund- und Hauptschulen in der Mindeststudienzeit und übernimmt nach dem Referendariat eine Stelle als Grundschullehrerin, auf der sie auch verbeamtet wird. Um sich der Erziehung ihrer drei Kinder widmen zu können, lässt sie sich dann für zwölf Jahre beurlauben. Über eine Stillgruppe und den Hausarzt erwacht ihr Interesse an waldorfpädagogischer Literatur und Lebenspraxis. Gemeinsam mit ihrem Mann, von dem sie mittlerweile getrennt lebt, entscheidet sie sich, ihre Kinder einer Waldorfschule anzuvertrauen. Kurz vor Ablauf ihrer beruflichen Beurlaubung lässt sie sich in einem zweijährigen Kurs zur Waldorfklassenlehrerin ausbilden. Nach einer Vertretungszeit an einer anderen Waldorfschule erhält sie den „Ruf" an die Schule ihrer Kinder, wo sie nun zum ersten Mal eine Klasse vom ersten bis zum achten Schuljahr geführt hat. Frau Weber entwirft von sich selber eine geradlinige und zielstrebige Lehrerbiographie, wodurch das heute so Gewordene zum einzig Möglichen deklariert wird („das war mein wunschberuf"). Über die enge Verbindung der Entwicklung der eigenen Person mit der beruflichen Bewährung fallen für sie Arbeit und Leben in eins, wird das Ergreifen des Lehrerberufs quasi zur Erfüllung einer Berufung. Frau Weber fundiert ihre berufliche Praxis auf der affektiven Zuneigung zu den Schülern und spricht ihrer Arbeit einen gleichwertigen Einfluss neben ihren elterlichen Erziehungsbemühungen zu. Ihr Selbstverständnis als Klassenlehrerin verdichtet sich in der Feststellung: „also es wichtigste ist für mich, dass man, gemeinsam mit den eltern die kinder groß ziehn hilft, [h-hm] das ist so das allerwichtigste, und dabei ist ganz wichtig dass man die kleinen kinder lieb hat, [m-hm] da hat man schon die hälfte gewonnen".

Martins bisheriger Lebenslauf ist von zahlreichen Veränderungen und Brüchen gekennzeichnet: Er ist im Jahr vor der „Wende" im Osten Deutschlands geboren, hat seitdem an mehreren Wohnorten gelebt und inzwischen infolge der Zerrüttung der Beziehung zwischen seinen leiblichen Eltern, des Auszugs seines Vaters, der Scheidung und der Wiederheirat seiner Mutter einen neuen Familiennamen angenommen. Durch die altersunangemessene Einbeziehung in die elterlichen Beziehungsprobleme, insbesondere durch seine Inanspruchnahme als emotionale Stütze durch die Mutter, wird Martin seelisch überfordert und ihm wird der Raum für eine sorglose kindliche Selbstentfaltung und für eine Ablösung aus der Mutter-Kind-Dyade beschnitten. Schon bevor er in die Schule kommt, entfalten sich die Krisenpotenziale, die ihn in eine zunehmende soziale Vereinzelung drängen. In diesem Kontext stellen Waldorfkindergarten und -schule Normalitätsfolien und Stabilisierungsfaktoren dar, welche kompensatorische Erziehungsfunktionen erfüllen können.

In Klassenraum sitzt Martin in der ersten Reihe allein an einem Tisch. In dieser Sonderposition genießt er mit seinen oft auch witzigen Beiträgen eine gewisse Narrenfreiheit. Dass er unaufgefordert etwas ins Unterrichtsgeschehen einwirft, wird von Frau Weber bis zu einem gewissen Grade toleriert, bisweilen aber auch ostentativ reklamiert („du meldest dich auch, ich nehme dich sonst nicht dran"). Obwohl Martin in einer vergleichsweise exklusiven Beziehung zu Frau Weber steht, weil sie ihm über die Art ihrer Aufmerksamkeit einen größeren Raum zur Darstellung seiner Individualität einräumt, besteht sie im Interesse der Gleichbehandlung aller Schüler darauf, dass die institutionellen Regeln auch von ihm eingehalten werden.

Martins Verbalzeugnis, in welchem ihn Frau Weber umfassend zu charakterisieren versucht, beginnt mit dem Satz: „Auch das siebte Schuljahr durchlebte Martin mit seiner gutmütigen Gelassenheit. Er war durch nichts aus der Ruhe zu bringen; weder die Turbulenzen in der Bubengruppe noch besondere Vorfälle im Unterricht regten ihn auf". In dieser ressourcenorientierten Beschreibung dokumentiert sich – wie im gesamten weiteren Zeugnistext – die pädagogisch taktvolle Thematisierung von Martins krisenhafter persönlicher Entwicklung und ihrer erfolgreichen „pädagogischen Behandlung" sowie ein grundlegend von Sympathie und Akzeptanz geprägtes Verhältnis zu ihm.

Martin äußert sich über seine Klassenlehrerin in ähnlich positiver und respektvoller Weise, begrenzt dabei aber deutlich den Raum und das Maß ihrer Zuwendung: „also ich find die frau weber ist ne (lang) ... sehr nette dame. und (lang), vielleicht manchmal auchn bisschen zu nett (schmunzelnd), weil (lang). Also das is schön für uns, ja also ich kann man manchmal ausnutzen oder auch nich (atmet ein). Öhm... weil (lang), die tut auch manchmal ein bisschen viel von ihrm (gedehnt) privatn lebn irgendwie sagn find ich".

Insgesamt zeigt die Beziehung zwischen Frau Weber und Martin – auf der Basis tief reichender biographischer Parallelen (früher Vaterverlust und verstärkte Inanspruchnahme durch die Mutter) und enger emotionaler Verbundenheit – die Möglichkeiten einer schulischen Bearbeitung familial bedingter Defizite auf. Martin kann im Umfeld seiner „Schulmutter" Frau Weber wieder unbesorgt Kind sein und versuchsweise einen frühadoleszenten Identitätsentwurf erproben, während er zu Hause altersunangemessen als Gefühlspartner seiner Mutter in die elterlichen Auseinandersetzungen involviert wird. Und Frau Weber kann durch die Familialisierung und fürsorgliche Gestaltung der Beziehung zu Martin die eigenen Anerkennungsbedürfnisse als „Berufene" einbringen und so für diesen zu einer signifikanten Anderen werden. Bemerkenswert ist, dass beide Personen bestrebt sind, die besondere Nähe zueinander und die emotionale Aufladung ihrer Beziehung immer wieder zu begrenzen: während Martin versucht, die Zuwendung von Frau Weber auch taktisch auszunutzen und ihre Aufdringlichkeit abzuwehren, macht ihm Frau Weber im Unterricht klar, dass er sich wie alle anderen Schüler an das Reglement zu halten hat.

Fallstudie B: Herr Krüger und Sebastian – vorzeitige innere Kündigung auf Grund habitueller Differenzen

Herr Krüger ist über ungeplante Umwege in die Aufgabe eines Klassenlehrers an einer Waldorfschule hineingeschlittert („es war dann irgendwie doch der ort, wo ich mich heimisch gefühlt hab, wo ich gebraucht wurde. so bin ich lehrer geworden"). An seine Schulzeit, die er durch die enge Vergemeinschaftung in Internat und Pfadfinderschaft charakterisiert, schließt Herr Krüger zunächst die Ausbildung zum Bühnenmaler an, bevor er – angeregt durch esoterische Gedankenwelten und durch die sozialreformerischen Schriften Rudolf Steiners – an einer anthroposophischen Hochschule ein Kunststudium aufnimmt, mit welchem er aber zugleich die Qualifikation zum Waldorfklassenlehrer erlangt. Während eines Praktikums in der Selbstverwaltung einer anthroposophischen Einrichtung erreicht ihn der telefonische Hilferuf einer im Aufbau befindlichen Waldorfschule – er erklärt sich bereit, dort eine schwangere Klassenlehrerin für ein paar Monate zu vertreten. Daraus werden aber fünf Jahre. Herr Krüger bleibt dann endgültig an diesem pädagogischen Ort, der es ihm neben der Tätigkeit als Klassenlehrer gestattet, seine künstlerischen Interessen vor allem bei den öffentlichen Aufführungen seiner Klasse und sein Engagement für die Organisationsentwicklung beim weiteren Aufbau der Schule einzubringen.

Sebastian fällt im Vergleich zu seinen Mitschülern durch seinen körperlichen und habituellen „Entwicklungsvorsprung" auf: Er überragt den Lehrer um einiges an Körpergröße und grenzt sich durch sein Auftreten als Jugendlicher bzw. junger Erwachsener von den teilweise noch eher „kindlich" wirkenden Gleichaltrigen ab. Sebastian lebt zusammen mit seinen Eltern und einem zwei Jahre älteren Bruder (ebenfalls Waldorfschüler) eine halbe Autostunde von der Schule in einem eher ländlichen Siedlungsgebiet. Sein Vater arbeitet als freier Gutachter für die Versicherungsbranche und wird dabei von seiner Frau unterstützt, die sich hauptsächlich um Haushalt und Familie kümmert. Im Interview wird deutlich, dass Sebastians Selbstkonstruktion durch eine starke Grenzziehung zwischen schulischer und außerschulischer Lebenswelt bestimmt ist. Seine Freizeit wird bestimmt vom Tennisspiel „in soner Herrenrunde mannschaft", von der Zugehörigkeit zum Fußballverein sowie von ausgiebigem Computerspiel und gemeinsamem abendlichen Ausgehen mit den älteren Jugendlichen im Dorf. Obwohl erst vierzehn Jahre alt, stellt sich Sebastian in seinen weit reichenden freizeitkulturellen Autonomiebestrebungen schon fast als ein junger Erwachsener dar. Sein außerschulisches Größenselbst kontrastiert scharf mit seiner alltäglichen Erfahrung als Waldorfschüler: Der acht Jahre lange Bildungsgang durch die Waldorfschule wird von ihm als kontinuierliche Abwärtsbewegung dargestellt und insgesamt als erfolglos bilanziert. Die Gründe hierfür lokalisiert er sowohl in sich selbst („hab mich dann weniger angestrengt") als auch extern („die Anforderungen wurden immer mehr").

Im Klassenraum sitzt Sebastian in der vierten und hintersten Reihe außen ganz alleine, durch einen leeren Stuhl von den Mitschülern isoliert. Während des Unterrichts versucht er über das Schreiben kleiner Briefchen Kontakt zu seinen Freunden aufzunehmen, die alle nicht in „Flüsterweite" von ihm sitzen. Am offiziellen Unterrichtsgeschehen ist er kaum beteiligt; er verbringt die Schulstunden in schläfrig wirkender Haltung mit Malen oder mit anderen „Nebentätigkeiten". Fast alle Versuche von Herrn Krüger, Sebastian in das Unterrichtsgeschehen zurückzuholen, verlaufen konflikthaft. Denn dieser entzieht sich demonstrativ vor der gesamten Klasse jeder Form von erzwungener Mitarbeit.

Sebastians Zeugnis vom Ende der siebten Klasse beginnt der Klassenlehrer mit den folgenden Sätzen: „Sebastian erschien in diesem Schuljahr häufig sehr blass und nervös. So fiel es ihm nicht immer leicht, dem Unterricht zu folgen, so dass ihm dann wesentliche Inhalte entgingen. Manchmal benötigte es auch einer gesonderten Aufforderung, um eine ihm entsprechende Leistung zu bekommen. Dieses Unterrichtsverhalten war teilweise so störend, dass er dieses auch von Klassenkameraden zu hören bekam." In dieser durchgängig defizitorientierten Charakterisierung wird Sebastian als ein somatisch und psychisch beeinträchtigter Schüler vorgestellt, der trotz seiner Leistungsfähigkeit aktuell im Lernen beeinträchtigt ist und den Unterricht so nachhaltig stört, dass der Klassenlehrer zu besonderen Maßnahmen veranlasst ist. Überraschenderweise wird diese Gesamteinschätzung von der anschließenden Beurteilung der fachlichen Leistungen nicht gedeckt; denn sowohl in den sprachlichen als auch in den mathematisch-naturwissenschaftlichen Fachepochen hat Sebastian problemlos die Anforderungen erfüllt. Durch die Zuschreibung pathologischer Züge und die Betonung der Notwendigkeit einer „Sonder-Behandlung" wird Sebastian allerdings auf der Verhaltensebene als Problemschüler gekennzeichnet und damit in negativer Weise aus dem Klassenkollektiv herausgehoben. Im Rückblick betont Herr Krüger, dass „der Sebastian in den ersten Schuljahren n ganz unauffälliger Schüler [war] der ruhig mitarbeitet gut mitkam aber nich besonders auffiel". Vom dritten Schuljahr an fällt ihm der fachlich gute Schüler durch seinen Bewegungsdrang auf; damit Sebastian beim „Kippeln" nicht vom Stuhl fällt, wird dieser vom Lehrer mit Kufen verstärkt. Die weitere Entwicklung Sebastians ist in der Perspektive Krügers gekennzeichnet durch gute Leistungen und eine damit verbundene Arroganz gegenüber Mitschülern einerseits sowie durch eine „innere motorische unruhe", [die] ... schon fast pathologische züge angenommen hat", andererseits.

Im Unterschied zu dieser ihn stigmatisierenden Deutung des Klassenlehrers sieht Sebastian die Ursachen für die „eher n bisschen distanzierter" gewordene Beziehung in dessen mangelnder Bereitschaft, ihm als Jugendlichen eine eigene private Sphäre zuzuerkennen: „es gibt da so sachen, die ihn nix angehen, un sachen die wir drüber reden, und er denkt vielleicht es gehn ihn paar sachen was an die ihn nach meiner sicht gar nix angehen, und insofern haben wir schon mal zoff miteinander". Eine engere Begrenzung in der pädagogischen Beziehung und die Anerkennung eigener Entfaltungsräume der adoleszenten Peers außerhalb der Waldorfschule sind für Sebastian die Essentials, auf die Herr Krüger in seinem ganzheitlichen Selbstverständnis als Waldorfklassenlehrer nicht eingegangen ist. Sebastian bringt seine Erwartungen sachlich und klar auf den Punkt: „der herr Krüger is okay, als lehrer soll er mir was beibringen damit ich was lern aber meine freizeit hab ich ja meine eigenen freunde, da muss er sich ja dann nich mehr einmischen".

Die Beziehung zwischen Herrn Krüger und Sebastian steht für ein pädagogisches Verhältnis, das nach acht Jahren auf Grund diskrepanter Habitusbildungen äußerst spannungsvoll geworden ist und nur noch auf seine Beendigung wartet. Sebastians körper- und medienbetonte freizeitkulturelle Peer-Orientierungen sowie seine Konzentration auf den Leistungsaspekt schulischen Lernens konfligieren mit dem ganzheitlich-gemeinschaftsorientierten Erziehungskonzept und mit der musisch-künstlerischen Akzentsetzung seines Klassenlehrers, der von seiner beruflichen Sozialisation her mehr Künstler als Pädagoge ist. Während Herr Krüger als Ursache der Beziehungsproblematik eine innere „Fehlentwicklung" Sebastians diagnostiziert, kritisiert dieser Krügers pädagogische Allmachtsansprüche, welche die Entfaltung von Autonomie behindern.

Diskussion

Der Blick auf den ersten und den dritten, hier nicht dargestellten, aber ebenso „gelingenden" Fall von Herrn Friedrich und Jonas (Helsper et al. 2007, S. 299 ff.) an der Waldorfschule C zeigt, dass auch heute noch im Rahmen der spezifischen Bedingungen von Waldorfschulen traditionell asymmetrische, von Autorität und Vertrauen bestimmte Formen der Lehrer-Schüler-Beziehung realisiert werden. Offensichtlich bieten Reformschulen mit ihrer besonderen pädagogischen Prägung soziale Räume und Atmosphären, in denen Lehrer-Schüler-Beziehungen so ausgestaltet werden können, dass sie in ihrer Nähe und Intensität die Qualitäten pädagogischen Handelns im Unterricht an Regelschulen weit transzendieren.

Der Klassenlehrer als signifikanter Anderer

Gemäß der begrifflichen Unterscheidung Dieter Nittels (Nittel 1992) sind die von uns untersuchten Klassenlehrer nicht nur Organisationsvertreter oder pädagogische Professionelle, sondern werden in den gelingenden Beziehungen zu signifikanten Anderen der ihnen anvertrauten Edukanden. Das pädagogisch entgrenzte Selbstverständnis dieser Lehrpersonen hängt eng mit ihren jeweiligen Professionalisierungspfaden zusammen. Die Wege von Frau Weber und Herrn Friedrich in den Lehrerberuf sind biographisch tief verankert und folgen anscheinend einer inneren Entelechie – im ersten Fall der kontinuierlichen Entfaltung eines ursprünglichen pädagogischen Impetus, im zweiten der immer weiter ausgreifenden Realisierung eines spirituellen Führungsanspruchs. Nur bei Herrn Krüger erscheint der Professionalisierungspfad weniger konsistent und eher von zufälligen, situativen Herausforderungen bestimmt; diese werden von ihm allerdings als „Rufe des Schicksals" gedeutet, denen Folge zu leisten ist. Dem jeweiligen „berufsbiographischen Selbstentwurf" entsprechend, realisiert jede der drei Lehrpersonen als Klassenlehrer bzw. als Klassenlehrerin eine andere Form der „pädagogischen Liebe". Während die Beziehung von Frau Weber zu ihrem Problemkind Martin von fürsorglicher Mütterlichkeit bestimmt ist, wird diejenige von Herrn Friedrich zu seinem Jünger Jonas von einem platonisch-idealistischen Erweckungswillen getragen.

Auch für die Schülerpersonen lässt sich übrigens als eine Voraussetzung für das harmonische Passungsverhältnis zur Klassenlehrerperson ein besonderer biographischer Zugang zur Waldorfschule als der Schule ihrer – gleichsam nachträglichen – persönlichen Wahl nachweisen. Für Martin ist sie die eigentliche Heimat im Strudel seiner turbulenten gesamtdeutschen Mobilität und der sich dabei auflösenden familialen Beziehungen und für Jonas ist sie nach seinem mehrfachem Scheitern an staatlichen Regelschulen der einzige ihm verbliebene bekömmliche Lern- und Lebensraum.

Die enge pädagogische Beziehung zwischen den Waldorfklassenlehrern und ihren „prominenten" Schülern bringt für diese nicht nur Chancen, sondern auch Risiken mit sich. In jedem der harmonischen Passungsverhältnisse eröffnet die Lehrperson für eine ihr habituell affine und biographisch verwandte Schülerperson einen *entwicklungsproduktiven Raum* der emotionalen, kognitiven und sozialen Anerkennung. Hierin können sowohl durch Halt gebende Unterstützung außerschulische Probleme und familiale Defizite bearbeitet als auch durch besondere künstlerische und intellektuelle Herausforderungen zusätzliche Entwicklungsimpulse ausgelöst werden. Aus den damit in unterschiedlichem Maße einhergehenden Tendenzen der Intimisierung des pädagogischen Verhältnisses und seiner Entgrenzung über den Zeitraum des Unterrichts hinaus erwächst für den Schüler allerdings auch die Gefahr, unbewusst für die Erfüllung der persönlichen Ambitionen und Nähe-Bedürfnisse des Klassenlehrers instrumentalisiert und dadurch in seinen eigenen adoleszenten Ablösungsprozessen behindert zu werden. Wenn dem Schüler also nicht zugleich auch Möglichkeiten zur rollenförmigen Distanzierung zugestanden werden, wird die exklusive Beziehung zum Klassenlehrer mit Verlusten an Autonomie erkauft – ganz zu schweigen von der drohenden Isolation und Stigmatisierung durch die gleichaltrigen Peers, welche durch die besondere Nähe des Klassenlehrers zu seinem „Lieblingsschüler" das Gleichbehandlungsgebot verletzt sehen.

Dieselbe „pädagogische Liebe" der Klassenlehrerperson, aus welcher sich für einen damit „kongruenten" Schüler ein harmonisches Passungsverhältnis ergeben hat, führt zugleich zu spannungsvollen Beziehungen mit solchen Schülerinnen und Schülern, die diesem Lehrerhabitus durch ihr Autonomieverlangen diametral widersprechen. Dies ist der Fall bei Herrn Krüger und Sebastian sowie zwischen Herrn Friedrich und Lydia. Sebastians frühadoleszente Distanzierungsbewegungen und sportiv-medial ausgeprägte Freizeitinteressen widerstreiten nicht nur dem waldorfpädagogischen Selbstverständnis von Herrn Krüger und seiner Alltagsrolle als Regisseur seines Klassenensembles, sondern auch den hochkulturellen und lebensreformerischen Orientierungen des Waldorfschulmilieus. Während für Martin und Jonas die achtjährige Beziehung zu Frau Weber bzw. zu Herrn Friedrich eine Stabilisierung der persönlichen Entwicklung und eine Beheimatung in der Klassengemeinschaft mit sich gebracht hat, bedeutet für Sebastian die Beziehung zu Herrn Krüger zunehmend eine Missachtung seiner

Identitätskonstruktion, was schließlich zu seiner Stigmatisierung als Problemschüler und zur (Selbst-)Exklusion aus dem Unterrichtsgeschehen führt. Ein wichtiger Grund für diese diskrepanten Beziehungsverläufe liegt in der unterschiedlichen Einstellung der Schüler auf die *Autoritätskonzepte* ihrer Lehrpersonen: Martin hat keine Mühe damit, sich – durchaus taktierend – der mütterlichen Fürsorge von Frau Weber weiterhin anzuvertrauen und in einer pädagogischen Dyade innerhalb der Klasse noch ihr „Kind" zu bleiben; Sebastian hingegen kollidiert mit dem hartnäckigen (Theater-)Regisseur Krüger, weil er es selbstbewusst ablehnt, die für ihn vorgesehene Rolle im Ensemble des Klassenkollektivs zu spielen. Der fachlich unambitionierte Unterricht fordert seine Leistungsmotivation nicht mehr heraus. In den dargestellten Beziehungen geht es also nicht zuletzt um den Umgang der Schüler mit der Form der Herrschaft ihrer Klassenlehrer, die die einen als Autorität bejahen, die anderen als unbegrenzte Macht erleiden.

Die Vermittlung von Person und Sache

Die pädagogische Aufgabe des Waldorfklassenlehrers umfasst auf der einen Seite die vom Kulturstufenlehrplan gerahmte Vermittlung zentraler Inhalte des Bildungskanons der europäischen Kulturtradition und auf der anderen die entwicklungsgemäße Begleitung und Erziehung jeder Schülerin und jedes Schülers seiner Klasse. In diesem polaren Spannungsverhältnis zwischen Fachwissen und Personbildung soll in der pädagogischen Beziehung allerdings die Wirkung der Persönlichkeit des Klassenlehrers den Primat über die von ihm vermittelten Inhalte bewahren, damit der Schüler an seinem Vorbild sich „nachbilden" kann. Unabhängig von dieser traditionalen Konzipierung des pädagogischen Verhältnisses kann in der spannungsreichen Vermittlung zwischen der Klärung der Sachen und der Stärkung der Person der professionelle Kern jedes pädagogischen Lehrerhandelns überhaupt gesehen werden (Helsper 2004).

Für die Beschreibung der je spezifischen Ausgestaltung der Vermittlung von Sache und Person im Unterricht hält die pädagogische Tradition die Unterscheidung von drei *Grundtypen des Lehrers* bereit, des paidotropen, des logotropen und des ethotropen Lehrers.[2] Beim paidotropen Lehrer stehen die Person des Schülers, seine Interessen und sein Entwicklungsstand im Mittelpunkt. Mit seiner ausgeprägten mäeutischen Kompetenz geht er näher auf den Schüler ein, ‚holt ihn dort ab, wo er steht', fördert und ermutigt ihn. Beim logotropen Lehrer dominiert die Orientierung am Lehrstoff, an seiner fachlichen Struktur und an seinem Bildungsgehalt. Seine doktrinale Kompetenz hat ihre Fundierung in wissenschaftlichem Wissen über die zu vermittelnde Sache. Der ethotrope Lehrer ist primär weder am Unter-

---

2 Vgl. dazu auch den Ansatz von Prange 2006, S. 26–48.

richtsstoff noch am Lernenden interessiert, sondern hebt in seinem Unterricht ein bestimmtes Ethos, d.h. eine Haltung oder Form sozialer Praxis („Sitte") hervor, für welche er die Schüler zu gewinnen versucht. Er verdeutlicht durch sein Auftreten und durch die Art seines Umgangs mit den Schülern, welche Haltung bzw. welchen Habitus er erwartet und welchen Wertorientierungen er folgt.

Für jeden dieser Grundtypen lässt sich heuristisch noch eine innere Ausdifferenzierung der Weltzugänge vornehmen. Mit Jürgen Baumert (Baumert 2002) kann man *vier Modi des Weltzugangs* unterscheiden: (1) die kognitiv-instrumentelle Modellierung der Welt (Mathematik, Naturwissenschaften); (2) die ästhetisch-expressive Begegnung und Gestaltung (Sprache, Literatur, Musik, Bildende Kunst, Gymnastik und Sport); (3) die normativ-evaluative Auseinandersetzung mit Gesellschaft und Wirtschaft (Geschichte, Politik, Ökonomie und Recht) und (4) die Probleme konstitutiver Rationalität (Religion und Philosophie).

Programmatisch verstehen sich Waldorfklassenlehrer in umfassender Weise sowohl als „universeller Geist" als auch als „richtunggebendes" Vorbild und als „Seelenführer" ihrer Schülerinnen und Schüler. Unsere Fallanalysen zeigen, dass sie diese spannungsvolle Antinomie zwischen der Vermittlung von Fachwissen und Bildung der Person in ihren pädagogischen Interaktionen empirisch nur in einer je individuellen und eher einseitigen Form realisieren können. Insbesondere aus ihren unterschiedlichen biographischen Professionalisierungspfaden zum Beruf des Waldorfklassenlehrers ergeben sich bei jeder der drei Lehrpersonen jeweils andere Orientierungen für das didaktische Handeln und markante Differenzen hinsichtlich des von ihnen präferierten Weltzugangs.

Jeder unserer drei Waldorfklassenlehrer kann seinen professionellen Anspruch, sowohl fachlich einen umfassenden Weltbezug zu stiften als auch die Person des Heranwachsenden bei der Bewältigung ihrer Entwicklungsaufgaben zu unterstützen, nur partiell und nur in den harmonischen Passungsverhältnissen realisieren. Denn jede der beobachteten Lehrpersonen weist Affinitäten zu einem anderen Grundtyp des Lehrerseins auf und favorisiert nur spezifische Formen des Weltzugangs und des Weltverstehens. Während der frühere Ingenieur Friedrich als emotional distanzierte, eher logotrope Lehrperson vor allem für intellektuell interessierte Schüler einen theoretisch-reflexiven Weltzugang stiftet, richtet sich das pädagogische Handeln des früheren Theatermannes Krüger ethotrop sowohl auf die Einübung einer kooperativen Haltung im Klassenkollektiv als auch auf die Entfaltung der ästhetisch-mimetischen Expressivität seiner Schüler. Während Herr Friedrich und Herr Krüger innerhalb und außerhalb des Unterrichts im Grunde nur ihren spezifischen Weltzugang bzw. ihre kulturelle Lebensform an die Schüler weitergeben, realisiert die frühere Grundschullehrerin Weber eine größere „Bandbreite" bzw. Komplexität bei der Vermittlung von Sache und Person. Einerseits versucht sie als primär paidotrope Lehrperson die emotionale Bedürfnislage ihrer Schüler umfassend zu berücksichtigen, was im Einzelfall bis zu Formen therapeutischer Hilfe führt; andererseits ist es für sie besonders wichtig, in einem inhaltlich anspruchsvollen und sozial disziplinierten Unterricht den Schülern das fachliche Wissen in beachtlicher Breite methodisch strukturiert zu vermitteln.

Die Balance von Nähe und Distanz

Die von uns rekonstruierten Lehrer-Schüler-Beziehungen haben alle eine eigene langjährige, teils kontinuierliche, teils aber auch sehr wechselvolle Geschichte. Die acht Schuljahre verlangen vom Klassenlehrer eine hohe Flexibilität im Umgang mit den Entwicklungsprozessen seiner Schüler von der mittleren Kindheit bis zur frühen Adoleszenz. Emotionale Nähe und Vertrauen lassen sich bei Kindern im Einschulungsalter viel leichter herstellen als bei den sich verselbständigenden Jugendlichen. Während in den ersten Schuljahren eine fürsorgliche Beziehung zur ganzen Person leichter herzustellen ist, ändert sich die Beziehungsgestaltung im Laufe der Entwicklung in Richtung auf mehr Distanz und auf stärkere Versachlichung. Die Balance zwischen Nähe und Distanz zu wahren, ist somit auch auf einer zeitlichen Ebene eine immer wieder neu auszutarierende Anforderung an die Lehrer. Gerade an dieser Stelle zeigt sich in den Fallstudien die problematische Tendenz von Waldorfklassenlehrern, ihre früheren Nähewünsche zur kindlichen Schülerperson bis weit in die Adoleszenz hinein aufrecht erhalten zu wollen und damit die mit der Pubertät anwachsenden Autonomiepotenziale der Heranwachsenden einzuschränken. Vor allem bei Frau Weber ist diese Tendenz festzustellen, nicht mit den sich wandelnden Bedürfnissen der Schüler Schritt zu halten. Durch die Verkennung der jugendlichen Autonomiepotenziale nehmen die adoleszenten Ablösungsprozesse einiger Schüler in ihrer Klasse eine besonders spannungsreiche Form an. Sowohl Anna als auch Tobias berichten von einer ehedem liebevollen und engen Bindung zu Frau Weber; doch es sind genau diese beiden Jugendlichen, die wegen der inzwischen eingetretenen Verkennungen und Entfremdungen das Ende der Klassenlehrerzeit nicht mehr erwarten können. Gleichsam am anderen Ende des Spektrums steht Herr Friedrich, dessen intellektuell-rationaler Habitus bei einigen Schülerinnen und Schülern die Erfüllung ihrer Näheerwartung geradezu verhindert. Bei Schülern, die sich gerade von einem umfassenden Verständnis ihres Klassenlehrers für ihre besondere emotionale Bedürfnislage eine Beheimatung in der Klasse und eine stabilisierende Wirkung auf ihre Entwicklung versprechen, führt die „Eiseskälte" von Herrn Friedrich zu weiteren schmerzhaften Enttäuschungen. Denn nur durch einen personalen, der Besonderheit des einzelnen Jugendlichen gerecht werdenden Zugang können die Voraussetzungen für einen produktiven Bildungsprozess geschaffen werden. Ein Lehrerhandeln, welches ausschließlich in einer gleich schwebend distanzierten Haltung zu den Schülern verbleibt, hat bei einigen der von uns beobachteten Schülern Lernhemmungen zur Folge.

Andererseits verlangen emotional hoch aufgeladene pädagogische Beziehungen, die wie bei Frau Weber und Martin zum Teil in Symbolen einer Paarbeziehung ausgetragen wird, dringend eine Begrenzung durch größere Distanz. Denn nur durch die Gleichbehandlung Martins vor der Klasse kann das Umhängen des Streberetiketts durch die Mitschüler verhindert werden. In diesem wie auch in anderen Fällen stellt die spezifische Begrenzung des Lehrerhandelns durch die Einhaltung einer gleichförmigen Distanz (Wernet 2003) tatsächlich die gebotene professionelle Handlungsoption dar.

„Ganzheitliche" Entwicklung in der Gemeinschaft oder Fachlichkeit und individuelle Leistung

Die oft acht Schuljahre umfassende Klassenlehrer-Schüler-Beziehung verbürgt ein hohes Maß an personaler Kontinuität und gemeinschaftlichem Erleben. Die drei Waldorfklassenlehrer richten übereinstimmend den Fokus ihrer Arbeit auf die soziale Formung ihrer Klassengemeinschaft, welche während unserer Untersuchungszeit im sogenannten „Achtklass-Spiel" einen Höhepunkt erreichte. Die Priorisierung des Klassenkollektivs verlangt auch von den frühadoleszenten Schülern noch die Unterordnung ihrer erwachenden Autonomiebestrebungen und ihrer individuellen Interessen unter diejenigen der vom Klassenlehrer geführten Gemeinschaft. Für Martin bildet die enge Beziehung zu Frau Weber und die von ihr inspirierte homogene Klassengemeinschaft einen sozialen Nahraum, der Schutz vor der rauhen, emotional belasteten Welt „draußen" ermöglicht. Sebastian hingegen widersetzt sich dem Zwang, der von Krügers Vergemeinschaftungsstrategien ausgeht. Er nimmt dafür seine Stigmatisierung als „verhaltensgestörter" Schüler ebenso in Kauf wie seine Etikettierung zum Außenseiter im Unterricht. Gemeinschaft erlebt Sebastian beim Ausagieren seiner jugendkulturellen Vorlieben im Kreis seiner gleichaltrigen Freunde im Dorf; von seinem Klassenlehrer erwartet er in erster Linie die Vermittlung fachlich anspruchsvollen Wissens. Seine explizite Leistungsorientierung wird von Krüger nicht anerkannt, ja geradezu zum Problem erklärt. Sebastian würde sich inzwischen vermutlich auf einem leistungsbetonten Gymnasium wohler fühlen. Für einen problemlosen Schulwechsel dorthin sieht er sich allerdings durch den „ganzheitlich" orientierten Epochenunterricht seines Klassenlehrers nicht vorbereitet.

In der Gruppendiskussion an einer der von uns untersuchten Waldorfschulen endet der Konsens zwischen den pädagogischen Akteuren über die Arbeit des Klassenlehrers bezeichnender Weise beim Thema Leistung. Der Oberstufenlehrer Martin bemerkt: „für mich ist es weitesten maße unsozial wenn man unter dem aspekt der formierung einer runden klassengemeinschaft was bei eins bis acht ja vor allen dingen euer aufgabe und euer verdienst dann auch ist wenn man da jetzt nicht die blüten wenn sie schon früher kommen also vor der neunten ich meine jetzt ganz speziell die blüte leistungsbereitschaft und leistungswille und aus der leistungsmöglichkeit also auch dem lob für eine überdurchschnittliche <u>leistung</u> neue motivation selbst zu gewinnen [...] also das erleb ich ebent auch in den zehn jahren seitdem ich hier bin dass manche schüler ihre qualitäten ä tatsächlich erst im freiraum einer bewussten bejahung für unterschiede und mit auch unterschiede im fachlichen leistungsniveau ä erleben und dann erst zu dieser motivation kommen."

Dieses pointierte Votum von Herrn Martin verdeutlicht ein zentrales Strukturproblem der achtjährigen Klassenlehrerpädagogik: die Nachrangigkeit fachlicher Standards, individueller Leistungsauslese und Akzeleration gegenüber der Kultivierung von Gemeinschaft und der Förderung ästhetisch-praktischer Lernprozesse in einem großzügigen zeitlichen Rahmen. Diese zum staatlichen Schulwesen konträre Orientierung ist eine Quelle für Spannungen im Verhältnis zwischen Familie und Klassenlehrer. Grundsätzlich ist diese Beziehung auf der Basis monatlicher Elternabende als ein sehr enges und partizipatives Arbeitsbündnis konzipiert, in welchem aber der Klassenlehrer programmatisch auf der Grundlage der anthroposophischen Menschenkunde die pädagogischen Leitlinien bestimmt. Aber nicht wenige Eltern geraten regelrecht in eine Krise, wenn sie am Ende des vierten Schuljahres die Leistungen ihres Kindes mit denen von Grundschülern vergleichen, die zum Gymnasium übergehen. Der Klassenlehrer sieht sich deshalb immer wieder dazu veranlasst, die eher leistungsorientierten Eltern seiner Klasse von der Überlegenheit seiner entwicklungsgemäßen und ganzheitlichen Erziehung zu überzeugen. Er verlangt von den Eltern die Bereitschaft, sich auf einen langen Weg ohne die im staatlichen Schulwesen üblichen Übergänge (Ullrich 2010) und Bildungsentscheidungen zu begeben, auf dem man sich immer mehr an die Wertorientierungen der anthroposophischen Schulkultur assimiliert. In der Waldorfschule geht sozusagen die ganze Familie zur Schule. In Abhängigkeit vom habituellen Passungsverhältnis zwischen sozialem Milieu und Waldorfschulkultur kann es bei dieser „Scholarisierung der Familie" im Laufe der Klassenlehrerzeit entweder zur Kooperation und Koalition kommen oder zur Distanzierung und Abschottung – vor allem dann, wenn die Familie eine Abwertung ihrer Lebenspraxis durch den Klassenlehrer erlebt.[3]

---

3 Vgl. dazu die Fallstudien in Graßhoff 2008.

Die Waldorfschulklasse der Klassenlehrerzeit als „differenzielles Entwicklungsmilieu"

Zum Schluss möchte ich die dargelegten empirischen Befunde über die Bedeutung der Persönlichkeit des Klassenlehrers für die Bildungsprozesse frühadoleszenter Waldorfschüler im Lichte eines aktuellen Konzepts der Schulforschung thematisieren. Jürgen Baumert und andere haben zur vertiefenden Analyse der Leistungsunterschiede zwischen fünfzehnjährigen deutschen Schülern in der PISA 2000-E-Studie Schulumwelten als differenzielle Lern- und Entwicklungsmilieus dargestellt (Baumert/Stanat/Watermann 2006). Damit ist gemeint, dass junge Menschen unabhängig von und zusätzlich zu ihren unterschiedlichen persönlichen, intellektuellen, kulturellen, sozialen und ökonomischen Ressourcen je nach besuchter Schulform unterschiedliche Entwicklungschancen erhalten. Diese sind schulbedingt und werden sowohl – kompositionell – durch die Auswahl und Zusammensetzung der Schülerschaft als auch – institutionell – durch die Arbeits- und Lernbedingungen der Schule und die schulformspezifischen pädagogisch-didaktischen Traditionen erzeugt. Zu den wichtigsten Kompositionsmerkmalen eines Schulmilieus gehören: der durchschnittliche Sozialstatus der Familien als Hinweis auf die sozioökonomischen Ressourcen der Schule, der Anteil von Vätern, die nicht Vollzeit erwerbstätig sind, als Indikator für familiäre Belastung, die Anteile von Eltern mit Hochschulreife bzw. ohne Berufsabschluss als Indikator für die kulturellen Ressourcen einer Schule, der Anteil von Familien, in denen Deutsch nicht Verkehrssprache ist, als ethnisch-kultureller Indikator und das mittlere Niveau der kognitiven Grundfähigkeiten der Schüler als Leistungsmerkmal. Günstige Kompositionsmerkmale einer Schule führen bekanntermaßen zum sogenannten Matthäus-Effekt „Wer hat, dem wird auch noch gegeben". Die Kompositionsmerkmale einer Schule erklären zwischen 30 und 50 Prozent der Leistungsvarianz zwischen Schulen derselben Schulform. Das wirksamste, das Lern- und Entwicklungsmilieu bestimmende Kompositionsmerkmal ist in allen Schulformen das kognitive Fähigkeitsniveau der Schülerschaft.

Die wichtigsten *institutionellen Merkmale* differenzieller Schulumwelten sind ihre Lernbedingungen, die in den spezifischen bildungstheoretischen, curricularen und didaktischen Traditionen einer Schulform und in ihrer Lehrerbildung verankert sind. Sie üben als Milieu prägende institutionelle Merkmale einen ebenso großen Einfluss auf die Schülerleistungen aus wie das kognitive Fähigkeitsniveau der Schüler – insbesondere bei den nicht-gymnasialen Schulformen.

Freie Waldorfschulen sind als leistungsmäßig undifferenzierte Gesamtschulen hierzulande pädagogische Magneten für bildungsbewusste, sozialpädagogisch und ökologisch orientierte Familien. Absolventenbefragungen ehemaliger Waldorfschüler zeigen ausgesprochen günstige Kompositionsmerkmale: eine ökonomisch gut situierte, ausgeprägt akademische Elternschaft mit Deutsch als selbstverständlicher Verkehrssprache und Kindern mit überdurchschnittlichem kognitiven Fähigkeitsniveau. Die sich vor allem in hohen Abiturientenquoten, aber auch in überdurchschnittlichen PISA-Werten (z.B. in Österreich) manifestierenden Outcomes der Waldorfschulen lassen sich vermutlich schon zu einem großen Teil als Effekte der soziokulturell homogenen Komposition ihrer Schülerschaft erklären. Das differenzielle Lern- und Entwicklungsmilieu Waldorfschulklasse ist also – für diese These sprechen bisher vorliegende empirische Befunde (Bonhoeffer/Brater/Hemmer-Schanze 2007, S. 50 f.) – in maßgeblicher Weise durch die Schülerzusammensetzung vorgeprägt. Die institutionellen Traditionen der Waldorfschule in der Klassenlehrerzeit zielen – anders als diejenigen der staatlichen Grund- und Sekundarschulen – nicht unmittelbar auf das Training fachlicher Kompetenzen und Erfolge. Sie sind – wie schon die Ausbildung zum Waldorfklassenlehrer – *„überfachlich"* auf den Bildungskanon des Epochenunterrichts gerichtet, *„ganzheitlich"* auf ein anthroposophisches Verständnis der Schülerindividualitäten und *„dramaturgisch"* auf eine langjährige wirksame Führung der Klassengemeinschaft. Worin wäre angesichts dessen die spezifische Bedeutung der Persönlichkeit des Klassenlehrers für das Lern- und Entwicklungsmilieu Waldorfschulklasse zu sehen? Sie liegt m.E. weniger in der Motivation der Schüler zu fachlichen Erfolgen als in der Ergänzung, Bereicherung und Profilierung ihres familiären Bildungskapitals. Als langjähriger *Mentor* ermöglicht der Klassenlehrer – wohl bemerkt: bei harmonischer habitueller Passung! – „seinen" Schülern die Erfahrung der Zugehörigkeit zu einer stabilen Gemeinschaft und die Entwicklung einer selbstbewussten Haltung. Das ist sicher nicht wenig, aber für viele leistungsmotivierte Schüler und ihre Eltern nach dem Ende der Kindheit nicht mehr genug (Merkle/Wippermann 2008).

Literatur

Baumert, J. (2002): Deutschland im internationalen Bildungsvergleich. In: Killus, N./ Kluge; J./Reisch, L. (Hrsg.) (2002): Die Zukunft der Bildung. Frankfurt am Main: Suhrkamp, S. 100–150.

Baumert, J./Stanat, P./Watermann, R.(Hrsg.) (2006): Herkunftsbedingte Disparitäten im Bildungswesen: Differenzielle Bildungsprozesse und Probleme der Verteilungsgerechtigkeit. Vertiefende Analysen im Rahmen von PISA 2000. Wiesbaden: VS Verlag.

Bonhoeffer, A./Brater, M./Hemmer-Schanze, C. (2007): Berufliche Entwicklungen ehemaliger Waldorfschüler. In: Barz, H./Randoll, D. (Hrsg.) (2007): Absolventen von Waldorfschulen. 2. Auflage. Wiesbaden: VS Verlag, S. 45–99.

Du Bois-Reymond, M. (1998): Aura und Modernisierung der Schule. In: Keuffer, J. (Hrsg.) (1998): Schulkultur als Gestaltungsaufgabe. Weinheim: Deutscher Studien Verlag, S. 326–337.

Graßhoff, G. (2008): Zwischen Familie und Klassenlehrer. Pädagogische Generationsbeziehungen jugendlicher Waldorfschüler. Wiesbaden: VS Verlag.

Helsper, W. (2004): Antinomie, Widersprüche, Paradoxien: Lehrerarbeit – ein unmögliches Geschäft? Eine strukturtheoretisch-rekonstruktive Perspektive auf das Lehrerhandeln. In: Koch-Priewe, B./Kolbe, F. U./Wildt;J. (Hrsg.) (2004): Grundlagenforschung und mikrodidaktische Reformansätze zur Lehrerbildung. Bad Heilbrunn in Oberbayern: Klinkhardt, S. 49–98.

Helsper, W./Ullrich, H./Stelmaszyk, B./Höblich, D./Graßhoff, G./Jung, D. (2007): Autorität und Schule. Die empirische Rekonstruktion der Klassenlehrer-Schüler-Beziehung an Waldorfschulen. Wiesbaden: VS Verlag.

Kade, J. (1997): Vermittelbar/Nicht-Vermittelbar: Vermitteln; Aneignen. Im Prozess der Systembildung des Pädagogischen. In: Luhmann, N./Lenzen, D. (Hrsg.) (1997): Bildung und Weiterbildung im Erziehungssystem. Frankfurt am Main: Suhrkamp, S. 30–80.

Kranich, E. M. (1994): Anthropologie – das Fundament der pädagogischen Praxis. In: Bohnsack, F./Kranich, E. M. (Hrsg.) (1994): Erziehungswissenschaft und Waldorfpädagogik. 2. Auflage. Weinheim und Basel: Beltz, S. 96–139.

Leber, S. (1996): Gesichtspunkte zur Sozialerziehung. In: Bohnsack, F./Leber, S. (Hrsg.) (1996): Sozial-Erziehung im Sozial-Zerfall. Grundlagen, Kontroversen, Wege. Weinheim und Basel: Beltz, S. 160–222.

Merkle, T./Wippermann, C. (2008): Eltern unter Druck. Selbstverständnisse, Befindlichkeiten und Bedürfnisse von Eltern in verschiedenen Lebenswelten. Stuttgart: Lucius & Lucius.

Neuffer, H. (Hrsg.) (2000): Zum Unterricht des Klassenlehrers an der Waldorfschule. Ein Kompendium. 2. Auflage. Stuttgart: Verlag Freies Geistesleben.

Nittel, D. (1992): Gymnasiale Schullaufbahn und Identitätsentwicklung. Eine biographieanalytische Studie. Dissertation. Weinheim: Deutscher Studien Verlag.

Prange, K. (1986): Bauformen des Unterrichts. Eine Didaktik für Lehrer. 2. Auflage. Bad Heilbrunn in Oberbayern: Klinkhardt.

Skiera, E. (2003): Reformpädagogik in Geschichte und Gegenwart. München und Wien: Oldenbourg.

Ullrich, H. (2008): Zur Aktualität der klassischen Reformpädagogik. In: Breidenstein, G./Schütze, F. (Hrsg.) (2008): Paradoxien in der Reform der Schule. Wiesbaden: VS Verlag, S. 73–94.

Ullrich, H. (2010): Nahtlos vom Kindergarten bis zum Abitur. Chancen und Grenzen von Bildungslaufbahnen ohne Übergänge an Reform- und Modellschulen. In: SchulVerwaltung Spezial 4, S. 9–10.

Wernet, A. (2003): Pädagogische Permissivität. Opladen: Leske + Budrich.

Zinnecker, J./Behnken, I./Maschke, S. (2002): null zoff & voll busy. Die erste Jugendgeneration im neuen Jahrhundert. Opladen: Leske + Budrich.

Charlotte Heinritz

Biographische Aspekte der Lehrerpersönlichkeit

Jeder Erzieher ist auch ein Erzogener; die eigenen biographischen Erfahrungen ihrer Erziehungs- und Schulgeschichte prägen – reflektiert oder unreflektiert – das eigene Berufsverständnis von Lehrerinnen und Lehrern, ihr Verhältnis zu Schule und zu den Schülern mit. In der Geschichte der Pädagogik als Disziplin spielen die Kindheits-, Lern- und Bildungserfahrungen ihrer Vertreter eine zentrale Rolle. Seit mehr als 200 Jahren vermitteln Pädagogen-Autobiographien lebensgeschichtliche Erfahrungen und berufsbiographische Orientierungen von Lehrerinnen und Lehrern und tragen damit zur Entwicklung und Tradierung des Berufsbildes bei. Neben den äußeren Bedingungen des Lehrerberufs sind es – so zeigen empirische Studien zur Arbeitsbelastung des Lehrerberufs – persönlich-biographische Faktoren der Lehrerinnen und Lehrer, die darüber mit entscheiden, ob die Arbeit sie unzufrieden und krank macht oder ob sie auch noch nach Jahren mit Freude und Begeisterung ihren Beruf ausüben.

Die verschiedenen biografischen Aspekte des Lehrerberufs und der Lehrerpersönlichkeit werden in diesem Beitrag vorgestellt und im Hinblick auf die Lehrerausbildung diskutiert.

Biographische Selbstbeobachtung als Vorbereitung für den (zukünftigen) Lehrer und Erzieher

Betrachtet man die Geschichte der Lehrerbildung und der Pädagogik, dann fällt die große Bedeutung auf, die der (auto)biographischen Reflexion und der Beschäftigung mit Pädagogenautobiographien als Grundlage für die Tätigkeit als Lehrer und Erzieher beigemessen wird. Bereits im Jahr 1796 schrieb August Hermann Niemeyer, Theologie-Professor in Halle, Direktor der Francke'schen Waisenhäuser und Schulen sowie Universitätslehrer auch für angehende Pädagogen, in seinem Kompendium „Grundsätze der Erziehung und des Unterrichts für Eltern, Hauslehrer und Erzieher" über die Vorbereitung auf pädagogische Berufe, dass – neben dem theoretischen Studium der empirischen Psychologie – die Selbstbeobachtung zentral sei:

„Jenem Studium fremder Beobachtungen und Erfahrungen, gehe aber die Selbstbeobachtung beständig zur Seite [...] insonderheit gehe der künftige Erzieher oft mit seiner Beobachtung in die Geschichte seiner eigenen Kindheit und Jugend zurück, und suche, sich seine damalige Art zu empfinden, zu urtheilen und sich zu Handlungen bestimmen zu lassen, so genau als möglich zu vergegenwärtigen, von der in reiferen Jahren durch veränderte Lagen, fast keine Spur mehr außer im Gedächtniß, zurückgeblieben seyn kann." (Niemeyer 1796, S. 3, zit. nach Herrmann 1991, S. 45 f.) „Dieses ‚so äußerst wichtige Geschäfte des selbstbeobachtenden Rückblicks in seine Jugendjahre' (Niemeyer 1796, S. 37) ist ein ausschlaggebendes Medium der Selbstbildung, Selbstreflexion und Selbstkontrolle des Erziehers. Selbstbeobachtung schafft Distanz zu sich selbst, relativiert Selbstgewissheit, ermöglicht das Sich-hinein-Versetzen in das Kind (Empathie)." (Herrmann 1991, S. 46)

Pädagogenautobiographien als Mittel zur Lehrer(selbst)bildung

Karl Philipp Moritz (1756–1793), der im Laufe seines unruhigen Wanderlebens auch als Erzieher und Lehrer tätig war, empfahl die biographische Introspektion auch und gerade für Pädagogen. Zunächst als Mittel der Selbsterkenntnis, bald auch als Weg für eine empirisch fundierte Psychologie und Pädagogik, empfahl er das Verfassen von autobiographischen Schriften – vor allem mit Erinnerungen an die Kindheit – und die Beschäftigung mit Autobiographien. Er sammelte die autobiographischen Schriften in einem Magazin zur Erfahrungsseelenkunde „Gnothi Seauton" („Erkenne Dich selbst!") (1787–1793) und verfasste seine Kindheits- und Jugendbiographie „Anton Reiser – ein psychologischer Roman" (1783–1790).

Seinem Vorschlag folgend wurden seit der Wende des 18. und 19. Jahrhunderts zahlreiche Pädagogenautobiographien verfasst und in Einzelveröffentlichungen wie auch in Sammelbänden veröffentlicht. Die frühesten Sammlungen von Pädagogenautobiographien veröffentlichte der in Siegen geborene Lehrer und Ausbilder Alfons Diesterweg in den Jahren 1835 und 1836: „Das pädagogische Deutschland der Gegenwart. Oder: Sammlung von Selbstbiographien jetzt lebender, deutscher Erzieher und Lehrer", die ausdrücklich „Für Erziehende" zusammengestellt und in zwei Bänden gedruckt wurde. In seiner Einleitung schreibt er über die Besonderheit, die die Pädagogenautobiographie gegenüber der Autobiographie anderer Menschen ausmacht:

„Wenn daher in der Regel die allgemeine Biographie dadurch lehrreich und interessant wird, daß sie großartige Bestrebungen, in die Augen fallende Thaten und merkwürdige Ereignisse mittheilt, so fesselt dagegen die pädagogische Biographie vorzüglich durch eine genaue, pragmatische Nachweisung, wie und warum der darzustellende Charakter diese, besondere Eigenthümlichkeit und Richtung genommen habe, unsere Aufmerksamkeit, und sie wird in dem Grade, als ihr dieses gelungen ist, lehrreich und interessant. Es fällt in die Augen, daß es dazu besonders merkwürdiger Ereignisse gar nicht bedarf; vielmehr ist eine genaue Schilderung der Erziehung aus den gewöhnlichen Lebenskreisen, da das Leben der Meisten sich in ihnen bewegt und die Erzieher in der Regel darin und dafür thätig sind, für die Förderung pädagogischer Erkenntniß und Thätigkeit die fruchtbarste. Für diese Zwecke kann die Lebensbeschreibung, welche aus pädagogischem Gesichtspunkt aufgefaßt und dargestellt ist, viel leisten." (Diesterweg 1835–1836, S. 7 f.)

Die Ziele, die Diesterweg mit seinen Sammlungen verfolgte, richteten sich zum einen auf die Anregung zur biographischen Selbstreflexion von tätigen oder zukünftigen Lehrern und Erziehern. Zum anderen ging es ihm darum, aus der Lektüre und Analyse der Pädagogenautobiographien Erkenntnisse zu erlangen über die Wirkungsweise von Erziehung, über Kindheit und Jugend sowie über die historischen und biographischen Hintergründe der Pädagogen, die in der Gegenwart wirken.

Autobiographien von Pädagogen dienen also mehreren Erkenntniszielen:
- der Selbsterfahrung und Introspektion der schreibenden Pädagogen selbst, die ihre Lebensgeschichte analysieren und aufschreiben im Hinblick auf die Frage, wie sie selbst erzogen wurden, welche Einflüsse für sie wichtig waren – besonders im Hinblick auf ihr Gewordensein und ihr pädagogisches Selbstverständnis, und damit zu einem besseren Verständnis der ihnen anvertrauten Schüler.
- Am Beispiel der genauen autobiographischen Analyse der „Erzogenen über Erziehung" werden Erkenntnisse gewonnen über die Wirkungsweise von Erziehung.
- Die Leser – vor allem Pädagogen – können aus den Pädagogenautobiographien lernen, wie diese ihre Erziehung deuteten und zugleich anhand der Schilderung ihrer beruflichen Werdegänge und ihres beruflichen Selbstverständnisses Erkenntnisse erlangen über den Beruf und das Wirken von Pädagogen für ihre eigene berufliche Praxis.

Bis heute spielen autobiographische Reflexionen von Pädagogen eine entscheidende Rolle: für die Entwicklung des professionellen Selbstverständnisses von Lehrerinnen und Lehrern ebenso wie für die Entwicklung pädagogischer Theorien. „Autobiographien von Klassikern oder Pionieren der Pädagogik [...], zeitgeschichtliche oder systematische Selbstdarstellungen [...] und biographische Interviews mit Erziehungswissenschaftlerinnen und Erziehungswissenschaftlern verdeutlichen den Zusammenhang von lebensgeschichtlicher Erfahrung, zeitgeschichtlicher Konstellation und theoretischer Orientierung." (Baacke/Schulze 1993, S. 16) Anders gesagt: Die Entstehung pädagogischer Theorie und Praxis lässt sich nur mittels der Lebensgeschichten ihrer Vertreter, also der Pädagogen, erschließen und verstehen. Umgekehrt verweisen sie auf den biographischen Kern pädagogischer Tätigkeiten. Insofern haben Autobiographien und biographische Interviews für die Pädagogik einen zentralen Schlüsselwert, und zwar anders als Autobiographien für andere Berufsgruppen. Die Voraussetzung für diese These ist die Annahme, dass

1. die pädagogische Tätigkeit eine ganz besondere ist, insofern sie die ganze Persönlichkeit erfordert; die pädagogischen Haltungen und Theorien des Erziehers haben ihre Wurzeln in seiner Lebensgeschichte.
2. Da das so ist, kann der Pädagoge sein eigenes Handeln und seine pädagogischen Haltungen nur verstehen, wenn er selbst autobiographisch aktiv wird, d.h. seine eigene Kindheits- und Bildungsgeschichte rekonstruiert und reflektiert.
3. Die Pädagogik als Disziplin ist entstanden und wurde weiterentwickelt aus den Kindheits-, Lern- und Bildungserfahrungen ihrer Vertreter, also der Pädagogen. Damit ist die Pädagogik eine bis in den Kern aller ihrer Gedanken autobiographische Disziplin, die nur zu verstehen ist von der Persönlichkeitsentwicklung ihrer Vertreter her (Heinritz 2010a, S. 404 f.).

Aus diesen Überlegungen heraus sind immer wieder Sammlungen von Autobiographien von Pädagoginnen und Pädagogen angeregt und veröffentlicht worden, angefangen von den oben zitierten Sammlungen von Diesterweg (1835–36), fortgeführt von seinem Schüler Heindl (1858–59); spätere Sammlungen stammen von Hahn (1926–27), Pongratz (1975–82), Winkel (1984), Klafki (1988). Von den Veröffentlichungen in jüngerer Zeit sind u.a. die von Berner und Isler (2009) und Peez (2009) zu nennen. Analysen von Pädagogenautobiographien im Hinblick auf den Zusammenhang zwischen ihrem Leben und ihrem Wirken finden sich beispielsweise in Bittner und Fröhlich (1997).

Der Lehrer als Lernstoff – Erinnerungen an Lehrer der eigenen Schulzeit in Autobiographien von Pädagogen

In autobiographischen Erinnerungen von Pädagogen an die eigene Schulzeit fällt auf, dass kaum Erinnerungen an den Unterrichtsstoff überliefert werden, die Lehrer hingegen werden ausführlich geschildert.

„Auf sie [die Lehrerinnen und Lehrer, Ch.H.] richtete sich immer wieder der Blick der Schüler – fast gezwungenermaßen. Mit ihren Erwartungen,

Gewohnheiten, Talenten und Schwächen werden sie Tag für Tag konfrontiert. Sie muß man zuallererst durchschauen lernen, wenn man als Schüler verstehen will, was in der Schule gespielt wird. ‚Ich ahne nicht mehr', schreibt Theodor Heuss in ‚Vorspiele des Lebens', was ich von den einzelnen Männern gelernt habe, die Stundenpläne und Fächer der verschiedenen Klassen rutschen im Gedächtnis zusammen, aber der Lehrer menschliche Art, ihr Gehabe, ihre Sonderlichkeiten, ihre Würde und ihre Unwürde, ihr ermunterndes oder bedrohendes Wesen, all dies ist mir von jedem einzelnen deutlich und greifbar geblieben – der Lehrer als Lernstoff'." (Schulze 1988, S. 10)

In den von Schulze analysierten Erinnerungen von Pädagogen an ihre Schulzeit kommen folgende Lehrertypen vor:
- Das Neutrum: „Die Vielzahl der Lehrerinnen und Lehrer bleibt gesichtslos, grau, ‚Neutrum' [...] und ‚neutral' [...]. Sie verkörpern ‚öde Gleichmacherei und kalte Gleichgültigkeit' [...], ‚Gerechtigkeit' und ‚Langeweile' [...]."
- Die Täter: „Wenn sie Gutes bewirken, so ist es der Widerstand, den sie in den Schülern hervorrufen, und der Stolz, sich nicht unterkriegen zu lassen."
- Die Opfer: „Opfer sind sie, weil es ihnen weder gelingt, die Forderungen der Institution durchzusetzen, noch die Achtung der Schüler zu erringen."
- Die Souveränen: „Es sind weder die Gesichtslosen, noch die Täter, noch die Opfer, sondern die ‚Souveränen', bei denen die Erinnerung verweilt. Nur wenige werden als ‚souverän' erlebt – und auch dies nur in ‚Momenten' [...]; doch insgesamt sind es sehr viel mehr, als man zunächst erwartet. Es scheint so, als brauchte jeder Schüler wenigstens einen Lehrer unter den vielen, der sich als Bezugsperson anbietet, und mit dem er sich ein Stück identifizieren kann, um die Schule zu ertragen und den Lernanforderungen einen persönlichen Sinn abzugewinnen. [...] Aber was macht die Souveränität dieser Lehrerinnen und Lehrer aus? [...] Vor allem ist es dies, daß sie nicht nur Lehrer sind, daß sie in ihrer von der Institution bestimmten Rolle nicht aufgehen, sondern über sie hinausragen, in Bereichen außerhalb der Schule engagiert sind. Sie haben eine Vergangenheit und führen eine Art Doppelleben – für die Schülerinnen und Schüler erkennbar. Dann, daß sie als Menschen leibhaftig anwesend sind. Nähe und körperliche Berührung zulassen – besonders in der Grundschule – und daß sie etwas von ihren eigenen Interessen und Erfahrungen einbringen, auch gegen den Lehrplan. Auffällig, wie fast übereinstimmend alle Autoren erinnern, daß die Lehrerinnen und Lehrer, die sie mochten, Geschichten erzählten, vorlasen oder dramatisierten. [...] Zugleich aber scheint es auch wichtig zu sein, daß sie dennoch ihre Rolle als Lehrer ernstnehmen, nicht einseitig, sondern vermit-

telnd, vermittelnd zwischen Einhaltung der gebotenen Rituale und der Abweichung von ihnen, zwischen Disziplin und Allotria, zwischen Distanz und Nähe, zwischen allgemeiner Gerechtigkeit und individueller Sympathie. Ja, auch dies ist entscheidend, daß sie Schülerinnen und Schüler auch als Individuen wahrnehmen, erkennen, ansprechen und würdigen – und sei es nur mit einem Blick, einer Bemerkung, einer Berührung." (Schulze 1988, S. 10)

Die Eigenschaften, die den Typus des „souveränen Lehrers" auszeichnen, sind interessanterweise genau diejenigen, die geeignet sind, den Antinomien und Paradoxien des Lehrerberufs erfolgreich zu begegnen: Der souveräne Lehrer nimmt seine Rolle ernst und vertritt sie – aber er ist zugleich auch als Mensch mit einer Biographie sichtbar; er vertritt die Regeln der Schule – aber er ist auch bereit, sie ab und zu zu übertreten; er hält die Balance zwischen Distanz und Nähe und erreicht die Schüler als Individuen, ohne dabei das Prinzip der Gerechtigkeit zu übertreten. Wie sich in neueren Forschungen zu Antinomien des Lehrerberufs zeigt, vertritt er jenen Typus, dem es nicht nur gelingen kann als „guter" Lehrer im Gedächtnis der Schüler zu bleiben. Er hat durch seine Fähigkeiten, die gegensätzlichen Anforderungen des Lehrerberufs auszubalancieren – anders als die Lehrer, denen das nicht gelingt – auch nach längerer Berufstätigkeit noch Freude an seinem Beruf (s.u.).

Die nachhaltige Wirkung von Lehrern, nicht nur in der Erinnerung an die Schulzeit, sondern auch als Vorbild für die eigene pädagogische Tätigkeit, zeigt exemplarisch das folgende Zitat aus einem Interview mit einem Kunstlehrer:

„In der Oberstufe nachher, die beiden Kunstlehrer, die ich in der Oberstufe hatte im Leistungskurs, die waren sehr engagiert, was Kunstgeschichte anbelangte; aber auch darin, die freie Form des Ausdrucks zu fördern, daran kann ich mich gut erinnern. […] Ich weiß noch Projekte, die ich gemacht habe als Jugendlicher, die mache ich jetzt mit Schülern. Die haben einfach Bestand, die sind so, wie sie damals waren, immer noch gut." (Heinritz/Krautz 2010, aus dem Interview FL3)

Biographische Motivation zum Lehrerberuf und ihr Einfluss auf die Berufszufriedenheit

„Eine stabile Berufsmotivation von Lehrern zählt zu den grundlegenden Voraussetzungen für die Qualitätssicherung in der Schule. Umgekehrt bedeutet schulische Qualitätssicherung für Lehrpersonen einen unabdingbaren Motivationsfaktor." (Oelkers 2007, S. 183)

Wie entscheidend die richtige biographische Berufsmotivation des Lehrers ist, wie sehr seine Berufszufriedenheit und Berufsfreude davon abhängen, ob es ihm dabei gelungen ist, zu einem adäquaten Passungsverhältnis zwischen seinen biographischen Ressourcen, seiner Persönlichkeit und seinen Erwartungen an das Lehrerseins zu gelangen, das zeigen neuere Untersuchungen zu den Bedingungen von Burn-Out und Belastungserleben von Lehrern (Rothland 2007; Schaarschmidt 2005).

Neben den in den letzten Jahren zahlreich erschienenen Studien zur Lehrerbelastung und zum Burn-Out im Lehrerberuf, gibt es nur wenige Untersuchungen zum „Aufbau und […] [den] Strategien der fortlaufenden Erneuerung" von Lehrerinnen und Lehrern (Oelkers 2007, S. 185). Um dieser Forschungslücke zu begegnen, wurde an der Alanus-Hochschule ein Forschungsprojekt zum Thema „Kunstlehrer bleiben!" durchgeführt (Heinritz/ Krautz 2010; Heinritz/Krautz 2012), das die gelingende Berufsmotivation von Lehrern untersuchen sollte. Mit insgesamt 16 Kunstlehrerinnen und Kunstlehrern, die an verschiedenen Schulformen (Gymnasium, Realschule, Gesamtschule sowie kirchlichen und Waldorfschulen) tätig und mindestens zehn Jahre im Beruf waren und die (immer noch) gern als Lehrer arbeiteten, wurden Interviews durchgeführt. Die positive Selektion der Interviewpartner wurde bewusst vorgenommen, um tatsächlich Faktoren isolieren zu können, die zur langfristigen Zufriedenheit im Lehrerberuf beitragen. Ziel war somit nicht, eine Typologie von Kunstlehrern zu entwickeln (Dreyer 2005) oder nach biografischen Gemeinsamkeiten zu forschen (Peez 2009), sondern motivierende wie belastende, identitätsstiftende wie Identifikation mit dem Beruf behindernde Momente auszumachen. Zugleich konnten individuelle Modelle, wie Kolleginnen und Kollegen mit den mitunter widersprüchlichen Anforderungen des Berufsalltags umgehen, deutlich werden.

Die Berufszufriedenheit, also die Motivation, immer noch Kunstlehrer bleiben zu wollen, hängt nicht – das ergaben die Analysen unserer Interviews – davon ab, ob die Berufswahl von vornherein auf das Lehramt zielte. Es gibt viele Wege zum Kunstlehrerberuf, dazu gehören zum Beispiel auch pragmatische Überlegungen, dass die freie Kunst „brotlos" und mit dem Lehrerberuf doch eine bessere finanzielle Absicherung gegeben sei. Entscheidend für die Berufszufriedenheit ist jedoch, ob im Verlauf der Ausbildung und der ersten Berufsjahre eine Verbindung der Persönlichkeit mit der kunstpädagogischen Tätigkeit gelingt – eine Entscheidung sozusagen im Nachhinein für den Beruf des Kunstlehrers, auch wenn sie nicht die erste „Berufung" war. Dieser Befund gilt – so unsere Vermutung – nicht nur für Kunstlehrer, sondern sie lässt sich auf Lehrer anderer Fachrichtungen übertragen.

Wege in den Lehrerberuf: Biographische Ressourcen und Hindernisse

„Die Kandidatinnen für den Lehrerberuf kommen bereits mit einem Koffer voller Muster zum Lehrerinnenhandeln an die Hochschule. Dieser Koffer bleibt während des Studiums weitgehend ungeöffnet. In den ersten komplexen unterrichtspraktischen Anforderungssituationen wird er aufgerissen, Muster werden unbesehen, unbearbeitet herausgezerrt und als Strukturierungshilfe für das eigene Handeln verwendet. Das wird in einer größeren Zahl lehrerbiografischer Untersuchungen bestätigt (Seydel 2004a, 2004b, Dirks u.a. 1999, Terhart u.a. 1994)." (Seydel 2008, S. 195)

Die je individuellen Erfahrungen der Lehrer, wie sie als Kinder in die „Rolle" des Schülers wechselten, welche Erfahrungen sie mit der Schule als Organisation gemacht haben, beeinflussen maßgeblich die Art und Weise, wie sie die Spannung zwischen „rollenförmigen" und „nicht-rollenförmigen" Handlungsanforderungen ihres Berufes gestalten. Anders gesagt: Beim Übergang vom Lehramtsstudium in den Lehrerberuf durchleben die Lehrer eine vergleichbare Statuspassage wie in ihrer Kindheit beim Eintritt in die Schule. Sie greifen auf biographische Erfahrungen zurück, die sie als Kinder gemacht haben, wenn sie nun selbst vor der Klasse stehen und ihre neue Rolle finden müssen: „Dies gilt vor allem für die eigenen Schulerfahrungen als ehemalige Schülerinnen und damit ihrer Auseinandersetzung mit der Transformation ihrer Kindlichkeit in die Rolle von Schülern. Etwa für die Überführung von hoch emotionalisierten, nahen Beziehungen in tendenziell distanzierte, emotional neutralere und universalistische Beziehungsstrukturen. Ebenso für die Einfügung von individuellen, einzigartigen und pluralen Selbstformen in organisatorische Strukturen, die durch Homogenisierung und Generalisierung gekennzeichnet sind. Dies gilt ebenfalls für die konkreten, lebensweltlichen, persönlichen Erfahrungen, Selbst- und Weltdeutungen des Kindes, die nun in den Horizont generalisiert gültiger Wissensbestände und Sachbedeutungen gestellt werden. Der Umgang von Lehrern mit den konstitutiven pädagogischen Antinomien auf dieser Ebene ruht auf den lebensgeschichtlich erworbenen Erfahrungen als Schüler auf." (Helsper 2002, S. 93 f.)

Ob und inwieweit der Übergang gelingt, dafür gibt es keine allgemeingültigen Regeln oder gar Anweisungen. Vielmehr hängt es davon ab, die je eigene individuelle Form zu finden, die es ermöglicht, die widersprüchlichen Rollenerwartungen, die Balance zwischen Nähe und Distanz, zwischen individueller Zuwendung und die gerechte Zuwendung zur ganzen Schulklasse, zwischen emotionalen Anforderungen und Vermitteln von Lernstoffen zu erreichen. Wenn in diesen Zusammenhängen von Lehrerpersönlichkeit gesprochen wird, von der entscheidend die Ausgestaltung der sozialen Beziehungen ihres Lehrerhandelns abhängt, so ist nicht ein Rückgriff auf das Konzept des „geborenen" oder „berufenen" Pädagogen gemeint. „Vielmehr sind die jeweiligen subjektiven Dispositionen im Umgang mit den grundlegenden Antinomien Ausdruck eines sozialisatorisch erworbenen Selbst, das nun gerade kein unveränderbares ‚Schicksal' darstellt, sondern durch weitere Sozialisations- und Bildungsprozesse, vor allem aber durch die selbstreflexive Arbeit am eigenen Selbst, auch transformiert werden kann." (Helsper 2002, S. 92)

In seiner Forschungsarbeit „Erste Schritte in den Lehrerberuf" untersucht Erwin Hajek (2007) anhand ausführlicher Fallstudien, wie angehende Lehrer im Referendariat im Unterricht ihre ersten Erfahrungen machen und auf welche biographischen Erfahrungen und Ressourcen sie dabei – bewusst oder unbewusst – zurückgreifen. Die Fallstudien zeigen, wie die Lehreranwärter versuchen, „den beruflichen und strukturellen Anforderungen zu genügen, indem sie ihre biografischen Ressourcen mobilisieren und Sinnbildungsprozesse vornehmen. Dabei wird deutlich, dass Reflexionsprozesse allein in der Regel nicht genügen, diesen Ausbildungsabschnitt erfolgreich zu bewältigen. Die angehenden Lehrer benötigen unter anderem biografische Ressourcen, die sich in Form von Selbstwirksamkeitserwartungen, Mut und Offenheit manifestieren." Von den biographischen Ressourcen hängt es ab, ob ihnen ein erfolgreicher Berufseinstieg gelingt oder nicht. Hajek beschreibt im Ergebnis der Studie vier Typen von Lehreranwärtern: „Der *Eintaucher*, der sich durch eine tiefe Beziehungsfähigkeit auszeichnet, der *Systematiker*, der die Problemlagen theoretisch reflektiert, der *Trudler*, der hin- und hergerissen wird von den Interaktionen mit den Schülern und der *Fremdler*, dem die Schüler und/oder die Schule während der Ausbildung zunehmend fremd wird." (Hajek 2007)

Biographie und Persönlichkeit des Lehrers und der Einfluss auf die Berufszufriedenheit

In dem oben beschriebenen Forschungsprojekt zur Berufszufriedenheit von Kunstlehrern (Heinritz/Krautz 2010; Heinritz/Krautz 2012) wurde auch nach dem Zusammenhang von biographischen und persönlichen Eigenarten der befragten Lehrerinnen und Lehrer und ihrem Umgang mit den Anforderungen des Berufes gefragt. Ein – auf den ersten Blick – überraschender Aspekt, der in einigen Interviews zu Tage trat, war die Schilderung von „positiven Belastungen". So schilderte eine Kunstlehrerin, wie die Lebendigkeit und das besonders Abwechslungsreiche der Unterrichtstage, das „ständige Auf und Nieder", dazu führt, dass sie sich am Ende der Unterrichtstage zwar müde und gefordert fühlt, aber selten richtig erschöpft: Sie lebt durch die Anforderungen auf; das ständig Auf-der-Bühne-stehen-Müssen, Sich-nicht-zurückziehen-Können – all das hält sie wach, macht sie beweglich – auch die Notwendigkeit, auf einzelne Schüler immer besonders achten zu müssen (Heinritz/Krautz 2010, aus dem Interview M4).

Eine andere Lehrerin beschreibt anschaulich die Anforderungen, die ihr jede Unterrichtsstunde abverlangt – und die Fähigkeiten, die dafür nötig sind: „Eine Unterrichtsstunde ist halt schon sehr turbulent, da ist also Multi-Tasking von einem verlangt, dass man gleichzeitig von drei oder vier Schülern gefragt wird: Können Sie hier noch mal, ich brauche noch das und ich habe aber hier ein Problem und agiert nach allen Seiten. Also ich denke, man muss stressresistent sein, wenn man dieses macht und man muss sehr gut strukturiert sein und organisieren können. Sonst geht man baden." (Heinritz/Krautz 2010, aus dem Interview FL4)

In den letzten Zitaten wird ein *Passungsverhältnis* von Anforderungen des Lehrerberufs (immer auf der Bühne stehen, keine Rückzugsmöglichkeiten) und den persönlichen – auch biographisch geprägten – Eigenarten des Lehrers beschrieben: Wenn diese zusammenpassen, entstehen nicht so leicht negative Belastungen und Erschöpfung. Die hohen Anforderungen werden dann als Herausforderungen angenommen. Das positive Ergebnis: Eine gelungene Ausstellung, die Begeisterung der Schüler, die Freude über ein neues gemeinsames Projekt wirken als Stimulans und Motivation. Stimmt die Passung hingegen nicht – wenn z.B. diese Art der extrovertierten Tätigkeit nicht zur Persönlichkeit des Lehrers passt – dann kann es zu Belastung und Stress kommen.

Es wird deutlich, dass eine selbstreflexive Grundhaltung nicht nur während der Ausbildung, sondern auch während des Berufslebens unabdingbar ist, damit Lehrer einem selbstwirksamen und damit professionellen Umgang mit den Anforderungen ihrer Tätigkeit gewachsen bleiben. Die Einflüsse der lebensgeschichtlichen Erfahrungen – insbesondere solcher in und mit pädagogischen Situationen und den Personen, die für die eigene Entwicklung prägend waren – wirken sonst unbewusst und für den einzelnen Lehrer ungesteuert auf sein eigenes Erleben und Handeln ein. Auch wenn eine vollständige Aufklärung über diese Einflüsse gewiss nicht erreicht werden kann, so ist das Bemühen um biographische Selbstreflexion und Bewusstheit für ein professionelles Lehrerhandeln unabdingbar.

„Biografieanalytische Zugänge bieten Erkenntnismöglichkeiten vor allem in den folgenden Feldern: Biografische Professionsforschung lenkt den Blick auf biografische Erfahrungen, Bindungen und Sinnzusammenhänge in Familie und Herkunftsmilieu, denen für die sozialisatorische Ausbildung eines professionellen Habitus eine entscheidende Rolle zukommt. Damit wird ein Zugang zu biografischen Ressourcen und identitäts- und orientierungsstiftenden Sinnbezügen für professionelles Handeln ermöglicht, aber auch zu biografischen (Verletzungs-)Dispositionen der Professionellen und damit verbundenen ‚Blindstellen', die zu Fehlern bei der Arbeit, zu berufsbiografischen Verstrickungen bis hin zu Burnout-Symptomen und unentrinnbaren Berufsfallen führen können (vgl. Schütze 2000, S. 67 ff.; Schütze 2002)." (Fabel-Lamla 2006, S. 60 f.)

Konsequenzen für die Lehrerbildung

„Das im Studium erworbene Wissen ist keiner Leitdisziplin verpflichtet. […]. Standards für alle Ausbildungsgänge gibt es bislang nicht. Das hat Konsequenzen: Das Ausbildungswissen angehender Lehrkräfte passt oft nicht zu den Erfordernissen des Berufsfeldes. Es entsteht in der Ausbildung auch keine besondere wissenschaftliche Reflexionskompetenz. Hintergrund dafür ist nicht zuletzt der Umstand, dass die Ausbildung die Motive, die zur Berufswahl führen, gar nicht erreicht. Sie liegen bereits vor dem Studium fest und werden durch die Ausbildung kaum noch verändert." (Oelkers 2007, S. 190 f.)

Die Forderungen nach einer systematischen biographischen Selbstreflexion von angehenden Lehrerinnen und Lehrern als fester Bestandteil der Lehrerbildung, wie sie in den letzten Jahren immer wieder als Konsequenz biographieanalytischer Studien geäußert werden, unterscheiden sich nicht von den Zielen, wie sie vor zweihundert Jahren etwa von Niemeyer und Diesterweg formuliert wurden. Dabei fehlt es nicht an Vorschlägen, wie eine solche systematische biographische Ausbildung umzusetzen sei: „Warum gehört es nicht, wie die Selbstanalyse in der Ausbildung von Psychoanalytikern, zur Lehrerbildung, Schulerinnerungen aufzuarbeiten? Aus der eigenen Lerngeschichte lernen." (Schulze 1988, S. 11) Diese Frage stellte Theodor Schulze, der bereits 1979 mit dem von ihm und Dieter Baacke erschienenen Band „Aus Geschichten lernen. Zur Einübung pädagogischen Verstehens" den Beginn der (neueren) pädagogischen Biographieforschung mitbegründete. Während in diesem Kontext weitreichende Veränderungen und Erweiterungen im Bereich der pädagogischen und erziehungswissenschaftlichen Forschung einsetzten und die Akteure – Lehrer, Schüler, Eltern, außerschulisch tätige Pädagogen – mit ihren Biographien in den Blick genommen wurden, bleibt die Umsetzung für eine systematische Berücksichtigung der biographischen Perspektive in der Lehrerbildung und -fortbildung nach wie vor ein Desiderat. So schreibt der Schul- und Professionsforscher Werner Helsper im Jahr 2002:

„Zu fordern bleibt allerdings, dass im Prozess der lebenslangen Lehrerbildung dies für die professionellen Akteure als ein reflexiver professioneller Bildungsprozess erfolgen kann, was auf den zentralen Zusammenhang von professionellem Handeln und (Berufs-)Biographie verweist. Daraus lässt sich nun die Forderung ableiten, dass das Lehrerwissen systematisch um einen weiteren Wissenstyp zu ergänzen ist –

einen (berufs-)biographisch, reflexiven Wissenstypus. Also eine selbstreflexive, durch kollegiale oder professionelle Dritte (Reflexionsprofessionelle) unterstützte Auseinandersetzung mit der eigenen Biographie, zumindest aber mit den eigenen Schulerfahrungen und den Erfahrungen der Einsozialisation in die Lehrertätigkeit, begleitend zum Referendariat, schon beginnend im Studium und fortlaufend während der gesamten Berufsbiographie. Das kann in ‚Lehrer-Tandems', selbstorganisierten Lehrergruppen, in kollegialer Praxisberatung und Fallbesprechung (als Lernen am fremden Fall für den eigenen Fall oder als Thematisierung des eigenen Falles), in externer Praxisberatung, in Supervision oder in Kombination von supervisorischer und organisationsberatender Praxis stattfinden. Dies kann bereits in Form von fallorientierten, am eigenen Fall der Schulerfahrungen ansetzenden universitären Seminaren erfolgen." (Helsper 2002, S. 96 f.)

An Vorschlägen, auf welche Weise Selbstreflexion und der Erwerb biographischer Kompetenzen in der Lehrerausbildung umgesetzt werden könnten, mangelt es nicht. So hat Fritz Seydel in mehreren Publikationen ausführliche Anregungen gegeben, wie „biografische Arbeit als ästhetischer Erfahrungsprozess in der Lehrer/-innenausbildung" integriert werden kann – gestützt von umfangreichen biographischen Forschungen (Seydel 2005). Am Zentrum für Lehrerbildung und Fachdidaktik der Universität Passau gehören seit Jahren Seminare mit berufsbiographischen Inhalten zur Lehrerbildung; begleitet werden sie durch Forschungen u.a. zum Zusammenhang von Berufsmotivation und Berufszufriedenheit (Eberle/Pollak/ Schiessleder 2007).

Ein weiteres Beispiel sind die Ergebnisse eine Tagung an der Universität Flensburg „Biografisch lernen & lehren" mit den „Möglichkeiten und Grenzen zur Entwicklung biografischer Kompetenz" in der Schul-, Hochschul- und Lehrerbildung (Kirchhof/Schulze 2008). Es bleibt zu hoffen, dass diese Vorschläge endlich umgesetzt werden – Vorschläge, die bereits vor über 200 Jahren, zu Beginn der Professionsgeschichte der Lehrerbildung formuliert wurden.

Literatur

Baacke, D./Schulze, T. (1993): Aus Geschichten lernen. Zur Einübung pädagogischen Verstehens. Weinheim und München: Juventa.
Berner, H./Isler, R. (2009): Immer noch Lehrer! Portraits und Essays. Bern: Haupt.
Bittner, G./Fröhlich, V. (Hrsg.) (1997): Lebensgeschichten. Über das Autobiographische im pädagogischen Denken. Zug: Die Graue Edition.
Diesterweg, F. A. W. (1835–36): Das pädagogische Deutschland der Gegenwart. Oder: Sammlung von Selbstbiographien jetzt lebender, deutscher Erzieher und Lehrer. Für Erziehende. 2 Bände. Berlin: Plahn.

Dirks, U./Hansmann, W. (Hrsg.) (1999): Reflexive Lehrerbildung. Fallstudien und Konzepte im Kontext berufsspezifischer Kernprobleme. Weinheim: Deutscher Studien Verlag.
Dreyer, A. (2005): Kunstpädagogische Professionalität und Kunstdidaktik. Eine qualitativ-empirische Studie im kunstpädagogischen Kontext. München: kopaed.
Eberle, T./Pollak, G./Schiessleder, M. (2007): Biographiearbeit in der Lehrerbildung. Begründung – Konzept – Methoden. In: Paradigma. Beiträge aus Forschung und Lehre aus dem Zentrum für Lehrerbildung und Fachdidaktik 1, S. 45–55.
Fabel-Lamla, M. (2006): Biografische Professionsforschung im Kontext der Schule. In: Cloos, P./Thole, W. (Hrsg.) (2006): Ethnografische Zugänge. Professions- und adressatInnenbezogene Forschung im Kontext von Pädagogik. Wiesbaden: VS Verlag, S. 49–64.
Hahn, E. (Hrsg.) (1926-1927): Die Pädagogik der Gegenwart in Selbstdarstellungen. Leipzig: Felix Meiner.
Hajek, E. (2007): Erste Schritte in den Lehrerberuf: Die Lehrer-Schüler-Interaktion im Schnittfeld von Professionalisierung und Biografie. Hamburg: Kovač.
Heindl, J. B. (Hrsg.) (1858–1859): Galerie berühmter Pädagogen, verdienter Schulmänner, Jugend- und Volksschriftsteller und Componisten aus der Gegenwart in Biographien und biographischen Skizzen. 2 Bände. München: Finsterlin.
Heinritz, C. (2010a): Autobiographien als erziehungswissenschaftliche Quellentexte. In: Friebertshäuser, B./Prengel, A. (Hrsg.) (2010): Handbuch Qualitative Forschungsmethoden in der Erziehungswissenschaft. 3. Auflage. Weinheim und München: Juventa, S. 397–412.
Heinritz, C./Krautz, J. (2010): Kunstlehrer bleiben?! Motive der Berufszufriedenheit von Kunstlehrerinnen und Kunstlehrern. In: Kunst+Unterricht 345–346, Exkurs „Kunstlehrer bleiben?!", S. 2–19.
Heinritz, C./Krautz, J. (2012): What makes art teachers still enjoy teaching art? Summary of results from an empirical action research training project. In: RoSE – Research on Steiner Education 3, No 1, S. 36–40 (online unter www.rosejourn.com/index.php/rose/article/view/94/120, Abruf 21.10.2012).
Helsper, W. (2002): Lehrerprofessionalität als antinomische Handlungsstruktur. In: Kraul, M./Marotzki, W./Schweppe. C. (Hrsg.) (2002): Biographie und Profession. Bad Heilbrunn/Oberbayern: Klinkhardt, S. 64–102.
Herrmann, U. (1991): „Innenansichten". Erinnerte Lebensgeschichte und geschichtliche Lebenserinnerung oder Pädagogische Reflexion und ihr „Sitz im Leben". In: Berg, C. (Hrsg.) (1991): Kinderwelten. Frankfurt am Main: Suhrkamp, S. 41–100.
Kirchhof, S./Schulz, W. (Hrsg.) (2008): Biografisch lernen & lehren. Möglichkeiten und Grenzen zur Entwicklung biografischer Kompetenz. Flensburg: University Press.
Klafki, W. (Hrsg.) (1988): Verführung, Distanzierung, Ernüchterung. Kindheit und Jugend im Nationalsozialismus. Autobiographisches aus erziehungswissenschaftlicher Sicht. Weinheim und Basel: Beltz.
Moritz, K. P. (1783–1793/1986): Gnothi Seauton – Magazin zur Erfahrungsseelenkunde als ein Lesebuch für Gelehrte und Ungelehrte. 10 Bände. Nördlingen: Franz Greno.
Moritz, K. P. (1785–1794/1994): Anton Reiser. Ein psychologischer Roman. München: Deutscher Taschenbuch Verlag.
Niemeyer, A. H. (1796/1970): Grundsätze der Erziehung und des Unterrichts für Eltern, Hauslehrer und Erzieher. Paderborn: Schöningh.
Oelkers, J. (2007): Qualitätssicherung und die Motivation der Lehrkräfte. In: Reusch, C. (Hrsg.) (2007): Lehrer unter Druck. Arbeitsplatz Schule: zwischen Sokrates und Sozialarbeit. Gütersloh: Bertelsmann Stiftung, S. 183–208.

Peez, G. (2009): Kunstpädagogik und Biografie. 52 Kunstlehrerinnen und Kunstlehrer erzählen aus ihrem Leben. Professionsforschung mittels autobiografisch-narrativer Interviews. München: kopaed.

Pongratz, L. J. (Hrsg.) (1975–1982): Pädagogik in Selbstdarstellungen. 4 Bände. Hamburg: Meiner.

Rothland, M. (Hrsg.) (2007): Belastung und Beanspruchung im Lehrerberuf. Modelle, Befunde, Interventionen. Wiesbaden: VS Verlag.

Schaarschmidt, U. (2005): Halbtagsjobber? Psychische Gesundheit im Lehrerberuf – Analyse eines veränderungsbedürftigen Zustandes. Weinheim und Basel: Beltz.

Schütze, F. (2000): Schwierigkeiten bei der Arbeit und Paradoxien des professionellen Handelns. Ein grundlagentheoretischer Aufriß. In: Zeitschrift für qualitative Bildungs-, Beratungs- und Sozialisationsforschung ZBBS 1, S. 49–96.

Schulz, W. (2008): Lehrer werden – berufsbiografische Zugänge. Ein Werkstattbericht. In: Kirchhof, S./Schulz, W. (Hrsg.) (2008): Biografisch lernen & lehren. Möglichkeiten und Grenzen zur Entwicklung biografischer Kompetenz. Flensburg: University Press, S. 169–194.

Schulze, T. (1988): Geschichte und Theorie der Schule in Erinnerungen. In: Pädagogik 40, S. 8–11.

Seydel, F. (2004a): Biografische Arbeit als ästhetischer Erfahrungsprozess in der Lehrer/innen(aus)bildung. Dissertation. Hannover: Universität.

Seydel, F. (2004b): Lehrerinnenbildung biografisch denken. Ein Plädoyer dafür, mehr über das „Wie?" der Ausbildung nachzudenken. In: Kirschenmann, J./Wenrich, R./Zacharias, W. (Hrsg.) (2004): Kunstpädagogisches Generationengespräch. München: kopaed, S. 372–375.

Seydel, F. (2005): Biografische Entwürfe. Ästhetische Verfahren in der Lehrer/innenbildung. Köln: Salon.

Seydel, F. (2008): Ins Gesicht geflochten. Biografische Arbeit in der Lehrerinnenbildung. In: Kirchhof, S./Schulz, W. (Hrsg.) (2008): Biografisch lernen & lehren. Möglichkeiten und Grenzen zur Entwicklung biografischer Kompetenz. Flensburg: University Press, S. 195–203.

Terhart, E./Czerwenka, K./Ehrich, K./Jordan, F./Schmidt, H. J. (1994): Berufsbiografien von Lehrern und Lehrerinnen. Frankfurt am Main: P. Lang.

Winkel, R. (Hrsg.) (1984): Deutsche Pädagogen der Gegenwart. Band 1. Düsseldorf: Schwann.

Gabriele Weigand

Person und Schulentwicklung

Die *anthropologische* Frage nach dem Menschen ist eine der Grundfragen der Erziehung, Bildung und Schule. Denn die Überlegung, welche Vorstellung man vom Menschen hat, ist für Erziehungshandeln generell und somit auch in der Schule unmittelbar bedeutsam. Sie steht noch vor der *teleologischen* Frage, bei der es um die Richtung und das Ziel von Erziehungs-, Bildungs- und schulischen Prozessen geht. An dritter Stelle stellt sich dann die Frage nach dem Weg, also der *Methode*, die häufig im Vordergrund schulischer Überlegungen steht. Methodenfragen lassen sich aber erst dann sinnvoll beantworten, wenn die beiden vorhergehenden beantwortet sind. In den folgenden Ausführungen wird erläutert, was es heißt, den Menschen als Person zu sehen und welche Konsequenzen sich daraus für eine Konzeption von Schule ergeben. Es wird sich zeigen, dass ein Denken und Handeln, das von der Person des Kindes und Jugendlichen ausgeht, einen Paradigmenwechsel hinsichtlich schulischer Prioritätensetzungen bewirkt.

Zum Begriff der Person: Prinzip – Prozess – Relationalität

Den Menschen als Person zu sehen, bildet eine tragfähige Grundlage, um Erziehungs-, Bildungs- und schulische Prozesse *pädagogisch* zu begründen. Der Begriff der Person ist die moderne Antwort auf die alte Frage nach dem individuellen und kulturellen Selbstverständnis des Menschen. Im Unterschied zu dem Begriff des Menschen, der auf der deskriptiven Ebene angesiedelt ist, fungiert der Personbegriff als normativer Subjektbegriff.

Der Personbegriff hat eine lange und wechselvolle Geschichte, die in die hellenistische Antike und in die Anfänge des christlichen Denkens zurückreicht und bis in die Neuzeit und Gegenwart hineinwirkt. Im Verlauf der Jahrhunderte hat der Begriff in der theoretischen und praktischen Philosophie und Pädagogik vielfältige Ausformungen mit weitgehenden ethischen, politischen, kulturellen und pädagogischen Implikationen erfahren. In den letzten drei Jahrzehnten ist der Begriff erneut in die Diskussion geraten und wird in unterschiedlichen Zusammenhängen der theoretischen und praktischen Philosophie (Menschenrechte, Glück und gutes Leben, Bioethik) wie auch der Erziehungswissenschaft und Erziehungspraxis (Bildungs- und Erziehungstheorie, Lehrerbildung, Schulkonzepte) diskutiert.

Der Prozess der Herausbildung des Personbegriffs hat zu einem breiten semantischen Feld geführt, das eine Reihe von Bestimmungen umfasst, die sich alle im Bereich kultureller Lebensformen bewegen. Nach der Darstellung von Dieter Sturma gehören dazu: „Subjekt, Mensch, Körper, Seele, Subjektivität, Emotivität, Bewusstsein, Selbstbewusstsein, Erfahrung, Urteil, Kreativität, Identität, Individualität, Eigenheit, Sprache, Bildung, Lebensform, Selbstzweck, Intersubjektivität, Wille, Sorge, Wünsche zweiter Stufe, Moralität, Zurechenbarkeit, Verantwortung, Würde, Handlung, Autonomie, Lebensplan, Recht, Politik und Kultur" (Sturma 2001, S. 341). In den vorliegenden Ausführungen geht es nicht um die Erläuterung oder Konkretion dieser Bestimmungen im Einzelnen, wohl aber um diesen weiten Horizont eines Verständnisses des Lebens von Menschen als Personen. Es wird davon ausgegangen, dass Menschen potenziell mit Sprache, Freiheit, Vernunft und der Fähigkeit zur Selbstbestimmung ausgestattet sind, dass sie diese Potenziale aber nur unter bestimmten Bedingungen einlösen können. Um die Grundbefähigung zu einem personalen und das heißt humanen Leben zu erwerben, sind Menschen auf Erziehung und Bildung ebenso wie auf entsprechende Lebensbedingungen angewiesen. Das bedeutet für den pädagogischen Kontext die Ermöglichung von Erziehung und Bildung, wobei kritisch mit der Tatsache umgegangen werden muss, dass es unter den heutigen Bedingungen einer globalisierten Welt sogenannte Bildungsgewinner und -verlierer sowie das breite Spektrum dazwischen gibt und aufgrund von sozioökonomischen Voraussetzungen, aber auch aufgrund offener und versteckter Machtstrukturen längst nicht allen Menschen gleicher Zugang zu Bildung gewährleistet ist. Eine Bildungs- und Erziehungstheorie, die vom Personbegriff ausgeht, kann vor diesem Hintergrund nach meiner Einschätzung nur eine kritische Theorie sein, die wiederum „ohne Gesellschaftskritik nicht zu haben" (Messerschmidt/Pongratz 2009, S. 4) ist. Das Gefälle zwischen der Möglichkeit des Menschen, ein Leben als Person zu führen, und dessen Verwirklichung haben die Bildungstheorie wie auch die Bildungspolitik und -praxis gesellschaftskritisch zu beleuchten und konzeptionell angemessen auszufüllen.

Dieser Anspruch zieht keine glatten und schnellen Lösungen nach sich, wie sie tendenziell in einem Diskurs um den Personbegriff mitschwingen, der normativ autonomes Leben, Mit- und Selbstbestimmung für alle Menschen einfordert. Nicht die Forderung ist zu kritisieren, wohl aber die Begrenztheit ihrer Verwirklichung angesichts gesellschaftlicher Realitäten. Demnach erscheint es mir für eine personale Bildungstheorie notwendig, wenn sie die Kritik an ihrer (tatsächlichen oder vermeintlichen) elitären Ausrichtung und gesellschaftsfernen Idealisierung ernst nimmt und sich als „Pädagogik mit kritischer Theorie" (Gruschka 1988) versteht. Ich folge Astrid Messerschmidt in ihrer Argumentation, wenn sie im Anschluss an Peter Faulstich anmahnt, dass Bildung nicht vorschnell „wiederum als Rettung versprochen, sondern in ihrer inneren Widersprüchlichkeit erkannt" (Messerschmidt/Pongratz 2009, S. 18) werden muss.

Die Spannung zwischen dem normativen Aspekt auf der einen und dem empirisch gelebten Personsein auf der anderen Seite ist bereits in den drei Momenten, die den Personbegriff nach meinem Verständnis kennzeichnen, angezeigt. Zum einen ist die Person des Menschen Prinzip ihrer selbst, sie ist „Primum" (Flores d'Arcais 1991, S. 59), das Erste also und ein Wert in sich, von nichts anderem, auch nicht von bestimmten Bedingungen oder Leistungen, abzuleiten. Das bedeutet, dass Personsein ein Prinzip des Menschen ist, das heißt, jeder Mensch, jedes Kind und jeder Jugendliche, ist Person.

Ein *zweites* Moment neben dem Prinzipiencharakter der Person besteht in ihrem *Prozess*charakter. Gemeint ist die grundlegende Spannung zwischen dem Sein und dem Werden, zwischen dem statischen und dem dynamischen Pol des Menschen. Das Werden und die Dynamik einer Person verweisen auf die Dimension der praktischen Gestaltung des menschlichen Lebens in Raum und Zeit. Während nämlich das Person*sein* allen Menschen gemeinsam ist, erfolgt der Prozess des Person*werden*s als personale Lebensform unter bestimmten Bedingungen und auf je einmalige konkrete Weise: „[...] was mich von allen meinesgleichen unterscheidet, ist [...] gerade das an meinem Leben, wozu niemand anderer als ich fähig gewesen wäre" (Schweidler 1994, S. 279). Der Mensch ist aufgerufen, zum Autor seines eigenen Lebens zu werden. Der französische Philosoph Paul Ricoeur hat diese Überlegung in seinem Werk „Das Selbst als ein Anderer" (1996) thematisiert. Er entfaltet darin den Gedanken, dass die Frage „Wer bin ich?" (Ricoeur 1996, S. 147) die Autorschaft des Menschen und die Selbstverantwortlichkeit für seine Entscheidungen und Handlungen in den Mittelpunkt rückt. „Denn wie könnte man sich schließlich Fragen stellen über das, worauf es ankommt, wenn man nicht fragen könnte, wem die Sache wichtig oder unwichtig ist? Gehört die Frage nach dem, was wichtig oder unwichtig ist, nicht zur Selbstsorge, die in der Tat für die Selbstheit konstitutiv zu sein scheint" (Ricoeur 1996, S. 169 f.)? Gerade wenn man annimmt, dass der Mensch jemand ist, dem etwas wichtig sein kann, ist die Frage nach dem „Wer" – Wer spricht? Wer entscheidet? Wer erzählt sich? Wer handelt und ist für seine Taten verantwortlich? – zentral.

Ricoeur und andere Autoren (vgl. etwa MacIntyre 1987, S. 289 ff.) haben in diesem Zusammenhang auf die Bedeutung des Narrativen hingewiesen. Die Erzählung – ob mündlich oder schriftlich – eignet sich deshalb, weil sie nicht nur Ereignisse oder Handlungen beschreibt, sondern ihnen einen Charakter oder eine Person als Autor als Subjekt der Handlung zuteilt.

Der Prozess des Personwerdens ist auf das gesamte Leben hin angelegt, wobei die Schule einen entscheidenden Anteil daran hat. Denn in keiner anderen Institution bietet sich den Heranwachsenden – schon allein aufgrund des zeitlichen Umfangs – die Möglichkeit, sich mit Wissen und Welt, mit Fragen und Problemen auseinanderzusetzen und darüber zu eigenständigem Denken, Handeln und Urteilen zu gelangen. Die Schule vermag – unter entsprechenden Bedingungen, die es immer wieder kritisch zu hinterfragen gilt – den je einmaligen Entwurf der Person zu unterstützen und den Einzelnen in die Lage zu versetzen, die Gestaltung seines Lebens als besondere Aufgabe anzunehmen, verantwortlich für seine Biografie zu werden.

Kritisch ist dabei wiederum zu beachten, dass die Einzelnen unter konkreten gesellschaftlichen Bedingungen leben, die eine Teilnahme an Bildungsprozessen einschränken oder gar verhindern können und damit die Grundlagen zu einem personalen Leben. Zwar ist der Mensch nach personalem Verständnis weder einseitig von der Gesellschaft bestimmt noch durch seine Natur festgelegt, sondern (potenziell) in der Lage, seine „Gegenwart in die Vergangenheit und Zukunft zu erweitern und im Verständnis dieser Erweiterungen [...] [sein] Leben praktisch auszugestalten" (Sturma 1997, S. 352). Damit aber diese Potenziale auch Wirklichkeit werden können, bedarf es einer umfassenden Analyse und Kritik bestehender Strukturen und gesellschaftlicher (Macht-)Verhältnisse (vgl. Foucault 1994). Guiseppe Flores d'Arcais sieht in dieser Dimension des Werdens „das strukturelle Band zwischen Gegenwart und Zukunft sowie zwischen der aktuellen Existenz und der Existenz als Entwurf": „Indem man lebt, hat man die Möglichkeit, Ziele zu verwirklichen, und diese kommen in einer personalen Dynamik zum Ausdruck, die die Person immer besser auf die Anforderungen ihrer Individualität antworten lässt, in der ihr personaler Wert beschlossen liegt" (Flores d'Arcais 1991, S. 144).

Und ein *drittes Moment* kommt hinzu: die *Relationalität* der Person. Dabei handelt es sich insbesondere für pädagogische Zusammenhänge um ein zentrales Moment. Die Relationalität umfasst sowohl die Selbstbezüglichkeit als auch die mitmenschlich-soziale, die sachliche und die ethische Dimension, die jeweils unterschiedliche Bereiche des pädagogischen Handelns betreffen. Dabei geht es sowohl um grundlegende Beziehungen zwischen Menschen als auch um unterschiedliche Verantwortungsbereiche: die Verantwortung gegenüber sich selbst als auch die soziale Verantwortung gegenüber dem Anderen und der Gesellschaft sowie letztlich die ethische gegenüber der Menschheit. Für Lehrer/innen bedeutet das Moment der Relationalität beispielsweise, sich „als ein Du des zu Erziehenden zu postulieren, welches [...] seine pädagogische Autorität dadurch gewinnt, dass es seinen eigenen Standpunkt argumentativ darlegt, seine Forderungen dialogisch rechtfertigt und seine Entwürfe überzeugend begründet" (Böhm 1994, S. 174). Ein solches erzieherisches Verhalten kann Modellcharakter auch für den Umgang in der Gesellschaft besitzen, „in der sich die Menschen als Personen begegnen, miteinander handeln und sich über ihr Handeln immer wieder verständigen" (Böhm 1994, S. 174). Personen stehen also in einer auf gegenseitiger Anerkennung beruhenden sowie auf Argumentation und Dialog ausgerichteten wechselseitigen Beziehung. Zwar hat jeder Mensch auf seine je einmalige Weise sein Leben zu gestalten, doch kann er dies nicht alleine und für sich isoliert tun, sondern er ist, von Beginn seines Lebens an, auf gegenseitiges personales Anerkennen und Anerkanntsein, auf Mitsein und Dialog angewiesen (Ricoeur 1996). Das Miteinander, die Art und Weise, wie Menschen sich begegnen, wie Gesellschaft und ihre Institutionen (somit auch die Schule) gestaltet werden, hängt mit von der Verantwortung jedes Einzelnen, aber auch der Gesellschaft ab (Weigand 2004, S. 53 ff.). So ist seitens der Gesellschaft und der Schule als einer ihrer zentralen Institutionen einzufordern, dass allen Heranwachsenden – gleich welchen Geschlechts und welcher Herkunft – diese Partizipation und Teilhabe auch ermöglicht wird.

Die Funktionen des Personprinzips

Der Personbegriff ist zwar ein Abstraktum, er kann jedoch als Prinzip auf verschiedene Weise sowohl für die Theorie wie auch für die praktische Ausgestaltung von Schulen als Grundlage und Maßstab fungieren. In diesem Sinn übernimmt das Personprinzip bestimmte Funktionen, was jedoch nicht bedeutet, dass es technologisch zu verwenden wäre. Vielmehr lässt es sich im Sinne des pädagogischen Takts als Bindeglied zwischen Theorie und Praxis verstehen.

Die konstitutive Funktion des Personprinzips

Insofern das Personprinzip die Grundlage für eine Theorie und Praxis der Schule darstellt, ist es *konstitutiv* für eine *anthropologisch-pädagogische Schultheorie*. Allein die menschliche Person ist demnach der Maßstab der Erziehung und Bildung und das Prinzip von *schulischer* Praxis. Die Akzeptanz dieses Prinzips bestimmt die pädagogische Theoriebildung über die Schule sowie die konkrete Gestaltung und das praktisch-schulische Handeln.

Die Schule wird dann nicht im Dienste von etwas gedacht, sondern aus einem *eigenen pädagogischen Prinzip*. Erziehung, Unterricht und Schule beruhen auf dem Eigenrecht der Person und der ihr eigenen Bestimmung. Die Schule hat dabei die Aufgabe, den Einzelnen nach Maß der von ihm mit zu bestimmenden Bestimmung zu fördern und zu unterstützen. Sie betrachtet Schülerinnen und Schüler als potenziell zur Sprache und Selbstbestimmung fähige, freie, vernünftige und verantwortungsbewusste Menschen und verpflichtet sich auf die Förderung der personalen Mündigkeit und die Ermöglichung des verantworteten Urteilens und Handelns. Die Berufung auf das Personprinzip hilft den in der Schule tätigen Akteuren darüber hinaus, sich gegenüber gesellschaftlichen und privaten Interessen, staatlichen und wirtschaftlichen Ansprüchen, bildungspolitischen und konjunkturellen Forderungen zu behaupten und die notwendige pädagogische Autonomie zu gewinnen. Der Bildungspolitik könnte das Personprinzip einen Spiegel vorhalten, inwieweit die Voraussetzungen für eine Teilhabe aller Heranwachsenden an schulischen Lehr- und Lernprozessen gegeben oder inwieweit sie ihnen verwehrt sind.

Die kritische und konstruktive Funktion des Personprinzips

Adorno bestimmt in seinem Werk „Negative Dialektik" (1998) die Funktion der Theorie dahingehend, dass sie dazu da sei, die Praxis zu kritisieren und ihre Unvollkommenheit nachzuweisen. In dieser Perspektive ermöglicht das Personprinzip die kritische Analyse sowohl der an die Schule von außen gestellten vielfältigen Erwartungen als auch der innerschulischen Bedingungen, der schulischen Organisation, der pädagogischen Qualität der Lehrpläne, der Didaktik und Methodik einschließlich der in den Schulen gegebenen oder auch fehlenden pädagogischen Handlungsspielräume. Insofern knüpft die kritische Funktion des Personprinzips auf der einen Seite an die klassische pädagogische Schulkritik an, die der Schule als staatlicher Institution aufgrund der damit verbundenen Funktionalisierung (Qualifikation, Selektion, Sozialisation usw.) eine prinzipielle Skepsis entgegenbringt, und auf der anderen Seite gibt sie den Akteuren vor Ort ein Instrument in die Hand, ihr Tun und die Bedingungen ihres Tuns kritisch zu durchleuchten. Sie ist Messlatte für Defizite, Vereinseitigungen und Hemmnisse, die einer personalen Bildung in der Schule entgegenstehen.

Auf einer weiteren, schulinternen, aber auch externen bildungspolitisch-gesellschaftlichen Ebene verlangt es das Personprinzip, kritisch zu prüfen, wie es um die Bildungsteilhabe von Kindern mit Benachteiligungen steht, z.B. aus sogenannten bildungsfernen Schichten oder anderen (Rand-)Gruppen der Gesellschaft. Wie wird mit ihren Fähigkeiten umgegangen? Werden ihnen Chancen verwehrt? Welche Voraussetzungen müssen geschaffen werden, damit alle Kinder und Heranwachsenden ihre Potenziale entfalten können?

Gleichzeitig müssen *konstruktiv* Möglichkeiten gefunden und die Bedingungen geschaffen werden, die dazu führen, das schulische Umfeld und die darin stattfindenden Lehr- und Lernprozesse so zu gestalten, dass sie der personalen Bildung dienen. Der kritische und der konstruktive Blick lassen sich im konkreten Handeln und Entscheiden vermitteln. Der *kritische* Blick verhilft dazu, andere als die mit dem Personprinzip zu vereinbarenden Ansprüche abzuweisen, der *konstruktive* ist auf die konkreten Veränderungen,

Handlungen und Entscheidungen in Bezug auf schulische Erziehungs- und Bildungsprozesse wie auch auf die gesamte Schulentwicklung gerichtet.

Die regulative Funktion des Personprinzips

Das Personprinzip wirkt demnach als regulative Idee für das Verständnis und die Ausrichtung von Erziehung, Bildung und Schule. Gleichzeitig liefert es die Richtschnur und den Orientierungsrahmen für die schulischen Grundfragen, Entscheidungen und Gegebenheiten, aber auch für den Umgang mit auftretenden Konflikten und Problemen. Die Akteure einer Schule der Person müssen ihre pädagogischen Entscheidungen und Handlungen immer wieder neu reflektieren und verantworten sowie nach innen und außen argumentativ vertreten, sei es gegenüber den Schülerinnen und Schülern, den Eltern, der Schulverwaltung oder selbst der Bildungspolitik.

Mit Blick auf die neuere Entwicklung in Schulen erweist sich die Orientierung am Personprinzip schließlich noch aus einem weiteren Grund als notwendig. Sie ist erforderlich, wenn die praktisch-pädagogischen Vorhaben und die sie begleitenden theoretischen Reflexionen und Begründungen nicht in ein beziehungsloses Nebeneinander vielfältiger Einzelaspekte und Einzelaktivitäten zerfallen sollen. Das Personprinzip bietet hier einen verbindenden Orientierungs- und Beurteilungsmaßstab. Den Königsweg für die Schule der Person gibt es freilich nicht und dementsprechend auch keine Patentrezepte für deren Verwirklichung. Eine solche Erwartung würde dem Personprinzip selbst widersprechen und den Verantwortlichen in der Schule gerade das versagen, was es fordert: vernünftig, unabhängig und verantwortungsvoll zu entscheiden, zu gestalten und zu handeln.

Person und Schulentwicklung

Nach einem der häufig zitierten Werke zur Schulentwicklung, dem „Manual Schulentwicklung" von Hans-Günter Rolff (2000), beinhaltet Schulentwicklung im Wesentlichen drei Bereiche: Unterrichtsentwicklung, Organisationsentwicklung und Personalentwicklung. Diese Einteilung beruht auf einem systemischen Denken. Man geht davon aus, dass Schulentwicklung abhängt von einer Veränderung in allen drei Bereichen, die sich gegenseitig bedingen und beeinflussen. Alle drei Komponenten müssen fraglos berücksichtigt werden. Dennoch zeigt die Praxis der Schulentwicklung, dass ein entscheidender Faktor für die Entwicklung von Schulen darin besteht, ob die Mitglieder einer Schule von einem gemeinsamen Grundkonsens ausgehen. Vielfach zeigt sich, dass Aktivitäten und Erneuerungsbestrebungen über kurz oder lang ins Leere laufen, dass es engagierten schulischen Akteuren an Unterstützung mangelt, wenn nicht in den Kollegien, zusammen mit den Schülerinnen und Schülern, den Eltern und gegebenenfalls dem außerschulischen Personal über gemeinsame Grundvorstellungen und Zielsetzungen diskutiert wird sowie die entsprechenden Arbeitsbedingungen und Organisationsstrukturen bereitgestellt werden. Empirische Untersuchungen bestätigen, dass sich Schüler (und Lehrkräfte) an einer Schule, die von einem gemeinsamen pädagogischen *Ethos* geprägt ist, nicht nur wohler fühlen, sondern auch bessere schulische Leistungen erzielen (Fend 2008).

Deshalb erscheint bei aller Schulentwicklung die Verständigung über eine anthropologische Grundlegung notwendig. Der Personbegriff kann in diesem Sinn als konstitutives, kritisches, konstruktives und regulatives Prinzip der Entwicklung von Schulen dienen. Sämtliche Überlegungen und Vorhaben, die an den Schulen hinsichtlich ihrer Entwicklung etwa in Bezug auf die Lehr- und Lernprozesse, die inner- und außerschulischen Aktivitäten oder die Leistung und Leistungsmessung beraten, geplant und beschlossen werden, lassen sich vom Personbegriff her entwerfen, beurteilen und in ihrer Durchführung kritisch reflektieren. Die Person als Prinzip und Maßstab der Schulentwicklung zu nehmen, bedeutet einen regelrechten Paradigmenwechsel: eine Abkehr von der primären Orientierung an der Organisation, an Inhalten, an der Klasse, am Durchschnitt und eine Hinwendung zur Person der einzelnen Schülerin und des einzelnen Schülers als Bezugspunkt pädagogischen Denkens und Handelns. Dieser Maßstab kann leitend sein unabhängig davon, ob es sich um Halbtags- oder Ganztagsschulen, um freie oder staatliche Schulen handelt. Entscheidend ist, dass der einzelne Schüler, die einzelne Schülerin im Mittelpunkt der Bildung gesehen und alle gleichermaßen als Subjekt des je eigenen Bildungsprozesses betrachtet werden.

Eine Schule, die dem Personprinzip folgt, muss allen Kindern gleichermaßen gerecht werden und sie ihren besonderen Potenzialen gemäß fördern und unterstützen. Somit sind in pädagogischen Zusammenhängen immer auch die spezifischen Bedingungen des Heranwachsens der Kinder und Jugendlichen (Brinkmann 2008), ihre kulturelle und soziale Herkunft und Umwelt, die Brüche und Konflikte, denen sie ausgesetzt sind, mit zu berücksichtigen. Die Einflüsse dieser Faktoren auf den Bildungsprozess sind empirisch vielfach nachgewiesen und erfordern eine „Pädagogik der Vielfalt" (Prengel 2006), die *allen* Heranwachsenden eine verantwortliche Teilhabe an der Gesellschaft ermöglicht. *Den* Sonderschüler gibt es nach personalem Denken ebenso wenig wie *den* Hochbegabten oder *den* Normalschüler. Eine Schule der Person geht von der Einzigartigkeit eines Kindes – und damit auch von der Unterschiedlichkeit der Einzelnen – aus. Dies verlangt in der Konsequenz ein genaues Hinsehen und Eingehen auf individuelle Besonderheiten, die Personbezogenheit von Lehr-, Lernprozessen sowie von Bildungs- und Erziehungsprozessen und ein auch über den für alle verbindlichen gemeinsamen Unterricht hinausgehendes Spektrum von fördernden und unterstützenden Angeboten. Darauf müssen die schulischen Planungen, Entscheidungen und Handlungen ausgerichtet werden, angefangen von der Unterrichtsorganisation über die Didaktik und Methodik des Lehrens und Lernens bis hin zum Umgang der Beteiligten miteinander (Weigand 2006).

Die Schule der Person – fünf Ebenen der Umsetzung

Wie eine Schule der Person konkret aussehen kann, soll in Anlehnung an eine Unterteilung des französischen Erziehungswissenschaftlers Jacques Ardoino (1999) in Grundzügen angedeutet werden. Ardoino nennt fünf Ebenen, auf denen man eine Schule betrachten kann, wobei die Ebenen in der Realität nicht klar voneinander zu trennen sind und beispielsweise didaktische Überlegungen quer zu den Ebenen stehen. Ardoino unterscheidet die individuell-personale und die interindividuell-personale Ebene, diejenige der Gruppe resp. Klasse, die Ebenen der Organisation und der Institution.

Auf der *individuell-personalen Ebene* muss in eine Richtung gearbeitet werden, die den Einzelnen als Subjekt seines Bildungsprozesses in den Mittelpunkt stellt. Das bedeutet etwa, das autonome und selbst gesteuerte Lernen zu erhöhen, in stärkerem Maße personale Beratung und Begleitung anzubieten, das Finden eigener Ziele zu unterstützen, individualisierte Leistungsformen einzuführen sowie die Lernenden dazu zu befähigen, mehr Verantwortung zu übernehmen – und diese auch zuzulassen. Konkrete didaktische Ansätze dazu gibt es etwa im Bereich der Begabungsförderung, wo Victor Müller-Oppliger mit seinem Team Selbstlernarchitekturen mit Lernbegleitung entwickelt. Ziel ist es, die bewusste Auseinandersetzung der Schülerinnen und Schüler mit ihren Fähigkeiten sowie den Aufbau von „Selbst- und sozialem Situationsbewusstsein" zu ermöglichen (Müller-Oppliger 2010). Kinder und Jugendliche erfahren dabei Selbststeuerung und Eigensinn als Voraussetzungen nachhaltigen Lernens, sie entwickeln Fähigkeiten und Einstellungen zu eigenverantwortlichem, lebenslangem Lernen und reflektieren ihr Selbstverständnis innerhalb der Lerngruppe beziehungsweise der Gesellschaft.

Der Dimension der Verantwortung kommt dabei ein derartiges Gewicht zu, dass es verkürzt ist, den Unterricht auf die Vermittlung von testbarem Wissen und nachweisbaren Qualifikationen zu beschränken. Schulische Bildung ist mehr als Wissen. Sie bedarf zwar des gewussten Wissens, aber nach personalem Verständnis erfordert sie einen selbstständigen und verantwortlichen Umgang mit diesem Wissen und ist auf eine Verbindung von Erkenntnis und moralischem Handeln, von Wissen und Gewissen angelegt.

Auf der *interindividuell-personalen* Ebene erhalten Formen des gegenseitigen Umgangs und des Dialogs eine zentrale Bedeutung, und zwar zwischen Lehrer/innen oder anderen Erwachsenen (z.B. Mentoren oder außerschulischen pädagogischen Mitarbeitern) und Schüler/innen, aber auch unter Schüler/innen (gleichen oder verschiedenen Alters). Der vernünftige Dialog ist eines der wichtigsten methodischen Prinzipien personaler Erziehung, d.h. die stete Aufforderung und Auseinandersetzung zwischen sich respektierenden Personen. Wenn der Grund menschlichen Erkennens und Handelns im Menschen selber, also in der Selbsttätigkeit des Ich und in der Eigenverantwortung der Person liegt, dann müssen auch Erziehung und Unterricht ihren Ausgang beim konkreten Menschen selber nehmen. Weder kann dann der Unterricht einseitig in der Fachwissenschaft begründet sein, noch können die erzieherischen Werte und Normen außerhalb der Person des Menschen gefunden werden. Anderen gegenüber das eigene Handeln, die Art und Weise einer Problembehandlung zu erläutern, setzt das eigene Bewusstwerden und die Fähigkeit des Argumentierens (und die Kraft der Argumente) voraus bzw. übt diese ein. Möglichkeiten der Kommunikation und Kooperation sowie des Umgangs mit Konflikten geraten grundsätzlich stärker in den Fokus. Angesichts der zunehmenden Varianz an Lern- und Leistungsformen ist auch verstärkt auf Beratung und Begleitung, auf Coaching und Mentoring der Schülerinnen und Schüler zu achten. Einen ganz anderen Aspekt, nämlich den der „Körperlichkeit" im Zusammenhang mit interindividuellen „Beziehungen in der Schule" haben neuere ethnographische Studien aufgezeigt (Langer/Richter/Friebertshäuser 2010).

In einer Schule, die sich nicht nur als Unterrichtseinrichtung, sondern als umfassender Lern-, Erfahrungs- und Gestaltungsraum versteht (Appel 2009), gerät auch der Aspekt der Gruppe, sei es als Klasse, sei es als Gruppe von Schülerinnen und Schülern, stärker in den Blick. Eine *Klasse* als *Gruppe* zu sehen, geht über die Organisationsform einer Anzahl von Schülerinnen und Schülern, die jahrgangsweise zusammengestellt werden, hinaus. Eine Gruppe versteht sich als soziale Einheit, in der Spannungen auftreten, aber auch Gemeinsamkeiten gelebt werden und soziale Lernformen praktiziert werden, in der gemeinsame Ziele gefunden werden müssen, in der schließlich ein Prozess stattfinden kann, in dem eine Klasse vom außengesteuerten „Gruppen-Objekt" zum „Gruppen-Subjekt" wird (Guattari 1976) und partizipativ am schulischen Geschehen teilhat (Burow et al. 2008, S. 603). Soziales, verantwortliches Handeln ist in einer zunehmend individualisierten Gesellschaft eine zentrale Aufgabe personaler Bildung. Und je stärker Bildungsprozesse individualisiert ablaufen, desto mehr sind Formen der personalen Betreuung und Begleitung, des sozialen Lernens, des Coachings (durch ausgebildete Lehrer oder spezialisierte Coaches) und des Mentorings (durch gleichaltrige oder ältere Schüler, durch Lehrer oder außen stehende Personen) notwendig. Für interessierte Lehrkräfte und Schulen kann in diesem Zusammenhang das eVOCATIOn-Weiterbildungsangebot interessant sein, das auf einer personalen Pädagogik beruht. Es ist aus einem EU-Projekt zur Begabungsförderung hervorgegangen, an dem fünfzehn Partner aus sechs europäischen Ländern beteiligt waren, und stellt ein Weiterbildungsangebot für Lehrkräfte aller Schularten dar. Die einzelnen Module – Begabungen (an)erkennen, Lernen personalisieren, Schüler/innen beraten und begleiten – sind auf die Ermöglichung personaler Lehr-Lernprozesse sowie auf eine entsprechende Schulentwicklung ausgerichtet (www.ewib.de, Abruf 10.10.2012).

Die Ebene der *Organisation*, die in einer hierarchisch geordneten Schule die Struktur und Pädagogik weitgehend dominiert, hat in einer personal ausgerichteten Schule als Dienerin des Pädagogischen zu fungieren: Zeit- und Stundenpläne werden nach der Rhythmisierung der Arbeit und der Lehr- und Lernvorgänge ausgerichtet und nicht umgekehrt. In organisatorischer und methodischer Hinsicht liegen vielfältige Konzepte und Vorschläge vor, die einer auf personale Förderung zielenden Schule dienen und – je nach den Bedingungen und Möglichkeiten vor Ort – umgesetzt werden können. Vielfach entstammen sie reformpädagogischem Denken in einem weiteren Sinn, reichen also über die *reformpädagogische Bewegung* vor hundert Jahren hinaus. Dazu gehören Elemente wie ganzheitliche Bildung (W. v. Humboldt, H. Pestalozzis *Kopf, Herz und Hand*), Selbsttätigkeit und handlungsorientiertes Lernen (J.-J. Rousseau, H. Gaudig, M. Montessori, J. Dewey), Epochenunterricht (P. Geheeb), Projektunterricht (J. Kilpatrick), soziales Lernen (J. Dewey, C. Freinet) und anderes mehr. Darüber hinaus gibt es neu entwickelte oder auch nur neu benannte Formen und Maßnahmen, die etwa im Rahmen der Begabtenpädagogik entstanden sind, insbesondere *Akzeleration* und *Enrichment*. Unter Akzeleration versteht man alle Formen der Beschleunigung der schulischen Bildung, etwa vorzeitige Einschulung, Überspringen von Klassen oder Compacting (Komprimierung und Konzentration der Lehr- und Lerninhalte). Enrichment bezeichnet herkömmlich ein Zusatzangebot für Einzelne oder Gruppen, z.B. Arbeitsgemeinschaften, Pluskurse, Wettbewerbe, universitäres Frühstudium. In der personalen Pädagogik ist Enrichment weniger als additive Anreicherung zu begreifen, sondern vielmehr als Bereicherung, etwa im Herbart'schen Sinn von Vertiefung und Besinnung.

Der besonderen Förderung dienen auch Formen der inneren *Differenzierung*, die – so weiß man aus den neuesten empirischen Untersuchungen der StEG-Studie, eine vom Bund geförderte „Studie zur Entwicklung von Ganztagsschulen" (www.projekt-steg.de, Abruf 10.10.2012; Höhmann/ Quellenberg 2007) – in vielen Schulen insbesondere im Ganztag umgesetzt werden. Dazu gehören klasseninterne und -übergreifende Formen der Individualisierung und Differenzierung, wie z.B. spezifische Einzel- und Gruppenarbeiten, arbeitsteilige Aufgabenstellungen und Projektschwerpunkte sowie schließlich zahlreiche *Mischformen* (vgl. etwa Burk/Deckert-Peaceman 2006). Viele dieser Formen erfordern die entsprechende Auflösung des 45-Minuten-Takts sowie die Öffnung des Unterrichts und der Schule nach innen und nach außen. Neue Konzepte im Bereich des Lehrens und Lernens, eine veränderte Schulkultur verlangen auch hier mehr Kommunikation und Kooperation, regelmäßige Absprachen und Teamsitzungen. Dafür müssen seitens der schulischen Organisation die notwendigen Zeiten und Räume bereitgestellt werden.

Schließlich ergeben sich auch auf *der Ebene der Institution* Möglichkeiten der Veränderung, wobei hier zwischen schulinternen und -externen Institutionen zu unterscheiden ist. Während die *externen* Institutionen in der Regel von außen, vom Staat vorgegeben sind (z.B. Jahrgangsklassen, Stundentafeln oder andere schulgesetzliche Regelungen), können die schul*internen* Institutionen von den Akteuren vor Ort, d.h. den Lehrenden und Lernenden sowie anderen Verantwortlichen, gestaltet, neu geschaffen oder verändert werden (Weigand 1995). Dieses „Instituieren" kann die Einrichtung demokratischer Gremien und Formen der Partizipation wie Klassenrat (Célestin Freinet) oder Schulversammlung, alle möglichen Formen des selbstgesteuerten Arbeitens und Lernens, die Einrichtung von Ateliers und Workshops und anderes mehr umfassen. Es empfiehlt sich auch die positive Bedeutungsgebung sozialer Aufgaben und Verantwortlichkeiten (z.B. in Form individueller Zeugnisse), die verantwortliche Pflege des schulischen Umfelds (z.B. durch konkrete Aufgabenverteilungen), die aktive und vorbereitete soziale Verantwortung, die Organisation humanitärer Aktionen und die Würdigung sozialer Aktivitäten durch Auszeichnungen. An vielen Schulen sind diese und weitere Elemente bekannt und in zahlreichen Formen bereits in die Realität umgesetzt. Unter der Perspektive einer Schule der Person ergib sich der „Mehrwert" dadurch, dass aus der Quantität an Aktivitäten eine spezifische pädagogische Qualität entsteht.

Der Paradigmenwechsel vom Fach hin zur Person des Schülers und der Schülerin betrifft auch die Beziehungen der Fächer untereinander. Er wirft deshalb nicht nur didaktische, sondern auch organisatorische und institutionelle Fragen auf, über deren Antworten in einer Schule idealerweise Konsens hergestellt werden kann: Welchen inneren Zusammenhang haben die einzelnen Fächer und ihre Lernziele im Rahmen eines Gesamtcurriculums? Inwieweit tragen die angestrebten Lernziele dazu bei, die Lernenden vernünftiger, freier, kommunikativer und verantwortungsbewusster zu machen? Helfen sie, die personale Persönlichkeitsbildung sowie die Entscheidungs- und Handlungsbereitschaft und -fähigkeit des Einzelnen zu fördern? Inwieweit sind die Lernenden an der Entscheidung über Inhalte und Ziele der Lehr- und Lernprozesse beteiligt? Welche Formen der Leistungsmessung sind angemessen? Was wird überhaupt unter Leistung verstanden, ist Leistung nicht weitaus mehr als eine überprüfbare schulische Leistung?

Im Sinne personaler Bildung und unter Berücksichtigung der Diskussion um informelles und nicht-formelles Lernen ist auch verstärkt auf die Einbeziehung außerschulischer Lern- und Erfahrungsorte zu achten, die – frei von schulischem Notendruck und der Bewertung im engeren Sinne der Schulleistungen – „als Bildungssphären miteinander zu verknüpfen" sind (Otto/Coelen 2005, S. 7). Außerschulische Orte bieten gegenüber der Schule oft andere Möglichkeiten für individuelle Interessen und Schwerpunktsetzungen. Die Kinder und Jugendlichen sind als Subjekte ihrer Lern- und Bildungsprozesses anzuerkennen, unabhängig davon, an welchen Orten, Räumlichkeiten und unter welchen Bedingungen diese stattfinden.

Abschließende Gedanken

Die Vielfalt der Lern- und Leistungsformen, der Lernorte und Erfahrungsräume, selbstgesteuertes Lernen und zunehmende Selbstbestimmung stehen im Horizont der Einheit der Bildung, die sich im Einzelnen zentriert und eine Voraussetzung für ein humanes Leben darstellt. Ein Ausschluss oder begrenzter Zugang zu Bildungsbeteiligung kommt nicht nur einer Beeinträchtigung der Lebensqualität (Nussbaum/Sen 1993), sondern einer Verletzung des Menschrechts auf personales Leben gleich. So ist die Beantwortung der Frage, welche Fähigkeiten eine Person ausbilden und welche Eigenschaften sie erwerben kann, entscheidend davon abhängig, ob sie oder ihr Umfeld an Bildungsmangel, Arbeitslosigkeit oder Armut betroffen ist. „Personen können nur einen Begriff ihrer Würde und Selbstachtung entwickeln, wenn sie nicht Opfer von eklatanten sozialen Benachteiligungen sind und die Möglichkeit zu einer selbstbestimmten Lebensführung vorfinden, und das heißt vor allem, dass sie sich auch in den Augen anderer selbst achten können müssen" (Sturma 2001, S. 359).

Angesichts der gegenwärtigen Debatten um Einwanderung und Integration sind soziale Gerechtigkeit und Bildung notwendige Voraussetzungen für kulturelle Integration und interkulturelle Verständigung. Eine vom Personprinzip ausgehende Schule fördert und unterstützt den Prozess, in dem die Heranwachsenden nicht nur beruflich qualifiziert, sondern im umfassenden Sinn gebildet und zum Autor des eigenen Lebens werden können (Beichel 2007; Krautz 2007). Die Verantwortung dafür, ob und inwieweit personale Bildungsprozesse für alle Heranwachsenden – gleich welcher Herkunft oder welchen Geschlechts – möglich und realisierbar sind, kann die Schule jedoch nicht alleine tragen, sie ist hier auf den politischen Willen und die Unterstützung der Gesellschaft angewiesen. Der Umstand, dass Menschen der Unfähigkeit, ihr Leben selbstbestimmt zu verantworten, überlassen werden, stellt eine subtile Form der sozialen Ausgrenzung dar. Soziale Gerechtigkeit schließt deshalb materielle Gerechtigkeit ebenso ein wie Bildungsgerechtigkeit. Vor diesem Hintergrund ist eine Schule der Person für alle anzustreben, und zwar nicht unter einseitig ökonomischen Gesichtspunkten, etwa der derzeit verstärkt geforderten Ausbildung qualifizierter Facharbeiter, sondern im umfassenden Sinn der Bildung und dadurch der Ermöglichung humanen Lebens.

Literatur

Adorno, T. (1998): Negative Dialektik. In: Tiedemann, R./Adorno, T. (Hrsg.) (1998): Gesammelte Schriften. Band 6. Frankfurt am Main: Suhrkamp, S. 7–417.
Appel, S. et al. (Hrsg.) 2009: Jahrbuch Ganztagsschule. Leben – Lernen – Leisten. Schwalbach am Taunus: Wochenschau-Verlag.
Ardoino, J. (1999): Education et politique. 2. Auflage. Paris: Anthropos.
Beichel, J. (Hrsg.) (2007): Bildung oder outcome? Leitideen einer standardisierten Schule im Diskurs. Herbolzheim: Centaurus.
Böhm, W. (1994): Der Mensch das Maß der Bildung – wer sonst? In: Wenger Hadwig, A. (Hrsg.) (1994): Der Mensch – Das Maß der Bildung? Innsbruck und Wien: Tyrolia, S. 9–28.
Brinkmann, J. W. (2008): Aufwachsen in Deutschland. Bausteine zu einer pädagogischen Theorie moderner Kindheit. Augsburg: Brigg Pädagogik Verlag.
Burk, K./Deckert-Peaceman, H. (2006): Auf dem Weg zur Ganztags-Grundschule. Frankfurt am Main: Grundschulverband.
Burow, O. A. et al. (2008): Schulentwicklung. In: Coelen, T./Otto, H. U. (Hrsg.) (2008): Grundbegriffe Ganztagsbildung. Das Handbuch. Wiesbaden: VS Verlag, S. 602 ff.
Fend, H. (2008): Schule gestalten. Systemsteuerung, Schulentwicklung und Unterrichtsqualität. Wiesbaden: VS Verlag.
Flores d'Arcais, G. (1991): Die Erziehung der Person: Grundlegung einer personalistischen Erziehungstheorie. Stuttgart: Klett-Cotta.
Foucault, M. (1987): Das Subjekt und die Macht. In: Dreyfus, H. L./Rabinow, P./Foucault, M. (Hrsg.) (1987): Jenseits von Strukturalismus und Hermeneutik. Frankfurt am Main: Athenäum, S. 243–261.
Gruschka, A. (Hrsg.) (1988): Negative Pädagogik. Einführung in die Pädagogik mit kritischer Theorie. Wetzlar: Büchse der Pandora.
Guattari, F. (1976): Psychotherapie, Politik und die Aufgaben der institutionellen Analyse. Frankfurt am Main: Suhrkamp.
Höhmann, K./Quellenberg, H. (2007): Förderung als Schulentwicklungsfokus in Ganztagsschulen. In: Pädagogik 59, Heft 2, S. 42–47.
Krautz, J. (2007): Ware Bildung. Schule und Universität unter dem Diktat der Ökonomie. Kreuzlingen und München: Diederichs.
Langer, A./Richter, S./Friebertshäuser, B. (Hrsg.) (2010): (An)Passungen. Körperlichkeit und Beziehungen in der Schule – ethnographische Studien. Baltmannsweiler: Schneider Hohengehren.
Messerschmidt, A./Pongratz, L. (2009): Kritische Theorie und Bildungstheorie als Grundlagen der Erwachsenenbildung. In: Zeuner, C. (Hrsg.) (2009): Enzyklopädie Erziehungswissenschaft Online. Fachgebiet Erwachsenenbildung. Weinheim und München: Juventa.
Müller-Oppliger, V. (2010): Von der Begabtenförderung zu Selbstgestaltendem Lernen. Selbstgesteuertes und selbstsorgendes Lernen als Prinzipien nachhaltiger Begabungsförderung. In: journal für begabtenförderung 1, S. 51–62.
Nussbaum, M./Sen, A. (1993): The Quality of Life. Oxford und New York: Oxford University Press.
Otto, H. U./Coelen, T. (Hrsg.) (2004): Grundbegriffe der Ganztagsbildung. Beiträge zu einem neuen Bildungsverständnis in der Wissensgesellschaft. Wiesbaden: VS Verlag.
Prengel, A. (2006): Pädagogik der Vielfalt. Verschiedenheit und Gleichberechtigung in Interkultureller, Feministischer und Integrativer Pädagogik. Wiesbaden: VS Verlag.
Ricœur, P. (1996): Das Selbst als ein Anderer. München: Wilhelm Fink Verlag.

Rolff, H. G. (2000): Manual Schulentwicklung. Handlungskonzept zur pädagogischen Schulentwicklungsberatung. 3. Auflage. Weinheim und München: Beltz.

Schweidler W. (1994): Geistesmacht und Menschenrecht. Der Universalanspruch der Menschenrechte und das Problem der Ersten Philosophie. Freiburg und München: Alber.

Sturma, D. (1997): Philosophie der Person. Die Selbstverhältnisse von Subjektivität und Moralität. Paderborn: Schöningh.

Sturma, D. (2001): Person und Menschenrechte. In: Sturma, D. (Hrsg.) (2001): Person. Philosophiegeschichte. Theoretische Philosophie. Praktische Philosophie. Paderborn: mentis, S. 337–362.

Weigand, G. (1995): Institutionelle Methoden. In: Heitkämper; P. (Hrsg.) (1995): Mehr Lust auf Schule. Ein Handbuch für innovativen und gehirngerechten Unterricht. Paderborn: Junfermann, S. 17–31.

Weigand, G. (2004): Schule der Person. Zur anthropologischen Grundlegung einer Theorie der Schule. Würzburg: Ergon.

Weigand, G. (2006): Begabung und Hochbegabung aus pädagogischer Perspektive. In: Fischer, C./Ludwig, H. (Hrsg.) (2006): Begabtenförderung als Aufgabe und Herausforderung für die Pädagogik. Münster: Aschendorff, S. 30–45.

Jochen Krautz

Relationalität gestalten: Persönlichkeit und Beziehung in der Kunstdidaktik

„Der andere Weg – der einzige, der produktiv ist [...] – besteht darin,
dass man mit seinen Mitmenschen und der Natur spontan in Beziehung tritt,
und zwar in eine Beziehung, welche den einzelnen mit der Welt verbindet,
ohne seine Individualität auszulöschen."
Erich Fromm (1941/1999, S. 235)

Die in diesem Band gestellte Frage nach Persönlichkeit und Beziehung als fundamentale Dimensionen der Pädagogik soll hier von der allgemeinpädagogischen Ebene, die auf das interpersonale Geschehen zwischen Lehrer und Schüler blickt, auf die Didaktik eines Faches bezogen werden: Können Persönlichkeit und Beziehung nicht nur als pädagogische, sondern auch als didaktische Kategorien gelten? Wenn ja, in welcher Hinsicht? Und was bedeutet dies hier für die Kunstdidaktik auch in der unterrichtlichen Konkretisierung?

Dass hierbei die Kunstdidaktik als exemplarisches Feld gewählt wird, impliziert keine vorgängige, affirmative Behauptung der besonderen Bedeutung des Faches.[1] Vielmehr wird sich die spezifische Qualität der Dimensionen von Persönlichkeit und Beziehung in diesem Feld erst zeigen müssen. Unterstellt wird gleichwohl die kunstdidaktische Grundannahme, dass Bildende Kunst, Bilder, Gestaltung[2] einen besonderen Weltbezug darstellen, in dem sich die Person in spezifischer Weise mit Welt in Beziehung setzen kann und der daher Möglichkeiten zur Bildung der Persönlichkeit bietet. Diese – anthropologische – Sichtweise fragt also nicht zuerst nach der Bedeutung der Kunst für die Pädagogik, sondern geht vom anthropologisch verankerten Phänomen des sehenden, allgemeiner des wahrnehmenden und gestaltenden Weltbezugs aus, vom Phänomen des Bildes, von der menschlichen Bild- und Imaginationsfähigkeit und seinem Bildbedürfnis, das ihn als „homo pictor" erscheinen lässt (Boehm 2001). Hiervon ist die

---

[1] Sie ist der Profession des Autors geschuldet.
[2] Die hier und im Weiteren jeweils offen gehaltene Bezeichnung der eigentlichen Fachinhalte verweist auf das inzwischen breite Bezugs- und Aufgabenspektrum dessen, was man verallgemeinert mit „Kunstpädagogik" bezeichnet.

Bildende Kunst im engeren Sinne nur ein Teil. Kunst, Bild, Gestaltung erscheinen dann als Ausdruck der Relationalität der Person, als sichtbare Form des Bezugs vom Ich, zum Du und Wir und zur Welt. Pädagogisch gesehen stellt sich somit die Frage, ob und wie diese spezifische Beziehung zu Mitmensch und Mitwelt zur Bildung der Persönlichkeit beitragen kann und wie dies didaktisch auszugestalten wäre.

Dem sei im Weiteren in mehreren Schritten nachgegangen: Zunächst wird das Paradigma „Persönlichkeit" problematisiert, um es auf Basis einer relational gefassten Personalität zu klären. Daraus werden Folgerungen für die Bildung der Persönlichkeit in Beziehung gezogen, die dann in einen relationalen Lernbegriff gefasst, auf die Kunstpädagogik bezogen und kunstdidaktisch konkretisiert werden. An einem Arbeitsbeispiel für den Kunstunterricht soll diese Grundlegung exemplarisch veranschaulicht werden. Erst auf dieser Basis wird am Schluss exkurshaft ein Blick auf die Frage geworfen, ob und wie Persönlichkeit und Beziehung im konkreten interpersonalen Bezug im Unterricht für Kunstlehrer bzw. Kunstlehrerinnen eine spezifische Rolle spielen.

Persönlichkeit und relationale Anthropologie

Das Erziehungsziel „Persönlichkeit" hat schon Theodor Ballauff skeptisch betrachtet: Die von Kant ausgehende Begründung von Personalität als Autonomie des Willens, der nur sich selbst gehorche und demnach an die aus dem Sittengesetz resultierende Pflicht zu binden sei, habe zur Folge, dass der Mensch lernen müsse, sich dem Sollen zu unterstellen. „Persönlichkeit ist der Mensch, der gelernt hat, alle seine Kräfte unter dem Sittengesetz, also aus Pflicht – moralisch, nicht nur legal – zur Wirkung zu bringen und zugleich in den Dienst der Gemeinschaft zu stellen" (Ballauff 1970, S. 73). Dies habe zur Folge, dass Pädagogik den freien Willen zwar hervorrufe, ihn zugleich aber wieder „einfangen" und unter das Sollen stellen müsse. So gerate Erziehung jedoch zur Gesinnungsbildung, man erziehe einen Untertanen (Ballauff 1970, S. 73 f.). Dagegen postuliert Ballauff die „Freigabe ins einsichtige Denken": „Einsichtiges Denken bedenkt und scheidet Sein und Schein hinsichtlich des Seienden. Ihm sucht der besonnene Mensch in Reden, Werken und Taten zu entsprechen" (Ballauff 1970, S. 74). Und weiter: „Seine ‚Freiheit' gebrauchen zu lernen, kann nur heißen, sich ihr als Wille und Selbst, als Wahl und Entscheidung zu entziehen und schlechthin der Aufgabe nachzukommen, alles es selbst sein zu lassen in einem schlichten Sprechen und Wirken unter Dingen und Menschen" (Ballauff 1970, S. 75). Unterricht habe sein Ziel erreicht, wenn „das Sein der Sache" den jungen Menschen gepackt habe und ihn nicht mehr los lasse (Ballauff 1970, S. 75).

Die bei Ballauff schon anklingende Skepsis gegenüber der Person ist von der Erziehungswissenschaft seitdem vielfach durchdekliniert und schließlich in Anlehnung an den von der postmodernen Philosophie ausgerufenen „Tod des Subjekts" radikalisiert worden (Nagl-Docekal/Vetter 1987; im Überblick Künkler 2011, Kap. II.1.2). Dagegen stehen andererseits Versuche, das isolierte Subjekt des „cogito" relational zu denken und „diesseits von Ohnmacht und Allmacht des Ich" zu positionieren (Meyer-Drawe 2000). Dabei betont allerdings die Philosophie und Pädagogik der Person schon lange, dass es nicht um einen „Mythos der Person" als „abgeschlossene und selbstgenugsame Monade" gehen könne (Guardini 1950, S. 101). Vielmehr mache „die Dialogizität des Menschen und seine Fähigkeit zur personalen Gemeinschaft ein konstitutives Moment der Person selbst" aus (Böhm 1995, S. 127). Zwar entsteht die Person in dieser Sicht nicht erst in der Beziehung – wie dies bei Martin Buber und Emmanuel Levinas anklingt –, sondern sie aktuiert sich in ihr: „Wir können den Sachverhalt auch so ausdrücken, dass der Mensch wesentlich im Dialog steht" (Guardini 1950, S. 107). Selbstbewusstsein, so auch die neuere Philosophie der Person, konstituiert sich demnach nicht aus dem isolierten „cogito", sondern „durch das Verhältnis der Person zu ihrer Existenz in der Welt" (Sturma 2008, S. 125). Dies sei eine Erfahrung des Ausgegrenztseins von der Welt zugleich mit dem Bewusstsein, immer schon auf diese bezogen zu sein. Personen schauen daher „niemals von außen in die Welt hinein, vielmehr verhalten sie sich reflektierend *in* der Welt zur Welt" (Sturma 2008, S. 144).

Die Grundannahmen personaler Philosophie bestätigen sich in der Zusammenschau humanwissenschaftlicher Erkenntnisse aus Neurobiologie, Bindungsforschung, Evolutionsbiologie, Kulturanthropologie, personaler Tiefenpsychologie u.a., wie auch Thomas Fuchs in diesem Band darlegt: Interpersonalität ist demnach die „Grundlage der spezifisch-menschlichen Entwicklung", die auf Bindung, Empathie und Resonanz aufbaut. Der Mensch ist immer schon auf Beziehung angelegt, auch das Selbstbewusstsein konstituiert sich in der Beziehung zu den frühen Bezugspersonen. Das Sein von Personen ist daher wesentlich ein „Sein-in-Beziehungen" (Fuchs 2008, S. 283): „Für das Lebendige, das Seelische ebenso wie das Geistige ist die Relationalität konstitutiv: die lebendige Beziehung zur Umwelt, die emotionale Beziehung zu anderen, die intentionale Beziehung zu den Gehalten geistiger Akte, die Beziehung zur Vergangenheit und Zukunft." (Fuchs 2008, S. 289) Fuchs zieht daraus die pädagogisch wesentliche Folgerung, dass es daher darum gehen müsse, die natürliche Tendenz der Kinder zu fördern, „in und durch Beziehungen zu lernen".

Das Bezogensein auf Mitmensch und Welt, worin sich Persönlichkeit bildet, also die Relationalität der Person, ist somit eine wesentliche anthropologische Bedingung einer personal verstandenen Pädagogik, wie auch Gabriele Weigand in diesem Band betont: „Die Relationalität umfasst sowohl die Selbstbezüglichkeit als auch die mitmenschlich-soziale, die sachliche und die ethische Dimension, die jeweils unterschiedliche Bereiche des pädagogischen Handelns betreffen. Dabei geht es sowohl um grundlegende Beziehungen zwischen Menschen als auch um unterschiedliche Verantwortungsbereiche: die Verantwortung gegenüber sich selbst als auch die soziale Verantwortung gegenüber dem Anderen und der Gesellschaft sowie letztlich die ethische gegenüber der Menschheit." Verantwortung, so darf man folgern, ist nur einer grundsätzlich freien, aber in bindenden Bezügen stehenden Person überhaupt möglich.

Der Horizont des Selbst, der menschlichen Gemeinschaft und der Welt sind damit Bezugsgrößen der Person. Eugen Fink hat diese Dimensionen als „Coexistenz-Strukturen des weltbezüglichen Seins" beschrieben, aus denen heraus Erziehung zu begreifen ist (Fink 1978, S. 281). Die relationale Verfasstheit des Menschen drückt sich in den drei Grundverhältnissen „Selbstverhältnis, Mitverhältnis und Weltverhältnis, die alle Grundphänome des menschlichen Daseins konstituieren", aus (Burchardt 2001, S. 158). Diese Verhältnisse stehen somit nicht zur willkürlichen Verfügung, sondern formulieren einen Anspruch an den Menschen, er ist vorgängig in sie eingelassen. Erst aus diesen Grundphänomenen gehen die traditionellen Bestimmungen des Menschen, wie Freiheit, Vernunft und Sprache hervor: „Der Mensch hat nicht einfach nur ein Verhältnis zur Welt, zum Anderen, zu sich selbst, sondern er existiert als Welt-, Mit- und Selbstverhältnis" (Burchardt 2008, S. 525). Diesem Anspruch haben auch Bildung und Erziehung zu genügen: „Erst auf dem Grunde des Anspruchs der Welt an das Menschenwesen können Menschen in menschlicher Gemeinschaft einander erziehen" (Fink 1978, S. 189). Bildsamkeit ist somit „Wesensfolge" der Weltlichkeit des Menschen (vgl. Fink 1978, S. 181). „Mensch und Erziehung erhalten ihren Sinn erst in ihrem Bezug zur Welt" (Burchardt 2001, S. 15). Bildung ist in diesem Verständnis dann nicht Pflege einer egologischen Subjektivität, sondern Befähigung zur verantwortlichen Stellungnahme zu den Lebensaufgaben, die die Welt in ihren natürlichen, kulturellen und gesellschaftlichen Formationen stellt (vgl. auch Böhm 1995, S. 131).

In der Auseinandersetzung mit den Koexistenz-Strukturen gibt der Mensch seinem Dasein einen Sinn, den er aber nicht selbst beliebig setzt, sondern schafft, indem er dieses Dasein auf sein Leben hin auslegt. Auslegen ist also gemeint als „Praxis einer Lebens- und Welthaltung, durch die man ein Zeugnis ablegt vom Sinn unseres Weltaufenthaltes" (Burchardt 2008, S. 526). Sinn ist somit „kein Produkt der Freiheit, sondern eine Voraussetzung für sie." Denn: „Aller Sinn kommt aus der Welt" (Fink 1978, S. 158). Sehr nahe an dem oben mit Fuchs aus Humanwissenschaften und Hirnforschung entwickelten Verständnis des „Seins-in-Beziehungen", das Sinn erst im intentionalen Bezug auf Mitmensch und Welt entwickelt, formuliert Fink, dass „Sinn [...] grundsätzlich welthafte Bedeutsamkeit" ist:

„Der Mensch ist dasjenige Seiende, jenes endliche Ding, das nicht nur einen weltlichen Sinn ‚hat', sondern ihn auch *versteht*" (Fink 1978, S. 159). Weil also der personale Weltbezug auf Sinnverstehen zielt, auf „Teilnahme an einer *gemeinsamen geistigen Welt*" ist er grundsätzlich hermeneutisch verfasst. Dieses Verstehen setzt jedoch lebendige Teilnahme voraus, ist also distanzierter, naturwissenschaftlicher „Verobjektivierung" nicht zugänglich: „Hier gilt also, dass man nur erkennen kann, womit man in einer gelebten Beziehung steht. Daraus ergeben sich andere, teilnehmende Erkenntnishaltungen, wie sie vor allem in den hermeneutischen Wissenschaften, in den interpersonal und psychodynamisch orientierten Psychotherapieverfahren aber auch in Goetheanischen oder vergleichbaren Formen von Naturerkenntnis kultiviert werden. Dabei geht es nicht um eine von jeder Subjektivität gereinigte Erkenntnis, sondern um einen inneren Mitvollzug, eine Nachbildung des Wahrgenommenen durch Mimesis, Einfühlung und Verstehen." (Fuchs 2008, S. 285 f.)[3]

Dies hat für die Psychologie u.a. Viktor Frankl formuliert: Ihm zufolge erwächst Sinn aus dem Mit-Sein und ist für den Menschen essentiell. Der „Wille zum Sinn" sei eine Grundgegebenheit personalen Seins, Sinn wird daher verstanden als „fundamentales anthropologisches Datum" (Raskob 2005, S. 153). Der Mensch ist demnach immer schon intentional gerichtet auf etwas, das nicht wieder er selbst ist: „Auf etwas oder jemanden. Auf einen Sinn, den es zu erfüllen gilt, oder auf anderes menschliches Sein, dem wir begegnen." (Frankl 2003, S. 52) Der Mensch besitzt also Freiheit, sie „ist die Bedingung der Möglichkeit für Sinnfindung" (Raskob 2005, S. 159). Doch setzt er den Sinn nicht beliebig, sondern Sinn ist eine Gegebenheit, die der Einzelne auszulegen hat (Frankl 2009, S. 86). Sinn ist zwar eine subjektive Auslegung und relativ im Sinne personaler Bezogenheit, doch ergibt sich Sinn immer als Antwort auf die Fragen, die das Leben stellt: „Das Leben selbst ist es, das dem Menschen Fragen stellt. Er hat nicht zu fragen, er ist vielmehr der vom Leben Befragte, der dem Leben zu antworten – das Leben zu ver-antworten hat." (Frankl 2009, S. 107) Insofern erwächst Sinn nicht aus der Introspektion oder der direkten Selbstverwirklichung, sondern vor allem aus der Selbsttranszendenz, also der Überschreitung des Selbst hin auf Mitmensch und Welt: „Der Weg des Menschen zu ihm selbst führt über die Welt; sich selbst findet der Mensch nicht anders als im Anderen." (Frankl, zitiert nach Raskob 2005, S. 162) Dieses Über-sich-Hinausgehen setzt aber etwas voraus, das den Menschen anspricht, etwas dem er sich widmet, also die Hingabe an eine Aufgabe, eine Sache oder einen Menschen (Frankl 2003, S. 52).

---

3 Im Übrigen zeigt sich hier eine grundsätzliche Nähe zu den künstlerischen Wahrnehmungs- und Erkenntnisformen, was für unseren Zusammenhang von Bedeutung ist (Krautz 2011).

Bildung der Persönlichkeit in Beziehung

Damit schließt sich der Kreis zur Forderung von Ballauff an einen Unterricht, in dem „das Sein der Sache" den jungen Menschen packe. Und es zeichnen sich zugleich Konturen eines relationalen Bildungsverständnisses ab, das dem Dilemma egologischer Subjektivität zu entkommen vermag. Dabei ist durchaus bemerkenswert, dass die hier aufgerissenen personalen Positionen keineswegs neu, gleichwohl aber aktualisierbar sind. Sie bieten hinreichend Anknüpfungspunkte, um die dekonstruierten *disiecta membra* der Person in einem relationalen Verständnis zu rekonstruieren, um einer immer schon und immer noch interpersonal und relational verfassten pädagogischen Realität neu zu entsprechen. Daher wird der Begriff hier auch beibehalten.

Relationalität der Persönlichkeit bedeutet somit nicht Relativierung der Person[4], sondern Ausdifferenzierung der Bedingungen ihrer Bildung: Persönlichkeit bildet sich demnach nicht als weltferne Monade, sondern in Beziehungen zu anderen Personen und in Bezug zu Sachen, zur Welt. Wenn Sein immer schon ein „Sein-in-Beziehungen" ist, sind diese Beziehungen auch Grundlage von Pädagogik. Bildung ereignet sich nicht als autonome Selbstformung, sondern in den Beziehungen zu Menschen und Sachen, also im Bereich des „Inter": „Der Ort der Pädagogik ist damit das Zwischen, so wie die Person selber im Zwischen steht. Er ist dort, wo sich personales Dasein vollzieht." (Schneider 1995, S. 301) Der Ort der Pädagogik ist somit die Begegnung mit Anderen und Anderem. „Bildung heißt dann […], die peinliche Selbstbezogenheit des herkömmlichen Bildungsgedankens, überwinden" (Schaller, zitiert nach Schneider 1995, S. 299) – wobei dies eine spezifische, subjektivistische Fehlinterpretation des Bildungsdenkens betrifft. Denn ein personales Bildungsverständnis bildet nach Flores d'Arcais den Menschen in allen Dimensionen: in seiner Innerlichkeit (Ich), seiner Sozialität (Du, Wir), in Theorie (Erkenntnis und Kultur) und Praxis (Handeln, Machen, Zivilisation) (Flores d'Arcais 1991, S. 69 f.). Diese Dimensionen sind jedoch nicht unabhängig von-, oder stehen additiv zueinander, sondern bedingen sich: Das Ich *ist* nicht einfach, sondern *wird* erst in der Beziehung zum Du und Wir und zur Welt. Theorie und Praxis sind eingelassen in den interpersonalen Raum, sie sind die Weisen, die Beziehungen zum Anderen und zur Welt zu gestalten. Diese interpersonale Gebundenheit gilt nicht nur genetisch betrachtet für die Entwicklung des Menschen von Geburt an, sondern prägt unser ganzes Leben (Künkler 2011, S. 538).

---

4 „Die relationale Anthropologie […] begreift den Menschen aus seinen Verhältnissen. Ein nahe liegendes Missverständnis wäre nun, diese Verhältnisse als diejenigen Strukturen aufzufassen, in die sich der ‚Mensch' nach Foucaults Analyse auflöst. Den Menschen aus seinen Verhältnissen zu begreifen, meint gerade nicht, ihn als Effekt von sozialen Milieus oder als Ausdruck der Produktionsverhältnisse zu sehen." (Burchardt 2008, S. 523)

Bildung ist somit Antwort auf Mitmenschen und Welt. Dem liegt die Erkenntnis zugrunde, „dass wir immer antworten auf die Existenz von anderen und anderem, auch wenn wir die Antwort verweigern" (Meyer-Drawe 1992, S. 16). Im Antworten, im Stellungnehmen zur Welt überschreitet der Mensch sich selbst auf die Welt und den Anderen hin. Gerade die Kunst ist eine Form solcher Stellungnahme in einer eigenen (Bild-)Sprache. Das relationale Verhältnis des Menschen zu Mitmensch und Welt konstituiert daher auch seine Verantwortung, weshalb Bildung als „ein Über-sich-hinaus-Sein" immer auch „ein Übernehmen von *Verantwortung*" bedeutet (Danner 2010, S. 45). Freiheit in personalem Verständnis ist gebunden an Verantwortung, also an das Antwortverhältnis gegenüber der Welt: „Der Freiheitsbegriff ist aufgrund der nach personalem Verständnis angenommenen prinzipiellen Relationalität des Menschen nämlich nicht in dem Sinn einer absoluten individuellen Freiheit zu verstehen, sondern immer mit seinem Gegenbegriff zu denken: dem der Verbundenheit oder der Verantwortung. Personale Freiheit zeichnet sich geradezu erst in ihrer Verantwortung aus, und zwar nicht nur gegenüber sich selbst, sondern auch dem Anderen gegenüber sowie auch der Gesellschaft und im weiteren der Welt." (Weigand 2004, S. 348)

Sinn-Geben und Sinn-Verstehen sind in einem relationalen Bildungsverständnis daher zentrale Kategorien, denn „für den Menschen gibt es keine andere Wirklichkeit als die, mit der er sinn-gebend und sinn-verstehend korrespondiert" (Danner 1981, S. 125). Im Bildungsprozess gibt der Mensch sich und der Welt Sinn, den er jedoch nicht frei setzt, sondern er legt darin den immer schon vorhandenen Sinn kultureller Objektivationen in Bezug auf sich, seine Zeit und die Mitwelt aus. Für den Bildungsprozess stellt sich daher mit Klaus Schaller die zentrale Frage: „Wie ist es anzustellen, dass [...] die elementare Erfahrung des ‚Mit-anderen-in-der-Welt-Seins' auch wirklich ‚gemacht' und die in ihr ermöglichte Verantwortung für menschliche Lebensverhältnisse wahrgenommen und übernommen wird?" (Schaller 1996, S. 2) Hiermit sind bereits didaktische Fragen angesprochen, denn zu fragen ist in unserem Falle, wie Kunstunterricht das „Mit-anderen-in-der-Welt-Sein" konkretisieren und wie „Achtsamkeit auf andere und anderes" gefördert werden kann.

Dabei deutet sich hier an – wie im Weiteren zu vertiefen sein wird –, dass der Weltbezug, das relationale Verhältnis für die Kunstdidaktik in spezifischer und wohl auch einmaliger Weise gestaltet ist, worin die besondere Relevanz gerade des bildend-künstlerischen Weltverhältnisses begründet ist. Neben der direkten, interpersonalen Begegnung von (Kunst-) Lehrer und Schüler geht es in der hier zu fokussierenden kunstdidaktischen Hinsicht also um die Frage, wie Relationalität als Bedingung von Persönlichkeitsbildung anhand von Kunst, Bildern, Gestaltung gebildet werden kann und wie didaktische Settings entsprechend relationalitätsfördernd angelegt sein können.

Relationaler Lernbegriff

Ein relationales Bildungsverständnis muss sich konkretisieren in einem entsprechenden Lernbegriff. Lernen kann dann nicht Rezeption von Fakten sein, sondern muss die Frage nach Sinn stellen. Lernen muss Sinn-Verstehen ermöglichen und Sinn geben können, so dass „Unterrichten vor allem bedeutet, erziehend das Verstehen zu lehren" (Gruschka 2011, S. 30). Für unseren Zusammenhang bedeutsam ist, dass solches Sinn-Verstehen gewissermaßen einer Bildkonstruktion gleichkommt: „Sinn wird elementar da erlebt, wo etwas aufgebaut werden kann, wo sich scheinbar sinnlose Teile zu einem geordneten Ganzen, zu einem Bild zusammenbringen kann." (Maurer 1992, S. 55) Sinn-Geben bedeutet insofern Bild-Aufbau: Teile zu einem Ganzen zu komponieren, das in seiner Ganzheit als sinnvoll erfahrbar wird. Dieser Vorgang dürfte dabei im nicht-bildgestalterischen Bereich vor allem imaginativ verfasst sein: Man „bekommt", man „macht sich" ein Bild von etwas, einem Verhältnis, einem Menschen usw. (Krautz 2012). In der Kunst und im bildnerischen Gestalten wird diese Sinnproduktion unmittelbar bildhaft, sie kann rezeptiv verstehend ausgelegt und produktiv zur eigenen Welt-Auslegung werden. Solches verstehendes Lernen ist als hermeneutische Bewegung deshalb relational verfasst, weil sich die Person darin in ein Verhältnis mit dem Gegenstand setzt, sich einlässt in den Zwischen-Raum. Man steht gerade nicht in „objektiver" Distanz der Sache gegenüber, sondern ist innerlich beteiligt. Erst durch die persönliche Anteilnahme erschließt sich der Gegenstand, erst im Mitleben wird Sinnverstehen möglich. Die Person ist nicht nur unbeteiligtes Erkenntnissubjekt, sondern gewissermaßen selbst „Erkenntnismittel", ein Resonanzraum, in dem ein geistiger Gehalt für die Person selbst erst hör- und sichtbar werden kann. Damit ist keineswegs einer Subjektivität „im Sinne schrankenloser Beliebigkeit und bloßer Befangenheit in sich selbst und Abhängigkeit von persönlichen Zufälligkeiten aller Art" gemeint, so dass man „gar nicht zur echten Berührung mit der Sache selbst vordringt" (Bollnow 1982, S. 31). Vielmehr hängt Verstehen am Interesse, am Dabei-, Dazwischen-Sein, am Sein-in-Beziehung.

Einen solchen relationalen Lernbegriff hat jüngst Tobias Künkler (2011) in einer umfangreichen Studie differenziert grundgelegt.[5] Ausgehend von

---

[5] Dass Künkler hierbei auch den Personbegriff als „essentialistisch" dekonstruiert und das Subjekt vollständig von seinen Relationen her definiert (es seien „die Relationen, die die Relata stiften", Künkel 2011, S. 531), kann in diesem Kontext nicht weiter erörtert werden. In der Bezugnahme auf entsprechende philosophische, psychologische und pädagogische Theorien kommt er aber dem hier zugrunde gelegten relationalen Personbegriff durchaus nahe. Wenn Künkler festhält: „Wir sind durch Andere, anderes und uns selbst bedingt, können und müssen uns zu Anderen, anderem und uns selbst jedoch stets noch einmal bzw. immer wieder verhalten" (Künkel 2011, S. 565 f.), so widerspricht dem u.E. nicht, dennoch einen personalen Kern als – in Re-

der Subjektkritik und in Auseinandersetzung mit verkürzten, instrumentalistischen Lerntheorien sucht er ein Lernverständnis zu entfalten, das Lernen als responsives Geschehen versteht, in dem das Subjekt „auf die Situationen *antworten* kann". Responsivität als Antwortvermögen kennzeichnet ein „Ineinander von Aktivität und Passivität" (Künkler 2011, S. 340). Wir verwirklichen also nicht intentionale Handlungen, sondern reagieren auch auf den Anspruch der Welt: „Das relationale Verständnis des Lernens als ein Lernen im Zwischen ist somit eine aktivisch-passivische Figur, die spezifisch das menschliche Leben kennzeichnet und sich stets im Medium der Sozialität und Kulturalität abspielt." (Künkler 2011, S. 566) Lernen ereignet sich demnach nicht im isolierten Subjekt, sondern im „Raum des Zwischen", „der sich durch das *Ineinander* von selbst-, Welt und Anderenrelationen *ereignet*" (Künkler 2011, S. 568).

Somit ist Lernen nicht das Aufnehmen von Informationen und Sachverhalten, über die das Subjekt dann autonom verfügt, noch produziert sich das Subjekt gleichsam selbst: „Weder ist das Lernsubjekt jedoch bloßes Produkt seiner Relation zu anderen, noch mündet die Entwicklung des Lernsubjekts in eine vollständige Autonomie. Das Lernsubjekt wächst nicht aus Beziehungen heraus, sondern wird in diesen selbständiger, d.h. es bleibt ein ‚Selbst-mit-anderen'. Zwar gewinnt es zunehmend die Fähigkeit, sich in gewissem Sinne bewusst auf sich, auf andere und auf anderes zu beziehen, es bleibt dabei aber fundamental, wenn auch zumeist unbewusst, auf Andere bezogen" (Künkler 2011, S. 451). Ziel von Bildung ist demnach nicht Autonomie im Sinne einer völligen Unabhängigkeit von Anderen und Anderem – eine Unmöglichkeit, wenn das Subjekt immer schon relational verfasst ist. Ziel wäre vielmehr die zunehmend selbständige Gestaltung dieser Beziehungen.

Diese Verwobenheit mit der Welt und dem Mitmenschen ist leiblich konstituiert. Mit Merleau-Ponty betont Künkler, dass wir eben nicht nur Geist, sondern auch Körper sind: „Dass der Mensch ganz leibliches, inkarniertes Wesen ist, betont seine Verwobenheit nicht nur mit anderen, sondern auch mit anderem, d.h., dass Menschen nicht der Welt enthoben sind und ihr abstrakt und distanziert gegenüber stehen, sondern selbst als Teil von Welt und Natur ihren Bedingungen unterliegen" (Künkler 2011, S. 565). Dies wird deutlich in den anhand von Buber entwickelten Wahrnehmungsweisen des Betrachtens, Beobachtens und Innewerdens. Beobachten und Betrachten seien intentional gerichtet, dagegen schlage im Innewerden die Betrachtung zu einer Begegnung um. Im Innewerden eines Menschen oder auch eines Weltgegenstandes begegnet mir dann etwas, das

---

lationen gewordenes und relational verfasstes – Aktzentrum anzunehmen. Ethisch erscheint diese Annahme zudem als notwendig, auch weil nur ein solches Personverständnis dem für schulische Pädagogik und Didaktik maßgeblichen Menschenbild des Grundgesetzes entspricht (Krautz 2010).

„*mir* etwas sagt, mir etwas zuspricht, mir etwas in mein Leben hineinspricht" (Künkler 2011, S. 472). Hier kann dann jenes „Lernen im Zwischen" geschehen, das Sinn versteht und Sinn gibt, indem es sich auf Welt und Menschen einlässt.

Ein relationaler Lernbegriff fasst also die Beziehungshaftigkeit des Lernens selbst in den Blick und ist damit auch didaktisch von hoher Relevanz. Zu fragen ist demnach: Wie lassen sich mit und über die Fachgegenstände Beziehungen zu Ich, Wir und Welt herstellen und wie wirken diese persönlichkeitsbildend?

Relationales Lernen in der Kunstpädagogik

Wenn man nun nach der Relevanz eines relationalen Lernbegriffs für die Kunstpädagogik fragt, ist zunächst zu klären, welche spezifischen Weltzugangsweisen der Gegenstandsbereich des Kunstunterrichts anspricht. Wie ist also die Beziehung von Selbst, Anderen und Anderem, von Ich, Wir und Welt in der Kunstpädagogik verfasst? Welche Sinngebungs- und Sinnverstehens-Möglichkeiten scheinen hier auf? Wie treten wir in den „Raum des Zwischen" ein und wie kann er gestaltet werden? Und was kann dies zur Bildung einer relational verstandenen Persönlichkeit beitragen?

Die spezifische Lernmöglichkeit im Kunstunterricht resultiert zunächst daraus, dass hier die Relationalität in ganz eigener Weise sinnlich verfasst ist. Es ist im Bereich der Bildenden Kunst, der visuellen Gestaltung und der künstlerischen und außerkünstlerischen Bildwelten vor allem der Sehsinn sowie die Haptik, mit der man in den „Raum des Zwischen" eintritt.[6] Sehen und Gestalten wird hier somit v.a. als relationale Fähigkeit verstanden, in der sich Selbst, Anderer und Welt begegnen und verschränken. Jedes Zeichnen, Malen, Plastizieren und Fotografieren, jedes Bildbetrachten und Sprechen über Bilder ist insofern ein Gestalten oder Rezipieren, das weder schlichte Aktivität des Subjekts ist noch einfache Aufnahme visueller Informationen und deren subjektive Deutung. Vielmehr sind beide Modi in ein Antwort-Verhältnis gegenüber dem Sicht- und Gestaltbaren eingebunden. Zwischen Person und Welt, hier also dem gestaltbaren Material, den Ideen und Bildern, besteht nicht eine einseitige Beziehung, in der die Person Welt gestaltet und auslegt, sondern die immer schon vorgängige Welt verlangt eine adäquate Antwort. Diese Antwort ist gleichwohl eine eigene kreative Leistung, wie Waldenfels betont: „Wir erreichen hier den Punkt, wo eine Antwort als Antwort erfunden wird und sich zur kreativen Antwort steigert." (Waldenfels 1994, S. 576) Auch künstlerisch-gestalterische Pro-

---

6 Das Sehen spielt auch für andere Schulfächer eine Rolle, „aber das Fach Bildende Kunst nimmt sich des Sehens in anderer Weise an, stellt es in den Mittelpunkt" (Sowa 2010, S. 159).

duktion und Rezeption sind demnach keine *creatio ex nihilo,* sondern immer schon und gleichzeitig eine Stellungnahme, ein Sich-Verhalten zu Mitmensch und Mitwelt. Hubert Sowa hat dies für die Kunstpädagogik in den Begriff einer „korresponsiven Sichtigkeit" gefasst: „Im korresponsiven Blick wird das Seiende nicht als bloßes Objekt des Sehens fixiert, sondern als antwortendes und resonantes Gegenüber verstanden. Nicht wir blicken – gleichsam mit einem intentionalen ‚Sehstrahl' – die Welt als Objekt an, sondern: Wir blicken gleichsam nur antwortend zurück in das, was uns anblickt" (Sowa 2010, S. 167). „Was wir sehen blickt uns an und ruft uns in die Verantwortung." (Sowa 2010, S. 168) Hier findet das relationale Personverständnis und ein relationaler Lernbegriff eine deutliche Entsprechung: Der Blick eignet nicht an, Gestaltung macht nicht verfügbar, sondern ereignet sich leiblich gebunden im Raum des Zwischen und antwortet auf das je schon vorgängig Vorhandene.

Dieses komplexe Verwobensein der Dimensionen von Ich, Wir und Welt wird am Beispiel einer im Kunstunterricht üblichen einfachen Übung zur Flächenkomposition deutlich: Wenn auf einer vorgegebenen, rechteckigen Fläche einige Elemente wie Linien und Rechtecke so angeordnet werden sollen, dass bestimmte Bildwirkungen entstehen (etwa „Ruhe", „Bewegung", „Ordnung", „Chaos" etc.), dann veranlasst der Arbeitsauftrag, die Elemente in eine Korrespondenz zum Format zu setzen, also formale Beziehungen und deren Wirkungen zu erkunden. Dieses „Erkunden" ist jedoch kein willkürliches Setzen, denn es ist eingebunden in einen jahrhundertealte kulturelle Konvention des Gestaltens und Wahrnehmens von Bildordnungen, die ich zwar ignorieren kann, der ich mich dadurch jedoch nicht entziehe. Zugleich erfährt sich das Selbst in seiner Leiblichkeit, denn Empfindungen von „Bewegung" oder „Ruhe" in der Flächenkomposition sind primär an leibliche Erfahrungen in der Welt gebunden (Senkrechte als Stehen, Horizontale als Liegen, Diagonale als Bewegung). Und dies empfinde nicht nur ich so, sondern wir insgesamt in dieser Welt, in der es eine Erdoberfläche gibt und Menschen, die dazu senkrecht stehen oder sich der Schwerkraft entgegenarbeitend darauf bewegen. Jedes Gestalten auf der Fläche ist gleichzeitig immer schon ein Antworten auf das, was bereits vorhanden ist: auf das leere, gleichwohl keineswegs neutrale Format und auf jedes Element, das bereits gesetzt wurde. Bildgestaltung ist Antworten und eben nicht willkürliches Setzen. Mit der Setzung kann sie beginnen, jedoch nicht enden.[7] Der Lernvorgang geschieht demnach in sehender und gestaltender Relation zum Selbst, zu den Anderen und zur Welt, ohne diese mit subjektiven Setzungen schlicht zu usurpieren, sondern im Wahr- und Ernst-

---

7 Eine solche „relationale Ästhetik" kennzeichnet etwa die Malerei Paul Cézannes: Genau diese alles weitere bedingende und bindende Wirkung eines ersten gesetzten Elementes im Bild war es, die Cézanne an den Rand der Verzweiflung bei der Komposition seiner farbigen „taches" brachte (Lüthy 2005).

nehmen als „antwortendes und resonantes Gegenüber". Damit löst sich die Person nicht in der Relation auf, sondern bildet ihr Sehen, Empfinden und Gestaltenkönnen in Bezug auf diese vorgängigen Dimensionen. Vielmehr bildet sich hier personales Bewusstsein, das erst dann gegeben ist, „wenn die Wahrnehmung geistig durchgearbeitet wird und zur Erfassung des Sinnes führt, bzw. von Anfang an auf Sinnerfassung hingeordnet ist" (Guardini 1950, S. 88).

Um die relationale Qualität des Lernens voll zu entfalten ist es didaktisch allerdings entscheidend, dass ein sorgfältig geleitetes, innehaltendes, vertiefendes, reflektierendes und summierendes Gespräch geführt wird. Für unser Beispiel wären also Fragen zu erörtern wie: Worauf beruht eine gestalterische Entscheidung? Wie entstehen die Bildwirkungen und warum empfinden wir so? Was ist daran allgemein menschlich, was ist kulturspezifisch? Was „funktioniert" als Bild und was warum nicht? usw. Solche Übungen standardisieren und vereinheitlichen Bildfindung keineswegs in „Rezepte", sondern dienen in der Reflexion gerade der Bildung des Selbst in seiner Relationalität zum Sicht- und Gestaltbaren. Es eröffnet erst den Raum verantworteter Möglichkeit. Dies ist in entsprechenden Abstufungen in allen Altersstufen möglich und nötig und idealerweise Teil jeder Besprechung eigener Arbeiten der Schüler oder von Bildern aus Kunst und Alltag.

Dabei sind in dieser rein formalen Übung noch alle inhaltlichen Bezüge ausgeblendet, die in einer vollwertigen kunstpädagogischen Aufgabenstellung mit Formgebung bzw. Gestaltung sowie den handwerklich-technischen Anforderungen zusammenkommen müssen (Sowa 2011, S. 32 ff.). In der didaktisch anzulegenden Verbindung dieser relationalen Lernmöglichkeiten kann dann etwas geschaffen werden, was Eugen Fink für eine Erziehung im Weltbezug formuliert: „verharrende und bleibende Sinnformen, die nicht der Willkür entstammen, sondern dem erfahrenen Weltbezug" (Fink 1978, S. 251).

Sehen und Gestalten in und als Beziehung

Ein relationaler Lernbegriff müsste in der Kunstdidaktik also anknüpfen an die spezifischen Weisen des personalen Weltbezugs, die für das Arbeitsfeld des Kunstunterrichts – das Sehen, Vorstellen und Gestalten – kennzeichnend sind. Kunstdidaktische Grundkategorien werden anthropologisch gefasst, indem nach den auch, jedoch nicht ausschließlich in der Kunst relevanten Weisen des sehenden und gestaltenden Bezugs von Ich, Wir und Welt gefragt wird, die im Sinne einer relationalen personalen Anthropologie persönlichkeitsbildend wirken können: Welche relationalen Momente im Bereich bildnerischen Gestaltens und Rezipierens sind für eine Bildung der Persönlichkeit in Beziehung zu Ich, Wir und Welt relevant? Und wie müssen sie dazu genauer bestimmt werden? Diese umfassende Fragestellung kann hier nur mit Hinweisen auf einige wesentliche Aspekte behandelt werden, stellt also keinen Anspruch auf Vollständigkeit und erschöpfende Tiefe. Vielmehr geht es um die Verdeutlichung einer bestimmten Perspektive auf die Phänomene des Kunstunterrichts, die sich aus einem relationalen Lernverständnis ergeben können.

- *Sehen* im engeren, *Wahrnehmen* im weiteren Sinne ist demnach nicht als passives Rezipieren, sondern als aktives Beziehungsgeschehen zu verstehen, als In-Beziehung-Treten, an dem der Mensch als ganze Person und mit allen Facetten der Persönlichkeit beteiligt ist.[8] Wahrnehmen ist so verstanden die „Beziehung eines verkörperten Subjekts zu seiner Umwelt", wir „ko-existieren als Leib- und Sinneswesen mit den Dingen und Menschen in einem gemeinsamen Raum" (Fuchs 2008, S. 47 f.). Sehen zielt dabei immer auf *Verstehen*, sei es der Natur, einer eigenen Gestaltung oder eines Kunstwerks. Beim Zeichnen nach einem Gegenstand etwa verschränken sich Auge, Hand und Gegenstand im Sehen, Verstehen und Zeichnen zu einem komplexen Beziehungsgefüge von „Koexistenz". Sehen und Wahrnehmen sind dabei *hermeneutisch* verfasst (Sowa 2010), stehen immer in Relation vom Selbst zum Anderen, vom Einzelnen zum Ganzen, vom eigenen Verständnis zum genaueren Erfassen des Gegenstandes.
- Aus der Relationalität des Sehens erwächst auch ein ethischer Anspruch an Kunstdidaktik: Nämlich ein Sehen anzuleiten, das nicht subjektzentriert die eigene Wahrnehmung verabsolutiert, das also nicht den Anderen oder das Andere usurpiert und seiner Deutung oder Gestaltung beliebig unterwirft, sondern im Verstehenwollen Respekt vor dem Anderen und der Welt herausbildet. Dies beginnt – wie im obigen Beispiel – auf einer vermeintlich rein formalen Ebene und wird offensichtlicher in der bildnerischen Auseinandersetzung etwa mit anderen Menschen. *Einfühlung* und *Trans-zendenz* im Sinne der Überschreitung des Selbst auf den Anderen und Anderes hin, sind demnach wesentliche Modi des sehenden und gestaltenden Weltbezugs.[9]
- Ebenso wie das Sehen ist somit auch das *Gestalten* und *Formgeben* ein aktiv-schöpferischer Prozess, der in einem Antwortverhältnis zum Sichtbaren und zum zu gestaltenden Material steht. Relational verstanden ist Gestaltung nicht rein subjektive Entäußerung von Innerem oder allein

---

8 Dieser Zusammenhang ist in der Kunstdidaktik am deutlichsten in der Betonung des Perzepts als didaktischer Fundamentalkategorie ausgearbeitet (Bering 2003). Hier, in der Bildrezeption, wird gerade die eigene, zunächst ganz subjektive Beziehung des Schülers zum Bild zum Ausgangspunkt für ein Bildverstehen, das den Kreis eben auf Welt und Kultur erweitert.
9 Empathie als conditio humana wurde in ihrer Bedeutung für und in der Gegenwartskunst unlängst auch in einer Ausstellung in Graz thematisiert (Budack/Pakesch 2010). Vgl. für den pädagogischen Kontext Plüss 2010.

Ausdruck ästhetischer Erfahrung, sondern ein Dialog mit der Welt, eingelassen also in ein Antwortverhältnis, aus dem auch *Ver-antwortung* für das Gestaltete erwächst (Krautz 2010). Das obige Beispiel machte deutlich, dass Formgebung nicht willkürlich sein kann, sondern immer schon in einem Kontext von Kultur und Grundbedingungen menschlichen Lebens steht.

- Sieht man die Person charakterisiert durch Freiheit, Vernunft und Sprache (Weigand 2004), dann ist diese Vernunft für unseren Zusammenhang wesentlich imaginativ verfasst und ihre Sprache eine Bildsprache. *Imagination* und *Bildlichkeit* sind Bedingung, Möglichkeitsraum und Medium von Kunst und bildnerischem Gestalten, wobei Imagination oft zu kurz gefasst allein als freies Fantasieren verstanden wird. Tatsächlich bilden sich Vorstellungen in Beziehung auf oder auch Abgrenzung von Welt und Anderen, weshalb Imagination ein relationales Vermögen der Person darstellt. Ihre Übung ist daher für das Lernen im Kunstunterricht von zentraler Bedeutung (Krautz 2012).
- Schließlich erhält auch die in der Kunstdidaktik viel thematisierte *Kreativität* in personalem Verständnis erst ihren Sinn als Ausdruck menschlicher Freiheit im Verhältnis zur Welt. Relational verstanden bedeutet sie nicht geniales Schöpfertum, sondern ist eingebunden in das Verhältnis von Antwort und Verantwortung (Krautz 2009). Ursprung von Kreativität hat ihren Ursprung dann gerade im genauen, achtsamen Blick auf die Welt: „*Achtsamkeit* ist Quelle und Ziel der Kreativität" (Brodbeck 2007, S. 65).

Aus einer relational verstandenen Anthropologie und den spezifischen Weisen personalen Weltbezugs im Bereich von Kunst, Bild, Gestaltung lassen sich zudem bestimmte didaktische Akzentsetzungen für die Planung und Durchführung von Kunstunterricht folgern, die ein relationales Lernen unterstützen können:

- Wie oben gezeigt sind die gezielte Anleitung von *Verstehen* und auch die kritische *Reflexion* von eigenen Arbeiten und Bildern anderer wesentlich für ein Lernen in Beziehung. Dies geschieht vor allem im gemeinsamen Gespräch über Bilder, das Beziehungen zum Bild, zum Anderen und zur Welt herstellt. Es fordert zur Begründung eigener Gestaltungen oder der Deutungen eines Werkes anderer auf und regt damit zugleich Verantwortungsübernahme an.
- Damit hängt zusammen, dass Kunstunterricht bei aller berechtigten Betonung der Qualitäten von Prozesserfahrung und der Bedeutung des Prozessualen für die Kunst gleichwohl im Wesentlichen auf Werke gerichtet sein muss. Denn das eigene Werk der Schüler oder Werke anderer sind sicht- und fassbarer Ausdruck eines relationalen Weltverhältnisses. Erst das finite Werk fordert die oben genannte Verantwortung in

vollem Umfang ein. *Werkorientierung* bedeutet dann, „gute Arbeit" zu machen, also sich dem Anspruch der Sache zu stellen und nach Qualität zu streben, wie dies Richard Sennett als Logik des Handwerks beschreibt (Sennett 2008). Die Erfahrungen von Materialwiderstand, von handwerklichen und technischen Herausforderungen, von Realisationsproblemen und Scheitern, von Korrektur, von Neu- und Andersbeginnen sind wesentliche relationale Erfahrungen, die den Werkprozess im Kunstunterricht ausmachen und die gerade vor der Allmachtsillusion eines selbstschöpferischen Subjekts schützen und zugleich die sich entwickelnde Person des Jugendlichen in ihrem Weltbezug stärken können.

- Insofern ist auch die *Aufgabenorientierung* im Kunstunterricht nicht etwa „kunstwidrig". Aufgabenkonstruktion in einem personalen Verständnis entspricht dem „Aufgegebensein" der Welt: Sie stellt das Gestalten in die Beziehung zu einem Schon-Gegebenen, sie gibt Orientierung und Anleitung und eröffnet zugleich einen *Freiraum* für begründete Selbst-Gestaltung (Sowa 2011, S. 32 ff.; Girmes 2004).
- Solche Aufgaben verbinden Form- und Gestaltungsanforderungen, handwerklich-technische Fragen und beziehen sich auf wesentliche und relevante *Inhalte* (Sowa 2011, S. 29 ff.). Inhaltsorientierung ermöglicht den Schülern, zu Themen, die ihrem Alter entsprechen, in Beziehung zu treten. Es sind dies Themen ihrer eigenen Lebenswelt, wichtige Fragen der kulturellen und gesellschaftlichen Gegenwart und Vergangenheit, sowie den heute und morgen noch relevanten grundsätzlichen Fragen des menschlichen Lebens.[10] So wird jene *Sinnorientierung* ermöglicht, die oben als Kennzeichen eines personalen Verständnisses von Pädagogik erörtert wurde.
- *Irritation* und *Differenz* werden nicht nur in der Kunstdidaktik ein hoher Bildungswert zugemessen, da in der Erfahrung des Fremden und gänzlich Anderen die kritisch bewertete Allmacht der Person an ihre Grenze stoße; die Nicht-Verfügbarkeit der Welt werde deutlich. Hierfür gilt gerade die Kunsterfahrung insbesondere anhand von Gegenwartskunst als beispielhaft. Gleichwohl ist Sinnbildung in Relation zu Ich, Wir und Welt nur möglich, wenn dem andererseits Möglichkeiten der *Identifikation*, der *Affirmation* und des Erlebens von *Kohärenz* entsprechen.[11] Fragmentierungserfahrungen alleine können kaum beziehungsstiftend und sinnbildend sein. Psychologisch gesehen ist es gerade das Erleben

---

10 Hier scheinen selbstverständlich die bekannten didaktischen Kategorien Klafkis auf (Klafki 2007).
11 So auch Gadamer: „Damit ist klar, dass nicht die Entfremdung als solche, sondern die Heimkehr zu sich, die freilich Entfremdung voraussetzt, das Wesen der Bildung ausmacht." (Gadamer 1990, S. 20) Vgl. auch mit Bezug auf den entsprechend ausgerichteten Kunstunterricht der Waldorfschulen Schieren 2008, S. 84.

"sicherer Bindungen", das seelische Gesundheit ausmacht.[12] Damit Differenzerfahrungen persönlichkeitsstärkend wirken können, müssen sie pädagogisch und didaktisch eingebunden sein und v.a. mit Rücksicht auf Alter und Entwicklungslagen der Kinder und Jugendlichen ausgewählt werden.

- Kunstdidaktik, die relationales Lernen anregen will, muss insofern ganz grundsätzlich *entwicklungsorientiert* angelegt sein und *curriculare Strukturen* vorsehen, die einen *übenden Aufbau von Wissen und Können* ermöglichen (Krautz/Sowa 2013). Man könnte letzteres für selbstverständlich halten, gerade die Kunstdidaktik steht aber erst am Anfang einer Wiedergewinnung solcher curricularen Strukturen oder angemessenen Gewichtung der spezifischen Weltbezüge der verschiedenen Alters- und Entwicklungslagen.[13] Der Aufbau von Können und Wissen muss nicht nur in einzelnen Einheiten, sondern über die Schuljahre vom Einfachen zum Komplexen fortschreiten, er reicht inhaltlich von den enger personal gebundenen zu den weiteren Weltbezügen und gestalterisch von stärker angeleiteten, übenden Arbeitsformen bis zu den eigenständigeren und schließlich im engeren Sinne künstlerischen Wahrnehmungs- und Gestaltungsweisen.

Am Beispiel: Fotografie als Gestaltung von Relationalität

Diese Zusammenhänge seien nun exemplarisch konkretisiert, nicht um ihre Tragfähigkeit „zu beweisen", sondern um zu zeigen, wie sich die oben dargelegten allgemeinen Kriterien eines relationalen Lernbegriffs didaktisch realisieren lassen. Zugleich kann deutlich werden, dass damit keine vollständig neue Didaktik gefordert, sondern eher eine Aufmerksamkeitsverschiebung in der kunstpädagogischen Theorie und Praxis angeregt wird, also eine Sorgfalt in der Planung und Realisation von Unterricht, um relationale Lernprozesse, die faktisch immer auch schon stattfinden, in diesem Sinne dezidierter anzuregen.

Es wird dabei auf ein im „KUNST Arbeitsbuch" Band 2 publiziertes Aufgabenbeispiel zurückgegriffen, das vom Autor selbst stammt (Sowa/ Glas/Seydel 2010, S. 60–63). Dies hat den Vorteil allgemeiner Zugänglichkeit, ohne dass das Material hier wieder abgedruckt werden müsste; zudem kann anhand der Umsetzung einer Schülerin, die im entsprechenden Leh-

---

12 Geistige und seelische Gesundheit, so auch Erich Fromm, „hängt von der Befriedigung jener Bedürfnisse und Leidenschaften ab, die spezifisch menschlich sind und den Bedingungen der menschlichen Situation entstammen: des Bedürfnisses nach Bezogenheit, nach Transzendenz, nach Verwurzelung, nach Identitätserleben und nach einem Rahmen der Orientierung und einem Objekt der Hingabe." (Fromm 1955/1989, S. 51)

13 Wesentliche Beiträge dazu liefert z.B. Sowa 2011.

rerhandbuch dargestellt ist (Glas et al. 2012), auch auf einen konkreten Arbeitsprozess eingegangen werden. Anhand der schriftlichen Fixierung kann so den hier verfolgten didaktischen Überlegungen bis in die genauen Formulierungen zu Themen und Arbeitaufträgen nachgegangen werden, denn letztlich müssen sich allgemeine Ansprüche an Persönlichkeitsbildung und Beziehungslernen in diesen didaktisch-methodischen Details realisieren.

Thema der gewählten Aufgabeneinheit ist das Fotografieren von Menschen in alltäglichen Situationen sowie die Frage, wie sich Fotos gestalten lassen, die über persönliche Bedeutsamkeit hinaus etwas über die abgebildeten Personen aussagen. In Bezug auf das vorgesehene Alter (8./9. Klasse) ist die Gestaltung eines verantwortlichen Weltbezugs eine wesentliche Entwicklungsaufgabe. Dieser Weltbezug ist heute wesentlich medial geprägt und drückt sich in Bildern aus: Fotografien von Menschen, gerade von Freunden und Familienmitgliedern sind für Schülerinnen und Schüler völlig alltägliche Bilder, die sie selbst herstellen, betrachten, austauschen etc. Digitale Kamera bzw. Foto-Handy sind heute allgegenwärtig. Dabei steht in der Regel die Wiedererkennbarkeit und Dokumentation im Vordergrund: Hier bin ich, dort war ich, das habe ich gemacht, das ist die und so sieht der aus. Das Thema knüpft also an die lebensweltliche Erfahrung der Schülerinnen und Schüler an und damit auch an ihr Bildbedürfnis, das sich im hohen Stellenwert der Bildmedien bei Jugendlichen ausdrückt. Zugleich wird dieses Bildbedürfnis durch die hohe Verfügbarkeit von Bildmedien auch forciert und zum Teil manipuliert. Doch kann man das Bedürfnis nach und der Freude an Bildern aus personaler Sicht grundsätzlich als Ausdruck eines relationalen Verhältnisses zur Welt verstehen: Im Bild und durch das Bild setzt sich das Ich ganz konkret in Bezug zum Wir und zur Welt, was durch die digitalen Medien erheblich erleichtert wird.

Zugleich können diese Bildmedien den Mit- und Weltbezug jedoch auch verstellen. Gerade das Foto-Handy taugt ebenso als Medium der Distanzierung gegenüber der realen Welt und dem Anderen: Das Gerät wird zur Waffe, mit der der Andere auf Abstand gehalten, usurpiert oder gar bedroht wird. Auswüchse wie das sogenannte „Happy Slapping" sind Ausdruck einer emotionalen Distanz zum anderen, die gerade durch den Verfügungscharakter der Technik erleichtert wird, allerdings nicht in ihr alleine begründet ist. Insofern bedarf das Bildbedürfnis von Jugendlichen in seiner derzeitigen kulturellen Ausformung eben der Bildung: einer sowohl gestalterischen wie emotionalen Bildung, um die Technik im Sinne eines personalen Mit- und Weltverhältnisses zu nutzen.

Insofern zielt die Aufgabe auf gestalterische wie zwischenmenschliche Möglichkeiten und Anforderungen beim Fotografieren von Menschen: Wie kann eine Fotografie dem Fotografierten gerecht werden? Wie kann sie mehr über ihn sagen, indem ich mich genauer mit ihm auseinandersetze? Wie kann ich die Umgebung gezielt einbeziehen, um die Aussagekraft zu erhöhen? Wie gestaltet man solche Fotos wirkungsvoll? Wie setzt man digitale Bildbearbeitung sinnvoll und begründet ein? Das Thema regt an, das Gegenüber in alltäglichen Situationen genauer zu erfassen, sich einzufühlen und gültige Gestaltungen hierfür zu finden. Zugleich wird die Möglichkeit der Fotografie deutlich, mit Bildern Aussagen zu konstruieren, was die Verantwortung des Fotografen für sein Fotografieren hervorhebt.

Als Lern- und Bildungsmöglichkeiten lassen sich daher formulieren:
- die Schülerinnen und Schüler können lernen, Menschen in Beziehung zu ihrer Lebenswelt genauer zu beobachten und zu erfassen;
- sie können erfahren, dass Rücksichtnahme auf die interpersonale Beziehung beim Fotografieren von Menschen wesentlich ist;
- sie können lernen, elementare fotografische Gestaltungsmittel in Aufnahme und Bildbearbeitung bezogen auf ihre Aussage- und Gestaltungsabsicht einzusetzen.

Die hier als Ausgangspunkt für den Unterricht gewählte Portrait-Fotografie des Münchner Künstlers Zoltán Jókay[14], die einen jungen Mann mit seiner Freundin vor dem Hintergrund einer von einem Lastwagen befahrenen Straße zeigt, spiegelt die benannte Ambivalenz von Fotografieren und Fotografiertwerden. Ambivalenz, weil es ihm einerseits gelingt, einen unmittelbaren Bezug zu den beiden jungen Menschen herzustellen. Sie lassen sich sehr offen darauf ein, blicken ihn und damit den Betrachter an. Sie antworten auf das Angesprochensein durch den Anderen. Zugleich legt der abgebildete junge Mann wie schützend seinen Arm um seine Begleiterin, die ihr Gesicht abwendet: Die Kamera ist auch ein Akt des Nahe-Tretens, das immer in der Gefahr des Zunahe-Tretens steht. Die gleichzeitige Offenheit und zarte Zurückhaltung der beiden Portraitierten in Verbindung mit der zurückhaltenden Farbigkeit und dem geringen Tiefenschärfebereich der Aufnahme spiegelt dies paradigmatisch. Letztlich ist der Fotograf gefordert, die Dialogizität der Situation herzustellen und die Würde des Gegenübers zu wahren, denn der Abgebildete gibt die Verfügung über sein Bild an ihn ab. Eine Ethik der Fotografie ist daher immer eine Ethik des Fotografierenden, also personal gebunden. Ein tatsächlich dialogisches Verhältnis ist keine Machtergreifung per technischem Bild, sondern eben ein Bemühen um Verstehen. Dann können Sehen und Sichtbarkeit ihren personalen Sinn entwickeln (Krautz 2004).

Der Unterrichtsverlauf muss dem entsprechen: Eine Bildbesprechung ist hier vom Lehrenden so zu führen, dass schnell aufkommende Witze und abfällige Bemerkungen auf Kosten der Abgebildeten nicht nur klar zurückgewiesen werden, sondern sie bedürfen der Kommentierung und weiteren Bearbeitung im Gespräch: Was bedeutet es für den Anderen eigentlich, so

---

14 Aus der Serie „Erwachsen werden", 1993–2002 (zoltanjokay.de/portfolio/archives/category/growing-up, Abruf 06.10.11).

über ihn zu reden? Was mache ich mit ihm? Welches Recht habe ich dazu? Welchen Anspruch hat der andere an mich?

Um Offenheit für die Abgebildeten und für das Gespräch anzuregen, ist die Anmoderation zum Thema demgemäß formuliert:

> „Obwohl die Bilder (von Zoltán Jókay) gestellt sind, wirken sie sehr natürlich. Die Menschen sind offen, machen keine Posen, keine Grimassen, wirken nicht ‚cool'. Man erfährt etwas über ihr Leben, ihre Gefühle. Seine Fotos von bekannten oder unbekannten Menschen wirken einfach, sind aber sehr genau durchdacht. Mit einem ‚normalen' Erinnerungsfoto, wie wir sie machen, kann meist nur derjenige etwas anfangen, der die abgebildeten Personen kennt. Bei Jókay ist es anders, er schafft eine Atmosphäre, in der die Fotografierten keine ‚Show' machen. Wir können in den Bildern lesen und so manches über die Abgebildeten erfahren, obwohl wir sie nicht kennen." (Sowa/Glas/Seydel 2010, S. 60)

Die Arbeitsanregungen zum Betrachten des Bildes motivieren Empathie und fragen nach dem fotografierenden „Ich", dem betrachteten Du und deren Verbindung zur Welt sowie untereinander. Fragen der Bildwirkung werden hier mit bildanalytischen Kategorien verbunden, um die Mittel der fotografischen Bildgestaltung zu verstehen und selbst anwenden zu können:
- „Was könnten die beiden denken und empfinden?
- Welche Beziehung haben sie zueinander und zum Fotografen?
- Welche Rolle spielt die Umgebung?
- Beschreibe die Wirkung von: Ausschnitt, Hintergrund, Komposition, Schärfe, Licht, Farbe." (Sowa/Glas/Seydel 2010, S. 61)

Im Abschnitt „Nachdenken und Beurteilen" wird angeregt darüber zu sprechen, ob die Schüler selbst so fotografiert werden wollten und wie sie selbst ihre Freunde fotografieren würden, so dass das Bild etwas über sie aussagt (Sowa/Glas/Seydel 2010, S. 61). An weiteren Beispielen werden die Kriterien für in diesem Sinne gelungene Fotos vertieft und ein Verständnis hierfür eingeübt. Der Arbeitsauftrag für die eigene Arbeit der Schüler fordert diese schließlich auf, ein Foto von einem oder mehreren Freunden oder Familienmitgliedern in einer passenden Umgebung so zu gestalten, dass es durch die Umgebung und die bildnerischen Mittel etwas über die Person aussagt. Zielgerichtet eingesetzte digitale Bildbearbeitung ergänzt die Aufnahmetechnik.

Eine Schülerin wählte ihre Großmutter, die sie in ihrer Küche zeigen wollte, in der diese gerne sitzt und mit Menschen spricht. Sie beschrieb die alte Dame als sehr lebhaft und kommunikativ und war zuversichtlich, mit ihr arbeiten zu können. Nach einer ersten Begegnung und Fotoversuchen beklagte sich die Schülerin, ihre Großmutter sei so „hibbelig", dass sie zu keiner scharfen Aufnahme komme. Zudem rücke der Hintergrund dann immer aus seiner idealen Positionierung im Bild. Sie hielte „einfach nicht still". Ihr Anspruch auf ein „gutes", also scharfes Bild kollidierte hier mit der Person des Gegenübers. Nun stellt sich sehr konkret die Frage, wie damit umzugehen sei: Hat sich die Oma in ihrem Sein dem Foto anzupassen? Muss die Welt der Kamera gehorchen? Oder wie stelle *ich* mich auf dieses *Du* und ihre Welt ein, wie suche ich eine Verbindung? Und was muss ich dazu noch lernen an fotografischer Aufnahmekunst? Gefordert waren also die eigene Verantwortung und die Erweiterung des eigenen Wissens und Könnens. Dazu sind technische Details zu klären (mehr Tageslicht und höhere ISO-Empfindlichkeit, um kürzere Verschlusszeiten zu erzielen) und zu üben, schneller zu reagieren und „entscheidende Momente" vorauszuahnen. Weitere Besuche bei der Großmutter führten schließlich zu einem Foto, das die Person und ihre Umwelt in eine dynamische Komposition fasste, eine leichte Unschärfe betonte das dynamische Wesen der Dame.

Kurz seien die oben entwickelten relationalen Aspekte sowie die daraus abgeleiteten kunstdidaktischen Überlegungen für dieses Beispiel resümiert: *Sehen, Wahrnehmen* ist hier konkret als aktives Beziehungsgeschehen erfahrbar, als ein direktes interpersonales In-Beziehung-Treten, das mittels *Einfühlung* auf Verstehen des anderen Menschen zielt. Notwendig war ein Trans-zendieren, ein Überschreiten des Ich zum Anderen hin. Der Arbeitshergang der Schülerin zeigte insofern eine *hermeneutische* Struktur, als sie mit ihrem subjektiven Vorverständnis an die Situation herantrat, dies modifizieren musste und erst in mehreren Neuansätzen zu einer intersubjektiv gültigen Gestaltung kam.

Dem Bildbedürfnis wird dabei nicht in freier *Imagination* entsprochen, sondern Fotografieren fordert eine weltgebundene Vorstellungskraft. Die Vorstellung entwirft zwar mögliche Bilder, gleicht sie jedoch immer wieder mit dem Sichtbaren ab und modifiziert sie.[15] So entfaltet sich auch *Kreativität* tatsächlich im Aufmerken, in der *Achtsamkeit* auf Andere und Anderes, womit zugleich die Verantwortlichkeit des Fotografierenden als offene, dialogische Haltung übbar wird.

Didaktisch legt das Vorgehen Wert auf *Reflexion* des Mediums und des eigenen Umgangs damit. Damit hat die *Prozesserfahrung* wichtige Bedeutung, doch steht gleichwohl ein finites *Werk* an dessen Schluss, an dem sich ein Wissen und Können zeigt, das erarbeitet wurde. So kann das Ergebnis für die Schülerinnen und Schüler Relevanz, *Sinn* haben, weil es eigenes Produkt und Ausweis von eigener Fähigkeit sowie zugleich Dokument interpersonaler Erfahrung ist. Dies ermöglicht auch die (im ganzen Arbeits-

---

15 Fotografieren ist nur in seiner einfachsten Variante als quasi blinder Schnappschuss ohne Imagination – und personalen Weltbezug – möglich. Die hier angeregte konzeptuelle Herangehensweise zielt aber gerade auf die imaginative Klärung und den Dialog mit der Welt.

buch so angelegte) *Aufgabenkonstruktion*, die ein Arbeitsvorhaben vor Augen stellt und die Schritte dahin systematisch anleitet. Wie der Prozess der Schülerin zeigt, eröffnet das Thema sowohl Möglichkeiten der irritierenden *Fremderfahrung* als auch dem Erleben und Gestalten von *Kohärenz*: In dieser alltäglichen Welt lassen sich neue, sinnvolle Zusammenhänge entdecken und gestalten.

Insofern zeigt das Beispiel auch die Bedeutung der Auswahl relevanter *Inhalte*. Der Umgang mit Medien und das Eingehen auf die Lebenswelt der Schülerinnen und Schüler bedürfen eines pädagogischen Sinns, das nicht im schlichten Adaptieren an die (medial und ökonomisch) geprägte Umwelt verbleiben kann. So wäre hier Entwicklungsorientierung zu verstehen als Arbeit an den *Entwicklungsaufgaben* der verschiedenen Altersstufen (Fend 2005, S. 210 ff.), was didaktisch v.a. bedeutet, adäquate Entwicklungsimpulse zu setzen. Dazu bedarf es jenes, von Eduard Spranger so genannten „emporbildenden Verstehens" des Jugendlichen, was meint, „dass der Erzieher aus einem größeren Sinnzusammenhang her die Ansätze einer kulturellen Entwicklung im Heranwachsenden einordnen kann" (Fend 2005, S. 65). Hier liegt das Bildungspotenzial der Kunst und der Bildkultur der Gegenwart, wenn – wie Helmut Fend mit Spranger betont – auf diese Weise „die jugendliche Suche nach dem Weltverständnis und nach einem Selbstverständnis an die Angebote der kulturellen Tradition" gebunden wird: „Die Weltaneignung darf nicht ausschließlich dem zufälligen und ungeleiteten Lernen über Medien und dem Alltagsleben überlassen bleiben." „Damit kann die Schule aufleuchten lassen, wie ‚gutes Leben' im Licht dieser Traditionen unter modernen Bedingungen des Lebens und Überlebens aussehen könnte." (Fend 2005, S. 460 und 469)

Im Beispiel ist das ganz konkret eine Tradition humanistischer Portraitfotografie in ihrer aktuellen Ausprägung bei vielen jungen Fotokünstlern[16], die jene abendländische Idee des Menschseins „aufscheinen" lassen: In der Begegnung, im Raum des „Inter" kann Humanität erlebbar werden, in Relationalität zu Mitmensch und Welt kann Lernen an und mit Bildern insofern „lebensbedeutsam" werden (Jakobi 1988).

Kunstlehrer als Persönlichkeiten in Beziehung

Vor dem Hintergrund der vorangegangenen Überlegungen zur Bedeutung von Persönlichkeit und Beziehung für die Kunstdidaktik sei noch ein kurzer Blick auf die Spezifik der konkreten interpersonalen Lehrer-Schüler-Beziehung im Kunstunterricht geworfen.

Im Hinblick auf eine personal verstandene Kunstdidaktik ist die gerne an Kunstlehrerinnen und Kunstlehrer gestellte Anforderung, vor allem ein

---

16 Vgl. Helen van Meene, Jitka Hanzlová, Bert Theunissen u.a.

möglichst „authentischer" Künstler zu sein, wenig aussagekräftig. Worauf soll diese Authentizität gerichtet sein? Auf „die Kunst"? Im Lichte der vorangegangenen Ausführungen wäre diese Authentizität vielmehr als ein Erfahren-Sein in den mit der Kunst möglichen Weltbezügen und den daraus resultierenden Gestaltungsmöglichkeiten zu verstehen. Dagegen wäre eine „authentisch" gelebte künstlerische Haltung von Weltferne, Solipsismus oder Ästhetizismus kunstpädagogisch gänzlich untauglich. Insofern stellt sich an Kunstpädagoginnen und -pädagogen die grundsätzliche Anforderung, selbst als Persönlichkeit in Beziehung zu Ich, Wir und Welt zu stehen.

Im konkreten Unterrichtsgeschehen haben Persönlichkeit und Beziehung im direkten interpersonalen Verhältnis von Lehrer und Schüler in der Kunstpädagogik zunächst einmal keine vom allgemeinen pädagogischen Rahmen abweichende Rolle: Sie sind je individuell und verantwortlich auszugestaltende Grundlage des pädagogischen Verhältnisses. Ob hierzu Künstler oder Kunstpädagogen etwa aufgrund ihres Künstlerseins grundsätzlich besser in der Lage sind, ist ungeklärt. Studien weisen eher auf komplexere Zusammenhänge von pädagogischer Beziehungsfähigkeit und -bereitschaft und künstlerischer Motivation hin (Dreyer 2005; Peez 2009). Auch wird zwar angenommen, dass das künstlerische Handlungsmodell generelle personale Handlungsfähigkeiten fördere, die empirischen Hinweise darauf bleiben jedoch eher vage (Brater et al. 1989).[17]

Gleichwohl bietet der Kunstunterricht durch seine offenere Unterrichtssituation, die persönlicheren Themen und individuellen Ansätze der Schüler offenbar besondere Möglichkeiten zum Aufbau intensiverer persönlicher Bezüge zwischen Schüler und Lehrer. Dabei beschreiben Kunstlehrer gerade diese im Kunstunterricht mögliche besondere Intensität des personalen Bezugs als äußerst beglückend und motivierend für ihre gesamte Tätigkeit (Heinritz/Krautz 2010, S. 12).[18] Die vorrangige Selbstdefinition als Künst-

---

17 In Bezug auf die Erforschung allgemeiner Transferwirkungen künstlerischer Bildung bei Schülern resümiert Rittelmeyer 2010, dass Transferwirkungen nachweisbar seien, solche Effekte aber „sehr individuell" wären und sich im Lebensgang einzelner Menschen unterschiedlich artikulierten. Diese Effekte entstünden auch erst dann, „wenn die Lernlandschaft insgesamt [...] stimulierend ist, wenn sie gemeinschaftsfördernd wirkt und eigene Aktivitäten der Schüler unterstützt" (S. 105). Diese Effekte von Kunstunterricht seien nicht garantiert, sondern stellten Chancen intellektueller, sozialer oder emotionaler Bildung dar. Insofern, so Rittelmeyer, werfe dies Anfragen an die Didaktik auf (S. 106). Bemerkenswert ist, dass die wenigen benennbaren Wirkfaktoren tendenziell relationale Momente beschreiben, somit also die hier entwickelten kunstdidaktischen Überlegungen in diesem Sinne anschlussfähig sein können.
18 Peez 2009 beschreibt den „Umgang mit Kindern und (jungen) Menschen" als eher selten genannten Grund zur Berufsentscheidung (S. 730), andererseits sehen sich viele Kunstlehrer selbst biografisch ganz entschieden durch den personalen Bezug zu ihrem eigenen Kunstlehrer geprägt (S. 708). Dreyer 2005 sieht den empathischen personalen Bezug vor allem für den Typus des Kunstlehrers „aus Berufung mit künstlerischem Interesse" als wesentlich an (S. 223).

ler kann dagegen für die schulische Praxis als Kunstlehrer dann problematisch werden, wenn nicht eine Balance zwischen Künstler- und Lehrersein gefunden wird (Heinritz/Krautz 2010, S. 4, 17 und 18).[19] Insofern kann der Kunstlehrer als Persönlichkeit in der pädagogischen Beziehung dann sehr wohl eine besondere Rolle spielen, wenn er seine persönliche künstlerische Identität mit einem pädagogischen Habitus verbindet und die personalen Beziehungen in diesem Sinne verantwortlich ausgestaltet (Dreyer 2005, S. 263 ff.). Dazu gehören dann auch, so darf für unseren Zusammenhang gefolgert werden, ausgebildete didaktische und methodische Fähigkeiten, um relationale Lernmöglichkeiten zu eröffnen, die Schüler nicht allein auf die Person des Kunstlehrers ausrichten, sondern ihnen ermöglichen, in wachsender Selbstständigkeit die Beziehungen von Ich, Wir und Welt mittels Kunst, Bildern und Gestaltung zu erfahren, zu verstehen und zu gestalten.

Schluss

Wird hierzu eingewandt, eine solche personal verstandene Kunstpädagogik und -didaktik erhebe – erst recht im Bereich der Kunst – unzulässige normative Ansprüche, dann sei abschließend an ein Zweifaches erinnert:

Erstens ist Kunstpädagogik Pädagogik und nicht Kunst. Sie unterliegt damit einem anderen Freiheits- und Verantwortungsbegriff, anderen Legitimationsgrundsätzen und Sollensforderungen (Krautz 2010). Auch für Kunstpädagogik trifft also zu, was Marian Heitger für eine jede Pädagogik konstatiert hat: „Jede Pädagogik ist ihrer Natur nach durch einen normativen Anspruch definiert; es wird kaum zu bestreiten sein, dass aller Pädagogik ein Sollen innewohnt" (Heitger 2002, S. 53). Doch macht es gerade „die Pädagogizität des Sollens aus, dass sie dem Gedanken der Selbstbestimmung des Menschen nicht widerspricht" (Heitger 2002, S. 53 f.). Wie dargelegt wurde, will auch eine personale Kunstpädagogik den Menschen in verantwortete Freiheit setzen, in eine eben nicht absolute, sondern relational verfasste Freiheit, die sich in der – hier künstlerisch und bildhaften – Gestaltung der Beziehungen zu Ich, Wir und Welt entfaltet. Solche Freiheit entfaltet sich also nicht im subjektiven ästhetischen Erleben, nicht jenseits, sondern in der Bindung an Mitmensch und Mitwelt.[20] Damit werden nicht Normen oktroyiert, sondern ein Lernen ermöglicht, „das eigenes Fürwahr-

---

19 Ähnlich betont Dreyer 2005 die Bedeutung einer „subjektiv gelingenden Balance zwischen künstlerischer Identität und pädagogischem Habitus [als] Voraussetzung für eine kunstpädagogisch professionelle Tätigkeit" (S. 224).

20 Weil es in der ästhetischen Erfahrung nicht darum geht, „was außerhalb von mir stattfindet, sondern wie ich dieses Außen wahrnehme, erfahre und bewältige", ist „die ästhetische Erfahrung stets eine Erfahrung von Subjektivität und Singularität" (Schnurr 2008, S. 202). Sie ist nach dieser Definition also gerade nicht relational.

halten als seinen Zweck anerkennt. Eigenes Fürwahrhalten ist auf die Aktivität des Lernenden verwiesen" (Heitger 2002, S. 62). Das eigenaktive Prüfen von Geltung durch die Schüler vollzieht sich hier nicht primär im Denken, sondern im Sehen und Gestalten *in* Beziehung. Freigabe bedeutet daher auch für die Kunstpädagogik „nicht ein Handeln in Beliebigkeit, sondern den Vollzug von Geltung, ein verantwortungsbewusstes Handeln" (Heitger 2002, S. 63).

Zweitens macht die personale Akzentuierung auch hier „auf die *denknotwendigen* Bedingungen der Möglichkeit von Erziehung aufmerksam": „Dabei wird deutlich, dass das Attribut ‚personal' kein Additivum zum Begriff ‚Pädagogik' darstellt, sondern die in ihr gegebenen Voraussetzungen zur Sprache bringt." (Heitger 2002, S. 64) Personale Kunstpädagogik betont insofern die in ihr gegebenen anthropologischen Voraussetzungen. Daher ist auch in unserem Zusammenhang die „Zwecksetzung durch das Personsein" kein von außen auferlegter normativer Zwang, „sondern er formuliert eine mit der Pädagogik selbst gegebene und deshalb *denknotwendige Normativität*" (Heitger 2002, S. 61). Sie erscheint dann als „Zwang", wenn der pädagogische Charakter von Kunstpädagogik zugunsten entweder einer vorrangigen Orientierung an der Kunst oder der gesellschaftlichen Bedingungen von Kultur und Bildern oder von subjektiver ästhetischer Erfahrung verschoben wird. Deutlich wurde jedoch, dass die Person alle Dimensionen umfasst und in Relation stellt: als unlösbare Bindung von Ich, Wir und Welt.

Literatur

Ballauff, T. (1970): Systematische Pädagogik. Eine Grundlegung. 3. Auflage. Heidelberg: Quelle & Meyer.

Bering, K. (2003): Perzeptbildung: Ein Basisbegriff kunstdidaktischen Handelns. In: Busse, K. P. (Hrsg.) (2003): Kunstdidaktisches Handeln. Norderstedt: Books on Demand, S. 206–213.

Boehm, G. (Hrsg.) (2001): Homo Pictor. Colloquium Rauricum Band 7. München und Leipzig: Saur.

Böhm, W. (1995): Theorie und Praxis. Eine Einführung in das pädagogische Grundproblem. 2. Auflage. Würzburg: Königshausen & Neumann.

Bollnow, F. O. (1982): Studien zur Hermeneutik. Band I: Zur Philosophie der Geisteswissenschaften. Freiburg: Karl Alber.

Brater, M./Büchele, U./Fucke, E./Herz, G. (1989): Künstlerisch handeln. Die Förderung beruflicher Handlungsfähigkeit durch künstlerische Prozesse. Stuttgart: Verlag Freies Geistesleben.

Brodbeck, K. H. (2007): Entscheidung zur Kreativität. Wege aus dem Labyrinth der Gewohnheiten. 3. Auflage. Darmstadt: WBG.

Budak, A./Pakesch, P. (Hrsg.) (2010): Human Condition. Mitgefühl und Selbstbestimmung in prekären Zeiten. Katalog anlässlich der Ausstellung „Human Condition. Mitgefühl und Selbstbestimmung in Prekären Zeiten", Kunsthaus Graz, Universalmuseum Joanneum 12. Juni bis 12. September 2010. Köln: König.

Burchardt, M. (2001): Erziehung im Weltbezug. Zur pädagogischen Anthropologie Eugen Finks. Würzburg: Königshausen & Neumann.

Burchardt, M. (2008): Relationale Anthropologie. In: Mertens, G./Frost, U./Böhm, W./Ladenthin, V. (Hrsg.) (2008): Handbuch der Erziehungswissenschaft Band I. Grundlagen Allgemeine Erziehungswissenschaft. Paderborn: Schöningh, S. 517–536.

Danner, H. (1981): Überlegungen zu einer „sinn"-orientierten Pädagogik. In: Langeveld, M. J./Danner, H. (1981): Methodologie und „Sinn"-Orientierung in der Pädagogik. München: E. Reinhardt, S. 107–160.

Danner, H. (2010): Kunstpädagogik in existenzieller Verantwortung. In: Krautz, J. (Hrsg.) (2010): Kunst, Pädagogik, Verantwortung. Zu den Grundfragen der Kunstpädagogik. Oberhausen: Athena, S. 39–52.

Dreyer, A. (2005): Kunstpädagogische Professionalität und Kunstdidaktik. Eine qualitativ-empirische Studie im kunstpädagogischen Kontext. München: kopaed.

Fend, H. (2005): Entwicklungspsychologie des Jugendalters. 5. Auflage. Wiesbaden: VS Verlag.

Fink, E. (1978): Grundfragen der systematischen Pädagogik. Freiburg: Rombach.

Flores d'Arcais, G. (1991): Die Erziehung der Person: Grundlegung einer personalistischen Erziehungstheorie. Stuttgart: Klett-Cotta.

Frankl, V. E. (2003): Der Mensch vor der Frage nach dem Sinn. Eine Auswahl aus dem Gesamtwerk. 16. Auflage. München: Piper.

Frankl, V. E. (2009): Ärztliche Seelsorge. Grundlagen der Logotherapie und Existenzanalyse. Mit den „Zehn Thesen über die Person". 2. Auflage. München: Deutscher Taschenbuch-Verlag.

Fromm, E. (1941/1999): Die Furcht vor der Freiheit. In: Funk, R. (Hrsg.) (1999): Erich Fromm. Gesamtausgabe in zwölf Bänden. Band I: Analytische Sozialpsychologie. Stuttgart: Deutsche Verlags-Anstalt, S. 217–392.

Fromm, Erich: Wege aus einer kranken Gesellschaft (1955/1989). In: Funk, R. (Hrsg.) (1989): Erich Fromm. Gesamtausgabe in zwölf Bänden. Band IV: Gesellschaftstheorie. München: Deutscher Taschenbuch Verlag S. 1–254.

Fuchs, T. (2008): Das Gehirn – ein Beziehungsorgan. Eine phänomenologisch-ökologische Konzeption. Stuttgart: Kohlhammer.

Gadamer, H. G. (1990): Wahrheit und Methode. Grundzüge einer philosophischen Hermeneutik. Gesammelte Werke. Band 1. 6. Auflage. Tübingen: Mohr.

Girmes, R. (2004): (Sich) Aufgaben stellen. Seelze (Velber): Kallmeyer.

Glas, A./Seydel, F./Sowa, H./Uhlig, B. (Hrsg.) (2012): Kunst. Lehrerband 2. Stuttgart und Leipzig: Klett.

Gruschka, A. (2011): Verstehen lehren. Ein Plädoyer für guten Unterricht. Ditzingen: Reclam.

Guardini, Romano (1950): Welt und Person. Versuche zur christlichen Lehre vom Menschen. Würzburg: Werkbund-Verlag.

Heinritz, C./Krautz, J. (2010): Kunstlehrer bleiben?! Motive der Berufszufriedenheit von Kunstlehrerinnen und Kunstlehrern. Kunst+Unterricht 345–346, Exkurs „Kunstlehrer bleiben?!", S. 2–19.

Heitger, M. (2002): Personale Pädagogik. Rückfall in Dogmatismus oder neue Möglichkeit der Grundlegung? In: Harth-Peter, W./Wehner, U./Grell, F. (Hrsg.) (2002): Prinzip Person. Über den Grund der Bildung. Würzburg: Ergon, S. 53–65.

Jakobi, W. (1988): Lebensbedeutsame Bilder. Pädagogische Interpretation von Kunst. Weinheim: Deutscher Studien-Verlag.

Klafki, W. (2007): Neue Studien zur Bildungstheorie und Didaktik. Zeitgemäße Allgemeinbildung und kritisch-konstruktive Didaktik. 7. Auflage. Weinheim und Basel: Beltz.

Krautz, J. (2004): Vom Sinn des Sichtbaren. John Bergers Ästhetik und Ethik als Impuls für die Kunstpädagogik am Beispiel der Fotografie. Dissertation. Hamburg: Kovac.
Krautz, J. (2009): Kreativität zwischen Person und Funktion. Aktuelles und Grundsätzliches zur Kritik des „schwachen Begriffs". In: Kunst+Unterricht 331-332, S. 75–81.
Krautz, J. (Hrsg.) (2010): Kunst, Pädagogik, Verantwortung. Zu den Grundfragen der Kunstpädagogik. Oberhausen: Athena.
Krautz, J. (2011): Übergangsräume. Zur einer Propädeutik der Wahrnehmung zwischen Kunst und Pädagogik In: Brenne, A./Gaedtke-Eckardt, D. B./Mohr, A./Siebner, B. S. (Hrsg.) (2011): Raumskizzen. Eine interdisziplinäre Annäherung. München: kopaed, S. 181–198.
Krautz, J. (2012): Imagination und Personalität in der Kunstpädagogik. Anthropologische und didaktische Aspekte. In: Sowa, H. (Hrsg.) (2012): Bildung der Imagination. Band 1. Kunstpädagogische Theorie, Praxis und Forschung im Bereich einbildender Wahrnehmung und Darstellung. Oberhausen: Athena, S. 74–97.
Krautz, J./Sowa, H. (Hrsg.) (2013): „Lernen – Üben – Können". Kunst+Unterricht 369/370.
Künkler, T. (2011): Lernen in Beziehung. Zum Verhältnis von Subjektivität und Relationalität in Lernprozessen. Bielefeld: transcript.
Lüthy, M. (2005): Relationale Ästhetik. Über den „Fleck" bei Cézanne und Lacan. In: Blümle, C./von der Heiden, I. (Hrsg.) (2005): Blickzähmung und Augentäuschung. Zu Jacques Lacans Bildtheorie. Zürich und Berlin: Diaphanes, S. 265–288.
Maurer, F. (1992): Lebenssinn und Lernen. Zur Anthropologie der Kindheit und des Jugendalters. 2. Auflage. Bad Heilbrunn/Oberbayern: Klinkhardt.
Meyer-Drawe, K. (1992): Nachdenken über Verantwortung. In: Fauser, P./Luther, H./ Meyer-Drawe, K. (Hrsg.) (1992): Verantwortung. Friedrich Jahresheft X. Seelze: Friedrich, S. 14–16.
Meyer-Drawe, K. (2000): Illusionen von Autonomie. Diesseits und Jenseits der Ohnmacht und Allmacht des Ich. 2. Auflage. München: Kirchheim.
Nagl-Docekal, H./Vetter, H. (Hrsg.) (1987): Tod des Subjekts? Wien und München: Oldenbourg.
Peez, G. (Hrsg.) (2009): Kunstpädagogik und Biografie. 53 Kunstlehrerinnen und Kunstlehrer erzählen aus ihrem Leben – Professionsforschung mittels autobiografisch-narrativer Interviews. München: kopaed.
Plüss, A. (2010): Empathie und moralische Erziehung. Das Einfühlungsvermögen aus philosophischer und pädagogischer Perspektive. Dissertation. Zürich und Berlin: Lit.
Raskob, H. (2005): Die Logotherapie und Existenzanalyse Viktor Frankls. Systematisch und kritisch. Wien: Springer.
Rittelmeyer, C. (2010): Warum und wozu ästhetische Bildung? Über Transferwirkungen künstlerischer Tätigkeiten. Ein Forschungsüberblick. Oberhausen: Athena.
Schaller, K. (1996): Achtsamkeit auf andere und anderes. In: Musik & Bildung 28, S. 2.
Schieren, J. (2008): Ästhetische Bildung – Das Kunstverständnis der Waldorfpädagogik. In: Schieren, J. (Hrsg.) (2008): Bild und Wirklichkeit. Welterfahrung im Medium von Kunst und Kunstpädagogik. München: kopaed, S. 65-86.
Schneider, W. (1995): Personalität und Pädagogik. Der philosophische Beitrag Bernhard Weltes zur Grundlegung der Pädagogik. Weinheim: Deutscher Studien Verlag.
Schnurr, A. (2008): Kunstpädagogik als Beitrag zu einer „Erziehung zur Mündigkeit" – Entwurf der fachspezifischen Konkretisierung eines Bildungsideals. In: Billmayer, F. (Hrsg.) (2008): Angeboten. Was die Kunstpädagogik leisten kann. München: kopaed, S. 199–204.
Sennett, R. (2008): Handwerk. Berlin: Berliner Taschenbuch Verlag.

Sowa, H. (2010): Verantworteter Blick. Kunstpädagogik als hermeneutische Bildung des Sehens. In: Krautz, J. (Hrsg.) (2010): Kunst, Pädagogik, Verantwortung. Zu den Grundfragen der Kunstpädagogik. Oberhausen: Athena, S. 159–175.

Sowa, H.: Grundlagen der Kunstpädagogik – anthropologisch und hermeneutisch. Favorite – Schriften zur Kunstpädagogik 5. Ludwigsburg: PH c/o KIZ-Bibliothek.

Sowa, H./Glas, A./Seydel, F. (Hrsg.) (2010): Kunst. Arbeitsbuch 2. Stuttgart und Leipzig: Klett.

Sturma, D. (2008): Philosophie der Person. Die Selbstverhältnisse von Subjektivität und Moralität. 2. Auflage. Paderborn: Mentis.

Waldenfels, B. (1994): Antwortregister. Frankfurt am Main: Suhrkamp.

Weigand, G. (2004): Schule der Person. Zur anthropologischen Grundlegung einer Theorie der Schule. Dissertation. Würzburg: Ergon.

Volker Ladenthin

Werterziehung als Aufgabe des Unterrichts

In den folgenden Überlegungen soll die Beantwortung zweier Fragen versucht werden:
(1) Was heißt „Wertorientierung"?
(2) Wie kann Schule Werterziehung leisten?

Was heißt „Wertorientierung"?

Unter „Werterziehung" (Rekus 1993a) versteht man Konzepte, die es als Aufgabe der Schule erachten, neben Wissen „Haltungen" zu evozieren. Konzepten zur Werterziehung liegt die Überlegung zu Grunde, dass unser Handeln nicht nur richtig, sondern auch gerecht und gut ist, wenn es an Werten orientiert ist, wenn unser Handeln von Werten geleitet wird (Benner/Peukert 1984).

Zur Geschichte der „Werterziehung"

Die Werttheorie stellt eine in neuerer Zeit sich ausdifferenzierende Theorie (Hügli 2004a) in der Philosophie dar. Die „Theorie der Wert*erziehung*" setzt etwas später mit dem Beginn des modernen philosophischen Diskurses um „Werte" im ersten Drittel des 20. Jahrhunderts ein (Hügli 2004b) und versucht, „die philosophische Werttheorie für die Pädagogik fruchtbar zu machen" (Grunwald 1917, Sp. 797). Das Forschungsgebiet „Werterziehung" generiert sich also anfangs weniger aus einem pädagogischen Kontext (der traditionell von „Erziehung" in Abgrenzung zum Unterricht spricht), als vielmehr in Reaktion auf eine erneuerte philosophische Thematisierung. Inzwischen ist ein eigener Forschungsbereich entstanden (Zierer 2010).

Dabei verstand sich die Pädagogik von Beginn an weder „als angewandte Wertwissenschaft" (Grunwald 1917, Sp. 797) noch als Theorie in Konkurrenz zur Philosophie (Behn 1930). Vielmehr ging es darum, eine „pädagogische Werttheorie oder Wertlehre zur allgemeinen grundlegenden Prinzipienlehre der Pädagogik" (Grunwald 1917, Sp. 798) zu entwickeln. Dies konnte nicht ohne Rückgriff auf die Diskussionslage in der Philosophie vonstattengehen. Befragt wurde die Philosophie jedoch aus pädagogischer Perspektive.

Zur Legitimation des Erziehungsauftrags der Schule

Bevor über Formen der Werterziehung gesprochen werden kann, wäre allerdings zu klären, ob Werterziehung überhaupt eine Aufgabe der Schule sein soll. Aus dem Artikel 6 Abs. 2 des Grundgesetzes, der besagt, dass „Pflege und Erziehung der Kinder [...] das natürliche Recht der Eltern" sei, wird gelegentlich gefolgert, dass sich die Eltern der Erziehung, die Schulen dagegen dem Unterricht zu widmen haben. „Werteerziehung" stehe zudem immer in der Gefahr zu indoktrinieren. In einer pluralen Gesellschaft wie der unseren könne nur noch der Einzelne für seine Sittlichkeit verantwortlich sein (Giesecke 1996; Giesecke 2005). Die Philosophen hätten bisher eben kein konsensfähiges System der „Werte" vorgelegt – somit stehe in Frage, welche Werte zu lehren seien. Wenn es aber kein allgemein anerkanntes Lehrziel gebe, könne es auch keinen verantwortlich begründbaren Unterricht geben. Weder Gesellschaft, Politik noch Religion könnten in dieser Situation verbindlich jene Werte vorgeben, die an staatlichen Schulen für alle gleichermaßen gelehrt werden sollen.

Aber selbst wenn man sich auf Grundwerte einigen könne: Wie sollten Werte verbindlich gemacht werden? Der sittlich Handelnde ist allein seinem Gewissen verantwortlich. Das Gewissen aber dann erzieherisch beeinflussen zu wollen, sei ein Widerspruch in sich. Werthaltungen dürfe man nicht nachprüfbar (also messbar) lehren.

Dass andererseits eine Gesellschaft ohne wertbezogenes Handeln nicht gelingen kann, gestehen selbst die Kritiker der erziehenden Schule ein. Zwar gebe die Verfassung keine Werte vor, aber sie fordere sie ein, um bestehen zu können (Isensee 1986). Oft werden dann Vorstellungen einer „Werterziehung" formuliert, nach der sozial als sinnvoll erachtete Werte an Schülerinnen und Schüler „vermittelt" werden sollen.

Beide Vorstellungen jedoch erscheinen im Hinblick auf den Bildungsvorgang defizitär. Wenn nämlich Handeln Wertbezogenheit voraussetzt, dann muss dieser Bezug auch gelernt und dieses Lernen vernünftig gestaltet werden. Vernünftige Erkenntnis wird in der „Schule" lediglich institutionalisiert, sie darf dort keinen defizitären Charakter im oben beschrieben Sinne haben. Ansonsten verlöre Schule ihre pädagogische Qualität. Folglich gehört auch die Erziehung an die Schule. Wenn der „regel-gerechte" Erwerb von Werturteilen nicht an der Schule stattfände, würde ein wichtiger Bereich sozialen Lebens dem Zufall familialer Bemühungen überlassen. Das wäre aber nicht rational und entspräche nicht den kulturellen Standards unserer Gesellschaft. Die Schulen sind ein prominenter Ort (unter anderen), an dem sich unsere Gesellschaft in ihrem sachlichen und sittlichen Selbstverständnis artikuliert.

Zudem wird bei jedem Unterrichten immer schon erzogen. Schule und Unterricht *sind* Werte; wer sie besucht, setzt sich bereits mit einem „Wert" auseinander, hat Teil an einer durch die Institution objektivierten und sozial durchgesetzten Wertung. Sachverhalte werden zu Unterrichtsinhalten durch Auswahl und stellen somit eine *Bewertung* des kulturellen Angebots im Hinblick auf Bildung dar. Wenn Schule nicht nur die Ausbildung für einzelne Berufe, sondern vielmehr eine Bildung anstrebt, die es dem Einzelnen ermöglicht, an der ganzen Welt teilzuhaben, dann ist Schule erst richtig verstanden und gestaltet, wenn es in ihr nicht nur um ein beliebiges Wissen, sondern auch um „wertvolles" Wissen und die Haltung zum Gewussten geht (Mauermann 1978).

Wertentscheidungen müssen in einer wissenschaftsbestimmten Gesellschaft auch wissenschaftlich abgesichert (d.h. methodisch kontrolliert) gelehrt und gelernt werden. Vernünftigkeit („Rationalität") erfordert Menschen, die etwas nicht deshalb tun, weil es andere auch tun, sondern deshalb, weil sie es für richtig und gerechtfertigt erachten. Eine humane Gesellschaft braucht Menschen, die nicht nur sozialisiert sind, sondern die verantwortungsvoll handeln.

Werterziehung oder kulturelle Sozialisation?

Im pädagogischen Kontext fand man das Stichwort „Wertorientierung" lange Zeit Konzepten der „Sozialisation" und „Internalisierung" zugeordnet. Dem lagen die Einstellung und Beobachtung zu Grunde, dass in relevanten kulturellen Situationen Wertorientierungen realisiert werden (Rückriem 1973). Diese würden dann von den Teilnehmern durch einfache Teilnahme „internalisiert": Man stellte sich also vor, dass „Wertorientierungen im Laufe der Sozialisation in die innerpsychische Struktur des Individuums eingehen" (Ulsmann 1975).

Den im Schulleben von den Schülerinnen und Schülern erfahrenen Werten sprach/spricht man weitere, oft vorbildhafte kulturelle Bedeutung zu („Schule als – gute – Polis"). Die in der Schule realisierten Werte sollen sich „verfestigen". Schule müsste folglich so gestaltet werden, dass die von den Beteiligten gewünschten, bevorzugten oder allgemein akzeptierten Werte zur Realisation kämen.

Es stellen sich jedoch die Fragen:
1. Was sind die gewünschten, bevorzugten oder allgemein akzeptierten Werte?
2. Wie kann man sie allgemeinverbindlich begründen?

3. Wie verbindlich sind diese im Unterricht praktizierten Werte für das Leben außerhalb der Schule?

Kann zum Beispiel die sicherlich gewünschte Solidarität der Schüler untereinander so weit gehen, dass man auch zu jenem Schüler solidarisch ist, der diese Solidarität ausnutzt, das heißt bei Gruppenarbeiten nicht mitarbeitet? Kann sie sich auf jenen Schüler beziehen, der in der Pause die Hausarbeiten abschreibt und dann als eigene vorträgt?
Bereits zur Zeit des Philanthropismus, in dem die Frage nach der richtigen, zu einer Gesellschaft passenden Erziehung deutlich gestellt wurde, hat ein kritischer Betrachter dieser Versuche eine irritierende Frage gestellt:

„Noch eine allgemeine Bemerkung steht hier an der rechten Stelle, daß nämlich bei dem Emporwachsen der Kinder aus den gesitteten Ständen ein sehr großer Widerspruch zum Vorschein kommt, ich meine den, daß sie von Eltern und Lehrern angemahnt und angeleitet werden, sich mäßig (= maßvoll), verständig, ja vernünftig zu betragen, niemanden aus Muthwillen oder Übermuth ein Leid zuzufügen und alle gehässigen Regungen, die sich an ihnen entwickeln möchten, zu unterdrücken; daß nun aber im Gegenteil, während die jungen Geschöpfe mit einer solchen Übung beschäftigt sind, sie von andern das zu leiden haben, was an ihnen gescholten und höchlich verpönt ist. Dadurch kommen die armen Wesen zwischen dem Naturzustande und dem der Civilisation gar erbärmlich in die Klemme, und werden, je nachdem die Charaktere sind, entweder tückisch, oder gewaltsam aufbrausend, wenn sie eine Zeit lang an sich gehalten haben." (Goethe WA, S. 104 f.)

Offensichtlich ist es nicht nur schwierig, die favorisierten Werte auch bei allen Schülerinnen und Schülern dergestalt durchzusetzen, dass sich alle an ihnen ausrichten, also eine Wertegemeinschaft entsteht; sondern es stellt sich zugleich das Problem, dass die im Erziehungskontext favorisierten Werte in der Gesellschaft faktisch nicht die gleiche Anerkennung finden („Wertewandel"; Schlöder 1993) und so denjenigen, der diese favorisierten Werte lebt, in einen Widerspruch zu eben dieser Gesellschaft bringen. Dies lässt sich am Beispiel der „Talkshow" zeigen. Während es z.B. im schulischen Kontext unabdingbar ist, dass die Zeiten von eigener Rede und aktivem Zuhören sinnvoll geregelt sind („Bitte meldet euch, bevor ihr sprecht; vermeidet, etwas in die Klasse zu rufen!"), verlangt die Dramaturgie jeder Talkshow es, die Selbstdarstellung selbst in die Hand zu nehmen und sich gegen die anderen Redner – auch auf deren Kosten – durchzusetzen (Wachtel 1999).
Während man also gerade in der Schule bestimmte Werte deshalb favorisiert, weil sie in der Gesellschaft gelten *sollen*, erfährt der, der gemäß dieser Werte handelt, dass er damit *faktisch* in der Gesellschaft scheitert bezie-

hungsweise mutmaßlich scheitern würde. Schließlich führt die Erfahrung, dass die gelebten Werte denjenigen, der sie lebt, in eine Außenseiterstellung bringen, dazu, dass nach einer individuellen Lösung gesucht wird, die diese Differenz zur faktischen Gesellschaft überbrückt. Der Einzelne versucht durch geheuchelte Anpassung („tückisch") den Schein zu erwecken, dass er nach den im pädagogischen Kontext favorisierten Werten handelt, obwohl er in Wirklichkeit andere Werte handelnd bevorzugt; oder aber er wendet sich in Aggression gegen diesen Zwang. Wie ist also mit der Erfahrung umzugehen, dass die von Erziehungstheoretikern favorisierten Werte bereits in der Erziehungspraxis gar nicht von allen zu Erziehenden akzeptiert werden, ja sogar jene, die sie nicht akzeptieren, jene drangsalieren, die diese Werte akzeptieren?

Was sind Werte?

Die Fachterminologie unterscheidet zwischen *Werten* und *Normen* (während in der Öffentlichkeit beides vermischt wird). Normen sind „generelle Handlungsanweisungen", die „für alle Personen in einer Situation vom Typ S gelten": „Man schaltet das Licht aus, wenn man als letzter einen Raum verlässt!", „Wir fordern: Höhere Besteuerung von Benzin und Diesel!", Öko-TÜV, die Umwelt-Plakette. Das alles sind Normen. Werte sind „allgemeine grundlegende Normen", also gewissermaßen die Orientierungen für die Normen (König 1983). Wertorientierung meint also sowohl die Orientierung an grundlegenden Einstellungen, die das Handeln in vielen anderen Situationen bestimmen, als auch Orientierung an Haltungen, die das Handeln in anderen Situationen als der Lernsituation bestimmen. *Werte* sind mögliche *Bezugspunkte* für Normen: Zum Beispiel könnte der mögliche Bezugspunkt für die Norm „Man schaltet das Licht aus, wenn man als letzter einen Raum verlässt!" der Klimaschutz sein. Auch die Öko-Plakette hat ja keinen Selbst*wert*, sie dient vielmehr als Norm ebenfalls dem Wert Klimaschutz! Über *Werte* sind Diskurspartner sich sehr schnell einig: Wer ist schon gegen Klimaschutz? Aber über die Handlungs*normen* besteht selten Einigkeit:

„Höhere Steuern? Klimaschutz muss doch anders möglich sein!!!"
„Licht ausschalten? Als ob das reicht, um das Klima zu retten!"

Man kann also fragen: Welche Maßnahme (Norm) dient besser dem Wert Klimaschutz?
Die Vorschriften des Staates (Steuerung durch Besteuerung) oder der Appell an das Verantwortungsbewusstsein? Da wird ein großer Streit ausbrechen – obwohl man sich doch über den grundlegenden Wert einig war!

Es gibt demnach unterschiedliche Handlungsvorschriften („Normen"), die sich völlig zu Recht auf den *gleichen Wert beziehen*. Dem Wert „Klimaschutz" wird sowohl durch die Norm „Nutzt mehr Sonnenenergie!" als auch durch die Norm „Spart Energie!" entsprochen. Normen lassen sich also nicht ohne Nebenentscheidungen aus Werten ableiten. Handeln, das sich auf gleiche Werte bezieht, kann also höchst unterschiedliche Normen fordern.

Eckart König verweist in seinem Artikel auf die „Analytische Ethik" von William Frankena (1972), um eine weitere Unterscheidung einzuführen: Frankena unterscheidet zwischen moralischen und außermoralischen Werten. Ein sauberer Klassenraum, eine gut einsehbare Tafel, ein funktionierender Overheadprojektor, eine überschaubare Lerngruppe sind für Lehrer und Schüler wichtige Werte. Sie sichern guten Unterricht. Aber sie sind keine moralischen Werte. Sauberkeit, Funktionalität und Lernatmosphäre sind außermoralische Werte. Außermoralische Werte sollen ein gutes Leben beschreiben.

Von anderer Qualität ist es aber, wenn ein Schüler einen Mitschüler auf Grund seiner Herkunft hänselt, wenn etwas entwendet wird oder Schüler sich im Unterricht aggressiv beschimpfen, wenn körperliche Gewalt gegen andere Menschen ausgeübt wird. Von dieser „Qualität" wäre es auch, wenn die Schüler im Alltag ein verächtliches Verhalten gegenüber Minderheiten zeigen oder rücksichtslos im Straßenverkehr fahren. Hier wird offensichtlich die Würde der Person verletzt, hier geht es um moralische Werte. Immer wenn es um eine Betrachtung von Handlungen unter der Perspektive „Würde des Menschen" geht, spricht Frankena von *moralisch relevanten Werten*.

Außermoralische Werte betreffen die Lebensbedingungen, die Qualität der Lebensumstände. Sie wollen ein gutes Leben sichern. Man findet diese Werte, wenn man fragt: Was muss man tun, um ein gutes Leben führen zu können? *Moralische Werte* betreffen dagegen die Würde des Menschen, seine körperliche und geistige Integrität. Sie sichern ein gerechtes Leben. Man findet diese Werte, wenn man fragt: Was muss man tun, um ein gerechtes Leben zu führen?

Schließlich ist anzumerken, dass es „Werte […] nicht ohne Wertende" (Böhm 2005, S. 587 f.) gibt. Ein Wert ist einer Sache oder Handlung nicht inhärent wie eine Eigenschaft. Ein Wert ist nicht etwas, was einem Ding oder einer Handlung anhaftet. Vielmehr *bewerten* Menschen eine Sache oder Handlung so, dass sie für sie „wertvoll" wird oder wertlos bleibt. Ein Staudamm zum Beispiel (Ladenthin 2010) hat für einen Industriebetrieb mit hohem Energiebedarf einen Wert. Für diejenigen, die ihr Haus aufgeben müssen, weil es den Bau des Staudamms stört, hat der (physikalisch) gleiche Staudamm eher einen Un-wert. Im Alltag fragen wir immer nach diesem Wert, zumindest – so illustriert dieses Beispiel, bei außermoralischen Werten.

Aber auch bei moralischen Werten können wir diesen Wertungsvorgang beobachten. Sicherlich stellt staatliche „Fürsorge" nach allgemeiner Übereinkunft eine wertbezogene, ja moralische Handlung dar. Eine zu große Fürsorge könnte aber dazu verführen, sich nicht mehr selbst um die Sicherung des Lebensunterhalts zu bemühen. Zudem mischt sich der zu „fürsorgliche" Staat in die Lebensgestaltung des Einzelnen ein (Unverzagt 2010). Die gleiche Handlung wird also einmal als positiv, als moralisch geboten, zum anderen als negativ (als schädigend) betrachtet.

Wert und Werten

Festzuhalten ist, dass eine Sache keinen Wert „hat", sondern jede Person einer Sache einen Wert zuschreibt. Sie verleiht einer Sache einen Wert. Um dies zu können, braucht sie ein Maß und Maßeinheiten. Bei außermoralischen Werten ist das Maß die Lebensqualität. Die Qualität der Lebensumstände – in philosophischer Sprache: Die Conditio Humana. Wertvoll beziehungsweise ein Wert ist, was der Lebensqualität dient. Bei moralischen Werten ist das Maß die Würde des Menschen; (sittlich) wertvoll bzw. ein (moralischer) Wert ist, was die Würde des Menschen nicht verletzt, sondern sie erhält oder fördert.

Wie fällen wir Wertentscheidungen?

Da Werte im Vorgang einer „Wertung" gefunden werden, setzen sie ein Maß voraus, anhand dessen sie gefunden werden. Dieses Maß muss gültig, d.h. begründet sein. Werte – so ist dann zu folgern und festzuhalten – können keine letzte Rechtfertigung für unser Handeln sein. Sie *bedürfen* vielmehr der Rechtfertigung, um unser Handeln leiten zu können. Es ist also nötig, die Begründung für Werte zu kennen und so Werte zu identifizieren. Man muss „werten lernen".

Schon an dieser Stelle ist festzuhalten, dass es nicht sinnvoll ist, in Schulen „Werte" zu „vermitteln": Vielmehr muss man Schüler in die Lage versetzen, das „Werthaltige" in Sachverhalten zu erkennen und zwischen Wertungen zu entscheiden. Daher ist es geboten, in der Schule anlässlich von schultypischen Inhalten das Verfahren des Wertens zu lernen.

Aber noch eine zweite Konsequenz ergibt sich. Auf den ersten Blick müsste es möglich sein, durch Zuschreibungen auf Grund von vorausgesetzten Maßstäben eine Wertehierarchie aufzubauen. Wenn das Maß und die Maßeinheit klar sind, dann müssten sich doch niedrige und höhere Werte festlegen lassen; dann gäbe es Grundwerte und Überbau-Werte (Scheler, 1913). Da aber die Maßgaben „Conditio Humana" und „Würde des Menschen" nicht schon jene Inhalte bestimmen, in denen nach Maßgabe dieser

Kriterien entschieden werden soll, ist die Vorstellung einer inhaltlichen Wertehierarchie nicht haltbar. Verlässlichkeit z.B. ist kein situationsunabhängig zu bestimmender Wert, der eine feste Beziehung zu anderen Wertungen (z.B. Selbstbestimmung, Gerechtigkeit, Individualität) hat. Verlässlichkeit wird vielmehr durch eine auf eine Situation bezogene Begründung zum Wert – oder zum Unwert. Bezogen auf gemeinsame Aufgaben, wie z.B. die Vorbereitung einer Klassenfahrt, hat die Verlässlichkeit scheinbar einen sehr hohen Wert. Wenn es hingegen um die Planung eines Vergehens oder Regelbruchs geht, ist Verlässlichkeit so ziemlich das Letzte, was man zeigen sollte. Auch Soldaten in Unrechtsstaaten sind „verlässlich" – und müssen sich gegebenenfalls gerade dafür vor Gericht verantworten (so im Falle der Grenzwächter der ehemaligen DDR).

Dies gilt auch für „schulspezifische" Werte: Eliteförderung, Wettbewerb bei Vergleichsarbeiten, Ranking als neue Leitbilder der Schule stehen im offenen Widerspruch zu den ebenfalls als Leitbild ausgegebenen Werten Teamfähigkeit, Kooperation, Empathie. Man sieht, wie schnell sich Wertschätzungen von Handlungen verändern. Teamgeist wird also gerade von den Schulorganisatoren nicht als jene „unbedingte" Schlüsselqualifikation anerkannt, als die sie so gerne in den Lehrplänen der gleichen Schulorganisatoren hingestellt wird. Wettbewerb und Solidarität geraten in einen unlöslichen Konflikt, wenn man in einer Handlung beides verwirklichen will. Wir entscheiden uns also anlässlich unterschiedlicher Aufgaben unterschiedlich. Das ist nicht nur bei den außermoralischen Werten so, sondern auch bei den moralischen Werten.

Gewaltfreiheit etwa ist ein moralischer Wert, weil sie den anderen als gleichwertige Person achtet und unversehrt lässt. Aber nun muss ein Polizist vielleicht einem gewaltbereiten Menschen die Waffe gewaltsam entwenden und ihn mit Gewalt daran hindern, andere Menschen zu verletzten.[1] In dieser Situation wird „Gewalt" zum moralischen Wert. Gewaltlosigkeit ist also kein absoluter Wert;[2] kein Wert, der immer und in jeder Situation gilt (Ladenthin 2005). Wer sich also zwischen den Werten Gewalt und Gewaltlosigkeit entscheiden muss (und das betrifft Kinder auf dem Schulhof ja fast alltäglich), muss bedenken, dass Gewalt einerseits die Würde desjenigen verletzt, auf den Gewalt ausgeübt wird, andererseits aber denjenigen schützen kann, der von der Gewalt Dritter bedroht wird. Er muss bedenken, dass Gewalt*losigkeit* einerseits die Gleichwertigkeit des anderen Menschen achtet, andererseits aber andere Menschen gefährdet. Dies ist keine leichte Entscheidung.

---

1 Vgl. die Schilderung des Dilemmas (moralische Argumentation und Selbstbestimmung) bezogen auf das Gewaltproblem bei Rathmayr 1985.
2 Steinmetz 1980, S. 228: „Die unterschiedlichen Interpretationen stehen in Konflikt zueinander, womit die spannungsvolle internationale Lage auch in der Staatsphilosophie und Ethik widergespiegelt wird."

Wertentscheidungen werden gefällt, indem (1) eine Situation auf mögliche Werthaltungen analysiert und dann (2) bezogen auf Kriterien beurteilt wird – sie wird bewertet. Diese Kriterien sind die Conditio Humana und die Würde des Menschen.

Nun differieren die Auffassungen darüber, was unter Conditio Humana zu verstehen ist (Plessner 1976). Dieser Streit kann weder in der Schule entschieden noch kann eine Entscheidung normativ vermittelt werden – wohl aber können in der Schule Entscheidungen reflektiert werden. Der Streit setzt allerdings auch voraus, dass die Conditio Humana als regulative Idee anerkannt wird. Man kann sagen: Geschichte besteht aus dem Versuch zu erkennen, was diese Conditio Humana ist, und wie man sie ermöglichen oder sichern kann. Schule kann diesen langen und unabschließbaren Diskurs nicht einfach beenden. Sie kann aber den Einzelnen befähigen, an diesem Diskurs qualifiziert teilzunehmen, eigene Vorstellungen zu entwickeln und diese angemessen durchzusetzen.

Wenn Schule zum Werten auffordert, dann muss zuvor oder dabei über die beiden zentralen Kriterien zum Werten gesprochen worden sein. Wertorientierung heißt also: Helfen, auf Grund des Maßstabs der Conditio Humana und der Würde des Menschen Werte zu identifizieren. Und in einem weiteren Schritt heißt es dann, dass der Wert bevorzugt wird, der am meisten geeignet ist, die Conditio Humana zu sichern – oder die Würde des Menschen. Dieser Begründungsakt ist rational. Zwar „muss es jeder selbst wissen", weil jeder immer alles selbst wissen muss. Aber die Argumentationslogik kann rational betrachtet und begründet werden (Ladenthin 2001).

Wie kann man Werten Geltung verschaffen?

Die Vorstellung, ein Erzieher muss – auch gegen den Willen der Betroffenen – vorab bestimmten Werten Geltung verschaffen, ist oft anzutreffen. Man denkt an gut gemeinte emotionale Beeinflussung, an das Auslösen von Betroffenheit oder permanente Appelle. Aber eine solche Vorstellung ist selbstwidersprüchlich, denn Einsicht kann nicht durch Zwang oder unbewusste Beeinflussung evoziert werden, ohne ihren Einsichtscharakter zu verlieren: „Werterziehung darf nicht verstanden werden als die Vermittlung vermeintlich feststehender (meistens sehr traditionalistischer) Werte, sondern als Ermutigung und Befähigung von Kindern bzw. Heranwachsenden, selber zu ‚werten', d.h. selbständige und eigenverantwortliche Wertentscheidungen zu treffen." (Böhm 2005)

Zudem braucht man „Werte" nicht zu vermitteln; denn jeder hat ja schon „Werte". Jeder, der handelt, realisiert Werte. Aber vielleicht kennt er nicht genügend Werte, um zwischen ihnen abwägen zu können. Er versteht Begründungen nicht oder ist sich unklar über die Kriterien. Schule muss also Werte vorführen und die Wertevielfalt vergrößern. Das geschieht im

Unterricht. Das geschieht durch Lehrer, die ihre Werte vorleben. Das geschieht durch eine Schule, die Ausdruck von Werthaltungen ist. Unterricht muss also zum Werten befähigen.

Struktur des Werturteils

Wenn man all die genannten Teilaspekte zusammenführt, kann man die Struktur eines Werturteils beschreiben. Diese Strukturbeschreibung ist logischer und nicht psychologischer Art. Lebensweltlich mögen wir zwar anders vorgehen, gleichwohl liegt jedem lebensweltlichen Werturteil diese logische Struktur zu Grunde. (Die allgemeinen Überlegungen werden an einem naheliegenden Beispiel aus dem Geographieunterricht erläutert.)

a) Feststellung eines Sachverhalts. Verantwortliche Werturteile können nur dann gefällt werden, wenn die Sache, deren Wert bestimmt werden soll, so präzise wie möglich „erkannt" wird. Werturteile ersetzen keine Sachurteile, sondern setzen sie voraus. Dies soll am erwähnten Beispiel einer Unterrichtseinheit über einen Staudammbau erläutert werden. Bevor man etwa darüber urteilt, ob z.B. der Bau des Drei-Täler-Staudamms eine gute und gerechte Wertentscheidung war, muss man wissen, was ein Staudamm ist, wo der Drei-Täler-Staudamm liegt und wie dieser Staudamm aufgebaut ist.

Konsequenzen für den Unterricht: Wertbezogener Unterricht ist nur dann bildend, wenn er auf einem soliden Sachverstand fußt. Ohne Sachverstand wird wertorientierter Unterricht zum Gesinnungsunterricht, zur Manipulation.

b) Fragen nach Funktionen und Folgen des Sachverhalts. Der Gegenstand wird in potentielle Handlungen hineingezogen: Was ist die Bedeutung des Gegenstands? Wozu könnte der Gegenstand geeignet sein? Was kann man mit ihm (oder mit dem Wissen um ihn) machen? Welche Folgen hat seine Anwendung? Welche (neuen) Möglichkeiten des Umgangs ergeben sich? Was ist zu bedenken, wenn man den Gegenstand „nutzt"? Der Wert des Lerngegenstands für menschliches Handeln wird bestimmt.

Am Beispiel: Gefragt ist nun nach den Aufgaben eines Staudamms und nach den Folgen, die der Bau eines Staudamms verursachen könnte – also Energiegewinnung, Hochwasserschutz, Trinkwasseraufbereitung, Veränderung der Landschaft, Umsiedlung von Landschaft, Zerstörung von Kulturgütern.

Konsequenzen für den Unterricht: Die Sachlichkeit des Gegenstands wird auf mögliche Handlungsfelder angewandt; die prinzipielle Funktionsweise eines Staudamms wird übertragen in mögliche Handlungen und Folgen. (Das ist für den Unterricht wichtig: Unterrichtsgegenstände bekommen erst anlässlich der Thematisierung des Umgangs mit dem Gegenstand („Erfahrung"; Ladenthin 1999, S. 103 ff.) einen Wert.)

c) Bestimmungen der Werte, die in den angesprochenen Funktionen berührt, also umgesetzt oder verletzt werden. Die Beschreibung der Funktionen eines Gegenstandes zeigt den Wert einer Sache auf. Wieder am Beispiel erläutert: Ein Staudamm dient der Flussreglung – welchen Wert hat denn diese Flussreglung? Es ist der Wert sicheren Wohnens, der Planbarkeit, der Beherrschung von Natur. Ein Staudamm verändert aber auch die Landschaft. Der Erhalt von Landschaft ist jedoch gleichfalls ein Wert – gerade für die Bewohner dieser Landschaft (Heimat, Tradition, soziale Beziehungen). Menschen brauchen verlässliche soziale und vielleicht sogar regionale Bezüge. Menschen sind nicht nur Objekte der (ökonomischen, politischen, ökologischen) Planung, sondern auch Subjekte eigener Lebensplanung.

Konsequenzen für den Unterricht: Die Schülerinnen und Schüler lernen, nach der Bedeutsamkeit von Sachen und Handlungen zu fragen: Sie lernen explizit, dass hinter allen Handlungen Wertentscheidungen stehen, also Entscheidungen, die Werten entsprechen oder sie verletzen. Das betrifft auch das eigene Handeln. („Wie nutze ich den Staudamm?": Energie, alltägliches Trinkwasser, Freizeit, aber auch: Verlust an Heimat usw.)

d) Wertentscheidung. Nach den Analysen sind die Menschen zum Handeln und damit Entscheiden herausgefordert (auch Nicht-Handeln ist eine Entscheidung). Wie sollen die Handlungsträger in einer konkreten Situation entscheiden? Es erfolgt also eine Gewichtung der möglichen Werte, um herauszufinden, welchen Wert man tatsächlich realisieren will.

Erneut am Beispiel erläutert: Nachdem also die prinzipiellen Möglichkeiten und Folgen eines Staudammbaus im Allgemeinen benannt wurden, entsteht die Frage, ob in einer konkreten Situation der Staudamm gebaut wird (gebaut werden durfte) – oder eben nicht. An dieser Stelle müssen also Werturteile zu Normentscheidungen transformiert werden. Erst hier entsteht der politische Streit – der gesellschaftliche Dissens. Auch Befürworter eines Staudammbaus werden nicht leugnen, dass er negative Folgen für eine Zahl von Anwohnern oder die Umwelt haben kann; aber sie bewerten die Vorteile (z.B. für die Allgemeinheit) höher als die Nachteile (für wenige). Sie bewerten den ökologischen Gesamtnutzen höher als die partielle Umweltzerstörung usw. Es kommt also zu einer Wertentscheidung. Diese fragt nach dem Wert der betroffenen Werte – nach dem „Sinn". Während die erste Wertentscheidung prinzipiell mögliche Werte (in außermoralischer und moralischer Hinsicht) bestimmt hat, kommt nun, im Übergang zur Normenscheidung, die Frage nach dem Sinn menschlichen Handelns hinzu: Welchem der vielen möglichen Werte geben wir in einer tatsächlichen Entscheidung den Vorzug.

Bei dieser Entscheidung kann nicht mehr auf ein feststehendes Wertegefüge zurückgegriffen werden. Denn jede Situation erfordert ihre spezifische Bearbeitung. Was am Möhnesee richtig war, war vielleicht in Assuan falsch und ist am Drei-Täler-Staudamm ambivalent. Was sich verändert, sind aber nicht die Werte. Sie bleiben gleich: Weiterhin dient ein Staudamm der Energiegewinnung und Energie ist immer ein Wert für die Conditio Humana. Die Werte sind gleich geblieben. Was aber anders ist sind die Normen: Welchen Wert bevorzugt man in einer ganz konkreten, spezifischen Situation? Diese Entscheidung kann gerade nicht im Rückgriff auf „Werte" gefällt werden, sondern benötigt einen neuen Horizont, neue Kriterien. Es ist die Frage, ob eine tatsächliche Entscheidung letztlich der Conditio Humana dient – und ob sie sittlich zu vertreten ist.

Die Handlungsentscheidung verlangt also nach einer neuen Beurteilung; sie setzt die möglichen Werte gegeneinander und fragt, welche der möglichen Werte denn nun tatsächlich berücksichtigt werden *sollen*. Das Wort „sollen" steht nicht zufällig an dieser Stelle. Menschliches Handeln steht unter „Sollensforderungen". Eine Norm wird angesprochen, an die sich die Menschen halten „sollen". Alle Handlungen sollen der Conditio Humana entsprechen – und sie sollen sittlich zu vertreten sein.

Worin die Conditio Humana besteht und was sittlich ist, kann weder aus dem Wissen über Staudämme noch aus den Werten abgeleitet werden, sondern muss eigens geklärt werden. Die leitenden Fragen lauten: Was sind menschliche Lebensbedingungen? Wann leben Menschen unter menschlichen Bedingungen? Was ist sittlich zu vertreten? Was ist der Sinn menschlichen Lebens? Erst Antworten auf diese Frage erlauben es uns, menschliches Handeln sinnvoll und wertbezogen zu planen.

Konsequenzen für den Unterricht: Anlässlich des Themas „Staudammbau" wird man darüber sprechen müssen, was denn menschliche Lebensbedingungen sind und was sittliches Handeln ist. Die (Fach-)Diskussion über den chinesischen Staudammbau führt schnell zu den Fragen, wie die Menschen leben wollen, was menschliche Lebensbedingungen sind, wie man sie erhalten oder schaffen kann.

Werterziehung meint also nicht die Propagierung und „Vermittlung" bestimmter Werte. Denn für sich genommen ist die Internalisierung von Werten keine Praxishilfe – im Gegenteil. Internalisierte (also unbewusst praktizierte), ansozialisierte Werte verhindern, dass die Menschen angemessen auf sich verändernde Herausforderungen reagieren können. Wertsozialisation führt zu inadäquaten Handlungen.

Werterziehung hingegen meint die anlassbezogene Diskussion darüber, was eine menschliche Lebenswelt ist und was sie ausmachen sollte. Diese Diskussion und der konsequente, durch die Diskussion ausgelöste Rückbezug auf die Frage nach der Conditio Humana, der Sittlichkeit, d.h. auf den Sinn menschlichen Handelns, versetzt die Schülerinnen und Schüler in die Lage, später, nach der Schule, im Leben verantwortungsvoll zu handeln.

Keine Schule kann die Lebenssituationen ihrer Schülerinnen und Schüler voraussehen und sie für alle Zeiten rüsten (und mit Werten ausrüsten). Aber Schule kann die Bedingungen für Werturteile klären, eine Urteilsform für alle unvorhersehbaren Situationen lehren – nämlich die, alle künftigen Handlungen an einer Vorstellung vom menschlichen Leben und die Frage nach der Würde des Menschen zu messen.

Dabei ist zu berücksichtigen, dass in der Schule immer hypothetisch über Werte (und auch über Normen) gesprochen wird: Wie sollte sich deiner Meinung nach die chinesische Führung beim Staudammbau entscheiden? (Schüler werden den chinesischen Politkern weder Ratschläge geben können noch werden viele von ihnen später einmal selbst Staudämme bauen. Aber alle werden Wertentscheidungen jetzt schon im Alltag fällen müssen.) Dies gilt für alle Werturteile in allen Fächern: In der Schule werden keine Entscheidungen getroffen. Sie werden nur vorbereitet. Entscheiden kann man sich nur eigenverantwortlich im Leben. Auch deswegen schon kann Schule nicht zu Werten erziehen – und diese dann womöglich überprüfen und abtesten. Was aber Schule kann, ist verbindlich darüber zu sprechen, was denn die Kriterien für Wertentscheidungen sind: Wie die Menschen leben sollten und was sittliches Handeln ist.

Bereits mit der Frage nach der Conditio Humana und der Würde des Menschen verlässt das Denken die Grenzen nur einer Wissenschaft; diese Frage verlangt nach einer interdisziplinären Antwort. Die Frage nach dem gelungenen Leben: sie geht alle Wissenschaften gleichermaßen an. Aber genau diese Frage kann immer nur in einem Fach, anlässlich konkreter Fachprobleme besprochen werden. Es gibt keine Wissenschaft darüber, was menschliche Lebensbedingungen sind, wie man das Leben denn gestalten soll. Jede Wissenschaft trägt zur Beantwortung dieser Frage bei, kann sie aber nicht allein beantworten. Die gesundheitlichen, die ökonomischen, die ästhetischen oder die politischen Folgen etwa eines Staudammbaus können nicht mit den Methoden der Geographie beschrieben werden; sie haben aber sehr wohl Bedeutung für die Entscheidung.

Der fachbezogenen Entscheidung gehen also logisch eine philosophische und eine bildungstheoretische Entscheidung voraus: Wie wollen wir leben? Wie sollen die Menschen leben? Was ist verantwortungsvolles Handeln? Was müssen wir lernen, um sinnvoll leben zu können? Ohne eine Klärung dieser Fragen kann es keine „sinn-volle" wissenschaftliche, also, um im Beispiel zu bleiben, auch keine geographische Forschung geben. Letztlich dient alles Handeln, auch die Forschung der Wissenschaften, der Sicherung unserer Lebensverhältnisse (der Conditio Humana) und dem verantwortungsvollen Umgang der Menschen mit sich selbst, mit anderen – und vielleicht auch mit der Natur. Ein Staudamm wird nicht gebaut, weil man ihn bauen *kann*. Sondern er wird gebaut, weil man ihn bauen *will*: Weil er zu etwas dient, weil er zu etwas gut ist. Dieses „Gut" (diesen Wert) zu benennen ist Aufgabe einer Reflexion auf die Conditio Humana und die Verantwortung des Menschen vor sich selbst.

Konsequenzen für den Unterricht: Werterziehung ist also immer fachbezogen und zugleich fachübersteigend. Sie stellt Fragen aus dem Fach, die aber allein im Fach nicht beantwortet werden können. Es sind die Fragen nach der sinnvollen Bestimmung menschlichen Lebens und nach der Würde des Menschen.

Erfassung des Sachverhalts	Erwägung der Zwecke oder Folgen	Bestimmung der Werte	Wertung beim Handeln	Kriterium für Wertungen	Frage nach Letztbegründung
	Energiegewinnung	1. Ökonomie, Alltagsbewältigung			
	Trinkwassersicherung	2. Gesundheit	Welchen Wert bevorzuge ich in einer (Schule) oder dieser (Leben) konkreten Situation?		
Bau und Funktionsweise eines Staudamms	Veränderung der Landschaft	3. Tradition		CONDITIO HUMANA	Lebensinn (gefunden? gegeben?)
	Aufgabe von Kulturgütern	4. Kultur			
	Freizeitmöglichkeiten	5. Lebensgestaltung			

Tabelle 1: Die Struktur des außermoralischen Werturteils (am Beispiel „Staudamm")

Warum fühlt man sich an das eigene Werturteil gebunden?

Allem Werten liegt eine lehrbare und einübbare interpretatorische und reflektierende Leistung zugrunde. Wir verschaffen also Werten Geltung, indem wir mit Schülern das Argumentieren und Reflektieren üben. Welche Werte man diskutiert, hängt natürlich von Alter und geistiger Entwicklung sowie von den kognitiven Fähigkeiten ab. Das sechsstufige Analyseschema von Lawrence Kohlberg stellt dabei eine große Hilfe zur Identifikation des Ist-Zustands und zur Auswahl von Problemfällen dar (Oser/Althof 1994). Aber das wäre ein eigenes Thema, auf das hier nicht weiter eingegangen werden soll. Festzuhalten ist: Es geht bei einer Wertorientierung des Unterrichts nicht darum, bestimmten, vorab festgelegten Werten Geltung zu verschaffen. Vielmehr geht es darum, die Schülerinnen und Schüler zum Werten zu befähigen und zu ermutigen, das heißt die Fähigkeit und die Bereitschaft zum Werten auszulösen. Die Fähigkeit zum Werten besteht aus einer interpretativen und einer reflektierenden Argumentation. Sie ist also lehrbar. Aber werden die Schüler auch gemäß den eigenen Einsichten handeln? Wenn Schülerinnen und Schüler Werte zu unterscheiden gelernt haben – wie werden sie sich entscheiden? Darauf lässt sich mit einer Gegenfrage antworten: Handeln Erwachsene immer gemäß ihren eigenen Einsichten?

Schule kann zu Kenntnissen verhelfen. Sie kann analytische Fähigkeiten einüben. Sie kann zum Bewerten auffordern und so dabei helfen, eine reflektierte (und reflektierbare) Haltung zu entwickeln. Aber Schule darf nicht Verhalten determinieren (Rekus 1999). Das menschliche Handeln ist letztlich frei. Dies ist – im Unterschied zur psychologisch argumentierenden Verhaltenssteuerung[3] – die Grundposition der Pädagogik. Denn Pädagogik ist ja nur nötig und möglich, weil die Menschen weder durch Natur noch Gesellschaft festgelegt sind. Sie können sich ins Verhältnis zur sie umgebenden Gesellschaft und ihren Einflüssen setzen. Dafür zu sorgen, dass dieses „Sich-ins-Verhältnis-setzen-Können" vernünftig geschieht, ist Aufgabe aller Pädagogik. Aber die Pädagogik darf sich nun nicht als Ersatz für Natur und Gesellschaft verstehen und ihrerseits determinieren wollen. Pädagogisches Handeln setzt zur Selbstverantwortung frei (Heitger 2004). Aber die Pädagogik kontrolliert nicht die Selbstverantwortung. Das gilt für alles, was an der Schule geschieht. Diese Selbstverantwortung beginnt, wenn das Handeln beginnt. Schule kann beim Reflektieren helfen. Sie kann zu Kenntnissen verhelfen, Interpretationen und formal Urteile einüben. Sie kann immer wieder die Urteilskraft herausfordern. Sie kann Lernleistungen an sachlichen Vorgaben messen und bewerten (Schilmöller 1992). Aber das Handeln selbst darf die Schule nicht determinieren und erzwingen wollen. Deswegen kann es in der Schule nicht um moralische Imperative gehen. Es kann nicht einmal um Normen in dem Sinne gehen, dass sie das Handeln situativ festlegen. Wenn Menschen handeln, dann stehen sie ganz allein und

---

3 Die Bildungsstandards z.B. definieren Ziele, die man erreichen soll. Nach Weinert meint man mit Kompetenzen kognitive Fähigkeiten und Fertigkeiten, „sowie die damit verbundenen motivationalen, volitionalen und sozialen Bereitschaften". Bildungsstandards betreffen „Fähigkeiten, Wissen, Verstehen, Können, Handeln, Erfahrung und Motivation." (Bundesministerium 2003, S. 21 und S. 72 f.) Das „Handeln" ist demnach ein Lernziel. Damit greift die psychologisch motivierte Unterrichtstheorie in die Ausführung des Gelernten selbst ein. Wenn die Schule in Zukunft das Handeln (und nicht nur Lernleistungen) der Schüler misst und bewertet, dann gibt es keine Autonomie, keine Selbstverantwortung mehr. Denn um messbar zu sein, muss das Handeln an operationalisierten Normen geprüft werden. Das Handeln, nach sprachlicher Übereinkunft der Philosophie, die nur vor sich selbst zu verantwortende Ausführung von Wertungsprozessen, soll nun zensiert werden. Eine solche psychologische Theorie der Verhaltensmodifikation (und die Erziehungswissenschaft, die sich ihrer bedient), können sich dann nicht mehr auf die Aufforderung zur Selbsttätigkeit eines autonomen Subjekts berufen. Sie wollen nicht die Bildung des Selbst, sie wollen die Formung des Selbst. Es soll so „handeln", wie andere es sich wünschen.

ganz selbstverantwortlich da.[4] Menschen sind ihrer eigenen Vernunft ausgeliefert. Sie müssen selbst denken und entscheiden. Sie können sich beraten lassen, aber entscheiden müssen sie sich vor dem Richterstuhl der eigenen Vernunft. Bei Entscheidungen endet das pädagogische Verhältnis – in der Schule, aber ebenso auch im Elternhaus. Dies hat einen bestimmten Grund. Denn mit dem Urteil darüber, ob eine Handlung der Conditio Humana dienlich ist und nicht die Würde des Menschen verletzt, ist eine weitere Frage noch nicht beantwortet, nämlich *warum* man der Conditio Humana dienen und die menschliche Würde nicht verletzen soll. Es ist dies letztlich die Frage nach dem Sinn des Lebens – und diese Frage kann man nicht für andere Menschen beantworten.

Warum soll man moralisch sein?

Wer moralisch handeln will, sieht sich nun nicht nur mit der Frage konfrontiert, was er tun soll, um die Würde anderer Menschen nicht zu verletzen. Er sieht sich auch mit der Frage konfrontiert, *warum* er dies tun soll. Warum soll man sich an das halten, was mit dem Verstand eingesehen wurde? Warum soll man moralisch handeln (Forst 1999)?

Unsere Vernunft braucht eine Antwort auf diese Fragen, wenn wir uns an das, was sie uns zu formulieren erlaubt, auch gebunden fühlen sollen, wenn wir vernünftig leben wollen, wenn wir über uns selbst aufgeklärt leben wollen. Wird die Frage, warum man moralisch handeln soll, ausgespart, dann wird eine von der Vernunft aufgespürte Frage im Dunkeln, in der Unvernunft belassen.

Vernünftiges Handeln darf sich nicht über die Motive dieses Handelns im Unklaren sein. Wenn die Frage nach den Motiven des Tuns nicht bedacht wird, schreibt man dem Handeln Motive zu, über die das handelnde Subjekt nicht selbst bestimmt hat.[5] Es bliebe fremdbestimmt. Bildung ist

---

4 Vgl. noch einmal die Bedeutung dieses anthropologischen Konzepts als Grundlage unserer Gesellschaft bei Gerhardt 1999.
5 Der Begriff des „Motivs" ist philosophisch gedeutet. Es geht in der religiösen Frage gerade nicht darum, nun auch noch die Motivationslage (das Gewissen) erzieherisch in die Gewalt zu bekommen. Wenn man das versuchte, dann hätte man eine Art „psychologischen Gottesbeweis" gefunden; dann könnte sich der Lehrende zum Herrn über seinen Lehrling machen, indem er das, was nicht angetastet werden darf, die Selbstbestimmung des Menschen, zum Gegenstand seiner (psychologischen) Bearbeitung macht. Der neue „Kompetenzbegriff" maßt sich genau dies an: Die (immerhin staatlichen) Bildungsstandards definieren Ziele, die die Schüler erreichen sollen. Nach Weinert meint man mit Kompetenzen kognitive Fähigkeiten und Fertigkeiten, „sowie die damit verbundenen motivationalen, volitionalen (!) und sozialen Bereitschaften". (Bundesministerium 2003, S. 21) Erstmalig zielt eine (staatliche) pädagogische Maßnahme auf das, was nach christlicher Auffassung unverfügbar bleiben muss: Das Selbst, die Selbstbestimmung, den innersten Antrieb zum Handeln. Nunmehr soll das

Aufklärung über die Motive des eigenen Handelns. Zu lernen, Verantwortung für das eigene Handeln zu übernehmen und es vor der eigenen Vernunft zu rechtfertigen – ohne den Fragen nach den Begründungen eben dieser Vernunft auszuweichen –, das ist (kurz gesagt) das Profil einer bildenden Schule.

Lehren geschieht unter der Maßgabe, dass es Sinn macht, das Gelehrte auch als Bedeutsames zu lernen. Schüler vertrauen darauf, dass es Sinn macht, das zu lernen, was Lehrer sie lehren. Schüler unterstellen, dass Lehrer diesen Sinn gefunden haben. Sie erwarten ein Bekenntnis zu diesem Sinn – nicht als Lippenbekenntnis – sondern in der Art und Weise des Unterrichts.

Es besteht, allein durch die Tatsache des Lehrens, ein unaufkündbares Vertrauensverhältnis zwischen Lehrer und Schüler.[6] Ob man Religion oder Mathematik unterrichtet: Aller Unterricht steht aus der Schülerperspektive in diesem Vertrauensverhältnis. Unterricht ist für Schüler Ausdruck einer Überzeugung. Lehrer bezeugen mit ihrem Unterricht persönlich Lebenssinn. Dieser Erwartung kann sich kein Lehrender entziehen (Ladenthin 2009).[7] Schüler vertrauen hierin ihren Lehrenden absolut. Sie geben Lebenszeit für etwas, was sie (noch) nicht kennen. Sie vertrauen darauf, dass die Zeit sinnvoll genutzt wird. Sie zeigen dieses Vertrauen und lernen, wenn sie spüren, dass der Lehrer nicht nur Stoff vermittelt, sondern sein Unterricht Ausdruck von Lebenssinn ist.

Über Lebenssinn indes kann man nun nicht direkt unter der Maßgabe von Lernzielen („Kompetenzen") sprechen; man kann die Frage nach dem möglichen Sinn allen Handelns vielleicht in Stellvertretung reflektieren. Der Lehrende kann sich jedoch nicht für den lernenden Menschen entscheiden. Er darf andere Menschen nicht nötigen, sich in dem Sinne zu entscheiden, den er selbst bevorzugt. Denn die Frage nach dem Sinn des Lebens ist jene Frage, die dem Menschen die Würde der Einmaligkeit verleiht. Dabei unterliegt ihre Beantwortung nicht der Willkür, der Beliebigkeit oder dem Zufall.

In biographischen Texten z.B. reflektieren Lehrer diese Frage am Beispiel einer anderen Person; vielleicht in Bezug auf die Gruppe, aber eben doch an einer anderen Person. In den Konfessionen wird diese Frage sogar gemeinschaftlich und tradierbar reflektiert. Aber auch hier entscheidet der persönliche Glaube. In der Frage nach dem Sinn des Lebens gibt es keine Lehre durch den Argumentationszwang der Vernunft, folglich auch keinen

---

letzte Motiv des Handelns psychologisch bearbeitet werden; der Glaube wird durch die Psychologie ersetzt.
6 Vgl. den Beitrag über das Vertrauen als Voraussetzung des Lernens von Rekus aus dem Jahr 2005.
7 Von daher eignen sich Techniken des „New Public Management" auch nicht als Steuerungsinstrument im Lehrerberuf – das NPM setzt Ziele ohne argumentative Rückmeldung durch.

Lehrenden, keine Autorität und mithin keinen Unterricht mehr. Hier endet auch die Verantwortung des Lehrers für seine Schüler. Er kann sie unterrichten, zum Interpretieren und Reflektieren auffordern – vielleicht sogar beraten. Aber er kann nicht *für* seine Schülerinnen und Schüler entscheiden. Er kann sie nicht mit Vernunftgründen – also mit Unterricht – zu einer bestimmten Entscheidung nötigen. Sinnorientiertes Handeln kann also im Unterricht zwar erhofft, vielleicht sogar erwartet, aber nicht verordnet oder gar erzwungen werden.

Wie kann Schule Werterziehung leisten?

Wenn man das, was Schule ausmacht, unter der Wertperspektive betrachtet, ergeben sich unterschiedliche Möglichkeiten. Diese sollen hier aufgezeigt werden.

Bildung, also die Anleitung zur Selbstbestimmung in der Welt, setzt ein sachliches Verhältnis voraus, und zwar ein sachliches Verhältnis zu den Dingen, zu den Mitmenschen und zu sich selbst. Die pädagogische – also auf Bildung zielende – Organisation dieses Verhältnisses nennt man „Unterricht" (Hintz/Pöppel/Rekus 1993b). Mit diesem Wort ist nun nicht nur der Schulunterricht, die einzelne Schulstunde, gemeint, sondern jede Situation, in der ein sachliches Verhältnis geklärt wird. Jedes sachliche Erkennen stellt die Frage nach dem richtigen, guten und sinnvollen Umgang mit dem Erkennen – also die Frage nach der Sittlichkeit. Es ist die Grundfrage der „Erziehung" (Hintz/Pöppel/Rekus 1993a). Damit Unterricht und Erziehung stattfinden können, sollten die leiblichen und seelischen Bedingtheiten gesichert sein; sie bedürfen der „Fürsorge" oder des „kuratorischen Handelns". Sowohl Unterrichten wie Erziehen als auch das fürsorglich-kuratorische Handeln finden zumeist in einer Institution statt, die nur funktioniert, wenn sich die Beteiligten an Regeln halten, die weder fortwährend ausgehandelt werden können noch einen Selbstwert haben. Diese Regeln nennt man „Disziplin" (Wenger-Hadwig 2000).[8] Diese Regeln sind aber – pädagogisch betrachtet – nur der Institution geschuldet; sie haben keinen Eigenwert, es sei denn jenen, dass es zur Einsicht in das gesellschaftliche Leben gehört und es notwendig sein kann, sich situationsbezogen an institutionelle Disziplin zu halten. Eine Institution lebt aber pädagogisch von ihrem menschlichen Miteinander, der Interaktion und der Gestaltung dieser Interaktion bis hin zur materiellen Ausstattung.

Unter dieser Perspektive ergeben sich Aufgaben, die jede Schule lösen und daher gestalten muss. Es sind: Unterricht, Erziehung, Fürsorge, Diszi-

---

8 Dieser pädagogische Erziehungsbegriff unterscheidet sich grundlegend von einem Disziplinbegriff, der sich selbst schon als Erziehung missversteht. Vgl. hier zur Begriffsklärung sehr deutlich bei Koci 2007.

plin und Interaktion. Im Folgenden werden diese Aufgaben im Hinblick auf die Bedeutung für Werteerziehung betrachtet.

Im Unterricht erziehen

Das Kerngeschäft der Schule ist der Unterricht, dort wird das Werten gelebt. Wenn es gelernt wird, spricht man vom erziehenden Unterricht (Schilmöller 1994). Im Handeln werten Menschen. Sie bevorzugen, was ihnen wertvoll erscheint. Handeln heißt Werten – und Werten heißt Auswählen. Genau das geschieht im Unterricht. Wertorientierung im Unterricht heißt zuerst einmal, nur jene Inhalte auszuwählen, die für die Schüler wertvoll sind. Der Lehrplan ist also Ausdruck von Wertungen, über deren Bedeutung und Berechtigung zu reden ist, deren Bedeutung und mögliche Bedeutsamkeit für die Schülerinnen und Schüler argumentativ zu erweisen ist.

Die Frage nach der *Bedeutsamkeit* bewertet den Sachverhalt: Karl der Große hat die Franken geeint und Europa vorstellbar gemacht. Was bedeutet das Gelernte? Welche Bedeutsamkeit hat das Gelernte für meine heutige Lebenswelt? Welche Bedeutsamkeit hat das Gelernte, um Zukunft zu gestalten? Wie ist mit dem Wissen umzugehen? Welche ethischen Implikationen hat das Thema? Welche Bedeutsamkeit hat das Gelernte für mich persönlich, im Hinblick auf mein eigenes Leben?

Wertorientierung im Unterricht heißt weiter, Unterrichtsmethoden zu wählen, die den Schülerinnen und Schülern Eigenaktivität ermöglichen: Sie sollen lernen, sich Wissen selbst anzueignen, zu interpretieren, zu bewerten, zu beurteilen. Die gewählten Methoden müssen es ermöglichen, ja herausfordern, dass sich eine wertende Beziehung zu den Lerngegenständen herausbilden kann (Rekus 1993a).

Wertorientierung kommt also nicht zum „normalen Unterricht" hinzu, sondern sollte diesen ausmachen. Es gibt keine besonders wertträchtigen Highlights, keine besonders erziehungsbedeutsamen Themen. In wertreflektierendem Unterricht wird jedes Thema auf seine Bedeutsamkeit hin befragt. Deshalb ist Werterziehung nicht noch eine zusätzliche Aufgabe für die Schule, sondern Werterziehung ist ihr Kerngeschäft.

Was erziehenden Unterricht auszeichnet ist die Planung im Hinblick auf Bedeutung und Bedeutsamkeit. Mit folgenden erschließenden Fragen kann wertorientierter Unterricht geplant werden:
1. Was kann man mit dem erkannten Wissen (oder Können) machen? Welchen Zweck kann es (heute oder später) erfüllen?
2. Inwiefern trägt das erkannte Wissen (oder Können) zur Conditio Humana, das heißt zur Gestaltung einer menschenwürdigen Welt bei?

3. Welche ethischen Implikationen hat das gelernte Wissen – oder der lebensweltliche Umgang mit dem Wissen?
4. Welchen Sinn könnte das erkannte Wissen für die Gestaltung eines gelingenden Lebens eröffnen?

Mit diesen vier Fragen bewerten wir das in der Schule zu thematisierende Wissen aus einer wertorientierten Perspektive.

Die Sorge um den anderen

Auch die fürsorgliche Aufgabenbewältigung in der Schule birgt Möglichkeiten der Werterziehung. Pädagogische Fürsorge betrifft ein Eingreifen, bevor oder wenn den Beteiligten Schäden entstehen. Dies betrifft zunächst konkrete Dinge wie die Regelung von organisatorischen Aufgaben. Aber auch ganz allgemein ist die Fürsorge von Bedeutung und darf in Schulen nicht mehr ignoriert werden. In fürsorglichen Handlungen zeigen Pädagogen eine Wertschätzung der Person – unabhängig von deren Leistungen. Sie verhelfen anderen Menschen zur Würde, wo diese es selbst (noch) nicht können.

Freilich kann sich diese fürsorgliche Aufgabe nur auf Handlungen beziehen, die dem Ziel von Schule entsprechen. Sie kann im Unterricht selbst nur soweit aufgenommen werden, wie sie den Unterricht nicht gefährdet; Fürsorge kann nur soweit gehen, wie Alltagswissen reicht.

Soziale Regeln als Wert

Regeln sichern den reibungslosen Ablauf in Institutionen und sind für sich genommen noch nicht sittlich. Deshalb gehören sie zur „Disziplin" (Themenheft 2002). Die Werte der Disziplin sind funktional und gelten nur in bestimmten Zusammenhängen. So etwa ist es in der Lebenswelt: Die Disziplinregeln, die etwa bei McDonald's gelten, gelten nicht im First Class Hotel – und umgekehrt. Die Regel in der Schule, nur zu sprechen, wenn man aufgerufen wurde, gilt nicht zu Hause am Mittagstisch. Die Regel, nasse Schuhe an der Tür der Wohnung aus- und Hausschuhe anzuziehen, gilt nicht in der Schule usw.

Die Bedeutsamkeit der Disziplin muss der Einzelne in einer Institution für sich einsehen. Das Ziel muss es sein, dass jeder Schüler, jede Schülerin lernt, sich selbst zu disziplinieren. Die Aufgabe der Schule besteht dabei darin, bekannte und stillschweigende Regeln zu erörtern, den Anspruch auf das Einhalten der Regeln deutlich zu machen und Sanktionen bei einem Regelverstoß zu erteilen. Diese Sanktionen müssen vorher bekannt, klar formuliert und angemessen sein; zudem müssen sie konsequent angewendet werden.

In einem ersten Schritt sollte sich das Kollegium als Ganzes in der Schulkonferenz über eine disziplinarische Grundstruktur einigen. Maßgeblich sind hier folgende Fragen: Welche Disziplin fordern wir? Wie teilen wir Regeln mit? Wie achten wir auf die Einhaltung? Wie werden Verstöße sanktioniert? Danach entscheiden die Lehrer einer Stufe/Klassenstufe/ Klasse über die disziplinarische Feinstruktur in ihrer jeweiligen Unterrichtssituation. Diese muss altersangemessen und in klare Regeln zu fassen sein. Wichtig ist die Einheitlichkeit der Regeln bei allen Lehrern zumindest einer Klasse. Nach der Verabschiedung werden die Regeln allen Schülerinnen und Schülern zur Kenntnis gebracht. Eine Akzeptanz der Regeln von den Eltern ist sehr wichtig. Die Schule sollte alle Eltern in die Diskussion einbeziehen, indem sie schon bei der Anmeldung der Kinder darüber informiert. Weiterhin sollten Lehrer die Schuldisziplin auf Elternabenden diskutieren. Nicht anwesende Eltern sollten angeschrieben und in die Schule zum persönlichen Gespräch einbestellt werden. Alle Eltern sollten nicht nur die Regeln selbst, sondern auch den Umgang mit Regelverstößen mit tragen.

Auch innerhalb der Klasse beschäftigen sich nachfolgend die Schülerinnen und Schüler aktiv mit den disziplinarischen Regeln. Die Lehrer machen sie mit den Grundregeln bekannt. Aufbauend darauf erarbeiten die Schüler eine eigene Disziplinordnung in der Klasse und verabschieden diese gemeinsam als „Klassenverfassung" oder „Klassenregeln". Bei Bedarf werden diese Regeln regelmäßig thematisiert.

Die langfristige Umsetzung und das Funktionieren der Regeln erfordert eine ständige Weiterentwicklung und Rückkopplung aller Beteiligten. Lehrer sammeln dazu Rückmeldungen über Inhalte und Umgang mit der Schuldisziplin und suchen auch die Unterstützung durch Eltern, die in den Unterricht eingeladen werden, wenn disziplinarische Themen in der Klasse anstehen. Eine wechselseitige Unterstützung im Kollegenkreis sorgt für die einheitliche Einhaltung der Regeln und die Akzeptanz im Schulalltag.

Disziplin sichert keine Werte, sondern Disziplin ist ein Wert – aber eben ein Wert unter vielen anderen. Von daher gibt es Situationen, in denen es sittlich geboten ist, nicht den Wert der Disziplin sondern einen anderen zu bevorzugen. So gehört es vermutlich (sinnvollerweise) zur disziplinarischen Ordnung einer Klasse, dass niemand etwas ohne Meldung in die Klasse ruft. Sollte aber ein Mitschüler plötzlich ohnmächtig werden, wird sich sein Nachbar nicht erst melden, abwarten bis er aufgerufen wird und dann berichten, was er gesehen hat. Er wird die Regel der Disziplin durchbrechen, um einen anderen Wert zu bevorzugen: Den Wert der Fürsorge.

Gemeinschaft der Werte – Werte der Gemeinschaft

Man kann Schule unter dem Aspekt der Gemeinschaft sehen, was die Aufgabengemeinschaft und das intergenerationelle Verhältnis betrifft (Themenheft 2003). Zugleich sind Lehrer in ihrer Profession vorbildhaft, das heißt, sie nehmen nachwachsende Generationen in ihre von der Profession bestimmte Wertgemeinschaft hinein („Pädagogische Aufgabengemeinschaft"). Die Schule gestaltet außerdem die Lebensumstände der Schülerinnen und Schüler, indem sie Gewohnheiten bildet, die als Umgangsformen Ausdruck von Wertungen sind. Das Schulleben stellt eine Wertegemeinschaft vor – es fordert zur Auseinandersetzung auf, fordert eine Stellungnahme heraus, macht einen Vorschlag, wirbt durch sich selbst.

Schluss

Wertorientierung heißt also nicht, Werte unter Umgehung des Wissens zu präsentieren und zur Internalisierung aufzugeben. Wertorientierung heißt auch nicht, das Wissen aus einer politischen, gesellschaftlichen oder ideologischen Perspektive zu bewerten. Dies ist nicht die Aufgabe der Schule. Die Politik hat ihre Wertungen. Die Gesellschaft hat einen Wertepluralismus oder einen „Wertewandel". Unterschiedliche Weltanschauungen haben ihre Sicht auf die Dinge und fordern Geltung für sich. All diesen Gruppen, allen Perspektiven sei dies unbenommen. Die Schule jedoch ist ein pädagogischer Prozess – in ihr werden die Dinge pädagogisch gewertet, das heißt so, dass der Mensch sich bilden kann.

Diese Aufgabe kann weder die Politik, die Gesellschaft noch einzelne Weltanschauungen übernehmen. Deswegen kann die Wertung in der Schule auch nur pädagogisch erfolgen. Die Kriterien, nach denen die möglichen Inhalte bewertet werden sind aus pädagogischer Sicht: Zweckhaftigkeit, Conditio Humana, Sittlichkeit, Sinn. Alles, was sich diesen Kriterien nicht fügt, dient nicht der Werterziehung in der Schule, dient nicht der Gesellschaft, und daher auch nicht dem Menschen.

Literatur

Behn, S. (1930): Philosophie der Werte als Grundwissenschaft der pädagogischen Zieltheorie. München: Kösel & Pustet.
Benner, D./Peukert, H. (1983): Moralische Erziehung. In: Lenzen, D./Mollenhauer, K. (Hrsg.) (1983): Enzyklopädie Erziehungswissenschaft. Band 1. Theorien und Grundbegriffe der Erziehung und Bildung. Stuttgart: Klett-Cotta.
Böhm, W. (2005): Werteerziehung. In: Böhm, W. (2005): Wörterbuch der Pädagogik. 16. Auflage. Stuttgart: Kröner, S. 587 f.

Bundesministerium für Forschung und Entwicklung (Hrsg.) (2003): Expertise. Zur Entwicklung nationaler Bildungsstandards. 2. Auflage. Bonn: BMBF.
Forst, R. (1999): Praktische Vernunft und rechtfertigende Gründe. Zur Begründung der Moral. In: Gosepath, S. (Hrsg.) (1999): Motive, Gründe, Zwecke. Theorien praktischer Rationalität. Frankfurt am Main: Fischer Taschenbuch Verlag, S. 168 ff.
Frankena, W. K. (1972): Analytische Ethik. Eine Einführung. München: Deutscher Taschenbuch Verlag.
Gerhardt, V. (1999): Selbstbestimmung. Das Prinzip der Individualität. Stuttgart: Reclam.
Giesecke, H. (1996): Wozu ist die Schule da? Die neue Rolle von Eltern und Lehrern. Stuttgart. Klett-Cotta.
Giesecke, H. (2005): Wie lernt man Werte? Grundlagen der Sozialerziehung. Weinheim und München: Juventa.
Goethe, J. W. von (1889/1987): Aus meinem Leben. Dichtung und Wahrheit. In: Goethes Werke. Weimarer Ausgabe (WA). Band 26. München: dtv.
Grunwald, G. (1917): Werttheorie, pädagogische. In: Roloff, E. M. (Hrsg.) (1917): Lexikon der Pädagogik. Band 5. Freiburg im Breisgau: Herder, Sp. 796.
Heitger, M. (2004): Bildung als Selbstbestimmung. Paderborn: Schöningh.
Hintz, D./Pöppel, K. G./Rekus, J. (1993a): Erziehung. In: Hintz, D./Pöppel, K. G./Rekus, J. (Hrsg.) (1993): Neues Schulpädagogisches Wörterbuch. Weinheim und München: Juventa, S. 81 ff.
Hintz, D./Pöppel, K. G./Rekus, J. (1993b): Unterricht. In: Hintz, D./Pöppel, K. G./Rekus, J. (Hrsg.) (1993): Neues Schulpädagogisches Wörterbuch. Weinheim und München: Juventa. S. 334 ff.
Hügli, A. (2004a): Wert (I. Einleitung). In: Eisler, R. (Hrsg.) (2004): Historisches Wörterbuch der Philosophie. Band 12. Basel: Schwabe, Sp. 556 ff.
Hügli, A. (2004b): Werterziehung; moralische Erziehung; Moralpädagogik. In: Eisler, R. (Hrsg.) (2004): Historisches Wörterbuch der Philosophie. Band 12. Basel: Schwabe, Sp. 591 ff.
Isensee, J. (1986): Verfassung als Erziehungsprogramm? In: Regenbrecht, A. (Hrsg.) (1986): Bildungstheorie und Schulstruktur. Münster: Aschendorff, S. 190 ff.
Koci, P. P. (2007): Rezension zu B. Bueb „Lob der Disziplin" (2005). In: engagement Zeitschrift für Erziehung und Schule 2, S. 149 ff.
König, E. (1983): Wert. In: Lenzen, D./Mollenhauer, K. (Hrsg.) (1983): Enzyklopädie Erziehungswissenschaft. Band 1. Theorien und Grundbegriffe der Erziehung und Bildung. Stuttgart: Klett-Cotta, S. 588 ff.
Ladenthin, V. (1999): Erfahrungsanaloger Unterricht in der Realschule. Zur Bedeutung von Erfahrung und Wissenschaft für bildendes Lernen. In: Rekus, J, (Hrsg.) (1999): Die Realschule. Alltag, Reform, Geschichte, Theorie. Weinheim und München: Juventa, S. 103 ff.
Ladenthin, V. (2001): Gut – gerecht – sinnhaft. Zur Struktur moralischer Urteile und den Möglichkeiten ihrer Lernbarkeit. In: Vierteljahrsschrift für wissenschaftliche Pädagogik 77, S. 25 ff.
Ladenthin, V. (2005): Gewalt als pädagogisches Problem. In: Fischer, R./Heitkämper, P. (Hrsg.) (2005): Montessori Pädagogik. Aktuelle und internationale Entwicklungen. Festschrift für Prof. Dr. Harald Ludwig. Münster: Lit, S. 47 ff.
Ladenthin, V. (2009): Über den richtigen Umgang des Staates mit seinen Lehrern. In: Profil. Das Magazin für Gymnasium und Gesellschaft 5, S. 22 ff.
Ladenthin, V. (2010): Werterziehung im Geographieunterricht. In: Praxis Geographie 40, Heft 5, S. 4 ff.
Mauermann, L./Weber, E. (Hrsg.) (1978): Der Erziehungsauftrag der Schule. Donauwörth: Auer.

Oser, F./Althof, W. (1994): Moralische Selbstbestimmung. Modelle der Entwicklung und Erziehung im Wertbereich. Ein Lehrbuch. 2. Auflage. Stuttgart: Klett-Cotta.

Plessner, H. (1976): Die Frage nach der Conditio Humana. Frankfurt am Main: Suhrkamp

Rathmayr, B. (1985): Didaktische Prinzipien der Erziehungskunde. Konkretisiert am Beispiel des „Curricularen Lehrplans Erziehungskunde" für die 8. und 9. Jahrgangsstufe im Bundesland Bayern. In: Hierdeis, H. (Hrsg.) (1985): Erziehungskunde an Haupt- und Realschulen. Überlegungen – Materialien – Konzepte. Baltmannsweiler: Pädagogischer Verlag Burgbücherei Schneider, S. 67 ff.

Rekus, J. (1993a): Werterziehung. In: Keck, R. W./Sandfuchs, U. (Hrsg.) (1993): Wörterbuch der Schulpädagogik. Bad Heilbrunn in Oberbayern: Klinkhardt, S. 514 f.

Rekus, J. (1993b): Bildung und Moral. Zur Einheit von Rationalität und Moralität in Schule und Unterricht. Weinheim und München: Juventa, S. 224 ff.

Rekus, J. (1999): Schule als ethischer Handlungsraum? Möglichkeiten und Grenzen ethischer Erziehung in der Schule. In: Ladenthin, V./Schilmöller, R. (Hrsg.) (1999): Ethik als pädagogisches Projekt. Grundfragen schulischer Werterziehung. Grundfragen zu seiner Theorie und Praxis. Opladen: Leske + Budrich, S. 251 ff.

Rekus, J. (2005): Wie kommt das Religiöse in die Pädagogik? Ein Beitrag aus systematischer Perspektive. In: Kuld, L./Bolle, R./Knauth, T. (Hrsg.) (2005): Pädagogik ohne Religion. Beiträge zur Bestimmung und Abgrenzung der Domänen von Pädagogik, Ethik und Religion. Münster und Berlin: Waxmann, S. 69 ff.

Rescher, N. (1999): Die Begründung von Rationalität. Warum der Vernunft folgen? In: Gosepath, S. (Hrsg.) (1999): Motive, Gründe, Zwecke. Theorien praktischer Rationalität. Frankfurt am Main: Fischer Taschenbuch Verlag, S. 246 ff.

Rückriem, G. M. (1973): Der gesellschaftliche Zusammenhang der Erziehung. In: Klafki, W. (Hrsg.) (1973): Funkkolleg Erziehungswissenschaft. Band 1. Frankfurt am Main: Fischer Taschenbuch Verlag, S. 257 ff.

Scheler, M. (1913): Der Formalismus in der Ethik und die materiale Wertethik. Mit besonderer Berücksichtigung der Ethik Immanuel Kants. Halle an der Saale: Max Niemeyer.

Schilmöller, R. (1992): Anspruch und Gefährdung. Vom richtigen Umgang mit Leistung und Leistungsbeurteilung in Schule und Unterricht. In: engagement Zeitschrift für Erziehung und Schule 3/4, S. 231 ff.

Schilmöller, R. (1994): Erziehender Unterricht als Problem und Aufgabe. In: Vierteljahrsschrift für wissenschaftliche Pädagogik 70, S. 344 ff.

Schlöder, B. (1993): Soziale Werte und Werthaltungen. Eine sozialpsychologische Untersuchung des Konzepts sozialer Werte und des Wertewandels. Opladen: Leske + Budrich.

Steinmetz, B. (1980): „Gerechter Krieg" und Friedenserziehung. In: Steinweg, R. (Hrsg.) (1980): Der gerechte Krieg: Christentum, Islam, Marxismus. Frankfurt am Main: Suhrkamp, S. 224 ff.

Themenheft „Disziplin – Kein Thema?" (2002). In: engagement Zeitschrift für Erziehung und Schule 1.

Themenheft „Schule als Erziehungsgemeinschaft" (2003). In: engagement Zeitschrift für Erziehung und Schule 2.

Ulsmann, R. (1975): Internalisierung. In: Speichert, H. (Hrsg.) (1975): Kritisches Lexikon der Erziehungswissenschaft und der Bildungspolitik. Reinbek bei Hamburg: Rowohlt, S. 182 ff.

Unverzagt, G. (2010): Eltern an die Macht! Warum wir es besser wissen als Lehrer, Erzieher und Psychologen. Berlin: Ullstein.

Wachtel, S. (1999): Überzeugen vor Mikrofon und Kamera. Was Manager wissen müssen. Interviews, Pressekonferenzen, Talkshows, Business-TV. Frankfurt am Main: Campus.

Wenger-Hadwig, A. (Hrsg.) (2000): Schule zwischen Disziplin und Freiheit. Innsbruck und Wien: Tyrolia.

Zierer, K. (Hrsg.) (2010): Kompendium „Schulische Werterziehung". Baltmannsweiler: Schneider Verlag Hohengehren.

Jost Schieren

Was sollen Lehrer *können*?

Kompetenzantinomien im Lehrerberuf

Die Anforderungen an den Lehrerberuf steigen unaufhörlich.[1] Innerhalb einer sich dynamisch entwickelnden Wissensgesellschaft, die einerseits erwartet, dass neue Forschungsergebnisse zeitnah in schulische Curricula einfließen, und die andererseits einen stabilen Bildungs- und Wissensstand für fragwürdig hält, wachsen die Ansprüche sowohl an die fachliche wie an die didaktische Befähigung der Lehrerinnen und Lehrer. Es geht nicht mehr allein darum, dass in der Schule *etwas* gelernt, sondern dass das *Lernen gelernt* wird.[2] Dies allein befähige, den sich ständig wandelnden globalen gesellschaftlichen Verhältnissen nachzukommen. Lehrerinnen und Lehrer, zumal wenn sie einige Jahre beruflicher Erfahrung gesammelt haben, laufen hier Gefahr, als überaltert geltende Lehrinhalte zu vermitteln. Darüber hinaus werden die bildungspolitischen und schulstrukturellen Vorgaben nach dem PISA-Desaster im Jahr 2000 zunehmend komplexer und engmaschiger. Die nach den Vorgaben der OECD politisch gewollte Standardisierung und Kompetenzorientierung von Bildungsprozessen führt in der Schulwirklichkeit und im beruflichen Alltag von Lehrerinnen und Lehrern zu einer zunehmenden Gängelung und Bürokratisierung. Die intendierte *outcome*-Orientierung der Schule mit den damit einhergehenden Lernstanderhebungen und zentralen Abschlussprüfungen führt bis in die unterrichtliche Praxis zu einer Engführung, wofür in den USA, wo dieser Prozess früher eingeleitet worden ist, der Ausdruck *teaching to the test* geprägt wurde. Das Engagement und die Eigenverantwortlichkeit des pädagogischen Handelns drohen angesichts dieser Anforderungen zunehmend zurückgedrängt zu werden.

Darüber hinaus gibt es aber auch viel zu wenig berücksichtigte Unterschiede zwischen den politischen Rahmenvorgaben und der Wirklichkeit

---

[1] Vgl. die zahlreichen Studien zum Lehrerberuf und zu einer als notwendig empfundenen Reform der Lehrerausbildung: Kraler 2009; Oelkers 2007; Oelkers 2009; Schratz 2009; Terhart 2001; Weinert 2001.

[2] Vgl. aus dem so genannten Klieme-Gutachten: „Das „Lernen des Lernens" ist die grundlegende, für das gesamte Leben unverzichtbare Kompetenz, die in modernen, offenen Gesellschaften in schulischer Arbeit generalisiert werden muss." (Klieme 2007, S. 66)

des Lehrerseins in der Schule. Die im unterrichtlichen Handeln, in den sozialen Begegnungen mit den Schülerinnen und Schülern und im kollegialen Umgang agierende Lehrerpersönlichkeit bildet nach wie vor einen wichtigen Maßstab, woran die lebensweltliche Erfahrung von Schule aus der Sicht von Schülerinnen und Schülern bemessen wird (Kanders 2000; Wilbert/Gerdes 2007). Diese Qualitätsebene der pädagogischen Arbeit findet allerdings weitaus weniger Beachtung in den schulpolitischen Rahmenvorgaben als die unter zunehmendem Beschleunigungsdruck in den Fokus gerückte Abschlussorientierung. Es stellt sich die Frage, wie sich die von einer Lehrerpersönlichkeit geforderten genuinen Fähigkeiten beschreiben lassen? Was sind in der täglichen Schulwirklichkeit wichtige Lehrerkompetenzen?

Lehrerkompetenzen

Der Kompetenzbegriff ist gegenwärtig umstritten. Er wurde ursprünglich in die pädagogische Diskussion von Heinrich Roth (Roth 1971) eingeführt. In der Fassung von Franz E. Weinert hat er maßgeblich die Diskussion um Bildungsstandards bestimmt. Es heißt bei ihm, Kompetenzen seien „die bei Individuen verfügbaren oder durch sie erlernbaren kognitiven Fähigkeiten und Fertigkeiten, um bestimmte Probleme zu lösen, sowie die damit verbundenen motivationalen, volitionalen und sozialen Bereitschaften und Fähigkeiten, um die Problemlösungen in variablen Situationen erfolgreich und verantwortungsvoll nutzen zu können." (Weinert 2001, S. 27) Kritiker des Kompetenzbegriffs argumentieren, dass es sich hier um ein „Plastikwort" (Pongratz 2007) handele, das für alles und nichts herhalte, aber vor allem geeignet sei, Bildung unter das Diktat ökonomischen Denkens zu stellen (Krautz 2007a; Krautz 2007b). In der hier vorliegenden Darstellung wird der Kompetenzbegriff in Abgrenzung zu einem Bildungsbegriff verwendet, der eher auf Bildungs*inhalte* und weniger auf Befähigungen ausgerichtet ist. Denn im Lehrerberuf geht es um *Können* und *Fähigkeiten*, die erworben werden müssen.

Die Kernkompetenzen des Lehrerberufes lassen sich (in Anlehnung an Roth 1971) als Fach-, Methoden und Sozialkompetenz beschreiben.[3] Diese Kompetenzen sollen nachfolgend näher unter sowohl pädagogischen wie anthropologischen Gesichtspunkten betrachtet werden.

---

3 In der Regel wird bei Roth noch der Aspekt der Selbstkompetenz angeführt, der hier nur implizit behandelt wird.

Fachkompetenz

Von Lehrerinnen und Lehrern wird erwartet, dass sie sich in dem Fach, das sie unterrichten, auskennen, dass sie in diesem Fach kompetent sind. Hierzu zählt, dass sie die wissenschaftlichen Grundlagen ihres Faches intensiv studiert haben, dass sie die relevanten Forschungsfragen und den Wissensstand des Faches im Überblick kennen und dass sie sich mit exemplarischen Fragen dieses Faches vertieft auseinandergesetzt haben. Die wissenschaftliche Tiefe der Fachkenntnis wird insbesondere in der Sekundarstufe II gefordert, hingegen ist im Primar- bzw. im Sekundarstufe I-Bereich eher eine fachliche Breite notwendig. Gerade die Ansprüche an das wissenschaftliche Reflexionsniveau und die forschungsbasierte Auseinandersetzung mit dem eigenen Fach haben dazu geführt, dass die Lehrerbildung in den meisten Bundesländern vollständig an Universitäten angesiedelt ist.

Die Fachkompetenz im Lehrerberuf hat allerdings darüber hinaus noch eine personell-biographische Bedeutung. Vergegenwärtigt man sich, dass die Wahl des Studienfaches in der Regel auf Grund einer vorhandenen Neigung bzw. auch Begabung für ein bestimmtes Fachgebiet erfolgt, so liegt mit der Entscheidung für ein Fach immer auch eine von persönlichen Motiven dominierte Lebensentscheidung vor. An einer Kunsthochschule beispielsweise, die einen Studiengang Lehramt Kunst anbietet, haben die Studierenden ein biographisch valides, affines Verhältnis zur Kunst. Oftmals spielten der Kunstunterricht und insbesondere der Kunstlehrer eine schulbiographisch bedeutsame Rolle (Peez 2009; Heinritz/Krautz 2010). Die Studierenden hatten schon lange Freude am künstlerischen Gestalten und bringen (dies ist die Voraussetzung für ein Kunststudium, welche im Rahmen eines Aufnahmeverfahrens überprüft wird) eine explizite künstlerische Begabung mit. Was bei der Kunst einleuchtet, ist bei wissenschaftlichen Fächern nicht anders. Auch wer beispielsweise Mathematik oder ein naturwissenschaftliches Fach studiert, hat in der Schulzeit erlebt, dass er sich gerne mit dem Fachgebiet beschäftigt hat, dass die Fachinhalte entweder leicht aufzufassen waren oder aber die damit verbundenen Probleme auf einen gewissen Eifer der Bewältigung getroffen sind. Die Beschäftigung mit einem Fachgebiet hat in der Regel eine identitätsbildende Wirkung, die am Ende eines Studiums dazu führt, dass man berufsbiografisch gesprochen „Mathematiker", „Germanist" oder „Biologe" ist. Denn man hat sich während des Studiums über lange Stunden mit *seinem* Fach beschäftigt, hat Krisen und Probleme bewältigt, aber auch Freude und Genugtuung erfahren. Man hat für sich bestimmte Interessenschwerpunkte und Forschungsfragen entwickelt. Aus dem wachsenden Einsichtsvermögen und den argumentativ begründeten Urteilsformen hat sich eine fachliche Kompetenz gebildet, die Teil eines beruflichen und auch personalen professionellen Selbstbewusstseins ist. Diese Kompetenz und Identität des späteren Lehrers wird auch von Schülern wahrgenommen und empfunden. Ein Teil der Anerkennung und der Autorität eines Lehrers liegt in dessen erworbener fachlicher Kompetenz. Dies kommt deutlich in der Studie von Wilbert und Gerdes (2007) zum Ausdruck, wo der fachlichen Kompetenz der Lehrperson von Schülerseite ein großer Stellenwert beigemessen wird. Die Schüler und auch die Kollegen und Eltern haben das Vertrauen, dass der Lehrer tatsächlich ein Fachmann auf seinem Gebiet ist, dass er sich auskennt und dass man bei ihm etwas lernen kann. Das heißt nicht, dass Lehrer Alleswisser und Alleskönner in ihrem Fach sind, auch Fehler treten sicherlich auf und sind verzeihbar, aber es darf die fachliche Befähigung des Lehrers nicht grundsätzlich in Frage gestellt werden.

Nun besteht neben der *objektiven* Seite der Fachlichkeit, die durch ein Studium erworben wird, in diesem Sinne auch eine vergleichsweise *subjektive* Seite der personalen Identität mit einem Fach, die für den Lehrerberuf wichtig ist. Dabei ist die fachliche Autorität wiederum nur ein Aspekt. Ein weiterer Aspekt liegt in der Fähigkeit, für ein Fach Interesse und auch Begeisterung wecken zu können. Die Freude am Lernen ist immer auch eine Entdeckerfreude. Sie wird bei Schülern oft durch Lehrer geweckt, die sich selber für das eigene Fach begeistern können und diese Motivation biografisch aufrecht erhalten haben, die in dem eigenen Fach immer wieder Neues finden und dieses an die Schüler herantragen. Dem Verfasser ist aus der eigenen Schulzeit ein Geografielehrer in Erinnerung, der die langen Sommerferien dazu nutzte, mit seinem ausgebauten VW-Bus (schon dieser war aus Schülersicht ein bestaunenswertes Ereignis auf dem Lehrerparkplatz) in unbekannte Länder fuhr, um sie zu erkunden. Es verging kaum eine Geografiestunde, die nicht von authentischen Erlebnisberichten dieses Lehrers bereichert wurde. Ein Teil der Vorfreude auf das neue Schuljahr war geprägt von der Erwartung des jüngsten Reiseberichtes des betreffenden Lehrers, der zuweilen in Form einer filmischen Dokumentation erfolgte.

Die Sicherheit im eigenen Fach, die personale Identifizierung und die Begeisterung für das eigene Fach stellen eine wichtige Säule des Lehrerberufes dar. Dabei ist allerdings die Fachlichkeit kein bloßer Selbstzweck und die Begeisterung für ein Fachgebiet ist nicht bloß als das Öl im Getriebe der mühevollen Stoffaneignung zu verstehen. Es geht darüber hinaus: Durch die einzelnen Fachgebiete tritt die „Welt" als das außen Befindliche, als das bis dahin Unbekannte, Unverstandene, Fremde, vielleicht auch bedrohlich Wirkende an die Schüler heran. Die „Welt" ist das Andere, das Unbekannte, welches vom eigenen Inneren, das sich durch Gefühle, Affekte und dergleichen auszeichnet, getrennt erfahren wird. Schule soll „Welt", soll Weltinteresse vermitteln. Der Dualismus von Ich und Welt besteht so lange, wie die Welt unbekannt und unerforscht ist. Am fachlichen Enthusiasmus der Lehrperson kann der Schüler beispielhaft erleben, wie sich das Individuum über die subjektiven Grenzen hinaus mit der Welt verbinden kann. Der Schüler kann erfahren, dass es sich lohnt, die Mühen des Lernens auf sich zu nehmen und sich auf unbekannte und komplexe Fachgebiete, auf einen unbekannten Teil von „Welt" einzulassen, weil dadurch – und dies ist das pädagogische Ethos – die eigene Identität erweitert und bereichert wird. Der pädagogische Wert eines Unterrichtsfaches liegt darin, dass die Schüler die „Welt" (welche im Fach vertreten ist) als Teil ihrer personalen Identität erfahren, allerdings nur in dem Maße, als sie sie sich durch ihr eigenes Lernen und Verstehen anzueignen in der Lage sind. Auf diesem Weg sind die Lehrer gewisse Schritte vorangegangen und können als Beispiel dafür dienen, was es zu erreichen gilt. Hinzu kommt, dass natürlich auch die Schüler (wie die Lehrer zuvor) ihre Ausbildungs- bzw. Studienwahlentscheidung auf ihren Neigungen und Begabungen begründen, die sie aber erst in der intensiven Beschäftigung mit einem Fach kennenlernen können. Insofern lässt sich verkürzt sagen: Die sogenannte objektive Fachlichkeit hat im schulisch-biografischen Kontext auch einen subjektiv identitätsbildenden Wert und zwar in doppelter Hinsicht als personal professionell erworbene Grundhaltung der Lehrerpersönlichkeit und als im Lernprozess positiv stimulierende Fortschritts- und Erweiterungserfahrung der sich entwickelnden Schülerpersönlichkeit.

Methodenkompetenz

Ein weiterer wichtiger Bereich in der Lehrerbefähigung liegt in der Methodenkompetenz. Diese zielt nicht auf ein Fach selbst, sondern auf die Fähigkeit, ein Fach zu vermitteln. Es tritt hier eine erste Antinomie auf, die darin besteht, dass die Identifizierung des Lehrers mit dem eigenen Fach und die Begeisterung, die damit verbunden ist, im Schulunterricht auch problematisch und zur Falle werden können. Denn es kann geschehen, dass einzelne Lehrer in ihrem Fachbezug die Schüler und deren Verstehens- und Lernwege nicht genügend berücksichtigen. Lehrer müssen immer damit rechnen, dass das eigene Fach bei einzelnen Schülern auf Grund von möglichen Vorerfahrungen oder aber auch auf Grund von spezifischen Lernschwierigkeiten negativ belegt ist. In dem Maße, wie ein Lehrer mit dem eigenen Fach identifiziert ist, kann es geschehen, dass er sich durch die (ggf. auch artikulierte) Distanzierung einzelner Schüler gegenüber dem Fach nicht direkt angegriffen, aber doch negativ berührt fühlt. Und häufiger tritt der Fall ein, dass ein Lehrer in einer gewissen unbewussten Selbstverständlichkeit verstärkt auf die Schüler eingeht, die ein Interesse an dem Fach entwickeln und dem Unterricht mit einer positiven Aufmerksamkeit folgen. Dies sind freilich Nuancen, aber es sind gerade solche psychologischen Nuancen, die oftmals über die vorhandene oder nicht vorhandene Lernbereitschaft von Schülern entscheiden. Jeder kennt aus eigener Schulerfahrung Lehrer, die mit Ungeduld oder auch mit Zynismus und Ironie auf die Lern- und Verstehensprobleme, die gegenüber einzelnen Lerninhalten auftreten können, reagieren.

Die Problematik liegt nun darin, dass dasjenige, was für den einzelnen Lehrer auf Grund der eigenen Neigung und Begabung selbstverständlich vorhanden gewesen ist, nämlich einen verhältnismäßig leichten Verstehenszugang zum eigenen Fach zu haben, sich für den einzelnen Schüler als Problem erweist. Lehrer müssen sich daher darum bemühen, aus den eigenen Verstehens- und Lernbedingungen bewusst und reflektiert herauszutreten und diese objektiv zu betrachten. Dasjenige, was in der eigenen Fachaneignung unbewusst leicht gefallen ist, muss nun unter dem Aspekt der Methodenkompetenz anders betrachtet werden. Es ist ähnlich wie beim Erlernen der Muttersprache. Diese wird methoden- und auch *regelunbewusst* gelernt. Wenn nun aber eine Fremdsprache erlernt wird, so müssen die Regeln der Grammatik vergleichsweise *bewusst* angeeignet werden. Von einem Lehrer wird im Blick auf eine zu erwerbende Methodenkompetenz eine ähnlich bewusste Distanznahme von dem eigenen Fachzugang gefordert. Das eigene Fach muss gewissermaßen *fremd* werden. Denn es ist umgekehrt so, dass, weil das eigene Fach immer schon verstanden ist, die Fragen und Probleme, die auftreten können, nicht gleich nachvollziehbar sind. So wird die eigentlich positive Identifizierung mit dem Fach, welche als Fachkompetenz angesprochen worden ist, zum Problem.

Zur Methodenkompetenz zählen daher eine bewusste Distanzierung vom eigenen Fachzugang und eine Bewusstmachung der spezifischen Lern- und Verstehensherausforderungen, die mit dem jeweiligen Fach verbunden sind. Es lassen sich allerdings auch neben den fachspezifischen Methoden (beispielsweise des Fremdsprachenlernens oder der Mathematik) vergleichsweise allgemeine Kriterien der Methodenkompetenz formulieren. Hierzu zählen ein klarer und transparenter Unterrichtsaufbau, eine sinnvolle und folgerichtige Strukturierung der Lerninhalte, inhaltlich und sprachlich klar formulierte Aufgabenstellungen und selbstverständlich die Fähigkeit die intrinsischen Motive der Kinder und Jugendlichen bezogen auf ihre eigenen lebensweltlichen Bedingungen anzusprechen und unterrichtlich aktiv einzubinden.

Es geht zudem um einen bewussten Umgang mit dem Faktor *Zeit*, beispielsweise die Bereitschaft aufzubringen, innezuhalten und den Schülern die notwendige Zeit zu geben, einen individuellen verstehenden Zugang zu dem Themengebiet zu finden. Gerade der Umgang mit *Zeit* spielt für die Orientierung des Unterrichtes an individuellen Lernprozessen eine große Rolle, wobei ein rasches Voranschreiten ebenso berechtigt sein kann wie ein ausdauerndes Verweilen bei einzelnen Themen- und Problemfeldern. Entscheidend ist, dass das Lerntempo nicht *extern* diktiert (beispielsweise durch ministerielle Verordnungen), sondern an dem Lernverhalten der Gruppe bzw. an den Herausforderungen des Lernstoffes bemessen wird.

Wesentlich ist auch eine positive Fehlerbesprechung. Fehler beispielsweise in Klausuren sind in der Regel *negativ* belegt. Sie werden mit dem Rotstift kenntlich gemacht. Je häufiger sie auftreten, je schlechter ist das

Resultat. Dieser Umgang mit Fehlern führt dazu, dass Schüler oft Angst haben, Fehler zu machen. Dabei sollte es genau umgekehrt sein: Fehler geben den positiven Bewusstseinsanstoß etwas zu verbessern und es richtig zu machen. Wenn Fehler beurteilungs- und im Prozess des Übens vor allem auch notenneutral bewusst gemacht werden, kann an ihnen inhaltlich gelernt werden, wie es richtig ist. Dies ist ein produktiver Umgang mit Fehlern.

Darüber hinaus gibt es spezifische fachmethodische Kompetenzen, die nur auf das einzelne Fach bezogen sind. Von Lehrern wird, dies ist vor allem Bestandteil der zweiten Ausbildungsphase, eine gewisse Methodenvielfalt erwartet. Aber auch hier muss darauf geachtet werden (ähnlich wie bei der Fachlichkeit), dass das methodische Können keinen Selbstzweck darstellt. Es geht nicht um ein *Methodenfeuerwerk*. Eine Methode wird nie in der Lage sein, den Inhalt, um den es geht, zu ersetzen. Und es ist ein Irrglaube, dass richtige Methoden durch sich selbst das Lernen generieren. Auch die Heilsversprechungen der Gehirnforschung helfen hier wenig. Denn Lernen ist kein automatischer oder planbarer Vorgang, der von außen gesteuert werden kann. Es ist ein in einem hohen Maße individueller und – wie schon angeführt – fehlerintensiver und damit nicht sukzessiv erfolgsgenerierender Vorgang. Lernen beinhaltet – nicht akzidentiell, sondern essentiell – Krisen und Enttäuschungen (Meyer-Drawe 2008; Schieren 2012). Der wesentliche Aspekt ist hierbei die Bereitschaft des Lernenden, ausdauernd zu üben, sich immer wieder neu mit einer Sache zu beschäftigen und trotz Misserfolgen den Lernprozess fortzuführen. Hier können Methoden hilfreich sein: Sie dienen der Klärung und Strukturierung, aber auch der Ermunterung, der emotionalen Öffnung und der Abwechslung. Das Wesentliche für den Lernvorgang aber sind: Geduld, Ausdauer, Fleiß und die Bereitschaft der Wiederholung.

Es ist wichtig – bei aller Bedeutung der Methodenkompetenz – sich die notwendige Selbstbeschränkung des Methodischen gegenüber dem Inhalt und gegenüber den individuellen Lern- und Verstehenswegen der einzelnen Schüler bewusst zu machen.

Sozialkompetenz

Die Sozialkompetenz umfasst die Fähigkeit des Lehrers, auf die Schülergruppe und vor allem auch auf den einzelnen Schüler einzugehen und ein vertrauensvolles und positives Unterrichts- und Gesprächsklima zu schaffen. Dies geschieht nur, wenn Lehrer die Schüler als Personen wahrnehmen und ein Interesse für sie entwickeln, das über die bloße fachliche Leistung hinausgeht und auch die innere Befindlichkeit des Schülers mit berücksichtigt. Dieses Interesse erstreckt sich beispielsweise auf die Art, wie Schüler ihre Freizeit verbringen, welche Hobbys sie haben, wie die Situation zu

Hause ist usw. Für Schüler ist es wichtig, dass sie das Gefühl haben, dass die Lehrer, die sie unterrichten, an ihnen als Menschen interessiert sind. Hierbei muss selbstverständlich die Rahmung des Abstandes zwischen Erwachsenem und Jugendlichem, Erzieher und Schutzbefohlenem und die professionsgebundene Differenz zwischen Lehrern und Schülern aktiv berücksichtigt werden.

Zur Sozialkompetenz zählt auch ein sicheres soziales Urteilsvermögen. Wenn Schüler das Empfinden haben, dass sie von ihren Lehrern verstanden werden, so wirkt dies förderlich auf ihre Entwicklung. Gerade auch im Klassenzimmer hängt viel davon ab, ob Lehrer in der Lage sind, soziale Prozesse richtig einzuschätzen und sich angemessen zu verhalten. Wenn beispielsweise Disziplinprobleme in einer Klasse auftreten und ein Lehrer ist – obwohl er schon länger in der Klasse unterrichtet – nicht in der Lage, die Ursache solcher Probleme zu erkennen und er benennt zum Beispiel einen Schüler als Verursacher, der nicht dafür verantwortlich ist, dann berührt dies die gesamte Anerkennung, die ein Lehrer hat. Denn die Schüler einer Klasse kennen sich auf Grund der langen Zeit, die sie miteinander verbringen, gut und sie wissen in der Regel, wer von ihnen für was verantwortlich ist und wer nicht. Sie partizipieren an einem sozialen *Wissen*, das Lehrern zunächst verborgen ist, in welches sie auch von Natur aus nicht eingeweiht werden, eben weil sie nicht zur sozialen Gruppe der Schüler zählen. Von guten Lehrern kann allerdings erwartet werden, dass sie (ohne indiskret zu werden) allein durch gute Beobachtung und gesundes Urteilsvermögen im Laufe der Zeit zu einer richtigen Einschätzung von sozialen Prozessen kommen. Dies ist ein wesentlicher Faktor ihrer Anerkennung vor der Klasse.

Zu den allgemeinen Aspekten einer erworbenen Sozialkompetenz zählt in diesem Sinne die Fähigkeit der Lehrperson, für eine ruhige und disziplinierte Unterrichtsatmosphäre zu sorgen. Es geht auch um eine gerechte Strenge und Führungskraft, die von einer Lehrperson ausgeht. Ein wichtiges Kriterium ist dabei die zu Tage tretende Konsequenz, welche daran bemessen wird, dass klare Verhaltensabsprachen getroffen und auch umgesetzt werden. Reden und Handeln eines Lehrers müssen übereinstimmen. Schüler haben dann den Eindruck, dass ein Lehrer verlässlich ist, dass die vereinbarten Regeln und Grenzen auch gelten.

Natürlich fällt in dieses Gebiet auch die Frage nach dem Umgang mit Regelverletzungen und Ordnungsmaßnahmen. Es gibt außerordentlich viele Ratgeber auf diesem Gebiet. Entscheidend ist allerdings nicht allein die entsprechende Maßnahme, sondern der Maßstab und die Haltung, an der die Intervention orientiert ist. Wenn beispielsweise störendes Reden oder Dazwischenrufen eines Schülers trotz entsprechender Ermahnung nicht unterbleibt, und in der Folge ein Platzwechsel oder Klassenraumverweis des betreffenden Schülers veranlasst wird, so ist es wichtig, dass eine solche Maßnahme immer vor dem Hintergrund der gemeinsamen Verabredung erfolgt. Diese Verabredung besteht darin, dass der eigentliche Grund der Zusammenkunft das *Lernen* ist. Und allein in dem Maße als der gemeinsame Lernprozess und die gemeinsame Lernatmosphäre durch das Verhalten des betreffenden Schülers gestört oder unterbrochen werden, entscheidet der Lehrer darüber, ob eine Veränderung des *Lernarrangements* nötig wird. Beispielsweise kann der Klassenraumverweis mit der Aufforderung verbunden werden, dass der betreffende Schüler für eine kurze Zeit eine bestimmte Aufgabe außerhalb des Klassenzimmers in Ruhe bearbeitet und das Ergebnis anschließend der gesamten Klasse vorträgt. Ggf. kann noch ein unbeteiligter und für diese Aufgabe begabter Schüler beauftragt werden, bei der Bewältigung der Aufgabe Hilfe zu leisten. Durch dieses Arrangement wird deutlich, dass es bei der Maßnahme nicht um eine *Bestrafung* geht, sondern allein darum, der gemeinsamen Übereinkunft, dass man zusammen lernen will, gerecht zu werden. Entscheidend ist, dass für die Schüler deutlich wird, dass nicht die etwaige persönliche Betroffenheit eines Lehrers Anlass für eine bestimmte Maßnahme ist. Denn dann würde das vorhandene Machtgefüge zwischen Lehrer und Schülern, das zweifellos (schon allein wegen der gesetzlich bestimmten Schulpflicht) vorhanden ist und das allein auf Grund der Zielorientierung am Lernprozess gerechtfertigt sein kann, von einer professionellen auf eine persönliche Ebene verlagert und würde seitens der Schüler tendenziell als Macht*missbrauch* empfunden und ggf. auch angesprochen werden. Die Schwierigkeiten, die ein Schüler haben mag, und die sich als Lernunwille oder auch als aktive Unterrichtsstörung geltend machen, müssen ernst genommen und dürfen nicht als persönlicher Affront gesehen werden, was nicht heißt, dass ein strenger und konsequenter Umgang mit störendem Verhalten, notwendig ist. Wichtig ist, dass aus Sicht des Lehrers nicht er, sondern der Unterricht gestört wird.

Ein weiterer Aspekt der Sozialkompetenz liegt in der Fähigkeit der Geduld. Ungeduld ist etwas, das sich mit dem Lehrerberuf nicht verträgt, wobei ein gewisser drängender Ansporn bei Schülern, die zum *Verbummeln* neigen, sicherlich notwendig ist. Aber insgesamt sollten Schüler das Empfinden haben, dass die Lehrer genügend Geduld für ihre individuellen Lernwege aufzubringen in der Lage sind.

Eine vielleicht oft unterschätzte Eigenschaft der Sozialkompetenz ist eine positive, heitere und von genügend Humor durchzogene Arbeitsstimmung. Schlecht gelaunte Lehrer darf es eigentlich nicht geben. D.h., so wie die Geduld zum Berufsethos des Lehrers zählt, so auch eine positive Gemütsstimmung, die von ihm ausstrahlt. Dies führt zu einer angenehmen und leichten kommunikativen Begegnung zwischen Lehrern und Schülern.

Allerdings liegt auch in der Sozialkompetenz eine Antinomie zur Methoden- und Fachkompetenz. Ein Lehrer muss sich ggf. eingestehen, dass ein einzelner Schüler zu dem eigenen Fach keinen Zugang findet und dass auch die „beste" Methode nicht weiterführt. Eine solche soziale Erkenntnis relativiert die Ansprüche des Fachlichen und Methodischen. Für die Schüler ist es wichtig zu erfahren, dass eine mangelnde Begabung für ein bestimmtes Fach nicht sogleich mit einer Bewertung ihrer Person einhergeht.

Bezogen auf die bekannt gewordenen Straffälle an der Odenwaldschule ist das Thema der Lehrer-Schüler-Beziehung in Verruf geraten (Oelkers 2010; Giesecke 2010; Holland-Letz 2010). Dies ist angesichts der kriminellen Handlungen einzelner Lehrer nachvollziehbar. Es wäre aber fatal, wenn eindeutig strafrechtliche Vergehen, die ein Verbrechen im Umgang mit Schutzbefohlenen darstellen, nun dazu führen, dass die für die Entwicklung von Kindern und Jugendlichen notwendige vertrauensvolle pädagogische Beziehung grundsätzlich als problematisch angesehen wird.

Schüler haben das Recht, als Menschen wahrgenommen zu werden. Es geht darum, dass die Schule und das Klassenzimmer sich als Gemeinschaft von Lernenden begreifen, in der nicht nur die Leistung des Einzelnen zählt.

Insofern ist auch das Nichtversetztwerden auf Grund ungenügender Leistungserfolge in einem Schuljahr oder aber auch der ggf. damit einhergehend notwendige Schulwechsel mit dem pädagogischen Verständnis unvereinbar, dass die sozialen Prozesse im Klassenzimmer ebenso gewichtet werden wie fachliche Anforderungen. Eine auf Leistungsselektion ausgerichtete Schulform ist unter sozialen Aspekten nicht tragbar. Wenn Schüler in der Schule nicht zu allererst als Menschen angesehen werden, so werden sie auch nicht lernen, im späteren Leben ihre Mitarbeiter oder Kunden, die Menschen, mit denen sie in spezifischen Rollensituationen zusammentreffen, ebenfalls als Menschen anzusehen.

Lehrerkompetenzen in anthropologischer Perspektive

Die vorangehenden Ausführungen haben zentrale Aspekte der drei unterschiedlichen Lehrerkompetenzen erläutert. In einem weiteren Schritt sollen nun diese Kompetenzen unter einem anthropologischen Gesichtspunkt betrachtet werden, indem dargelegt wird, dass es sich hier nicht allein um pädagogisch-professionelle Handlungsanforderungen und -techniken handelt, sondern dass diesen Kompetenzen zugleich auch eine allgemein-menschliche Relevanz eigen ist. Hierin liegt der besondere Ansatz der von Rudolf Steiner begründeten Waldorfpädagogik, die ihre pädagogische Orientierung aus einer anthropologischen Grundlagenbesinnung ableitet. (Steiner GA 293) Diese Perspektive soll nachfolgend anhand der genannten Kompetenzbereiche näher ausgeführt werden.

Fachkompetenz – Was?

Wie bereits angeführt, ist die Fachkompetenz wesentlich *inhalts*bezogen. Sie zielt auf einen Unterrichts*inhalt*, auf dasjenige, *was* unterrichtet bzw.

was gelernt werden soll. Sie ist damit auf einen objektiv vorhandenen Weltbestand gerichtet, welcher durch die jeweiligen Unterrichtsfächer (Biologie, Geografie, Geschichte, Mathematik, Fremdsprachen usw.) vertreten wird. Dieser jeweilige Weltgehalt wird in seiner inhaltlichen Erstreckung und Gesetzmäßigkeit zum Unterrichtsgegenstand, zu demjenigen, *was* gelernt werden soll. Dabei geht es darum, sich durch eine energische Erkenntnisarbeit die gültigen Erkenntnis- und Wissensbestände des jeweiligen Gebietes anzueignen. Insofern ist die Fachkompetenz bezogen auf ihre anthropologische Verankerung wesentlich auf die Fähigkeit des *Denkens* bezogen. Denn mittels des Denkens kann das Individuum aus sich selbst und seiner eigenen Befindlichkeit heraustreten und sich die Gesetzmäßigkeiten einer Sache vergegenwärtigen. Das Denken und die menschliche Erkenntnis sind dabei *wahrheits*bezogen, wobei der Begriff der *Wahrheit* hier nicht in essentieller Tiefendimension mit Blick auf letztgültige Erkenntnisleistungen verwendet wird. Es geht vielmehr um gültige und richtige Erkenntnisse bezogen auf die lebensweltliche Erfahrung der individuellen und gesellschaftlichen Existenz in der gegebenen Historizität. Der Gradmesser für die Gültigkeit der Erkenntnis ist dabei das ebenfalls individuelle, gesellschaftlich wie historisch bedingte Einsichtsvermögen. Vor diesem Hintergrund kann die Wahrheitsorientierung auch als *Einsichts*bestreben verstanden werden. Zweifellos ist auf dem Boden gegenwärtiger philosophischer Reflexion wissenschaftstheoretisch der Begriff der *Wahrheit* obsolet geworden (Popper 1994), da damit immer auch Absolutheitsansprüche verbunden werden. Daran soll hier auch nicht gerührt werden. Allerdings hat die Gültigkeit, Richtigkeit und das Fürwahrhalten der eigenen Erkenntnisleistungen lebensweltlich und insbesondere auch pädagogisch eine hohe Relevanz, denn jeder Mensch orientiert sich in seinem Verhalten und Handeln an seinen gewonnenen Einsichten. Jede Fehlerkorrektur beruht auf dem Vertrauen, dass die Einsicht in den begangenen Fehler und in die neu erworbene Erkenntnis Gültigkeit beanspruchen kann.

Pädagogisch betrachtet ist es nun für Kinder und Jugendliche wichtig, dass sie Vertrauen in die Richtigkeit und Gültigkeit ihres eigenen Denkens erwerben und dieses als tragfähiges Instrument der Erkenntnisbildung erfahren. Ein solches Denkvertrauen wird genuin in der Mathematik erlangt, die auf dem zuverlässigen und gesicherten Boden logischer Gesetzmäßigkeiten beruht. Diese können – das ist die pädagogisch wichtige Erfahrung – durch eigene Denkanstrengung nachvollzogen werden. Es ist von hohem Wert, wenn Kinder und Jugendliche beispielsweise die Richtigkeit einer mathematischen Gleichung nicht am Taschenrechner ablesen, sondern durch eine eigene Denkleistung evident erfahren. *Wahrheit* ist in dieser Perspektive nicht etwa doktrinär gegeben, wird nicht dogmatisch-autoritär vertreten und ist nicht als lexikalischer Wissensbestand abrufbar, sondern – dies ist die Zielvorgabe eines lebendigen Fachunterrichtes – ein sich in individueller Entdeckerfreude und gesundem Denkvertrauen diskursiv im

Kontext einer Lerngemeinschaft erweiterndes Einsichtsvermögen bezogen auf den jeweiligen Lernstoff.

Methodenkompetenz – Wie?

So wie die Fachkompetenz eher auf das *Was* des Unterrichtsstoffes ausgerichtet ist, so orientiert sich die Methodenkompetenz am *Wie* der Stoffvermittlung. Zum Unterrichts*inhalt* tritt die Frage nach der angemessenen Vermittlungs*form*. Das Ziel besteht darin, dass der Lehrer darum bemüht ist, nicht die eigene schon vorhandene Erkenntnis zu vermitteln, sondern die Erkenntnisaktivität der Schülerinnen und Schüler zu wecken. Es geht hierbei anthropologisch betrachtet um einen *Willen*saspekt. Während die Fachkompetenz eher gültige Weltgehalte in den Blick nimmt und damit das *Denken* als gewissen Grund tragfähiger Inhalte erfährt, ist die Methodenkompetenz in ihrer anthropologischen Verankerung weniger auf die Inhaltsseite, sondern stärker auf die Willensseite des Denkens ausgerichtet, nämlich auf die Frage der individuellen Aneignung, auf die Denkaktivität der Schüler. Für den Lehrer bedeutet dies in gewisser Weise einen Verzicht und eine Zurücknahme, weil sein methodisch-didaktisches Engagement nicht darauf zielt, eigene oder bestehende Wissensbestände in die Köpfe der Schüler zu transferieren, sondern möglichst interessante und bedeutungsvolle Denkanlässe und Denkanstöße zu eröffnen, die die Schüler motivieren, sich eigenaktiv mit dem jeweiligen Lehrstoff auseinanderzusetzen.

Dabei ist zu bedenken, dass neben der Frage des *Wie*, also *wie* ein Stoff vermittelt werden kann, auf Schülerseite immer auch die Frage des *Warum* existiert. Jeder Lehrer kennt die von Schülern entgegengetragene Frage: „Warum müssen wir das lernen? Wofür ist das gut?" – Diese Frage kann zum einen Ausdruck des Wunsches sein, Lernanstrengungen vermeiden zu wollen. Zum anderen berührt sie aber auch das untergründige *Sinn*bedürfnis eines jeden Schülers. Dies ist daran bemerkbar, dass, wenn diese Frage explizit oder in der Regel implizit beantwortet wird, die Mühen des Lernens nicht weiter ins Gewicht fallen. Ein wesentlicher Aspekt der Methodenkompetenz vor diesem Hintergrund ist die den Lernwillen impulsierende Sinnerfahrung des Unterrichtes, welche beispielsweise auch bei Wolfgang Klafki in der „didaktischen Analyse" (Klafki 1958) zum Ausdruck kommt. Das Methodische des Unterrichtes bedeutet dann nicht allein die Optimierung der Stoffvermittlung, sondern würdigt das existenzielle Sinnbedürfnis der Schüler. Dieses ist ein Teil unseres Menschseins, welches im Entwicklungsprozess bewusst angesprochen und damit anerkannt oder aber auch als den Lebensalltag unnötig beschwerende Sonntagsfrage einfach bei Seite geschoben werden kann. Ein Bildungsvorgang, der die Frage nach dem *Warum* und der Relevanz des Lernens ernst nimmt und Lernprozesse methodisch so arrangiert, dass sie als sinnvoll erfahren werden, berührt eine tiefere Motiv- und Willensebene der Schüler. Die konkrete methodische Entscheidung ist dabei selbstverständlich alters- und entwicklungsabhängig und ist in ihrem Auftreten naturgemäß nicht von existenzieller Tragweite. Die an Waldorfschulen regelmäßig stattfindenden *Monatsfeiern* haben zum Beispiel eine solche Intention, dass das im Unterricht Erarbeitete für die Schüler nicht als bloßer Selbstzweck erscheint, sondern in einer ansprechenden Form der Schulgemeinschaft präsentiert wird und dadurch Relevanz erhält.

Der einzelne Lehrer benötigt so etwas wie eine didaktische *Phantasie*, um den jeweiligen Lernstoff sinnstiftend und relevant für das Erleben der Schüler zu behandeln.

Sozialkompetenz – Wer?

Die wesentliche anthropologische Grundlage der Sozialkompetenz liegt im Mit*gefühl* und ist somit auf das *Fühlen* bezogen. In dem Anliegen, eine Vertrauensebene zu schaffen, ist der Lehrer bemüht, sich in die Situation und das Erleben der Schüler hineinzuversetzen. Während die Fachkompetenz sich auf einen fachlichen *Inhalt* und die Methodenkompetenz sich auf die *Form* der Vermittlung bezieht, so ist die Sozialkompetenz unmittelbar auf die *Person* des Schülers ausgerichtet. Das unterrichtlich-erzieherische Bemühen hat das Ziel, dass die Schülerinnen und Schüler eine sichere personale Grundlage erwerben. Das Persönlichkeitsverständnis der Waldorfpädagogik geht davon aus, dass jeder Mensch einen autonomen personalen Kern in sich trägt, der beim Kind und Jugendlichen für deren Bewusstsein noch nicht erfassbar ist, der aber im Laufe der Entwicklung mehr und mehr zu Tage tritt und durch die angemessene pädagogische Ansprache in der Fähigkeit einer autonomen Selbstbegründung gestärkt werden kann. (Schieren 2010) Natürlich ist dieser Persönlichkeitskern nicht isoliert zu betrachten, sondern er entwickelt sich allein an und mit anderen Menschen in einem sozialen und auf die Welt zugleich ausgerichteten Verantwortungsgefüge.

Bei der Heranbildung der Persönlichkeit des Schülers spielt die Lehrerpersönlichkeit eine große Rolle, da an ihr das Gefühl für die Kraft und die Gestalt einer autonomen Persönlichkeit von Schülerseite auch im Sinne eines Vorbildes geschärft wird.

Schluss

Die vorliegende Betrachtung hat die für das Lehrerhandeln zentralen Kompetenzen der Fach-, Methoden- und Sozialkompetenz mit Blick auf ihre pädagogische und anthropologische Bedeutung herausgearbeitet. Die einführenden Vorträge Rudolf Steiners zur Begründung der Waldorfpädagogik enden mit einer spruchartigen Aufforderung an die künftigen Waldorflehrer im Blick auf die inneren Kräfte und Tugenden, die sie für den Lehrerberuf herausarbeiten mögen. Die von Rudolf Steiner beschriebenen Lehrerqualitäten entsprechen im Sinne dieser Darstellung den drei angeführten Kompetenzen. Es heißt bei Rudolf Steiner:

„Durchdringe dich mit Phantasiefähigkeit,
habe den Mut zur Wahrheit,
schärfe Dein Gefühl für seelische Verantwortlichkeit."
(Steiner GA 293, S. 203)

Die *Phantasiefähigkeit* entspricht der Methodenkompetenz, der *Mut zur Wahrheit* der Fachkompetenz und die Sozialkompetenz kommt in der *seelischen Verantwortlichkeit* zum Ausdruck.

Literatur

Klieme, E. (2007): Zur Entwicklung nationaler Bildungsstandards: eine Expertise. Bonn: Bundesministerium für Bildung und Forschung BMBF (online unter www.bmbf.de/pub/zur_entwicklung_nationaler_bildungsstandards.pdf, Abruf 10.10.2012).

Heinritz, C./Krautz, J. (2010): Kunstlehrer bleiben?! Motive der Berufszufriedenheit von Kunstlehrerinnen und Kunstlehrern. In: Kunst+Unterricht 345–346, Exkurs „Kunstlehrer bleiben", S. 2–19.

Holland-Letz, J. (2010): Das Verbrechen im „geschlossenen System". In: Erziehung und Wissenschaft 6, S. 12-13.

Giesecke, H. (2010): Vom elitären Anspruch zum Missbrauch. Reformpädagogische Sozialromantik in der Odenwaldschule. In: Das Gespräch aus der Ferne 392, S. 17–21.

Kanders, M. (2000). Das Bild der Schule aus der Sicht von Schülern und Lehrern. Dortmund: IFS.

Klafki, W. (1958): Didaktische Analyse als Kern der Unterrichtsvorbereitung. In: Die deutsche Schule 10, S. 450–471.

Kraler, C. (2009): Entwicklungsaufgaben in der universitären LehrerInnenausbildung: Startverpflegung auf dem Weg der Professionalisierung. In: Erziehung und Unterricht 159, S. 187–197.

Krautz, J. (2007a): Ware Bildung. Schule und Universität unter dem Diktat der Ökonomie. München: Diederichs.

Krautz, J. (2007b): Zur Vereinnahmung der Person. Zu Auswirkungen und Hintergründen des Kompetenz-Konzepts. In: engagement. Zeitschrift für Erziehung und Schule 3, S. 211–227.

Meyer-Drawe, K. (2008): Diskurse des Lernens. München: Fink.

Oelkers, J. (2007): Qualitätssicherung und die Motivation der Lehrkräfte. In: Reusch, C. (Hrsg.) (2007): Lehrer unter Druck. Arbeitsplatz Schule: zwischen Sokrates und Sozialarbeit Gütersloh: Bertelsmann Stiftung, S. 183–208.

Oelkers, J. (2009): "I wanted to be a good teacher ..." Zur Ausbildung von Lehrkräften in Deutschland. Studie. Berlin: Friedrich-Ebert-Stiftung.

Oelkers, J. (2010): Was bleibt von der Reformpädagogik? In: Faz.Net vom 16. März 2010, www.faz.net/aktuell/feuilleton/debatten/landerziehungsheime-was-bleibt-von-der-reformpaedagogik-1954571.html (Abruf 10.10.2012).

Pongratz, L. A. (2007): Plastikwörter. Notizen zur Bildungsreform. In: engagement. Zeitschrift für Erziehung und Schule 3, S. 161–170.

Peez, G. (Hrsg.) (2009): Kunstpädagogik und Biografie. 52 Kunstlehrerinnen und Kunstlehrern erzählen aus ihrem Leben – Professionsforschung mittels autobiografisch-narrativer Interviews. München: kopaed.

Popper, K. R. (1994): Objektive Erkenntnis. Hamburg: Hoffmann und Campe.

Roth, H. (1971): Pädagogische Anthropologie. Band 2. Hannover: Schroedel.

Schieren, J. (2010): Was ist ein Ich? Aspekte einer personalen Pädagogik. In: Krautz, J. (2010): Kunst, Pädagogik, Verantwortung. Oberhausen: Athena, S. 53–68.

Schieren, J. (2012): Das Lernverständnis der Waldorfpädagogik. In: Willmann, C. (Hrsg.) (2012): Waldorfpädagogik studieren. Wien und Münster: Lit.

Schratz, M. (2009): Kompetenzen einer europäischen Lehrerin/eines europäischen Lehrers. In: Erziehung und Unterricht 159, S. 111–118.

Steiner, R. (1980): Allgemeine Menschenkunde als Grundlage der Pädagogik. GA 293. Dornach: Rudolf Steiner Verlag.

Terhart, E. (2001): Lehrerberuf und Lehrerausbildung. Forschungsbefunde, Problemanalyse, Reformkonzepte. Weinheim und Basel: Beltz.

Weinert, F. E. (Hrsg.) (2001): Leistungsmessung in Schulen. Weinheim und Basel: Beltz.

Wilbert J./Gerdes H. (2007): Lehrerbild von Schülern und Lehrern: Eine empirische Studie zum Vergleich der Vorstellungen vom idealen und vom typischen Lehrer. In: Psychologie in Erziehung und Unterricht 3, S. 208–222.

Christof Wiechert

Zur Beziehungsfähigkeit im Erzieher- und Lehrerberuf

Der vorliegende Aufsatz befasst sich mit der Beziehungsfähigkeit im Erzieher- und Lehrerberuf. Er tut dies auf Grund einer 30-jährigen Lehrertätigkeit und auf Grund langjähriger Reflexionen in der Selbstbefragung (Wiechert 2011). Die Erfahrungen wurden innerhalb der pädagogischen Praxis an Waldorfschulen gewonnen.

Ein Abendbrot

Es soll zuerst ein Vorgang geschildert werden, an dem einiges verdeutlicht werden kann. Der Vater, Lehrer seines Zeichens, kommt am späten Nachmittag nach Hause. Die Gattin hat sich schon mit dem Abendbrot beschäftigt und die Kinder und der Vater (natürlich müde von einem langen Tag des Unterrichtens in der Schule) stehen um den schön gedeckten Abendbrottisch. In der Mitte des Tisches steht eine große mit frischem Salat gefüllte Schüssel. Es duftet nach frischem Grün, Balsamico und Schnittlauch.

Den müden Vater überkommt plötzlich eine gewaltige Lust, ein tiefes Bedürfnis, seinen Hunger an dem Inhalt der Schüssel zu befriedigen. Er möchte am liebsten direkt aus ihr zu essen beginnen. Seine Sozialisation ist aber stärker; er beherrscht sich und wartet geduldig, bis das Abendbrot beginnt.

Was tut aber der achtjährige Sohn, der neben ihm steht? Er langt mit der Hand in die volle Salatschüssel und führt den Salat zum Mund. In dem Moment hat der Vater ein entscheidendes Erlebnis: Der Sohn tut das, was der Vater eigentlich zu tun begehrt. Und auf einmal sieht er, was Wunsch beim Älteren war, wurde Tat beim Jüngeren. Dass der Wunsch (oder das Verlangen) nicht ausgeführt wurde, ist nicht das Wesentliche. Wesentlich ist, der Wunsch war da und das Kind führt ihn aus.

Da fiel ihm auch eine andere Situation ein: Die Eltern wollen ausnahmsweise einen Abend ausgehen und just bei dem kleinen Stress, um pünktlich zu sein, machen die Kinder ein ganz unübliches Trara um das Zu-Bett-gehen, wodurch tatsächlich die Zeit zu drängen beginnt. Da war also eine kleine Spannung bei den Eltern (die sie Dank der sorgfältigen Erziehung und Sozialisation nicht ausleben), aber die Spannung geht doch auf die Kinder über, die dann auch sofort ein Bett-Zeit-Problem inszenieren.

Aus diesen ersten beiden Beispielen wird sichtbar: Eine im Erwachsenen vorhandene Emotionalität (welcher Farbe auch immer) wird von den Kindern in eine Handlung umgesetzt. Hier haben wir eine erste sicht- und erlebbare Beziehungs-Variante in der Pädagogik: Im Gefälle von einer Generation zur nächsten wirkt etwas, was bei der älteren Generation im Inneren beheimatet ist (Lust auf Essen, Eile, denn wir wollen ausgehen) auf das Verhalten der jüngeren.

Im Schulzimmer

Die Frage ist nun berechtigt, gilt das auch für das Schulzimmer, gilt es auch für den Kindergarten, die Grundschule, gilt es auch für das Gymnasium?

Wir sagen heute mit großer Geläufigkeit, „Erziehung bedingt Beziehung". Das ist in seiner Allgemeinheit sicherlich wahr, aber was ist denn Beziehung? Wie wirkt sie? Betrachten wir das vorige Beispiel aus dem Blickwinkel des pädagogischen Alltags, dann müssten wir sagen, die Emotionen, die Stimmung, womit die Lehrerin oder der Lehrer die Klasse betritt, müsste eine Wirkung auf die Schüler haben.

Nun, dieses Feld ist auch erforscht und von verschiedenen Seiten interpretiert worden. Der eine spricht von Dopaminausschüttung, wenn die Lehrerin, der Lehrer Anzeichen gibt, sich auf den Unterricht zu freuen oder ein Signal der Anerkennung des Schülers gibt, wodurch die Tatbereitschaft zum Lernen erweckt wird (Bauer 2007). Der andere sieht es ganz auf der mentalen Ebene, die Lernbereitschaft öffnet sich, wenn die Lehrperson mit einer gewissen Stimmung den Klassenraum betrit oder die Lernbereitschaft bleibt eben schlafend, wenn die fördernde Gestimmtheit nicht vorhanden ist (Haffelder 2008).

Kurz, es ist eine Tatsache, dass, wenn der eine Lehrer oder die eine Lehrerin das Schulzimmer betritt, dass die Schüler so reagieren, dass sie sich setzen, dass etwas beginnt. Es ist Erwartung im Raum oder aber eben nicht. Es geschieht nichts. Woran liegt das? Dies müsste wirklich einmal erforscht werden. Wie dem auch sei, der Lehrer, die Lehrerin ist in dem Klassenzimmer angekommen und beginnt mit dem Unterricht. Wann wird er fruchtbar sein, wann nicht? Hier müssen wir eine Grundtatsache beachten, die heute vielerorts verkannt oder vergessen wird, nämlich, dass bezogen auf die Art der Beziehung das Alter des Schülers eine große Rolle spielt.[1]

---

[1] So findet man z.B. im ganzen Denken über die Theaterpädagogik, wo es ja vornehmlich um Beziehungen geht, kein Wort darüber, was man in welchem Alter mit Kindern spielen könnte, vor allem auch, was nicht. Vgl. Bidlo 2006.

Ich habe eine Mathematikstunde gesehen in den höheren Schuljahren, bei ca. 16- bis 17-Jährigen. Der Mathematiklehrer konnte bei seinen Schülern, die ihn alle mochten und verehrten, richtig aus dem Vollen schöpfen. Ob alle Schüler ihn verstanden, sei dahin gestellt, aber die Stunde hatte Schwung, intellektuellen Elan, war lehrreich und ohne jegliches Abrutschen ins Unwesentliche. Dieser Kollege konnte sein Wissen und Können ganz authentisch vor und mit seinen Schülern ausleben und teilen. Ein Glück, wer solche Lehrer hat! Wir hatten einen Kollegen, der dieselbe Begabung hatte, nun aber für das Fach Französisch. Er war ein ausgezeichneter Kollege, sowohl für sein Fach wie auch in der Fürsorge um seine Schüler. Auch er konnte seine Authentizität voll ausleben und die Oberstufenschüler taten ihr Äußerstes für ihn (auch wenn sie zum Teil Mühe mit der Sprache hatten). Interessant ist nun, dass der gleiche Lehrer Schüler unter 14 Jahren nicht unterrichten konnte. Er kam nicht an, die Kinder verstanden nicht, was er sagte, der Unterricht war trocken und abstrakt, und es gab viele, die an seinen Stunden verzweifelten. Er bereitete sich gewissenhaft vor, aber er fand den Weg nicht zu dem Verständnis bei den jüngeren Kindern. Die Authentizität konnte sich nicht ausleben. Dieser Tatsache wurde dann dadurch Rechnung getragen, dass er nicht mehr in diesen Jahrgängen unterrichtete.

Das Umgekehrte kann hin und wieder auch wahrgenommen werden. Lehrerinnen und Lehrer die in den unteren Schulstufen noch jedem „Schlingel" das Nötige beibringen, weil sie immer wieder Wege finden, immer wieder neue Einfälle haben, ja wie Jongleure den Stoff mal so, mal so vermitteln, die nicht so sehr aus der gefestigten Authentizität wirken, sondern eher aus dem Moment, die wandelbar sind, die sich der Situation anpassen, solche Lehrerinnen und Lehrer können in höheren Klassen manchmal überhaupt nicht ankommen. „Was will der denn von uns?", hört man dann zuweilen. Solche Lehrerinnen und Lehrer wirken aus einer anderen Sphäre heraus als aus der, in denen die Schüler sich bewegen. Die Schüler verstehen nicht, worauf der Lehrer hinzielt, worum es geht, sie bleiben in der Schwebe.

Dies bedeutet für Lehrer, die verschiedene Altersstufen unterrichten müssen oder wollen, dass sie in hohem Maße die Tugend der Wandelbarkeit entwickeln müssen. Schauen wir dagegen auf die Altersstufe der Kindergärten, dann sehen wir wieder eine andere Form der Beziehung. Am Kindergartenkind kann man gut wahrnehmen, dass es die Kindergärtnerin noch ganz ohne persönlichen Bezug erlebt, ja wie ein Naturphänomen. Die Kindergärtnerin steuert eher die Lebensprozesse der Kinder. Das Wohlfühlen, das Gedeihen, das Da-Sein schlechthin, ist das was hier wirkt. Ein aufgefangenes Gespräch zwischen einigen Kindergartenkindern möge dieses erläutern: Die kleinen Kinder sitzen zusammen draußen in der Sonne, das Spiel ist gerade zu Ende, da sagt einer zum anderen: „Mein Vater hat so viel zu tun, den sehe ich nur am Wochenende." Der nächste sagt: „Mein Vater hat so viel zu tun, den sehe ich nur in den Ferien." Und ein drittes

Kind sagt: „Nur unsere Kindergärtnerin, die hat nichts zu tun, die ist immer da." Die Kindergärtnerin ist immer da, sie ist für die Kinder wirklich wie ein Naturereignis. Während die Oberstufenschüler in der Begegnung eher das Persönlich-Authentische suchen, bleibt für die Kindergartenkinder die pädagogische Beziehung in gewisser Weise *unpersönlich*, da es eben nicht um die *Person* der Erzieherin oder des Erziehers geht. Trotzdem ist vielleicht diese noch *unpersönliche* Beziehung im Kindergarten zwischen Kindern und Kindergärtnerin die allersubtilste. Denn was die Kinder in ihrer Umgebung wahrnehmen und erleben, wirkt unmittelbar auf das Lebensgefühl, auf das Wohlbefinden. Zu Gesundheit und Krankheit, zu Widerstandsfähigkeit (Resilienz) und Veranlagung werden in diesem Alter in einem salutogenetischen Sinne die Weichen gestellt (König 1994). Es ist von großer Bedeutung für das zukünftige Leben, dass diese Phase der Entwicklung richtig beurteilt und vor allem gewürdigt wird. Das ist auch der Grund, warum beispielsweise Rudolf Steiner der frühkindlichen Begleitung und Betreuung einen so hohen Stellenwert beigemessen hat und bei der Einrichtung der Waldorfschule von Anfang an die Kindergärtnerinnen in jeder Hinsicht gleichgestellt sehen wollte mit den mehr akademisch ausgebildeten Lehrern (Leber 1972).

Fassen wir zusammen. Die Beziehungen in der Kindergartenstufe haben etwas Basales. Die Kindergärtnerin vermittelt tatsächlich Lebensformen, sie vermittelt *Da-Sein*, was sich zu sinnvollen habituellen Gewohnheiten verdichten kann. Die Kindergärtnerin ist das Genie des Lebens und übt die Lebensformen mit den Kleinen ein, welche dann die Vorbedingung zum Lernen bilden. Nicht umsonst spielt das Einüben der Basalsinne hier eine zentrale Rolle, denn dadurch können sich die Kinder mit der eigenen Leiblichkeit verbinden, es ist eine Art *Bewohnbarmachen der eigenen Behausung (*Auer 2007).

In der Primarstufe hat die Beziehung dann etwas mehr auf die Seele des Kindes Wirkendes. Wer auf sein Leben zurückblickt, weiß, dass das, was aus dieser Schulstufe an Erinnerungen übrig ist, sich in aller Regel nicht auf das Gelernte bezieht, sondern ganz einfach auf diese Erinnerung: War die Lehrerin, war der Lehrer lieb oder war sie/er schrecklich? Waren sie gerecht oder unberechenbar? Ist man gerne in die Schule gegangen oder hatte man immer eine geheime Angst? Das fachlich Gelernte spielt in der Retrospektive keine Rolle mehr, umso mehr die seelische Freude oder auch der Schmerz. Und die bleiben ein Leben lang.[2]

Das sind die Erinnerungen, das ist geblieben. Selten oder nie bleibt eine Erinnerung über Kompetenz oder Befähigung einer Lehrerin oder eines Lehrers, sehr oft aber über Freundlichkeit oder eine bestimmte Tugend:

---

2 Die Resilienz-Forschung hat die Wichtigkeit dieser Tatsache entdeckt, wenn sie formuliert, das Kind habe ein Recht auf einen Überschuss an positiven Schulerinnerungen, vgl. Rundbrief 2008.

„Sie konnte so schön erzählen!" Und es sind diese Stimmungen, diese Befindlichkeiten, die die Lernbereitschaft erwecken oder ruhen lassen.

In den höheren Stufen sehen wir dann eine Beziehungssuche, die ganz auf die Lehrerpersönlichkeit schaut, als integere und in ihrem Fach vollkommen autonome Person, die ihr Können ganz mit der Person verwoben hat, sodass die Schüler erleben, der muss Biologie geben, der kann gar nicht anders, kurz, was man nennt: Authentizität. Auch hier soll ein Beispiel den Sachverhalt verdeutlichen. Eine Abiturientin wird gefragt, eine spezifische Beziehung zu einem Lehrer zu schildern. Sie sagt Folgendes aus: „Meine Mathelehrerin ist so perfekt, die weiß so genau, was muss und was richtig ist, dass es schrecklich ist. Mathe ist nicht meine Stärke. Aber sie zwingt mich mit ihrer Genauigkeit, mit ihrer Perfektion. Also tue ich mein Allerbestes, denn ich will vor ihr bestehen können. Und wenn man dann ab und zu ein ganz kleines Kompliment bekommt, den Schimmer einer Würdigung für das, was man getan hat in ihrem Fach, ist man einfach glücklich. Sie ist so anders als ich. Und das ist gut für mich."

Vierfaches Betrachten

Im Blick auf die obigen Ausführungen lassen sich vier unterschiedliche Qualitäten herausstellen. Der Aspekt der Authentizität im Oberstufenbereich ist deutlich an die Frage der Individualität, an die Persönlichkeit des Lehrers und an die sich beginnende Persönlichkeitsbildung der Schüler gebunden. In der Beschreibung der Primarstufe sehen wir nicht so sehr die Persönlichkeit als Wirksames, sondern was man im Sinne Schillers als den *spielenden Menschen* bezeichnen könnte. Von der Lehrerin und vom Lehrer wird für diese Altersstufe erwartet, dass sie gleichsam künstlerisch, spielerisch aus jeder Situation etwas machen können. Es ist der empfindende, der auf Situationen eingehende Mensch. Die Lehrerin und der Lehrer wirken in dieser Schulstufe weniger durch Identität bzw. Individualität als dadurch, wie sie auf das Leben eingehen können. Zugleich müssen sie gründlich die Kulturkompetenzen (Lesen, Schreiben, Rechnen usw.) vertreten und diese heranbilden, aber dabei verhalten sie sich: Was ist unterrichtlich, erzieherisch jetzt richtig, was ist der richtige Kairos? Ist es jetzt besser einen Aufsatz schreiben zu lassen oder besser ein Unterrichtsgespräch zu führen? In dieser Altersstufe wirkt der künstlerische Effekt, die Überraschung. Ein Beispiel soll dies verdeutlichen: Eine Kollegin findet im Waldorflehrplan die Aufgabe des Schreibens eines Geschäftsbriefes für ihre sechste Klasse. Die Schüler sollen dabei so genau wie möglich formulieren lernen, damit der Text für einen unmissverständlichen Geschäftsbrief taugt. Die Lehrerin stellt aber fest, dass sie zu dieser ganzen Welt der Geschäftsbriefe überhaupt kein Verhältnis hat. Sie entschließt sich auf andere Weise die Genauigkeit des schriftlichen Ausdrucks zu schulen. Da sie am Meer wohnt und in ihrer Freizeit segelt, gibt sie jedem Schüler ein Stück Tau und die Beschreibung eines Seemannsknoten. Sie teilt ihre Klasse in fünf Gruppen, jede Gruppe muss einen anderen Knoten machen und dann eine genaue schriftliche Gebrauchsanweisung davon verfertigen, wie der Knoten zu legen ist. Diese Beschreibung geht an die nächste Gruppe. Wenn diese auf Grund dieser Beschreibung den Knoten legen können, war die Beschreibung exakt und es kann der Knoten der nächsten Gruppe versucht werden. Die Schüler hatten nicht nur eine große Freude an diesen Aufgaben, sondern das Lernergebnis war unverkennbar groß. Dies ist ein Beispiel dafür, dass Originalität für dieses Alter die Kernkompetenz schlechthin ist. Rudolf Steiner führte einmal an, dass jede Unterrichtsstunde immer *neu* sein müsse. Das schaffe in diesem Alter Beziehung. Diese Fähigkeit zur unterrichtlich-methodischen, beinahe künstlerischen Originalität darf durchaus auf Schülerseite Bewunderung hervorrufen, wenn sie dann nicht eitel vermarktet wird. Sie bildet die Golddeckung der pädagogischen Beziehung für dieses Alter.

Im Kindergarten treten letztlich das Eingehen auf die Lebensprozesse des Kindes und (durch eine maßvolle, aber sinnvolle Sinneserziehung) auf die kindliche Leiblichkeit als solche als notwendige Qualitäten des Erzieherberufes auf.

So betrachtet, kann man vier unterschiedliche Aspekte in der Menschwerdung unterscheiden:
1. den leiblichen Aspekt,
2. den Aspekt der Lebensprozesse, der Lebensgestaltungen,
3. den Aspekt der emotionalen Entfaltung und
4. den Aspekt der personalen Verinnerlichung und Individualisierung

Im Sprachgebrauch der anthroposophisch orientierten Menschenbetrachtung spricht man dann entsprechend erstens vom physischen Leib, zweitens vom Lebenskräfteleib oder Ätherleib, drittens vom Seelenleib oder Astralleib und viertens vom Ich oder Selbst (Steiner GA 34). Diese Termini sollen als Orientierung für den vorgestellten Gedanken dienen.

Pädagogische Beziehung

Nun ist aber das Wirksame in der Steinerschen Betrachtungsweise, dass er sagt, eine pädagogische Beziehung wird zwischen gleichen Aspekten nicht zustande kommen können. Erwachsene sprechen zueinander von Person zu Person, von Seele zu Seele, kurz von Mensch zu Mensch. Das wird aber nie eine pädagogische Beziehung begründen können (Steiner GA 317). Erwachsene können von Erwachsenen lernen, aber nicht im Sinne der Pädagogik. Denn Lernen im Sinne der Pädagogik heißt immer Lernen als Bildungs- und Veränderungsprozess.

Für eine pädagogische Beziehung ist die *Ungleichheit der Aspekte* Bedingung. Das heißt, laut Steiner, wirkt die Person (das Ich, das Selbst) des Lehrers auf das Seelische, das Emotionale des Schülers. Und auf einer weiteren Ebene wirkt das Seelische des Lehrers, der Lehrerin auf den Lebenskräfteleib des Schülers und zuletzt wirkt der Lebenskräfteleib des Erziehers und der Erzieherin auf die leibliche Grundlage des Kindes. – Es ist wie eine Treppe, die man sich verbildlichen kann indem man sagt: Das Ich, das Selbst wirkt in der nächst jüngeren Generation auf die seelische Konfiguration. Die seelische Konfiguration wirkt in der nächst jüngeren Generation auf den Lebenskräfteleib. Und der Lebenskräfteleib wirkt in der nächst jüngeren Generation auf die physische Grundlage.

Auf dieser Grundlage ist ein Verständnis vieler Phänomene möglich: Warum können die Schüler in den höchsten Klassenstufen so begeistert, so enthusiastisch für eine Lehrerpersönlichkeit *entflammen*? Weil der Seelenleib, der die Begeisterungsfähigkeit in sich birgt, die Authentizität wahrnimmt. Und es ist immer noch so, dass es Abiturienten gibt, die ein bestimmtes Fach aus Begeisterung für einen Lehrer studieren, der es in der Schule repräsentierte. Die Beziehung geht in dieser Altersstufe vom Ich zur Seele und nicht (wie man meinen könnte) von Ich zu Ich. Das oben angeführte Beispiel zeigt auch, dass erste Formen der Selbstwahrnehmung in diesem Alter im richtigen pädagogischen Verhältnis möglich sind. Vieles kann so deutlich werden: Ein 16-jähriger Schüler ist in einer misslichen Lage. Es gelingt ihm nicht, sich selbst zu ergreifen und die ihm auferlegten gymnasialen Anforderungen zu erfüllen. Die Lehrer bauen allein auf die Selbstaktivierung der Schülerpersönlichkeit. Diese Haltung führt dazu, dass der Schüler das Gymnasium verlassen muss. Ein einziger Lehrer aber nimmt sich des Jungen an, sagt ihm, dass er doch viel mehr leisten könne und ob er ihm nicht helfen dürfe? Man verabredet, dass der junge Mann jeden Tag nach der Schule mit diesem Kollegen die Hausaufgaben durchnimmt und dieser ihn entlässt, wenn die Sachen in Ordnung sind. Ziemlich schnell zeigt sich die Wirkung, nach einigen Wochen ist eine solche Hilfe nur noch zwei Mal in der Woche nötig, nach einem halben Jahr gar nicht mehr. Der Schüler hat es geschafft, sich selbst zu ergreifen und kommt ohne weitere Probleme durch das Abitur. Den betreffenden Lehrer hat er auf Lebzeiten hoch geschätzt.

Dieses Beispiel zeigt deutlich, dass die pädagogische Beziehung nicht eine auf gleicher Ebene ist, sondern dass sie in gewisser Weise ein *Gefälle* braucht: Der sich personal selbst bestimmende Lehrer greift in einer Situation ein, wo diese Selbstbestimmtheit beim Schüler noch nicht vorhanden ist.

Viele Nöte in der Oberstufe wären zu lindern, wenn dieses Bewusstsein über das Verhältnis der pädagogischen Beziehungen ein allgemeines wäre.

Wenn dieses Bewusstsein vorhanden ist, braucht es auch die gekonnte Anwendung desselben. Eine Anwendung, die sich ganz frei macht von konventionellen Mustern, von dem, was recht ist oder nicht innerhalb der Pädagogik: Eine wirklich freie Entscheidung aus einem moralisch-künstlerischen Mitempfinden und Miterleben mit den Schicksalen der Jugendlichen. Bildung, Lernen, Erziehen, es braucht den freien sich selbst bestimmenden Lehrer.

Ein weiteres Beispiel: Ein 14-jähriger Junge, zutiefst verstrickt in seine pubertären Eskapaden und zugleich auch heftig unter ihnen leidend, erwartet die Strafe für eine nicht geleistete wichtige Arbeit. Der Lehrer sieht ihn an und sagt nur: „Na, es werden bessere Zeiten kommen." Mehr nicht. Keine Strafe. Der Jugendliche ist so erschüttert von diesem Vertrauen in ihn, von diesem Vertrauensvorschuss, dass er sein Verhalten auf einmal völlig neu betrachtet. Dieser Moment (so schildert er später) ist der Anfang seines Weges zur Selbstfindung. Auch in diesem Beispiel verlässt der Lehrer seine Position als Erwachsener und wirkt ein in die noch nicht ganz befestigte Psyche des Schülers.

Wenn man nun einen Schritt weitergeht, so sieht man, dass eine pädagogische Beziehung in der Grundschule nie entstehen wird auf Grund der fachlichen Kompetenz des Lehrers, auf Grund seines fachlichen Könnens. Die Grundschulkinder haben dafür schlichtweg kein Auge, kein Gefühl, keine Empfindung. Was auf die Kinder dieses Alters wirkt, ist wie der Lehrer, die Lehrerin als Mensch ist. Das heißt, die Kompetenz des Lehrers liegt in der Menschlichkeit. Dass zugleich auch etwas vermittelt werden soll, ist für den Schüler nur insofern von Interesse, als dass es durch das Menschsein vermittelt wird. Eine bloße Fachkompetenz bei Lehrern für diese Altersstufe ist unzureichend. Für dieses Alter gilt, dass die Schüler etwas von dem Lehrer annehmen oder eben nicht. Es kommt ganz und gar auf die menschliche Kompetenz an.

Das ist der Grund, warum Rudolf Steiner für dieses Alter einen so großen Wert auf eine künstlerische, das heißt wandelbare, flexible Haltung der Lehrer legte. Das ist auch der Grund dafür, dass Steiner gegen vorgegebene Methoden ist, denn sie behindern und verhindern die pädagogische Beziehung (Steiner GA 293). Denn ein methodischer Griff, eine selbst gefundene Methode schafft erst die Beziehung (Steiner GA 300c).

Ein weiteres Beispiel: Ein Geschichtslehrer, tätig in der Mittelstufe, behandelt die Freiheitskriege der Niederlande. Nun ist bekannt, dass der Beginn der Freiheitskriege in den Niederlanden durch den Sturm der Geusen vom Meer aus auf die von den Spaniern befestigte Stadt Den Briel begann. Die Angreifer rammten in der Nacht das Stadttor mit einem Mast eines ihrer Schiffe. In der Erarbeitung dieses historischen Stoffes ging der betreffende

Lehrer mit seinen 13-jährigen Schülern auf den Pausenhof des benachbarten Kindergartens, wo er an einigen Tagen in den Pausen mit den Schülern im Sandkasten eine starke Bretterwand konstruierte, ohne weitere Erklärung. Als er dann den Sturm auf die Stadt schilderte, nahm er die Schüler mit in den Sandkasten und sie versuchten mit einem kräftigen dort liegenden Baumstamm, zusammen das *Stadttor* zu rammen. Nicht nur erlebten die Schüler, wie schwer das ist, sie hatten ein Erlebnis, das sie wohl nicht vergessen werden, was sie noch im Alter schmunzeln lassen wird. Das schafft und ist zugleich pädagogische Beziehung.

Fassen wir zusammen: Es ist von großer pädagogischer Bedeutung, sich die Verschiedenheit der pädagogischen Beziehungen, je nach Alter der Schüler, zu vergegenwärtigen. Beziehung ist nicht gleich Beziehung. Sodass wir sagen können:

- Der Oberstufenlehrer (von Klasse 9 an) muss eine Genialität entwickeln innerhalb seines eigenen Könnens im Verhältnis zu sich selbst. Er wird ein Bildner sein der Psyche der Schüler. Als Ausdruck eignet sich: die Genialität des Selbst.
- Der Lehrer der Grundschule muss eine Genialität entwickeln innerhalb der eigenen psychischen Veranlagung in Richtung Wandelbarkeit, Originalität, Flexibilität und des immer neuen Eingehens auf die einzelnen Anforderungen. Hier heißt es: die Genialität der Seele.
- Die Erzieher müssen eine Genialität entwickeln innerhalb der Lebensprozesse, sie sollen bezogen auf das Wohlbefinden der Kindes die richtigen Prägungen vornehmen, damit die Kinder gewohnheitsmäßig auf das Lernen eingestimmt und vorbereitet werden. Das Lernenwollen wird ermöglicht durch ein gesundes Gewohnheitskostüm. Es heißt hier: Genialität der Lebensprozesse.

Es macht sicherlich den Anschein, als seien diese Ausführungen sehr hoch gegriffen. Das sind sie auch. Aber wo bleibt man, wenn man in der Lehrerbildung die Messlatte nicht hoch legt? Man soll gerade da hoch ansetzen, wo mit gutem Willen jeder heranreichen kann, denn diese Strebensrichtungen entsprechen dem werdenden Menschen. Für die Beziehungsfähigkeit liegen hier Anforderungsprofile, die den Schülern förderlich sind, vor allem aber auch den Lehrerinnen und Lehrern und den Erzieherinnen und Erziehern, die mit Freude an ihren Beruf herantreten. Denn das tut Not.

Literatur

Auer, W. M. (2007): Sinnes-Welten. Die Sinne entwickeln, Wahrnehmung schulen, mit Freude lernen. München: Kösel.
Bauer, J. (2007): Lob der Schule. Hamburg: Hoffmann und Campe.

Bidlo, T. (2006): Theaterpädagogik. Essen: Oldib.

Haffelder, G. (2008): Neue Wege in der Lernforschung. In: Rundbrief der Pädagogischen Sektion, Sondernummer.

König, K. (1994): Die ersten drei Jahre des Kindes. Stuttgart: Verlag Freies Geistesleben.

Leber, S. (1974): Zur Sozialgestalt der Waldorfschule. Ein Beitrag zu den sozialwissenschaftlichen Anschauungen Rudolf Steiners. Stuttgart: Verlag Freies Geistesleben.

Rundbrief der Pädagogischen Sektion (2008). Ausgabe 33. Dornach: Rudolf-Steiner-Verlag.

Steiner, R. (1984): Die Erziehung des Kindes vom Gesichtspunkte der Geisteswissenschaft. GA 34. Dornach: Rudolf-Steiner-Verlag.

Steiner, R. (1997): Heilpädagogischer Kurs. GA 317. Dornach: Rudolf-Steiner-Verlag.

Steiner, R. (1980): Allgemeine Menschenkunde. GA 293. Letzter Vortrag, Stuttgart 05.09.1919. Dornach: Rudolf-Steiner-Verlag.

Steiner, R. (1975): Konferenzen mit den Lehrern der Freien Waldorfschule in Stuttgart. Das fünfte und sechste Schuljahr. Band 3. Konferenz vom 15. Juli 1924. GA 300c. Dornach: Rudolf-Steiner-Verlag.

Wiechert, C. (2011): Lust aufs Lehrersein?! Dornach: Goetheanum Verlag.

Michael Felten

Unterricht –
das unterschätzte emotionale Feld

Einleitend ein Wort zu Theorie und Praxis. Es passiert ja nicht alle Tage, dass ein Vertreter der Schule Gelegenheit erhält, seine Stimme in Hochschulsphären zu erheben. Dabei wäre es für angehende Lehrer ungemein hilfreich, wenn mehr geläuterte Praxis in den Hort der oftmals unbändigen Theorie gelänge: wegen der Erlebnisdimension (was die Schule an Erfreulichem oder Bedrückendem bietet) und wegen der Möglichkeitsdimension (was im Klassenzimmer eigentlich funktioniert und was nicht). Zwar mögen Stimmen aus der Praxis bisweilen harmlos klingen, aber hinter den einfachen Begriffen steht eine schwer zu leugnende Kraft des Faktischen. Jedenfalls kann der erfahrene Praktiker oft gar nicht anders, als das veröffentlichte Gerede über Pädagogisches, diese – wie Peter Sloterdijk einmal treffend bemerkte – „Sphäre der vorgesagten und nachgeredeten Meinungen" zu überschreiten. Dies setzt allerdings voraus, dass er sich zuvor genügend Souveränität verschafft hat, etwa im Sinne *Thomas Müntzers*, der schon vor 500 Jahren empfahl: „Derhalben mußt du, gemeiner Mann, selber gelehrt werden, auf daß du nit lenger verfüret werdest."

Umgekehrt sollte sich indes auch die Hochschule ab und zu in der Praxis blicken lassen, aber nicht nur in Form vermehrter Praktika für Studenten, sondern insbesondere durch größeren Basiskontakt der Dozenten – wo besser als in der Schule kann man deren reale Probleme kennenlernen und pädagogische Theorien ausprobieren? Rainer Dollase glaubt jedenfalls, manche Ausbildungsverirrung ließe sich vermeiden und die Qualität der Schule erheblich steigern, „[…] wenn man Lehrerausbildungsinstitutionen hätte, in denen Professoren mindestens einmal im Jahr einen Monat lang eine schwierige Mittelstufen-Klasse übernähmen und ihre weltabgehobenen Ideologien dort vor Ort testen. Wenn also diejenigen, die unsere Lehrer ausbilden, selber Experten für die Praxis wären. Dann hätten wir einen Zustand wie in der Medizin. Ein Chirurgieprofessor kann seinen Studierenden auch die Entfernung eines Blinddarms vormachen und die Studierenden lernen durch Beobachtung, also durch Vormachen und Nachmachen, wie man so etwas tut. So geschieht es in der Erziehungswissenschaft seit 20–30 Jahren aber nicht mehr." (Dollase 2006)

Blick in die Schule

Was also kann ich als Praktiker berichten? Zunächst einmal dieses: Nach 30 Jahren Unterrichtstätigkeit bin immer noch begeistert von meinem Beruf! Keine Akten, keine Einsamkeit – während das Fachliche schnell zur Routine wird, bleibt die menschliche Dimension dieses Berufes stets abwechslungsreich und faszinierend: Heranwachsen mitzuerleben und auf Lebenswege einzuwirken. Vielen meiner Kollegen geht es indes leider anders, sie wirken verunsichert, sind abgekämpft, suchen ihr Heil in Technisierung oder Distanz. Wen wundert's, wenn viele Schüler dann zu wenig lernen und unter ihren Möglichkeiten bleiben? Aber warum diese Bildungsnot auf Lehrerseite? Weil die Klassen zu groß sind, weil die Unterrichtsmethoden veraltet sind, weil etwas im System faul ist? Nein, die Ursache muss tiefer sitzen, schließlich sitzen auch vor kleinen Oberstufenkursen Zyniker, kann Frontalunterricht durchaus motivierend und effektiv zugleich sein, gibt es auch ständig verärgerte Gesamtschullehrer.

Der Kern heutiger Bildungsnot hat zwei Ursachen, die gerne beschwiegen werden – obwohl sich an ihnen leicht etwas ändern ließe. Einerseits hat der lange Zeit waltende pädagogische Zeitgeist zu einer grundlegenden Verunsicherung im Pädagogischen geführt. Ob nun die Autoritätsschelte nach '68 oder die aktuelle Selbstlerneuphorie: Die Bedeutung der Lehrerpersönlichkeit für das schulische Lernen wird allzu gerne verkannt, ja diskreditiert. Meine Gegenbotschaft stelle ich unter das Motto: Keine Angst vor Ansprüchen! Mehr Führungsfreude!

Andererseits wurde deshalb die Beziehungsdimension des Unterrichtens sträflich vernachlässigt. Psychologie im Klassenzimmer, das wurde entweder als naturgegeben angesehen („ein Händchen für Kinder haben") oder als Psychokram beargwöhnt oder dilettantisch-oberflächlich gehandhabt. Die Folge: Viele Lehrer haben zuwenig Einfühlungsvermögen, wirken ungewollt entmutigend und verstehen die Lern- und Verhaltensstörungen ihrer Schüler nicht wirklich. Meine Gegenbotschaft lautet: Unterrichten ist eine hochkomplexe Menschen-Entwicklungs-Beziehungsarbeit, sie sollte in psychologischer Hinsicht professionalisiert und aufwertet werden.

Zur antipädagogischen Kontaminierung des Pädagogischen

Warum also sind Schulmeister heute vielfach keine zupackende Zunft, sondern eine zaudernde? Ich habe den Eindruck, weil sie die junge Generation überschätzen, weil sie zu sehr auf deren Einsicht vertrauen („Das verstehst Du doch, oder?"), weil sie alleine auf Einladung setzen (die Pädagogik des „Bitte!"), weil sie das Eventuelle so betonen („Würdest/Könntest Du vielleicht ...").

Meine Generation hatte vor 40 Jahren – nach Diktatur, Friedhofsruhe und Revolte – internalisiert, Schule sei ein Gefängnis, der Lehrer ein Büttel des abrichtenden Staates, Unterricht sei das Gegenteil von aufrichten, Störungen hätten also Vorrang – kurz: die Epoche des verschämten Erziehers. Heute halte ich diese Sichtweise für ziemlichen Unsinn: Schule bietet gerade die Möglichkeit, aus engen Horizonten auszubrechen; Unterricht ist gerade – wenn auch mühselige – Be-Geisterung; Störungen sind ein Symptom von Entmutigung und dürfen gerade deshalb kein Eigenleben entfalten! Und die Beziehung zwischen Lehrern und Schülern sollte den Charakter einer kommunikativen Ambivalenz haben: Sie müssen sich gleich und ungleich zugleich begegnen, der Erwachsene darf dabei weder Kumpel noch Leutnant sein.

Gleichwohl hat die antipädagogische Kontaminierung des Pädagogischen am Ende des „Jahrhundert des Kindes" (Ellen Key) zu einer „Logik des Misslingens" (Dietrich Dörner) geführt: Statt die natürliche Ausrichtung der Heranwachsenden auf die bereits Mündigen für deren Fortkommen zu nutzen, hat sich eine ganze Generation von Erwachsenen latent auf diese ausgerichtet. Und so weht denn aus Fachzeitschriften wie kultusministeriellen Mitteilungsblättern seit Jahren ein Zeitgeist, der auf Angebote setzt, der für Akzeptanz plädiert, der Autonomie empfiehlt; Lehrer kokettieren folglich mit Selbstbildern wie „Begleiter" oder „Moderator". Bei genauerem Hinsehen indes erweisen sich solche Pädagogen als in ihrer Rolle erheblich verunsichert: nämlich hinsichtlich der Bedeutsamkeit des Erwachsenen für intergenerationale Vermittlungsprozesse, der Legitimität seiner Lenkungsfunktion, der Berechtigung von Ansprüchen. So hat sich subkutan eine Pädagogik der Ermäßigung (Fulbert Steffensky) ausgebreitet, warten auch im Klassenzimmer allenthalben die Verwöhnungsfallen (Albert Wunsch).

Glück des Könnens

Nun mögen reduzierte Anforderungen kurzfristig die Annehmlichkeit steigern, langfristig aber verringern sie das Glück des Könnens. Eine aktuelle Variante des Abschwächens von Ansprüchen ist die Euphorie um das selbstgesteuerte Lernen. Man verzichtet zunehmend darauf, dass sich die Schüler auf kollektive Lernsequenzen einlassen, stattdessen speist man sie mit Arbeitsblätterstapeln und Lernstationen ab. Dabei hinterlässt übertriebene Eigenverantwortlichkeit allzu schnell ein nur unverstandenes Sammelsurium an Informationseindrücken, zumal sie meist mit einer eher kühlen Steuerung einhergeht. Auch ausgefuchste Arbeitsblätter „funktionieren" oft weniger als eine persönliche, stimmige Anleitung, Anerkennung und Ermutigung durch den Lehrer.

Zudem überfordert solch lehrerarmes Lernen viele schwächere Schüler, insbesondere solche aus bildungsferneren Schichten, die ja – ob mit oder ohne Migrationshintergrund – eine erhebliche Überbrückungsarbeit aus ihrem Milieu zu leisten haben. Davor warnt seit Jahren Hermann Giesecke:

„Nahezu alles, was die moderne Schulpädagogik für fortschrittlich hält, benachteiligt die Kinder aus bildungsfernem Milieu. ‚Offener Unterricht' [...] hindert die Kinder mit von Hause aus geringem kulturellen Kapital daran, ihre Mängel auszugleichen, während sie den anderen kaum schaden. [...] Das einzige Kapital, das diese Kinder *von sich aus* – ohne Hilfe ihres Milieus – vermehren können, sind ihr Wissen und ihre Manieren; dafür brauchen sie eine Schule, in der der Lehrer nicht nur ‚Moderator' für ‚selbstbestimmte Lernprozesse' ist, sondern die Führung übernimmt und die entsprechenden Orientierungen vorgibt. Gerade das sozial benachteiligte Kind bedarf, um sich aus diesem Status zu befreien, eines geradezu altmodischen, direkt angeleiteten, aber auch geduldigen und ermutigenden Unterrichts. Das gilt erst recht für solche Kinder, die der deutschen Sprache kaum mächtig sind." (Giesecke 2003, S. 255)

Entscheidend für die Wirksamkeit von Schule ist, wie Lehrer das Verhältnis zu ihrem menschlichen Gegenüber sehen und gestalten. Die stärkste Motivationsdroge für den Menschen sei der andere Mensch, so Joachim Bauer, der hierzulande das Phänomen der Spiegelneuronen breiter bekannt gemacht hat. Und nicht etwa ein Arbeitsblatt. Lernthemen alleine lösen nur begrenzte Begeisterung aus, das wusste schon Erasmus von Rotterdam: „Der erste Schritt zum Lernen ist die Liebe zum Lehrer." Und warum? Weil man die Liebe zur Wissenschaft von Heranwachsenden noch nicht erwarten könne, so der weise Humanist sinngemäß. Kinder brauchen – nicht nur in der Grundschule, und auch noch in der Oberstufe – ein menschliches Gegenüber, das zeigt, anregt, ermuntert, das sich für Neigungen/Probleme interessiert, das erwartet und einfordert, das Widerstand aushält, das auch herzlich streng sein kann. Für eine effiziente Lernaktivierung braucht es also weder verschämte Zurückhaltung noch kühle Steuerung – ich möchte es Führungsfreude nennen, in menschlicher wie methodischer Hinsicht. Lehrer sollen Brückenbauer sein, ins Verlockende, aber auch ins Notwendige – und dabei werden sie nicht selten auch als Bürde empfunden (angesichts der nicht ausrottbaren Mühen des Lernens), ja müssen bisweilen gar Bändiger sein können (wenn der verzweifelte Lerner nur noch ausbrechen will oder Nebenkriegsschauplätze schafft). Wie sagte Royston Maldoom im Film-Tanz-Projekt „Rhythm is it!":

„Man muss sie die Erfahrung machen lassen, dass sich durch harte Arbeit etwas erreichen lässt. Man kann jungen Leuten gegenüber so tun, als sei Disziplin nicht wichtig im Leben, aber das wäre unfair. Sie wollen gar nicht frei sein – sie wollen herausgefordert werden, damit sie nachher stark sind. Wenn ich streng zu ihnen bin, dann ist das keine emotionale, unbeherrschte Reaktion, sondern ich führe sie an ihre Potentiale heran. Warum muss es denn immer lustig sein? Das Ernsthafte ist es, was Spaß macht!"

In dieser Perspektive gewinnt auch der löbliche Grundgedanke vermehrter individueller Förderung eine ganz handfeste Seite. Während die Parole „Jedem sein persönliches Arbeitsblatt!" vor allem die Lehrer (mit deren Konzeption) beschäftigt, sorgt etwa das Prinzip „Nacharbeit unter Aufsicht" für überraschend verbessertes Arbeitsverhalten auf Schülerseite – etwa bei Vokabelfaultieren.

Zur Vernachlässigung des Psychologischen

Hierbei spiele ich weniger darauf an, dass es zu wenige Schulpsychologen gibt, sondern darauf, dass der normale Lehrer über zu wenig psychologische Schulung verfügt. Er ist in der Regel ein Experte für die Beschaffenheit des Fachwissens, nicht aber auch dafür, wie sich Nichtwissen anfühlt (Pennac 2009), er kennt sich also zuwenig in der Emotionalität der Lernschwierigkeiten und des Generationenverhältnisses aus. Auf Problemverhalten reagiert man in der Regel mit mitleidigem Verständnis, mit kränkendem Tadel bzw. Strafe oder mit moralischem Appell. Und Lernstörungen werden nur oberflächlich analysiert und dilettantisch angegangen, man berücksichtigt zu wenig, dass Lernen nur sekundär von der Methode abhängt, sondern primär mit den Gefühlen zu tun hat, auch denen des Lehrers. De facto ändern sich aber auch Heranwachsende weniger durch Angst oder Einsicht, sondern durch die Aussicht auf größeren Erfolg. Zweierlei kann dieses urpädagogische Anliegen stören: wenn der Lehrer die Beziehungsdimension verkennt oder unterschätzt, und wenn er selbst auf kindliche Anerkennung bedacht ist und deshalb in seiner Haltung aufweicht oder verhärtet.

Ich plädiere deshalb für ein psychologisches Enrichment des Schulalltags in drei Dimensionen.

1. Die Kunst der Ermutigung

Generell zeigt der Schulalltag auch heute einen eklatanten Mangel an Ermutigung, dem Vitamin E alles Pädagogischen: Es wird kritisiert, beschämt, übergangen – hie nur gelegentlich, da was das Zeug hält. Die verbreitete Meinung lautet: Wenn der Stoff nur passend ausgewählt, motivierend dargeboten und methodisch abwechslungsreich erarbeitet wird, dann sei – bei freundlichem Grundklima – lehrerseitig alles getan. Wenn dann ein Schüler immer noch nicht wolle oder könne, dürfe man ihm wohl noch 'mal „Beine machen" – ansonsten müsse man ihn eben anders einsortieren. Es ist dies eine statische Sicht vom Lernen.

Die von den Neurowissenschaften gestützte dynamische Sicht der Intelligenz besagt dagegen: Lernen ist Gefühlssache. Und Klugheit oder „Dummheit" sind nicht einfach gegeben, sie entwickeln sich vielmehr. Alfred Adler, ein früher Kollege Sigmund Freuds, hat mit seiner Individualpsychologie – einem frühen Brückenschlag zwischen Tiefenpsychologie und Pädagogik – aufgezeigt, wie schnell sich Kinder beim Lernen entmutigen lassen – und wie wichtig deshalb professionelle Ermutigung ist (Adler 1979; Adler 1973; Adler 1976). Ermutigung ist indes viel mehr als Freundlichkeit – und allemal das Gegenstück von entwertender Kritik, wie auch von schwächender Verwöhnung. Es ist aber auch etwas Anderes als das nur punktuelle, ergebnisabhängige, hierarchische Loben. Es handelt sich um die weite Palette von Kontakt, Zutrauen, Echo, Fürsorge, Anerkennung, Wertschätzung, aber auch von Herausforderung und konstruktiver Kritik. Ermutigung bedeutet ein Klima der Fehlerfreundlichkeit, der guten Laune, der sozialen Einbindung. Ermutigung besteht weniger in einem perfektionierten Arbeitsblatt als in dichter personaler Präsenz, ist letztlich gelebter Entwicklungsoptimismus des Lehrers – dass er sich nämlich sicher ist, dass Intelligenz in jedem Falle etwas Dynamisches ist. „Es kommt nicht so sehr darauf an, was einer mitbringt, als darauf, was er daraus macht", mit dieser Devise stand Adler vor 100 Jahren weitgehend allein – heute ist dies als eine entwicklungspsychologische Grundtatsache anerkannt.

2. Das Geheimnis der Resonanz

Dass Schüler keine Brötchen sind und Lehrer keine Backautomaten, ist eigentlich eine Binsenweisheit. Umso erstaunlicher, dass der Diskurs über Unterricht sich vorwiegend auf dessen technokratische Seite (Arbeitsblätter, Methoden, Sozialformen) beschränkt, das Klassenzimmer als „Beziehungskiste" hingegen nur höchst selten thematisiert wird. Dabei ist jede Unterrichtsstunde ein hochkomplexes Geschehen zwischen vielen verschiedenen, sicherungsorientierten menschlichen Wesen – eine halbchaotische Situation. Die Schüler suchen Lernerfolg und soziale Anerkennung (auch seitens der Erwachsenen), mit einer erworbenen Lernhaltung, im Lichte eines unbewussten Selbstbildes. Der Lehrer folgt ebenfalls inneren Bildern vom Lernen und von Menschen, auch er möchte Lehrerfolg haben (das ist normal), bisweilen aber auch die Anerkennung der Kinder (und da wird es riskant, das ist nicht mehr professionell). Man müsste sich also bewusster machen, dass das Klassenzimmer ein sozialer Resonanzraum ist, in dem etwa 30 subjektive Welten aufeinander treffen. Eine solche multiple emotionale Gemengelage führt natürlich immer wieder zu kleineren oder größeren Störungen oder Blockaden, die bei mangelnder Schulung unerklärlich wirken und dann Fehlentscheidungen zeitigen – was bei geschärftem Blick wenn nicht vermeidbar, so doch lernförderlich zu wenden wäre.

Hier zwei Beispiele dafür, wie Schüler und Lehrer einander erleben und verfehlen können, wie die individuelle Brille auf beiden Seiten die Lage kompliziert macht, ja bisweilen geradezu entstellen kann. So mag der Lehrer etwa bei der Rückgabe einer Klassenarbeit die Fünfen betont rücksichtsvoll austeilen, er wirft sie den „schlechten" Schülern nicht mehr wie früher an den Kopf, er vermeidet abschätzige Blicke. Aber er hat auch noch andere Gefühle, die sich in feinstem Mienenspiel ausdrücken – was von den Schülern wahrgenommen und womöglich missverstanden wird. Sein heimliches Bedauern von Alis ständigen Fehlschlägen wirkt auf diesen wie ein Aufgeben, seine verdeckte Furcht vor Petras Ausrastern wertet diese als Desinteresse, sein tröstendes Lächeln für Charlotte kommt tatsächlich als Schadenfreude an. Und auch seine Genugtuung angesichts der ständig gleichen Fehler bei einem Störenfried wie Gregor bleibt diesem nicht verborgen – der Punkteentzug wird dann nicht als Mahnung, sondern als Intrige interpretiert. Gutgemeintes Lehrerhandeln ist also von vielfältigen unterschwelligen Lehrergefühlen begleitet – und hat eine breite Palette an Schülerreaktionen zur Folge.

Umgekehrt rufen Schüleräußerungen auch auf Lehrerseite bei nichtprofessioneller Deutung persönlich gefärbte Fehldeutungen und störende Reaktionen hervor. Wenn Peter auf meine Ansprache hin den Blick senkt, kann das sowohl eine Provokation wie auch eine Demutsgeste sein – und ich wiederum mag es spontan falsch oder richtig verbuchen. Wenn Lydia sich über ein mit viel Mühe erstelltes Arbeitsblatt aufregt, kann ich das als Ausdruck von Entmutigung ansehen oder mich gekränkt fühlen – und sie dann zurückschlagend beschämen oder in meinen berechtigten Ansprüchen wankend werden.

Die Gefühle des Lehrers beim Unterrichten gelten bislang als berufliche Grauzone (Schmitz 2007) – dabei sind sie die entscheidende Variable bei Unterrichtsstörungen und Förderung. Der Weg in die Klasse ist auch bei bester Planung immer ein Gang ins Ungewisse, und es ist meine unbewusste, biographisch geprägte Privatlogik, die darüber entscheidet, ob ich dort Provokation oder Verunsicherung erlebe, ob ich bei Konflikten zurückweiche oder herangehe, ob ich bei Machtfragen harmonisiere oder zuspitze, ob ich mich bei Kämpfen unterordne oder gewinnen möchte. Mein Ärger, meine Überempfindlichkeit, meine Verständnislosigkeit, meine verwöhnende oder pseudopartnerschaftliche Haltung – alles dies ist meine persönliche Art und Weise, eigenem Scheitern entgegenzuwirken und drohender Kränkung auszuweichen, meine Bilanz zum Positiven zu wenden.

Dem schwierigen Schüler mit seinen provozierenden Größenphantasien und seinem einnehmenden Ohnmachtsgehabe steht also nicht selten ein schwieriger Lehrer gegenüber – mit übertriebenem Machtstreben oder lähmender Zurückhaltung. Insofern stehen Pädagogen bisweilen nicht nur den Schülern im Weg, sondern auch sich selbst, ihrem eigenen Berufserfolg, ihrer Zufriedenheit. Macht man sich solche blinden Flecke und paradoxen Reaktionen bewusst, verlieren sie ihre negative Kraft – andernfalls eskalieren die Konflikte oder es droht ein Burnout.

3. Die Sache mit dem Durchblick

Natürlich gibt es auch Schüler, die einem schwer zu schaffen machen, weil man nicht ohne weiteres Zugang zu ihnen findet – obwohl sie es wert wären, weil sie ein großes Potential mit sich tragen, aber in eine falsche Spur gerieten. Dazu müssen sie allerdings auf Lehrer stoßen, die sie interessant finden anstatt lästig, die einen solchen Fall als Krönung ihrer Arbeit ansehen – und nicht als Sargnagel. Und die über den richtigen Durchblick verfügen. Ich sage absichtlich *Durchblick*, weil der Begriff *verstehen* so irritierend kontaminiert ist – er führt oft zu einem Stehen*bleiben* und zu unnötiger Entlastung; dabei würde es ja darum gehen, verunglückte Kinder wohlwollend zu durchschauen und zum *Auf*-Stehen anzuregen.

Die disziplinarische Hausapotheke kennt in der Regel nur dreierlei Medizin: freundliche Eindringlichkeit, dann einschüchternde Grenzsetzung, zuletzt drohende Abschiebung. Aber oft erreicht man mutlose Schüler damit nicht mehr – sie erleben die Prozedur als Machtkampf, bei dem sie nicht unterliegen wollen. Auch externe Tests sind selten hilfreich, sie liefern ja nur Momentaufnahmen, dokumentieren quasi das Resultat durchlaufener (Irr)wege. So bleibt leider oft die spontane, weder sonderlich tiefgründige noch kreative Deutung der beteiligten Lehrer entscheidend: „zu dumm" oder „bösartig" oder „absichtlich faul".

Alfred Adlers Individualpsychologie ermöglicht einen neuen Blick auf die Kinderseele – sie sieht schulisches Störverhalten als clevere, in der Familie erworbene Strategie entmutigter Kinder, ihr Minderwertigkeitsgefühl zu kompensieren. Wer sich dumm stellt, dem erlassen die Eltern manche Forderung; wer andere stört, erntet schnell Aufmerksamkeit; wer mit dem Lehrer kämpft, kann sich bisweilen überlegen fühlen. Störrische Begriffsstutzigkeit, renitente Faulheit, lästiges Stören, aber auch passive Unauffälligkeit sind so gesehen nichts anderes als biografisch geronnene Entmutigung, getarnt durch ein die Selbstzweifel kompensierendes Ersatzverhalten. Eine stark konkurrenzhaltige Geschwistersituation, eine frühe lange Krankheit, ein ehrgeiziger oder verwöhnender Erziehungsstil, ein altmodisches Lernbild bei den Eltern – schon kann die ursprüngliche Entdeckerfreude des Kleinkindes allmählich in Lernunlust (und ein cleveres Ausweichverhalten) übergehen, kann aus der immensen Plastizität des neuronalen Apparates mit der Zeit ein gehemmter, unflexibler Verarbeitungsmodus werden.

„Überhaupt der böse Wille ist niemals der Beginn, immer die Folge der Entmutigung. Wir haben keinen Anlass, diesem bösen Willen zu zürnen, es ist ein letztes Aufraffen, wenigstens auf der schlechten, unnützen Seite des Lebens sich irgendwie hervorzutun, sich unangenehm bemerkbar zu machen." (Adler 1973, S. 51)

Schwierige Kinder verfolgen also „nur" irritierte – wenngleich automatisierte – Ziele: Sie ringen nervös um Aufmerksamkeit, sie wollen das Ruder dem Lehrer entreißen, sie möchten sich für vermeintliche Benachteiligung rächen oder Unfähigkeit demonstrieren – und im Zusammenwirken mit ärgerlichen Pädagogen werden daraus ganz schnell negative Teufelskreise. Erst wenn Lehrer auf diese Nebenkriegsschauplätze nicht mehr hereinfallen, sondern mit Durchblick und Selbstbewusstsein beharrlich ermutigen, können schwierige Schüler ihr Verhalten umstellen. Der amerikanische Psychologe Rudolf Dreikurs, ein Schüler von Alfred Adler, hat dieses Problemfeld systematisch für Lehrer aufbereitet (Dreikurs 2007).

Perspektivenwechsel ist mithin der Schlüssel zu effektiver Störungsdiagnostik und -intervention: Hinter Verhaltensauffälligkeiten erkennt man fehlgeleitetes Geltungsstreben, hinter Lernschwierigkeiten zeichnet sich ein falscher Lernstil, ein irritiertes Selbstbild, geronnene Mutlosigkeit ab. Wer einer negativen Bildungskarriere eine Wende geben möchte, muss den kausalen Blick (Was hat ein Kind an Entmutigung erlebt?) ergänzen um eine finale Interpretation (Welches Ziel hat es sich gesetzt?). Erst dann versteht man junge Menschen richtig („An seiner Stelle hätte ich auch so gehandelt!") und kann ihnen wirksam aus ihrer unverschuldeten Patsche heraushelfen. Das wäre dann individuelle Förderung auf höchstem Niveau.

Schwierigen Schülern hilft man weder durch Beschuldigen noch durch Beschämen noch durch Strafen – aber auch nicht durch verschämtes Hinwegsehen, verfrühte Selbstüberlassung oder zu viel Rederei. Kinder sind es heute gewohnt, dass die Erwachsenen viel reden – und wenig von ihnen erwarten. Dabei wollen junge Menschen gerne etwas leisten, sie wollen gerne sozial sein – wenn sie nur einen Weg dahin sehen, wenn es das Auge eines Erwachsenen gibt, das sich für sie interessiert, wenn da eine Hand ist, die sie bei etwaigen Schwierigkeiten verlässlich hält und leitet.

Nichts Neues?

Ist ja ganz nett, werden Sie jetzt vielleicht denken, aber soll das jetzt die Neuerfindung des Rades sein? Nun, die Frage ist, ob das Rad überhaupt neu erfunden werden muss. Geht es nicht vielmehr in jeder Generation erneut darum, sich vor Augen zu führen, dass Räder vor allem eines sein müssen, wenn sie gut funktionieren sollen, nämlich rund und widerstandsarm gelagert? Schon Goethe fand, alles Gescheite sei bereits einmal gedacht worden

– man müsse es nur im Lichte des mittlerweile Gesagten noch einmal bedenken. So brauchen wir auch die Schule keineswegs, wie Hartmut von Hentig einst titelte, neu zu denken, sondern sollten sie vor allem ohne Illusionen sehen. Es gilt, das Schulische von antipädagogischer Patina zu reinigen – und um psychologischen Feinblick zu bereichern. Fortschritt in Bildungsdingen, das ist weniger eine Frage der großen Entwürfe, als vielmehr der liebevollen, sachgerechten und mühsamen Arbeit am Detail. Den Unterricht als emotionales Feld in den Blick zu nehmen, das wäre nichts weniger als eine gleichzeitige Rehabilitierung wie auch Modernisierung des Pädagogischen. Ganz unverschämt erscheint der Lehrer dabei als kundiger Anführer in Sachen Lernen, als eine Art Dirigent – etwa so, wie ein Zeitgenosse das Wirken Johann Sebastian Bachs beschrieb:

„[…] wenn Du ihn sähest, wie er auf alle Stimmen zugleich achtet und von dreißig oder gar vierzig Musizierenden diesen durch ein Kopfnicken, den nächsten durch Aufstampfen mit dem Fuß, den dritten mit drohendem Finger zu Rhythmus und Takt anhält, dem einen in hoher, dem andern in tiefer, dem dritten in mittlerer Lage seinen Ton angibt; wie er ganz allein mitten im lautesten Spiel der Musiker doch sofort merkt, wenn irgendwo etwas nicht stimmt; wie er alle zusammenhält und überall abhilft und, wenn es irgendwo schwankt, die Sicherheit wiederherstellt; wie er den Takt in allen Gliedern fühlt, die Harmonie aller mit scharfem Ohre prüft." (Johann Matthias Gesner über Johann Sebastian Bach, 1738)

Literatur

Adler, A. (1973). Individualpsychologie in der Schule. Frankfurt am Main: Fischer.
Adler, A. (1976). Kindererziehung. Frankfurt am Main: Fischer.
Adler, A. (1979): Das Leben gestalten. Vom Umgang mit Sorgenkindern. Frankfurt am Main: Fischer.
Dollase, R. (2006): Vortrag im Gymnasium Marienberg. www.uni-bielefeld.de/psychologie/ae/AE13/HOMEPAGE/DOLLASE/Unterricht%20ab%20Mai%2006.pdf (Abruf 30.10.2012).
Dörner, Dietrich (1989): Die Logik des Misslingens. Strategisches Denken in komplexen Situationen. Reinbek bei Hamburg: Rowohlt.
Dreikurs, R. (2007): Lehrer und Schüler lösen Disziplinprobleme. Weinheim/Basel: Beltz.
Giesecke, H. (2003): Warum die Schule soziale Ungleichheiten verstärkt. Ein Zwischenruf. In: Neue Sammlung 2, S. 254–256. www.hermann-giesecke.de/ns.htm (Abruf 12.09.2012).
Maldoom, R.: Zitate zu „Rhythm is it!" www.rhythmisit.com/de/php/index_flash.php?HM=2&SM=2 (dann Namen anklicken; Abruf 30.10.2012).
Pennac, D. (2009): Schulkummer. Köln: Kiepenheuer und Witsch.
Schmitz, M. (2007): Lehrer als Gestalter von Beziehungen. In: Pädagogik 9, S. 24–27.
Wunsch, A. (1999): Die Verwöhnungsfalle. München: Kösel. Kurzfassung: www.zeit.de/1998/41/199841.verwoehnen_3_.xml (Abruf 12.09.2012).

Alfred Burger

Der Lehrer als Erzieher: Zur Praxis individualpsychologischer Pädagogik

In vielen kulturellen und politischen Bereichen ist zu beobachten, dass das personale Menschenbild, auf dem europäische Kultur, unser Rechts- und Staatssystem ruht, in Frage gestellt wird. Dieser Vorgang ist in allen gesellschaftlichen Bereichen feststellbar bis hin in die zwischenmenschlichen Beziehungen. Ein eher anglo-amerikanisch geprägter Utilitarismus macht sich breit, nicht nur in der Wirtschaft als sogenannter „Neoliberalismus", sondern auch in Schulen und Universitäten: Begriffe wie Humankapital, Quality Management, Standardisierung und Output-Orientierung, Wettbewerb und Autonomie von Schulen und Hochschulen usw. zeugen vom unübersehbaren Einfluss eines verkürzten ökonomistischen Denkens, in dem Pädagogen zu Dienstleistern und Schüler zu Kunden werden.

Auf der Ebene des Unterrichts sind es individualisierende Methoden, selbstgesteuertes Lernen, Portfolioarbeit usw., die diesen Einfluss zeigen, schwächt sich doch der personale Bezug von Lehrer und Schüler stark ab, wenn Lehrer nur noch „Lernbegleiter" oder „Coachs" sind. Der tatsächlich individuelle Blick auf das Kind, den Jugendlichen, seinen Stand, seine Stärken und Schwierigkeiten, das Bemühen also, Schüler zu verstehen und aus dem interpersonalen Bezug heraus zu fördern, nimmt trotz aller Postulate von „individueller Förderung" eher ab.

Gleichzeitig nehmen in der Pädagogik biologistische Theorien einen immer breiteren Raum ein. Was früher noch als Erziehungsproblem galt, wird heute zunehmend mit gestörten Abläufen im Gehirn erklärt und mit entsprechenden Psychopharmaka therapiert. Insofern soll an dieser Stelle auf eine Pädagogik neu aufmerksam gemacht werden, der ein personales Menschenbild zugrunde liegt und die schon zu Beginn des 20. Jahrhunderts wichtige theoretische Erkenntnisse und praktische Ergebnisse lieferte.

Der Ansatz der Individualpsychologie

Es handelt sich dabei um die Individualpsychologie Alfred Adlers und die daraus abgeleitete Pädagogik, die als solche oft vergessen ist, gleichwohl in viele andere Modelle und Ansätze eingeflossen ist. Auch wurden viele von

Adlers Annahmen von der weiteren pädagogischen und psychologischen Forschung bestätigt, so dass ein Blick auf diese pädagogisch-psychologische Tradition lohnt, die sich immer schon um das individuelle Verstehen des Schülers bemüht hat und gerade in der Hilfe für sogenannt „schwierige" Schüler große Erfolge erzielt hat (Handlbauer 1984, S. 167–192; Wittenberg 2000).

Die Individualpsychologie wurde von Alfred Adler, einem Wiener Arzt, begründet. Er lebte zu gleicher Zeit wie Sigmund Freud und war anfänglich in seinem Kreis tätig. Schon vor seinem Austritt aus Freuds Gruppe im Jahre 1911 entwickelte Adler eine eigenständige Position, die sich im Menschenbild und der psychologischen Auffassungen grundsätzlich von Freud unterschied. Adler sah den Menschen nicht primär durch verschiedene Triebe geleitet, sondern betrachtete ihn als ganze, als unteilbare Persönlichkeit, woraus sich auch der Name Individualpsychologie erklärt: Individualpsycholgie überhöht also nicht, wie mitunter angenommen, das isolierte Individuum, sondern betont die psychische Ganzheit des Menschen: Er kann nicht in Ich, Es und Über-Ich aufgespalten werden, sondern er ist eine Person (Bornemann 1982, S. 21).

Im Laufe seines Lebens wandte sich Adler immer mehr der Pädagogik und Erziehung zu. Er schloss sogar die Erziehungsberatung in den ärztlichen Aufgabenbereich mit ein. In der Erziehung sah er den geeigneten Ansatzpunkt, seelische Irritationen schon in ihrer Entstehung zu verhindern. Darum initiierte er in Wien individualpsychologische Erziehungsberatungsstellen, sozial- und heilpädagogische Einrichtungen und individualpsychologische Schulen (Handlbauer 1984, S. 167–192; Spiel 1981, S. 163 ff.). Auch in München und Berlin entstanden solche Institutionen. All diese Aktivitäten wurden durch den aufkommenden Nationalsozialismus zerstört. Der frühe Tod Adlers 1937 und der Zweite Weltkrieg verhinderten ein Wiederaufleben dieser fruchtbaren Arbeit. Adlers Schriften sind in einer allgemeinverständlichen Sprache verfasst, was nicht wenige dazu verleitet hat, die Lehre der Individualpsychologie als einfach und oberflächlich zu beurteilen. In Wirklichkeit ist Adlers Theorie vielschichtig und komplex. Die folgenden einführenden Bemerkungen müssen sich daher auf zentrale Aspekte von Adlers Theorie der Individualpsychologie beschränken. Sie werden abschnittsweise eingeführt und dann jeweils auf das Beispiel eines Schülers bezogen, so dass sich im Wechsel von theoretischer Darstellung und konkreter Fallbesprechung die Bedeutung von Adlers Ansatz für die Praxis zeigt.

In Adlers Lehre steht der Mensch als soziale, vernünftige und freie Person im Mittelpunkt. Adler betrachtet den Menschen als Gemeinschaftswesen, das von Geburt an sozial ist. Die soziale Beschaffenheit der menschlichen Seele begründet er aus der Entwicklungsgeschichte der Menschheit, weil nur der Zusammenschluss der Menschen das Überleben der Art garantieren konnte. Auch in seiner persönlichen Entwicklung ist jeder Mensch von Geburt an auf die Hilfe seiner Beziehungspersonen angewiesen und von ihnen abhängig. Doch ist er nicht passiv, sondern bereits der Säugling muss als Interaktionspartner gesehen und behandelt werden. Auf dieser Grundlage entwickelt sich eine enge sozial-emotionale Beziehung zunächst zur Mutter. Diese Verbindung vermittelt dem Kind Sicherheit und bildet die Grundlage der weiteren gesunden Entwicklung. „Die Beziehung des Säuglings zu seiner Mutter ist die erste soziale Gestaltung. In diesem sozialen Zusammenhang, wo das Ich des Säuglings ein Du erlebt, entwickeln sich alle Möglichkeiten und Fähigkeiten." (Adler 1974, S. 18) Vom Augenblick der Geburt an sucht das Kind aktiv einen Kontakt zur Mutter. Es fühlt sich in der Beziehung zur Mutter beruhigt oder es wird unsicher und ängstlich. Die Aufgabe der Mutter ist es, eine stabile seelische Verbindung zum Kind herzustellen. In diesem komplizierten Wechselprozessen beginnt sich das Gefühlsleben des Kindes zu entwickeln. Die erste Funktion der Mutter ist es also, dem Kind Verlässlichkeit zu geben, aber es auch vorzubereiten auf das Beziehungsfeld in der Familie. Mit ihrer zweiten Aufgabe muss sie darum beim Kind das Interesse für den Vater wecken, für die Geschwister und schließlich für die weiteren Mitglieder der Gesellschaft. So führt sie es sukzessive in die wachsenden Aufgaben des Lebens ein. „Was der Mutter entwicklungsgeschichtlich und sozial als Aufgabe obliegt, ist, das Kind so früh als möglich zum Mitarbeiter, zum Mitmenschen zu machen, der gerne hilft und sich gerne, soweit seine Kräfte nicht ausreichen, helfen lässt." (Adler 1980a, S. 93) Dieses Hineinwachsen in ein Beziehungsfeld der Gruppe wird in Adlers Lehre zu einem zentralen Punkt und zum wichtigsten Erziehungsziel überhaupt. Die gefühlsmäßige Grundlage für dieses Erziehungsziel bezeichnete Adler als *Gemeinschaftsgefühl*. Es zu umschreiben, fand selbst Adler schwierig: „Mit den Augen eines anderen zu sehen, mit den Ohren eines anderen zu hören, mit dem Herzen eines anderen zu fühlen, das scheint mir vorläufig eine zuverlässige Definition von dem zu sein, was wir Gemeinschaftsgefühl nennen." (Adler 1928, S. 267) Inwiefern ein Mensch seelisch gesund ist, misst Adler an der Ausbildung seines Gemeinschaftsgefühls. „Wir können einen Menschen nicht anders beurteilen, als indem wir die Idee des Gemeinschaftsgefühls an seine ganze Haltung, an sein Denken und Handeln heranbringen und es daran messen." (Adler 1980b, S. 151) Demzufolge gilt es auch in der Begegnung mit einem Schüler, in erster Linie einmal zu schauen, wie es um sein Gemeinschaftsgefühl steht und uns dann zu überlegen, wie wir es verbessern können, was Adler als vordringliche Aufgabe der Schule sieht.

Ein Beispiel aus der Praxis

Blicken wir mit diesen ersten individualpsychologischen Grundlagen also auf das Beispiel von Benjamin, einem vierzehnjährigen Schüler, dessen Biografie wesentliche Erziehungsfragen der heutigen Zeit verdichtet enthält. Ich schildere seine Entwicklung an unserer Schule und zeige daran weitere wesentliche Aspekte der individualpsychologischen Theorie und Praxis.

Eines Tages erhielten wir einen Telefonanruf aus einer Schulgemeinde. Der Schulpräsident bat uns, einen Schüler überweisen zu dürfen, mit dem sie nicht mehr weiterwüssten. In den letzten zwei Jahren wäre er in einer Therapiestation gewesen, der Aufenthalt sei aber auf zwei Jahre befristet. Wir wollten den Buben kennenlernen und luden ihn zu einer schulischen Abklärung ein. Benjamin erschien zur vereinbarten Zeit mit seiner Mutter. Ein eher kleiner und etwas rundlicher Junge, noch nicht entwickelt. Ich schätzte ihn auf etwa 12 Jahre. Tatsächlich war er aber schon 14 Jahre alt. Er hatte einen Ordner der Schule der Therapiestation mitgebracht. Mit einigem Stolz zeigte er mir seine Arbeiten darin. Es fanden sich einige Rechenblätter darin, kaum lesbar geschrieben, dann eine ganze Reihe von Vorträgen, die auf das Niveau eines Viertklässlers hindeuteten. Alles in allem ein Durcheinander, kein Aufbau, keine Ordnung, die Schrift ein unleserliches Gekritzel, kaum eine Linie war getroffen. Ich hörte mir seine überaus lebendigen Ausführungen über die Inhalte der Vorträge an, und wir kamen schnell in ein Gespräch. Nachher lasen wir einen kleinen Text und machten ein kurzes Diktat. Schließlich machten wir uns dann noch ans Rechnen mit den Grundoperationen. Benjamin arbeitete bei der schulischen Abklärung gerne mit, war ziemlich ruhig und konzentriert. Er gab sich große Mühe. Laut den Vorinformationen der Eltern und der Therapiestation würde man bei diesem Buben im Niveau ganz weit unten beginnen müssen. Doch mein persönlicher Eindruck war nicht so eindeutig, hatte Benjamin doch in einigen Momenten eine erstaunliche Schnelligkeit und Intelligenz gezeigt, die überhaupt nicht zu seinen sonstigen Leistungen passten. Wir sagten dem Schulpräsidenten zu, allerdings mit der Bedingung, dass Benjamin wegen seiner schulischen Defizite in einer ganz kleinen Gruppe beschult werden müsste. Nachdem ich Benjamin persönlich kennengelernt hatte, vertiefte ich mich noch in einen Aktenberg von Berichten und Testergebnissen. Ich habe im Folgenden die wichtigsten Punkte zusammengefasst:

Gassmann, Benjamin, geboren am 3. Mai 1991
(Name geändert, d.V.)

Diagnosen:
- Hirnorganische Funktionsstörung
- Hyperkinetische Störung des Sozialverhaltens
- Störung der motorischen Funktionen
- Wahrnehmungsstörungen
- Teilleistungsstörungen
- Benigne fokale Epilepsie des Kindesalters
- Normale Intelligenz

Anamnese und Behandlungsplan: (Auszug, d.V.)
Nach unauffälliger Schwangerschaft leicht verzögerte motorische Entwicklung, von klein auf motorisch eher unruhiges, ungesteuertes Kind. Massive Verhaltensschwierigkeiten mit Aggressivität, ungesteuerter Tätlichkeit und fehlender sozialer Integration ab Kindergarteneintritt bekannt. In der Folge erheblich belastete schulische Entwicklung: Empfehlung zur Behandlung in einer Tagesklinik. Sie wurde auf Wunsch der Eltern zu Gunsten der Einschulung in eine Einschulungsklasse ausgesetzt. Trotz Einzelförderung zunehmende soziale Verhaltensauffälligkeiten (Würgen anderer Kinder, Unruhe, Stören im Unterricht), teilweise war eine Dispension vom Schulunterricht unumgänglich. Trotz hoch individueller Förderung des Knaben und intensiver Unterstützungsmaßnahmen konnte er schulisch keine Fortschritte erzielen und war in einer Gruppe von mehr als zwei Kindern nicht mehr tragbar. Stationäre Abklärung in der Epilepsieklinik, stationäre kinderpsychiatrische Behandlung, Einzel- respektive Zweierunterricht, Schulung im Kinderspital, Behandlung mit Ritalin, Legasthenietherapie, verschiedene Kleingruppenschulen, schließlich im Alter von 12 Jahren Einweisung in eine kinderpsychiatrische Therapiestation.

Familie intakt. Vater berufstätig, Mutter Hausfrau. Ältere Schwester, die unauffällig ist. Wegen psychischer Schwierigkeiten war die Mutter zweimal zur Erholung abwesend.

Gemäß Bericht der Therapiestation ist Benjamin nach wie vor sehr unruhig, besonders wenn Anforderungen an ihn gestellt werden. Empfehlung der Station für die weitere Beschulung: Vermeiden von schulischen Ansprüchen, um keine Überforderungsgefühle aufkommen zu lassen. In solchen Situationen raste Benjamin schnell aus. Psychotherapie wird empfohlen, ebenso die Verschreibung von Ritalin, wogegen sich aber die Eltern immer gewehrt hatten.

Eigene Beobachtungen

Wir versuchten Benjamin erst einmal kennenzulernen. Diagnosen und Tests beschreiben immer einen momentanen Zustand. Die Individualpsychologie betrachtet den Menschen als entwicklungsfähiges, dynamisches Wesen und als Einheit. Er muss in seiner Ganzheit und in seiner Komplexität erfasst und verstanden werden. Daher muss das Kind zuerst immer in seiner Bewegung beim Lernen und in seinem Verhalten in der Gemeinschaft beobachtet werden. Zu Beginn des neuen Schuljahres begann also der Junge bei uns im Einzelunterricht, manchmal mit mehreren Kindern zusammen. Bald bestätigte sich mein Eindruck, dass Benjamin sehr klug ist und den Stoff blitzschnell aufnimmt, wenn er will. Die vorbereiteten Blätter mit Grundlagenaufgaben legte ich also schon nach zwei, drei Stunden beiseite und gab ihm die Bücher der Hauptschule. Ich schickte ihn sofort in den

Englisch-Unterricht und später in den Französisch-Unterricht, obwohl die Mutter meinte, Fremdsprachen würden ihn überfordern. Dann nahmen wir ihn in eine kleine Gruppe auf, wo er bald ein recht guter Schüler wurde. Aber: Die Aufregung, die Benjamin in der Gruppe veranstaltete, war von Anfang an beeindruckend. Kaum hörte er beispielsweise ein Stichwort oder es kam ihm sonst irgendetwas in den Sinn, griff er sofort ein, unterbrach den Unterricht und reklamierte die ganze Aufmerksamkeit für sich. Lauthals begann er zu erzählen und ließ sich kaum unterbrechen. Oder er stürzte ans Fenster, weil er ein interessantes Auto sah und wollte, dass alle kommen und schauen. Wenn er nicht gerade sagen könne, was ihm in den Sinn komme, würde er es vergessen, wandte er gegen den Protest des Lehrers ein. Wenn er etwas nicht lernen wollte, begann ein lautes Lamentieren. Er könne das nicht, das sei langweilig, man brauche das nie im Leben usw. Er war außerordentlich schlagfertig und hatte immer das letzte Wort. Wenn das nicht half, legte er den Kopf auf die Bank und verlangte, die Aufgabe zu Hause machen zu dürfen, er wolle nun lieber ein Auto zeichnen. Im Unterricht schaffte er es meist, die Aufmerksamkeit auf sich zu lenken. Dabei war er so geübt, dass es kaum einen Lehrer gab, der nicht darauf einging.

Im Unterricht bekam er oft einen recht verschmitzten Ausdruck im Gesicht, seine Augen wanderten lustig hin und her – ein Zeichen, dass bald einer seiner Kommunikationsversuche mit einem Mitschüler bevorstand. Es reizte ihn ständig, mit den anderen Kindern auf seine Weise in Kontakt zu treten: Er störte sie verbal oder er berührte sie mehr oder weniger heftig und beteuerte dann sofort, der andere hätte angefangen. Um ihn herum war immer Betrieb, er lachte überlaut und ärgerte die anderen Kinder ständig. In den Pausen rannte er meist mit hochrotem Kopf herum, immer auf der Flucht vor einem, den er mit seinen sogenannten Späßen geärgert hatte. Was im Spaß begann, endete zumeist im Streit, weil die anderen sich geplagt fühlten. Die anderen Kinder mochten ihn zwar einigermaßen, aber bei genauerem Hinschauen sah man, dass mit ihm niemand so richtig wollte. Er hatte wenig Kontakt, auch zuhause in seinem Dorf hatte er kaum Freunde. Wenn ihm ein Mädchen gefiel, konnte er sich kaum mehr auf etwas anderes konzentrieren, er wollte es ganz für sich einnehmen, so wie er meist die anderen ganz für sich haben wollte. Er übte auf die anderen einen ichbezogenen Druck aus, so wie es auch in den Berichten immer wieder erwähnt wurde. Trotz der enormen Aufregung, die er verursachte, war er aber ein liebenswerter Junge mit originellen Seiten. Er war nicht gewalttätig, sondern ansprechbar und konnte sich durchaus auch vernünftig verhalten.

Schon nach kurzer Zeit hatten wir also eine ganze Fülle von Beobachtungen und Erfahrungen mit Benjamin gemacht. Auffallend war sein ichbezogenes Denken: Er konnte nur an sich denken, alles musste sich immer mit ihm beschäftigen. Die anderen bezog er nicht in sein Fühlen und Denken mit ein. Auch war es ihm nicht bewusst, dass er seine Mitschüler mit seinem Verhalten am Lernen hinderte, sein Gemeinschaftsgefühl war also sehr wenig ausgeprägt.

Minderwertigkeitsgefühl – Geltungsstreben – Machtstreben

Als Ursache für mangelndes Gemeinschaftsgefühl betrachtet Adler Erziehungsfehler der ersten Beziehungspersonen. Wenn die Mutter aus verschiedensten Gründen ihre vordringliche Aufgabe nicht erfüllt, nämlich das Vertrauen des Kindes zu gewinnen und es auf die anderen Menschen und auf die Gemeinschaft hinzuführen, dann entwickelt sich das Gemeinschaftsgefühl zu wenig. Zugleich entsteht aber beim Kind auch ein Gefühl der Minderwertigkeit. Der Begriff des *Minderwertigkeitsgefühls* ist ein weiterer Angelpunkt der individualpsychologischen Lehre. Es ist vor allem die frühkindliche Situation, die den Menschen dazu führt, sich als unzulänglich und minderwertig einzuschätzen, ist er doch tatsächlich in seinen Fähigkeiten älteren Geschwistern und vor allem den Erwachsenen unterlegen. Doch sieht Adler in diesem Gefühl nichts prinzipiell Negatives: Er betrachtet es als grundlegenden inneren Antrieb, aus dieser Situation herauswachsen zu wollen. Das Minderwertigkeitsgefühl betrachtet Adler daher auch als Basis für die Erziehbarkeit des Kindes. Weil es sich in einem Gefühl der Unterlegenheit befindet, ist es gerne bereit, die erzieherische Hilfe anzunehmen, auf die es ja in jedem Falle angewiesen ist.

Der Mensch muss alles lernen, wenn er auf die Welt kommt. Adler geht von einer praktisch unbegrenzten Lernfähigkeit aller Menschen aus, die nicht durch einen Hirnschaden beeinträchtigt sind. In dieser praktisch unbegrenzten Lernfähigkeit liegen aber auch Gefahren für die Entwicklung der Kinder. Machen die Erziehungspersonen schwerwiegende Fehler, kann das Kind sich aus diesem Gefühl der Minderwertigkeit nicht herausarbeiten und in der Folge kann sich daraus ein Festhalten an diesem Gefühl ergeben. Adler nennt das den *Minderwertigkeitskomplex.* Er breitet sich aus, wenn das Kind den Mut verloren hat und nicht mehr mit nützlichem Lernen, sondern mit leicht erreichbaren Kompensationen und trügerischen Befriedigungen danach trachtet, sich Geltung zu verschaffen. Auch dieses Gelten-Wollen oder das *Geltungsstreben,* wie es Adler nennt, ist natürlich und wohnt jedem Mensch inne. Es entwickelt sich unter den Einwirkungen des Minderwertigkeitsgefühls und hat zum Ziel, das Leben zu bewältigen. Mit dem Geltungsstreben, das aus dem Gefühl der Minderwertigkeit erwächst, will das Kind von einer unterlegenen in eine überlegene Position gelangen. Auf der Basis von Versuch und Irrtum probieren die Kinder mit verschiedensten Mitteln, sich Geltung zu verschaffen. Solche Versuche spielen sich schon in einer Zeit ab, bevor die Kinder überhaupt sprechen können. So kommt es vor, dass sie z.B. spüren, dass sie mit Schreien, mit Verweigern des Essens usw. die Eltern in Aufregung versetzen können und sie damit eine – wenn auch negative – Geltung bei ihnen erreichen können. Das Kind vermag aber auch bei entsprechender Unterstützung der Eltern schon früh ungeahnte Fähigkeiten zu entfalten. Dazu gibt es viele Beispiele aus Kunst und Wissenschaft.

Für die Eltern gilt es daher zu beobachten, was die Kinder mit den Einflüssen machen, die auf sie einwirken, und einzuschreiten, wenn das Geltungsstreben sich in eine ungemeinschaftliche Richtung bewegt. Oft gelingt es nicht, das Geltungsstreben auf eine gesunde Bahn zu bringen. Dann steigert sich das Geltenwollen zu einem übertriebenen Geltungsstreben, zum *Machtstreben*. Dies drückt sich dann im Phänomen der sogenannten Schwererziehbarkeit aus, wie es sich bei Benjamin zeigte.

Adler beschreibt drei Typen von Schwererziehbaren: die gehassten und streng erzogenen Kinder, die verzärtelten Kinder und die Kinder mit Organminderwertigkeiten. War es früher vor allem die übermäßige Strenge, die schwer erziehbare Kinder hervorbrachte, herrscht heute eher ein verwöhnender oder verzärtelnder Erziehungsstil vor, auch wenn übermäßige Strenge sicher auch noch auftritt. Die verwöhnende Erziehung zeigt sich im Laissez-faire, also im Gewährenlassen und einer mangelnden Anleitung der Kinder durch die Eltern und anderen Erziehungspersonen. Die Folge ist, dass solche Kinder ihre Wünsche sofort erfüllt haben wollen, da eine klare und sichere Stellungnahme der Eltern oft ausbleibt. Das gilt auch für die Wünsche der Kinder auf der Beziehungsebene. Das Kind geht nicht mehr zur Mutter oder zum Vater, um etwas zu erfahren, sondern die Eltern beugen sich zum Kind herunter und fragen es nach seinen Wünschen. Was Adler schon in Einzelfällen beschrieben hat, ist heute weit verbreitet: Viele Eltern unterziehen sich einerseits ihren Kindern und wollen es ihnen recht machen, sie sollen „zufrieden" sein, wobei das, was zufrieden macht, nicht von der Eltern zugrunde gelegt wird, sondern dem Wunsch der Kinder obliegt. Nicht umsonst spricht man von einer „Subito-Generation", die also immer fordert: Ich – alles – und sofort! Läuft dann die Erziehungssituation aus dem Ruder, wenden die Eltern andererseits nicht selten in ihrer Verzweiflung Gewalt an. Dabei genügt eine relativ kurze Zeit bis ein Kind gewöhnt ist, immer im Mittelpunkt zu stehen, oder alles bestimmen will. Eine Mutter, die ihr kleines Kind mit Liebesbezeugungen überhäuft, ständig für es denkt und spricht, ihm alle Hindernisse aus dem Weg räumt, von ihm kaum etwas verlangt und erwartet und so jede normale Entwicklungsmöglichkeit behindert, gewöhnt es an eine Scheinwelt, die nicht der Realität entspricht. Im Verzicht auf normale Anforderungen, die die Welt und das Leben auch dem Kind stellen, kann sich kein gesundes Selbstwertgefühl entwickeln, und das Kind wird auch unfähig, den Anforderungen der Gemeinschaft zu genügen, weil es kein Interesse an ihr entwickelt hat.

Bei Benjamin vermuteten wir schnell, dass er mit seinem schwierigen Verhalten die Lehrpersonen dazu bringen wollte, sich immer mit ihm zu beschäftigen. Sein übertriebenes Geltungsstreben trieb ihn ständig zu Aktionen, mit denen er die Aufmerksamkeit der Erwachsenen provozierte. Tatsächlich erfuhren wir von den Eltern Benjamins, dass er die Mutter schon als Kleinkind von früh bis spät bis zur Erschöpfung in Atem gehalten hatte. Ständig musste sie auf ihn aufpassen und durfte ihn keine Minute alleine lassen. Er konnte am Abend auch nicht schlafen gehen, musste er doch immer sehen, ob noch etwas in der Wohnung los war. Nicht einmal nachts hatten die Eltern also Ruhe. Die Erholungsurlaube der Mutter, die sie aus Erschöpfung einige Male einlegen musste, hatten mit Benjamins großer Unruhe zu tun. Ursache war aber nicht ihr Sohn, sondern ihre eigene persönliche Unsicherheit und Ängstlichkeit, die ihr Sohn spürte. Er hatte schon früh gemerkt, dass er sie mit seiner Unruhe immer für sich hatte.

Auch ein weiterer Bericht der Mutter zeigte Benjamins Bestreben, eine besondere Situation zu suchen. Als es in der öffentlichen Grundschule zu Problemen kam, wurde auch eine Abklärung in der Epilepsieklinik angeordnet. Bald stellte man dort fest, dass Benjamins Symptome nicht auf diese Krankheit zurückzuführen waren. Doch es gefiel ihm so außerordentlich gut an der Klinik-Schule, dass er dort bleiben wollte und das auch durchsetzte. Benjamin war unter diesen Kindern, die mit einer wirklichen Einschränkung leben mussten, ohne große Anstrengung leistungsmäßig unter den besten Schülern. So hatte er nie Aufgaben, was er sichtlich genoss. Wie ein König ließ er sich täglich mit dem Taxi von weit her chauffieren und fühlte sich sichtlich wohl, besonders weil er nie Aufgaben machen musste. Das setzte den Chauffeur immer wieder in Erstaunen und Benjamin tischte ihm das auch stolz jeden Tag auf. Auf die Dauer konnte er aber nicht dort bleiben. Auf seiner nächsten Station kam er zu einem Lehrer, der ihm nichts durchgehen lassen wollte. Es gefiel ihm dort nicht, was er auch lauthals zum Ausdruck brachte. Die Eltern nahmen ihn dann auch von dieser Schule, weil sie seine Unzufriedenheit nicht aushielten.

Behebung des Minderwertigkeitsgefühls und Entwicklung von Gemeinschaftsgefühl

Ein solcher Weg, sich Geltung zu verschaffen, führt niemals zum eigentlich angestrebten Ziel der Sicherheit. Das Geltungsstreben ist übertrieben und nicht angepasst. Der Mensch bleibt in einem Teufelskreis gefangen. Die jedem Menschen anhaftenden Unterlegenheits- und Unsicherheitsgefühle können nicht mit übertriebenem Geltungsstreben aufgelöst werden. Je mehr ein Mensch sein Geltungsstreben ausbaut, desto mehr isoliert er sich unter den Menschen. Wenn die Art und Weise, wie ein Mensch seine Minderwertigkeitsgefühle kompensiert, nicht mehr mit der Realität übereinstimmt, kommt es unweigerlich zu Schwierigkeiten. Kein Mensch, keine Schule konnte Benjamin die Aufmerksamkeit geben, die er wollte. Das Gefühl der menschlichen Minderwertigkeit kann nach Adler nur mit der Entwicklung von Gemeinschaftsgefühl gelöst werden. „Aufgehoben kann die Menschenangst nur durch das Band werden, welches den Einzelnen mit der Gemeinschaft verknüpft. Nur der wird ohne Angst durchs Leben gehen können, der sich seiner Zugehörigkeit zu den andern bewusst ist." (Adler 1980b, S. 209) Weil das Gemeinschaftsgefühl keine von Geburt an festgelegte Größe ist, können die Erzieher jederzeit im Leben eines Kindes entsprechend helfen, wenn sie sehen, dass es auf diesem Gebiet Schwierigkeiten hat.

Aber wie behebt man ein solches Minderwertigkeitsgefühl, das sich in außerordentlichem Geltungsstreben äußert? Wie entwickelt man bei Benjamin mehr Sicherheit und mehr Gemeinschaftsgefühl?

Jedes Kind hat positive Seiten. Hier gilt es anzusetzen, um das Gefühl der Unzulänglichkeit abzubauen. Bei Benjamin waren uns seine Intelligenz und seine Lebendigkeit sofort aufgefallen. Vorher hatte man immer versucht, Benjamin zu stoppen oder nicht zu überfordern, weil dann ja seine Ausweichmanöver begannen. Er hatte hohe Ansprüche und war im Grunde genommen immer unzufrieden mit sich. Wir machten ihm von Anfang an klar, dass wir mit diesem Niveau, das er bisher geboten habe, überhaupt nicht einverstanden seien. Seine Schrift, die Heftführung, seine Weigerungen etwas zu lernen, komme von jetzt an überhaupt nicht mehr in Frage. Er sei außerordentlich intelligent, das hätte die Überprüfung ergeben und jede Schonung sei für ihn falsch. Das Ziel sei es, den verpassten Stoff nachzuholen und in einzelnen Fächern auch auf das Realschulniveau überzugehen und schließlich eine anspruchsvolle Lehre ins Auge zu fassen. Benjamin war sofort damit einverstanden und schloss mit uns eine Art Arbeitsbündnis. Er verbesserte seine Leistungen kontinuierlich. Die Hefte waren schöner geführt, die Schrift wurde leserlich. Wir gaben Benjamin eine genaue Anleitung, wie er die Ziele erreichen könne, und sprachen ihn auch immer wieder darauf an, wenn er in sein altes Lernverhalten zurückfiel. Über viele Wochen versuchten wir so, Benjamin zu stärken und ihm das Gefühl zu geben: Ich kann, was ich mir vorgenommen habe, und ich kann es so gut wie die anderen.

Die vorher gemachten Bemühungen waren alle nutzlos verpufft, weil man bei Benjamins ungemeinschaftlichem Verhalten ansetzte. Das störende Verhalten Benjamins im Unterricht war nicht zu stoppen. Er setzte seinen Willen zumeist durch. Die tatsächliche Ursache seines Verhaltens war in seinem Unzulänglichkeitsgefühl und im Irrtum, er sei nicht so klug wie die anderen, zu suchen.

Die obigen Ausführungen wollen in keinen Fall Lehrkräften, Psychologen oder Psychiatern, die sich mit diesem Buben beschäftigt haben, einen Vorwurf machen. Benjamin war und ist ein schwieriges Kind, das den Erziehern sicher ein hohes Maß an Geduld und Disziplin abverlangt hat. Das Beispiel zeigt aber auch, wie weit sich die Schule und auch die Hilfe leistenden Institutionen von grundlegenden und schon seit langem bekannten psychologischen und pädagogischen Überlegungen entfernt haben. In dem heute statt einer Kultur des psychologischen und pädagogischen Verstehens von Kindern verbreiteten System von Diagnostik und Therapie sieht der Psychologe Wolfgang Bergmann, der sich intensiv mit den sogenannten ADHS-Kindern auseinandergesetzt hat, einen der Hauptgründe für die heutigen Zustände in Erziehung und Bildung (Bergmann 2003).

Die Bedeutung der Geschwisterposition

So hatte Benjamins Gefühl des Ungenügens auch viel mit der älteren Schwester zu tun. Sie wird in den Berichten aber kaum erwähnt. Die Geschwistersituation als Faktor in der Entstehung von verstärkten Minderwertigkeitsgefühlen wird heute kaum berücksichtigt. Zu sehr wird das Kind nur als Individuum ohne Bezug zu seinem Umfeld betrachtet. Die Diagnosen sind entsprechend einseitig, ebenso die Maßnahmen: Einzelfallarbeit, Spieltherapie usw. Oft beschäftigen sich ganze Scharen von Spezialisten mit solchen Kindern. In fast allen Fällen werden die Kinder aus der Gemeinschaft der anderen Kinder herausgenommen. Das kann u.a. auch dazu führen, dass ein solches Kind von sich den Eindruck bekommt, es sei das einzige, das mit diesem Problem behaftet ist.

Für Adler ist die *Geschwistersituation* von wesentlicher Bedeutung. Einen großen Teil der Minderwertigkeitsgefühle und Beeinträchtigungen im Gemeinschaftsgefühl führt er auf die Geschwisterposition bzw. auf die Rivalitäts- und Eifersuchtsproblematik in der Geschwisterbeziehung zurück. Beim Einzelkind ist die Eifersuchtsproblematik oft noch stärker, weil es sich ständig mit Erwachsenen misst. Die Situation in der Familie stellt sich für jedes Kind anders dar. Die größere Aktivität des einen Kindes kann das andere stark entmutigen, der Schulerfolg der jüngeren Schwester kann zum Misserfolg beim älteren Geschwister führen. Oft spezialisieren sich Geschwister. Das ältere wird gut in den mathematischen Fächern, ein jüngeres besser in den Sprachen und umgekehrt. Ein mittleres Geschwister kann völlig in alte Gewohnheiten zurückfallen, wenn noch ein Kind auf die Welt kommt. Es will auch wieder klein sein, oder es beginnt, das jüngere zu plagen. Solche Phänomene zeigen, wie bedeutend Geschwister für das Gefühlsleben sind. Der normale Vergleich unter Geschwistern kann zur Eifersucht werden, wenn die Eltern durch Bevorzugung und Benachteiligung die Ungleichheit unter die Geschwister tragen oder meinen, durch genaues Messen und Teilen die Eifersucht zu verhindern. Dies heizt sie im Gegenteil weiter an. In der Familie muss eine Stimmung der Gleichwertigkeit herrschen, wobei es ganz natürlich ist, dass etwa ein jüngeres Kind weniger machen kann und darf als das ältere. Sind sich in diesem Fall die Eltern unsicher, kann man davon ausgehen, dass die Eifersucht beim jüngeren stark wächst und es einfordern wird, was die älteren dürfen. Man kann die Kinder nicht gleich behandeln, aber gleichwertig, was ein entscheidender Unterschied ist. Oft ist zu beobachten, dass jüngere Kinder in eine große Nervosität fallen, weil sie es kaum aushalten, ein älteres Geschwister zu haben, das schon mehr kann. Sie sind ständig in einer Aufholjagd, finden keine Ruhe und gelten dann schnell als „hyperaktive" Kinder. Tatsächlich müssen solche Kinder, damit sie ruhiger werden, auch einmal auf den ihnen in der Familiengemeinschaft angemessenen Platz verwiesen werden.

Sicherlich hat die innere Unruhe auch viel mit dem heutigen Umfeld der Kinder zu tun, wo eher das gilt, was schnell geht, was außergewöhnlich ist und was deshalb als „angesagt" gilt. Sich in Ruhe und Geduld in etwas zu vertiefen und zu durchdringen, wie das z.B. das Lesen von Büchern verlangt, gilt als weniger erstrebenswert.

Der Unterschied zwischen Benjamin und seiner älteren Schwester war auffällig. Im Gegensatz zu ihm hatten die Eltern nie ähnliche Probleme mit ihr. Sie war eine gute Schülerin, war hübsch, hatte viele Freundinnen und war beliebt. Benjamin kam nicht gut mit ihr aus. Er ärgerte sie, wann immer es ging. Auch damit war die Mutter ständig beschäftigt. Benjamin konnte sich nicht damit anfreunden, dass die ältere Schwester eben schon mehr wusste als er. Statt ihr im Konstruktiven nachzueifern, weitete er seine Stellung als schwieriger Bub immer mehr aus und war dafür bald im ganzen Dorf bekannt. Für dieses Verhältnis der Geschwister war bemerkenswert, dass die Schwester empört war, als wir ihr in einem Gespräch sagten, Benjamin könne so gut wie sie und andere lernen. Sie beharrte darauf, dass in Benjamins Kopf etwas nicht stimme und er darum so „unmöglich" sei.

Lehrer – Schule – Familie: Was ist zu tun?

Die Schule müsste die veränderte Situation vieler heutiger Kinder in ihren Familien sowie auch deren Geschwisterposition einbeziehen, wenn sie mithelfen will, den Kindern auf ihrem Weg zu helfen. Die Schule ist aber heute in vielen Fällen für die Kinder eine Fortsetzung der äußeren und inneren Unordnung, der Struktur- und Beziehungslosigkeit, der Unverbindlichkeit, die immer häufiger in Familien vorkommen. Von dieser Seite her betrachtet sind Schulreformen, die auf offene Unterrichtsformen und selbstgesteuertes Lernen setzen und die Bedeutung der Lehrerpersönlichkeit zurückdrängen, für viele gerade der unsicher gebundenen Kinder ungünstig, ja nachteilig. Denn sie verstärken tendenziell die Selbstbezogenheit von Kindern wie Benjamin und geben andererseits nicht die benötigte Führung in einer pädagogischen Beziehung.

Bei egozentrischen und unruhigen Kindern mit wenig sozialen Fähigkeiten sind die Mütter oft allein mit der Erziehungsaufgabe, weil der Vater abwesend oder schwach ist. Auch wenn er anwesend ist, ist er oft emotional nicht verfügbar. Die Mütter sind oft auch aufgrund von Schuldgefühlen gegenüber dem Kind, das ohne Vater aufwächst, überfürsorglich und harmonisierend und wenig in der Lage, sich in ihre Kinder wirklich einzufühlen und sich spontan und echt im Erziehungsprozess einzubringen. Nervöse Kinder benötigten darum nichts von dem, was im Zeittrend liegt und was viele Schulen heute anbieten. Kinder wie Benjamin brauchen wohlwollende, aber bestimmte Anleitung, sie brauchen Verlässlichkeit, sie brauchen äußere und innere Ordnung. Erziehung setzt Echtheit im Verhalten und im Selbstgefühl voraus. Heute fehlt diese auf weiten Strecken. Eltern und Lehrer trauen sich oft nicht, etwas zu fordern, ihren Kindern den Fernseher vor der Nase auszumachen, sie in einem vernünftigen Verein anzumelden und dafür zu sorgen, dass sie dort auch hingehen. Die unruhigen Kinder sind dort unruhig, wo Chaos herrscht. Darum wäre eine Schule mit verlässlichen Strukturen und personalen Bindungen wichtig. Das gibt ihnen Halt im Durcheinander ihrer Gefühle. Sie beruhigen sich. Insofern ist es ein ernstes Problem, wenn es heute gerne als „unmodern" gilt, von den Kindern eine saubere und schöne Heftführung und eine leserliche Handschrift zu verlangen. Dabei sind Rechtschreibung, Schrift und Heftführung ungemein wichtig, um den Kindern den fehlenden Halt zu geben. Sie sind zufriedener, wenn sie eine schöne Seite gestaltet haben und sich darüber freuen können.

Das stellten wir auch bei Benjamin fest. Wenn die Lehrer von ihm mit Festigkeit verlangen, was in der Schule eben verlangt wird, wird er ruhiger, beginnt zu arbeiten. Fehlt ihm diese klare Anleitung, wird er immer nervöser. Er gerät in ein richtiges Fieber, bekommt rote Ohren und Wangen und übertrifft sich mit unsinnigen Einfällen. Für Benjamin ist es wichtig, dass man ihn fordert und ihm Aufgaben abverlangt, die er zu schwierig findet. Dabei darf man auf seine Ausweichbewegungen nicht hereinfallen, bei denen er solch ein immenses Repertoire entwickelt hat, über das man als Lehrer nur staunen kann. Hier muss die Ausdauer des Lehrers letztlich größer sein als die seine, um ihn auf einen positiven Weg zu führen. Schätzt der Lehrer die Situation etwa als Angriff gegen sich ein oder zweifelt an den Fähigkeiten des Schülers oder hat er vermeintliches Mitleid mit ihm, steht er bei einem solchen Kind auf verlorenem Posten. Tatsächlich haben wir Benjamin immer wieder, wenn er es geschafft hat, eine ihm anfänglich zu groß erscheinende Aufgabe zu bewältigen, zu einem Stück mehr Selbstvertrauen verholfen, zu mehr Zuversicht unter den anderen Kindern, denen er sich wie der Schwester grenzenlos unterlegen fühlte.

Adler betrachtete den Eintritt in die Schule als Testsituation, bei der es sich zeige, in welchem Maße ein Kind für die Erfordernisse der Gemeinschaft vorbereitet ist. Alfred Adler hat dem Lehrer die gleiche Aufgabe wie der Mutter zugeschrieben, die da heißt: Das Vertrauen des Kindes zu erwerben, es dann zu ermutigen und das Kind schließlich in die Gemeinschaft einzuführen und es dort zu verankern. Eine gut funktionierende und angeleitete Klassengemeinschaft ist von immenser Bedeutung für die Integration von Kindern, die von ihrem Zuhause eine mangelhafte Vorbereitung bekommen haben. Schüler Alfred Adlers haben in den 20er Jahren des letzten Jahrhunderts Schulen geführt, in denen die funktionierende Klassengemeinschaft eine zentrale Bedeutung einnahm. Oskar Spiel und Alfons Simon haben in ihren Schriften ihre Erfahrungen ausführlich dargelegt. Es gibt in jeder Klasse konstruktive Kinder, die Gemeinschaftsgefühl mitbringen. Der Lehrer kann auf diese zählen, sie werden ihm bei der Aufgabe helfen, Kinder mit weniger Gemeinschaftsgefühl als Mitspieler zu gewinnen (Simon 1950; Burger 1992). Adler sah vor allem in seinen späteren Jahren nur wenige Möglichkeiten, auf die Erziehung der Eltern einzuwirken. Darum setzte er alles daran, die Lehrer zu schulen, weil er dachte, damit viel mehr Kinder zu erreichen. Die Schule muss ein Modell bieten, das im Kleinen bereits die intellektuellen, aber vor allem auch die sozialen Fähigkeiten der Kinder für das spätere Leben als Erwachsene schult. Die Lehrer zeigen den Kindern, wie man Schwierigkeiten im Lernen aktiv bewältigen kann, wie Schwierigkeiten im Zusammensein mit anderen Kindern gelöst werden können, wie man lernt mit verschiedenen Meinungen zu leben, wie man mit andersartigen Kindern friedfertig auskommt. Der Lehrer führt sie nicht nur an die Schönheiten der Natur und der Wissenschaft heran, an das schöne und stärkende Gefühl, etwas verstanden zu haben, sondern zeigt ihnen auch, wie es anderen Menschen geht und weckt damit ihr soziales Interesse für den Nachbarn und für die Menschen auf der ganzen Welt. Hier kommt es darauf an, dass der Lehrer sich als ganze Person eingibt, lobt, aber auch beurteilt und einordnet. Er muss den Kindern etwas abverlangen und auch deutlich machen, was er nicht richtig findet. Ein auf solche Weise verankertes und geschultes Kind hat gelernt, den Problemen mutiger in die Augen zu schauen und ist besser gefeit in den Stürmen des künftigen Lebens, bei Enttäuschungen, bei Verlust und anderen Schwierigkeiten, die auf es zukommen werden, nicht mit Rückzug und mit Depressionen zu reagieren. Dazu bräuchte es Schulen, die, wie es Alfons Simon, ein Schüler Alfred Adlers, in seinem Buch „Verstehen und Helfen" beschreibt, ganz von einem pädagogischen Ansatz ausgehen und ihre heiligste Pflicht darin sehen, die Kinder nicht zu entmutigen und sie zu Mitspielern in der Gemeinschaft zu machen (Simon 1950). Dieses Anliegen wiederzubeleben wäre eine Aufgabe für die heutige Pädagogik.

Um auf unser Beispiel mit Benjamin zurückzukommen: Die Schule hat auch in diesem Punkt versagt. Aus den Berichten ist zwar zu entnehmen, dass es einigen Erziehern gelungen war, ein Vertrauensverhältnis zum Buben aufzubauen. Es war aber nicht gelungen, von Benjamin ein adäquates Verhalten zu verlangen, dafür zu sorgen, dass ein ruhiges Klima in den Klassen herrscht und den Jungen in eine größere Gemeinschaft zu integrieren. Kinder wünschen sich in fast allen Fällen nichts lieber, als in Frieden mit den anderen in der Gemeinschaft auszukommen. Dazu brauchen sie unbedingt die Anleitung der Erzieher. Im Lebenslauf dieses im Grunde liebenswürdigen Knaben fehlte ein natürlicher Kontakt mit den anderen Kindern. Schon von früh an wurde er wegen seiner enormen Schwierigkeiten in der Gemeinschaft aus ihr entfernt. Offensichtlich hat niemand erkannt, dass sein ungemeinschaftliches Verhalten auch ein – allerdings untauglicher – Versuch war, mit anderen Kindern in Kontakt zu kommen. So wie er es mit der Mutter eingeübt hatte, nämlich mit aller Gewalt ihre ganze Aufmerksamkeit auf sich zu lenken, hatte er es mit den Kindern in der Schule versucht. Schon in der ersten Klasse war er ständig im Klassenzimmer unterwegs, weil er sehen wollte, wie weit die anderen schon waren. Ihm wurde das als „mangelnde Kontrolle seines Bewegungsdranges" ausgelegt und als innere „motorische Unruhe". Dabei war er unsicher, ob er auch so gut sei wie die anderen und wollte sich daher ständig versichern, wo er im Vergleich steht. Besser hätte man ihn beispielsweise als Hilfslehrer für Mathematik eingesetzt, um seine Nervosität auf eine gemeinschaftliche Bahn zu lenken.

Aus individualpsychologischer Sicht ist ein Kind, das Schwierigkeiten beim Lernen hat, das in der Schule stört oder sonstwie auffällt, ein Kind, das zu wenig Gemeinschaftsgefühl entwickelt hat. Es kann so dem Vergleich mit anderen Kindern nicht standhalten. So gibt der entmutigte Schüler die Hoffnung auf, im Schulgeschehen selbst Anerkennung zu finden und gleitet allmählich auf die unnütze Seite des Lebens ab. Die dabei zutage tretende ungemeinschaftliche Haltung ist aber nicht Ausdruck eines bösen Willens, sondern die Verweigerung ist ein Versuch, außerhalb des Kooperierens zu Geltung und Anerkennung zu kommen. Mit Strafen kann der Lehrer das unsoziale Verhalten bestenfalls unterdrücken, niemals aber beheben. An die realen Ursachen des störenden Verhaltens kommt er nur heran, wenn er die Schüler gefühlsmäßig verstehen lernt.

Das wiederum braucht aber die Schulung der Erzieher. Damit der Lehrer richtig auf die verschiedensten Schülerpersönlichkeiten eingehen kann, muss er selbst frei sein von unbewussten, störenden Übertragungsgefühlen oder genauer: Es muss ihm bewusst sein, dass es solche Übertragungsmomente im pädagogischen Verhältnis gibt, so dass er darauf achten und sie sich bewusst machen kann. Sonst neigt der Erzieher dazu, sich vermeintlich selbst und seine eigene Gefühlslage in einem Kind wiederzuerkennen, oder es treten je nachdem auch ablehnende Gefühle dem Kind gegenüber auf.

Ausblick. Verstehen und Helfen

Die Entwicklung von Benjamin war geprägt von vielem Auf und Ab, sie war keineswegs so linear, wie dies in der Darstellung hier klingen mag. Er beruhigte sich aber im Laufe der Zeit immer mehr und begann in der Klasse zunehmend eine positive Rolle einzunehmen. Wir bemerkten auch, dass er gerne hilft. So gaben wir ihm Aufgaben im Schulhaus, die er zu erledigen hatte. Auch mit den Eltern besprachen wir, wie er sich zu Hause nützlich machen konnte. Er unterstützte die Mutter beim Kochen. Er zeigte ihr, was er im Kochunterricht alles gelernt hatte. Dem Vater musste er bei schwereren Aufgaben zur Hand gehen. Das erschien uns wichtig, damit er beginnt, sich mehr auf den Vater auszurichten. Bisher hatte die Mutter die dominierende Rolle eingenommen. Aus den schon genannten Gründen ist es aber außerordentlich wichtig, dass die Männer sich insgesamt bei der Erziehung der Kinder, besonders der Buben in Schule und Elternhaus wieder mehr einbringen und ihre männliche Rolle in angemessener Weise ins Spiel bringen würden. Das ist nicht im Sinne der früheren Dominanz des männlichen Geschlechts gemeint, sondern im Sinne einer gleichwertigen, echten Unterstützung der Frauen.

In der Schule legten wir bei Benjamin auch Wert darauf, dass er den anderen Kindern hilft. Zuerst waren es jüngere, später auch gleichaltrige. So konnte er zur Geltung kommen und einen konstruktiven Beitrag für die Gemeinschaft leisten. Benjamin hatte sich damit soweit beruhigt, dass wir uns einen nächsten Schritt überlegten. Er sollte wieder in einer größeren Klasse in seiner Gemeinde integriert werden. Das galt es sorgfältig vorzubereiten, wussten wir doch, dass seine Mutter aus ihrer beschützenden Haltung heraus dagegen sein würde. Sie schätzte ihren Sohn immer noch als zu unreif dafür ein. Doch nun meinte auch der Vater, dass wir seinen Sohn damit überfordern würden und wehrte sich vehement gegen diesen Plan. In einigen Gesprächen mit der Behörde besprachen wir Benjamins Entwicklung und gewannen die Eltern dafür, diesen Schritt zu wagen. Nach Ablauf zweier Jahre verließ Benjamin dann unsere Schule und trat in eine große Normalklasse in seiner Wohngemeinde ein. Ich sprach nicht mit dem Lehrer, ich wollte, dass er von Anfang an in Benjamin einen normalen Buben sehen konnte. Und siehe da, Benjamin verhielt sich tadellos, störte den Unterricht nicht mehr, arbeitete mit und schrieb gute Noten. Ein halbes Jahr später erhielt er die Lehrstelle als Sanitärinstallateur, die er sich gewünscht hatte. Nun steht er kurz vor dem Lehrabschluss, ist ein junger Mann geworden, der im Leben steht und dem man nicht ansieht, welche Schwierigkeiten er früher im Leben hatte.

Als er vor einigen Wochen bei uns vorbeischaute und von seiner Entwicklung in Schule und Lehre erzählte, sagte er ganz zum Schluss voller Stolz: „Kommen Sie noch schnell hinaus, da draußen auf dem Parkplatz steht mein Auto!" Ganz offensichtlich war es Benjamin wichtig zu zeigen, was er erreicht hatte. Die Ausrichtung der Kinder auf die Erwachsenen, auch wenn diese Kinder groß geworden sind, ist nicht wegzudiskutieren. Oder mit anderen Worten: Der Mensch ist Person und ein Beziehungswesen, das vom anderen Menschen ein Echo auf seine Person möchte.

Mit „Verstehen und Helfen" (Simon 1950) hat Alfons Simon sein Buch über die Schule betitelt. Sollte das nicht wieder zum Hauptanliegen unserer Schulen werden? Auch wenn sich vieles seit der Zeit Alfred Adlers und seiner Schüler geändert hat: Die Kinder in ihren gefühlsmäßigen Bedürfnissen sind nicht anders geworden. Der Mensch als Person und als Wesen der Natur ändert sich nicht. Was er braucht für ein glückliches und erfülltes Leben ist in allen Zeiten ein gesundes Selbstwertgefühl und ein starkes Gemeinschaftsgefühl, damit er sich unter den Menschen sicher und wohl fühlen kann.

Was sich allerdings im Laufe der Zeit ändert, ist die Art und Weise, wie die Erziehungspersonen auf die Kinder eingehen müssen, damit die von Alfred Adler geforderten Erziehungsziele in der Schule erreicht werden können. Er hat gesagt, es sei die heiligste Pflicht der Schule, die Kinder nicht zu entmutigen und nachzuholen, was die Kinder an Gemeinschaftsgefühl von ihrem Zuhause nicht mitbringen. Wie das erreicht werden kann, stellt sich heute anders dar als vor hundert Jahren. Das Grundanliegen ist aber das gleiche geblieben. In einer Schule, die sich dem personalen Menschenbild verpflichtet fühlt, müssen die Lehrer anleiten und erziehen. Nicht im Sinne einer Bevormundung, sondern indem sie mit den Kindern in Beziehung treten, ihnen Vorbild und Erziehungspersonen sind. Die Kinder müssen sich an ihnen reiben können, damit sie eine eigenständige Persönlichkeit entwickeln.

Literatur

Adler, A. (1928): Kurze Bemerkungen über Vernunft, Intelligenz und Schwachsinn. In: Internationale Zeitschrift für Individualpsychologie 6, S. 267.
Adler, A. (1974): Die Technik der Individualpsychologie 2. Frankfurt am Main: Fischer.
Adler, A. (1980a): Der Sinn des Lebens. Frankfurt am Main: Fischer.
Adler, A. (1980b): Menschenkenntnis. Frankfurt am Main: Fischer.
Bauer, J. (2006): Prinzip Menschlichkeit. Warum wir von Natur aus kooperieren. Hamburg: Hoffmann und Campe.
Fuchs, T (2008): Das Gehirn – ein Beziehungsorgan. Eine phänomenologisch-ökologische Konzeption. Stuttgart: Kohlhammer.
Grossmann, K. E. (Hrsg.) (2003): Bindung und menschliche Entwicklung: John Bowlby, Mary Ainsworth und die Grundlagen der Bindungstheorie. Stuttgart: Klett-Cotta.
Ansbacher, H. L./Ansbacher, R. R. (Hrsg.) (1982): Alfred Adlers Individualpsychologie. München und Basel: E. Reinhardt.
Bergmann, W. (2003): Das Drama des modernen Kindes. Hyperaktivität, Magersucht, Selbstverletzung. Düsseldorf und Zürich: Patmos.
Bornemann (1982): Einführung. In: Ansbacher, H. L./Ansbacher, R. R. (Hrsg.) (1982): Alfred Adlers Individualpsychologie. München und Basel: Reinhardt Ernst, S. 17–39.
Bowlby, J. (1985): Mutterliebe und kindliche Entwicklung. München und Basel: Reinhardt Ernst.
Burger, A. (1992): Der Lehrer als Erzieher. Hans Zulliger und Oskar Spiel. Aktualität und Bedeutung ihrer Schulpraxis für die heutige Pädagogik. Zürich: Menschenkenntnis.
Ellenberger, H. F. (1973): Die Entdeckung des Unbewussten. Geschichte und Entwicklung der dynamischen Psychiatrie von den Anfängen bis zu Janet, Freud, Adler und Jung. Bern: Hans Huber.

Handlbauer, B. (1984): Die Entstehungsgeschichte der Individualpsychologie Alfred Adlers. Wien: Geyer-Edition.

Kaiser, A. (1981): Das Gemeinschaftsgefühl – Entstehung und Bedeutung für die menschliche Entwicklung. Zürich: Psychologische Menschenkenntnis.

Leakey, R. E./Levin, R. (1979): Wie der Mensch zum Menschen wurde. Hamburg: Hoffmann und Campe.

Montagu, A. M. F. (Hrsg.) (1974): Mensch und Aggression. Der Krieg kommt nicht aus unseren Genen. Weinheim und Basel: Beltz.

Oerter, R./Montada, L. (1982): Entwicklungspsychologie. München: Urban und Schwarzenberg.

Plack, A. (1970): Die Gesellschaft und das Böse. Eine Kritik der herrschenden Moral. München: Paul List.

Simon, A. (1959): Verstehen und Helfen. München: Oldenbourg.

Spiel, W. (1981): Die Individualpsychologische Versuchsschule von Oskar Spiel und Ferdinand Birnbaum. In: Adam, E. (Hrsg.) (1981): Die österreichische Reformpädagogik 1918–1938. Wien: Böhlau Wien, S. 163–172.

Tomasello, M. (2010): Warum wir kooperieren. Berlin: Suhrkamp.

Waal, F. de (2011): Das Prinzip Empathie. Was wir von der Natur für eine bessere Gesellschaft lernen können. München: Carl Hanser.

Wittenberg, L. (2000): Geschichte der individualpsychologischen Versuchsschule in Wien. Versuch einer Verknüpfung von Reformpädagogik und Individualpsychologie im Rahmen der Wiener Schulreform durch Oskar Spiel und Ferdinand Birnbaum. Wien: facultas wuv.

Rainer Winkel

Was ist (k)ein guter Lehrer, (k)eine gute Lehrerin?

Anthropologische und pädagogische Provokationen[1]

„Das Alphabet des Schullehrers
ist mächtiger als das Bajonett
des Soldaten."
Henry Peter Brougham, 1778–1868

Lehrer Lämpel und: Drei Erlebnisse

Es heißt bei Wilhelm Busch:

„Also lautet ein Beschluss:
Dass der Mensch was lernen muss. –
Nicht allein das Abc
Bringt den Menschen in die Höh;
Nicht allein im Schreiben, Lesen
Übt sich ein vernünftig Wesen;
Nicht allein in Rechnungssachen
Soll der Mensch sich Mühe machen;
Sondern auch der Weisheit Lehren
Muss man mit Vergnügen hören.
Dass dies mit Verstand geschah,
War Herr Lehrer Lämpel da. –" (Busch 1865/1999)

Reicht eine solche Aufgabenbeschreibung für den Lehrerberuf? Die Weisheit lehren? Den Verstand trainieren? Schreiben, lesen, rechnen üben und dabei kein Vergnügen trüben? Ist Wilhelm Busch zuzustimmen? Oder hat Adolph Diesterweg recht, der in seinem „Wegweiser zur Bildung für deutsche Lehrer" schrieb: „Mit Recht wünscht man ihnen die Gesundheit und Kraft eines Germanen, den Scharfsinn eines Lessing, das Gemüt eines He-

---

[1] Dieser Aufsatz ist meinen Kindern Larissa und Aljoscha Winkel – eine Lehrerin sie, ein Lehrer er – gewidmet.

bel, die Begeisterung eines Pestalozzi, die Klarheit eines Tillich, die Beredsamkeit eines Salzmann, die Kenntnisse eines Leibniz, die Weisheit eines Sokrates und die Liebe Jesu Christi." (Diesterweg 1835, S. XII) Wie auch immer, der hier vorliegende Beitrag besteht aus sechs Teilen: Ich beginne mit der Schilderung dreier persönlicher Erlebnisse. Diese persönlichen Erlebnisse werden ergänzt von drei Erfahrungsberichten aus der Literatur. Zweitens wende ich mich der Frage zu, was das Lehrerhandeln insgesamt ausmacht bzw. konstituiert. Drittens sollen uns die zehn Merkmale eines guten Unterrichts beschäftigen, denn schlechte Lehrer machen keinen guten Unterricht, während gute Lehrer nicht immer einen guten Unterricht machen (können). Ich werde viertens die zehn Todsünden eines schlechten Lehrers benennen, so dass fünftens der Dekalog eines guten Unterrichts vorgestellt werden kann. Und sechstens wollen wir uns der wohl trefflichsten Tugend der pädagogischen Profession zuwenden: dem ... Haben Sie bitte Geduld!

Ein Erlebnis: Es ist ein Mittwochvormittag im April: Fahrt mit der S-Bahn von Essen nach Duisburg; dann flugs in den Regionalexpress; von dort nach Bonn, auf dem Weg zu einer Hochschulveranstaltung. Meine Frau und ich freuen uns auf die abendliche Veranstaltung. Zwei Schulklassen steigen in Ratingen dazu – Realschüler: „Wo fahrt ihr hin?" „Nach Brühl." „Brühl?" „Ja, ins Phantasialand!" Eine Schülerin, mehr ent- als bekleidet, beginnt einen alten Mann, der neben uns sitzt und immer mal wieder vor sich hinschlummert, mit ihrem Handy zu fotografieren. Und da er eine recht altmodische Kleidung trägt, extrem kleinwüchsig ist und einen erschöpften Eindruck macht, scheint er ein begehrtes Objekt abzugeben. Die Aufnahmen werden herumgezeigt, kommentiert, belacht. Als die Gruppe aussteigt, bin ich hinter der Fotografin hergegangen und habe zu ihr gesagt: „Auch die Würde eines alten Mannes ist unantastbar!" Die mir sofort an den Kopf geschleuderte unflätige Bemerkung mag ich nicht zitieren. Eine Lehrerin, einen Lehrer habe ich nirgendwo entdecken können. Wie es hieß, habe man sich erst im Bahnhof Brühl verabredet.

Ein zweites Erlebnis: Während meine Frau vom Bonner Hauptbahnhof zur Kunsthalle fährt, besteige ich den Bus, der mich zur Universität in die Römerstraße bringen soll. An der Haltestelle „Thomas-Mann-Straße" steigt ein 16-, 17-Jähriger ein, der an beiden Händen eine alte Frau liebevollachtsam und rückwärts laufend in den Bus dirigiert. Den Busfahrer bittet er höflich, so lange zu warten, „bis Oma sich hingesetzt hat." Die beiden fahren bis zum „Augustinum", einem Altenheim, das wir jetzt „Seniorenstift" nennen müssen. Ich fahre bis zur Haltestelle „Pädagogische Fakultät", die weiterhin so genannt werden muss, obgleich die Bonner Universität keine eigene Pädagogische Fakultät mehr besitzt, sondern den Rest der dort verbliebenen Erziehungswissenschaftler in ein „Institut für Kommunikationswissenschaft" hat pferchen müssen. Dort darf man also die treffende Bezeichnung nicht beibehalten, hier muss man die unzutreffende Kennzeichnung weiterhin benutzen... Herrschaft beginnt bekanntlich mit dem Terror der Wörter. Immerhin frage ich mich: Was für Eltern und Lehrer muss der junge Mann, den die Oma mal „Stephan", dann wieder „Wölfi" nennt, gehabt haben, dass er ihr so liebevoll beisteht?

Auch das dritte Erlebnis hat mit unserem Thema zu tun, gleichwohl es mich und andere schlimmer belastet(e) als die beiden ersten: Gegen 16 Uhr verlasse ich mein Dienstzimmer, das Unigebäude und will gerade die Römerstraße überqueren, um zurück zum Hauptbahnhof zu fahren, als ein Student mit einem Mountainbike den Hofeingang entlang saust und ohne zu schauen rechts abbiegen will. Zur selben Zeit kommt von hinten ein Auto die Römerstraße entlanggefahren, das der eilige Fahrradfahrer aber nicht sehen kann, da ihm ein großer parkender Kastenwagen die Sicht versperrt. Der Student wird am Vorderrad touchiert, fliegt mit einem Salto über das Auto hinweg und knallt auf die Straße. Und noch während ich wie gelähmt den Unfall registriere, sehe ich neben mir einen vielleicht 10- oder 12-jährigen Jungen stehen, mit langen, blonden Haaren, wie er sein Handy betätigt und ruhig erklärt, was passiert ist und dass unverzüglich „eine Ambulanz" zu kommen habe. Er sagt wirklich „eine Ambulanz", während ich ein „Pater noster" vor mich hinmurmele. Erst im Bus kommt mir die Frage in den Sinn: Wo und wann und von wem hat das Kerlchen diese Souveränität gelernt?

Soweit meine drei Erlebnisse. Die folgenden Schilderungen gehen auch auf Erfahrungen, Ereignisse, Erlebnisse zurück, aber sie sind von anderen aufgezeichnet worden – z.B. von Charles Dickens (Dickens 1854; zit. in Winkel 2009, S. 308 f.):

„,Also, was ich möchte sind Fakten. Bringen Sie diesen Jungen und Mädchen nichts anderes als Fakten bei! Denn nur Fakten sind im Leben wichtig. Pflanzen Sie nichts anderes ein, aber reißen Sie alles andere heraus! Man kann den Geist denkender Tiere nur mit Hilfe von Fakten bilden. Nach diesem Grundsatz erziehe ich meine eigenen Kinder, und dieses Prinzip verwirkliche ich hier in der Klasse. Halten Sie sich an Fakten, mein Herr!' Der Schauplatz bestand aus einem kahlen, ärmlichen und eintönigen Klassenzimmer, und des Sprechers erhobener Zeigefinger unterstrich seine Thesen [...] Sein Blick schweifte über die geneigte Ebene der kleinen Köpfe hinweg, die durchgängig geordnet dasaßen, bereit, mit ungeheuren Mengen an Fakten vollgeschüttet zu werden, bis sie bis zum Rand gefüllt waren [...]. ,Mädchen Nr. 20', sagte Mr. Gradgrind und deutete mit dem ausgestreckten Zeigefinger auf die betreffende Schülerin [...]. ,Definiere mir, was ein Pferd ist!' Sissy Jupe fühlte sich durch die Aufforderung des Lehrers zutiefst bestürzt. ,Mädchen Nr. 20 ist unfähig, ein Pferd zu definieren', sagte Mr. Gradgrind. ,Mädchen Nr. 20 besitzt keine Fakten über eines der gewöhnlichsten Tiere! Wie ist es mit den Jungen? Bitzer, gib deine Definition!'

[...] ‚Vierfüßler, Grasfresser, 40 Zähne, nämlich: 24 Backenzähne, 4 Eckzähne, 12 Schneidezähne. Verliert seine Haare im Frühling. In Sumpfgebieten auch die Hufe. Die Hufe sind hart, müssen aber dennoch mit Eisen beschlagen werden. Sein Alter erkennt man an bestimmten Zeichen im Maul.' [...] Soweit (und noch mehr) Bitzer. ‚Nun, Mädchen Nr. 20', sagte Mr. Gradgrind ‚jetzt weißt du, was ein Pferd ist! [...] Frage an euch, Jungen und Mädchen, würdet ihr ein Zimmer mit Pferdebildern tapezieren?' Nach einer Pause schrie die eine Hälfte der Kinder im Chor: ‚Ja, Sir!' Die andere Hälfte sah im Gesicht des Fragenden einen Zweifel und rief wie auf Kommando: ‚Nein, Sir!' – Tausendfach erprobt bei Prüfungen wie diesen. [...] ‚Ich will euch erklären', sagte der Lehrer, ‚warum ihr ein Zimmer nicht mit Pferdebildern schmücken solltet.'"

Diese Szene publizierte der englische Schriftsteller 1854. Ist sie nicht aktueller denn je – nach dem alle europäischen Bildungssysteme erfassenden Bologna-Prozess? *Dates, facts* and *figures* werden verlangt – keine Fragen, keine Vermutungen, kein Staunen! Zeit ist Geld – deshalb die Turbo-Schule! Zensuren selektieren trefflich – wozu also umständliche Lernberichte? Fächer sortieren das Wissen, Projekt- und Epochenunterricht stören doch nur diese Ordnung! Und: Lehrer brauchen gehorsame Schüler – der Rest kommt in den Trainingsraum und später in die Therapie oder in den Knast! „Engstirnlinge" nennt der Schweizer Schriftsteller Markus Werner in seinem Roman „Am Hang" jene Lehrer, die diesem neuen System dienliche Erfüllungsgehilfen sind (Werner 2010, S. 96).

Ein zweiter Bericht knüpft an die schlimmen Missbrauchsskandale an, die wir im Jahr 2010 zur Kenntnis nehmen mussten, obgleich sie oft Jahre, gar Jahrzehnte zurückliegen. Da schreibt z.B. der für und in Deutschland tätige Korrespondent der „Times" Roger Boyes:

„Ein britisches Internat, zumindest zu meiner Zeit, war ein Labor körperlicher Gewalt. Wir wurden verprügelt, wenn wir solche Verbrechen begangen hatten, wie einen Pulli in den falschen Farben zu tragen. Sechs Schläge auf den Hintern. Oder auf die Handflächen, wo man die Narben nicht so sehen konnte. Mein Lateinlehrer, Captain Hogarth – ich war auf einer Militärschule und alle Lehrer waren Offiziere – hat mich einmal so heftig geschlagen, dass ich eine Woche lang taub war. Wir lasen gerade Ovid. Am schlimmsten war, was die älteren Jungs mit den Kleinen gemacht haben. Als Teil eines Initiationsritus gab es etwas, das „bogwashed" hieß: Dabei entleert ein Junge seine Därme in die Toilette. Dann wurden die Neuen – vor allem rebellische Zehnjährige wie ich – mit dem Kopf in die Kloschüssel gestoßen und die Spülung gedrückt. Der Lärm war grauenhaft; Parzival in der Regie von Schlingensief. Die Angst zu ertrinken war überwältigend. Es brauchte Wochen bis der Geruch Haar und Mund wieder verlassen hatte. Der Junge, der für meine Erniedrigung verantwortlich war, hieß Jones und ist jetzt der Bischof von Liverpool. Damals in den 60ern hieß es dann immer, dass solches Mobbing hilft, starke Persönlichkeiten zu formen. Ich glaube das nicht. Aber ich habe gelernt, Scheiße zu schlucken. Und das hat sich als eine sehr nützliche Fähigkeit in meiner langen journalistischen Karriere herausgestellt. Ich kann dem anglikanischen Bischof von Liverpool also nur danken. Ich hoffe, dass ich mich eines Tages für den Gefallen revanchieren kann." (Boyes 2004, S. 14)

Roger musste keinen „wänzigen Schlock" schlucken wie im Physikunterricht bei Prof. Crey in der „Feuerzangenbowle" von Heinrich Spoerl (1994)² bzw. ihrer Verfilmung mit Heinz Rühmann, sondern... Sie haben es gehört bzw. gelesen. Aber Schule, Unterricht, Lehren und Lernen können auch ganz anders sein, denn sie gab es schon immer: die Reformpädagogik mit ihren engagierten Lehrern. Mal wirkten sie im Verborgenen, mal ganz offiziell; mal subversiv, gar *contra legem*, mal im Licht der Öffentlichkeit und prämiert von denen, die ihnen halfen – z.B. der Grundschulpädagoge Peter Heyer, der folgendes berichtet(e):

„Manchmal haben wir uns schon um fünf Uhr morgens getroffen und nach Spinnen gesucht, 35 14-Jährige sind dann durch Wiesen und Schilf gestromert, haben Insekten beobachtet und sind auf Bäume geklettert, um herauszufinden, was einhäusige von zweihäusigen Pflanzen unterscheidet. [...] Wir Gymnasiasten fühlten uns wie Tom Sawyer, der am Mississippi einen Schatz sucht. Wilhelm Blohm, unser Biologielehrer, wusste das ganz genau. Von all den vielen Lehrerinnen und Lehrern ist nur er mir in Erinnerung geblieben: Fast alle vermittelten sie irgendwelche Stoffe, die wir zu lernen hatten. Sie ließen uns Antworten auswendig lernen auf Fragen, die wir überhaupt nicht hatten. Aber der fast 60-jährige Wilhelm Blohm war anders. Mitten im Krieg habe ich, ein aus Berlin in die Uckermark evakuiertes Kind, bei ihm etwas gelernt, was man auch heute noch viel zu selten in der Schule lernt: dass es nicht darauf ankommt, die richtigen Antworten zu wissen, sondern die wichtigen Fragen zu stellen. Blohm begeisterte uns für die Naturwissenschaften, weil er uns selbst zum Experimentieren brachte. Wir liebten diesen Lehrer, nicht nur weil er uns selbst machen ließ, sondern auch, weil er klare Maßstäbe vorgab. Er scheute die Auseinandersetzung mit uns nicht. Später bin ich selbst Lehrer geworden – weil er mir gezeigt hat, wie Schule sein kann." (Heyer 2004, S. 16)

Ein solches Lehren und Lernen erinnert an Adolf Reichwein, der – nachdem er bereits 1933 seine Professur an der PH in Halle (Saale) verloren hatte und als einfacher Landschullehrer in Tiefensee bis 1939 tätig war – in seinem Buch „Schaffendes Schulvolk" eine wichtige Einsicht mitteilte:

---

2 Vgl. zu dem gleichnamigen Film und anderen Verfilmungen schulischer Wirklichkeiten bzw. ihren vermeintlichen Realitäten Jacke/Winkel 2008.

„Auch dieses gehört zu den Grundsätzen einer wahrhaftigen Erziehung, dass das Kind den Erzieher als Fragenden erlebt. Es erfährt dann, dass er nicht ‚als solcher' Autorität besitzt, sondern nur kraft dessen, was er ist – er kann nicht alles sein!" (Reichwein 1964, S. 64)[3]

Schule muss also nicht so sein, wie sie häufig ist, sondern kann auch werden, wie sie sein sollte...

Die Aufgaben des Lehrers und: Non multa, sed multum

Heutige Lehrer sind nicht nur (ihre Fächer) Unterrichtende, sondern in der Regel auch: Beziehungsarbeiter und Verwaltungsbeamte, Konfliktlotsen und Tröster, Ersatzeltern und Organisatoren und vieles mehr. Wenn wir das Lehrerhandeln genauer betrachten, erkennen wir sieben Tätigkeitsfelder, auf denen Lehrer ihre professionellen Aktivitäten zu entfalten haben: unterrichten, erziehen, diagnostizieren, organisieren bzw. verwalten, beraten, beurteilen und evaluieren einschließlich innovieren und kooperieren müssen sie fast täglich. Ohne auf die Einzelheiten dieser sieben Handlungsfelder einzugehen, wird man auf drei Sachverhalte hinweisen müssen: Sie bilden kein harmonisches Ganzes, sondern haben ihre immanenten und wechselseitigen Widersprüche. Darüber hinaus stellen sie nur die bewusste, die manifeste, die sichtbare Ebene der Lehrertätigkeit dar – der Sockel, auf dem der Lehrer steht, bleibt in der Regel unbewusst, latent, unsichtbar. Just aber seine eigene Erziehung, seine Vergangenheit und Lernbiographie sind höchst bedeutsam. Erinnert sei an die Einsicht des Psychoanalytikers Siegfried Bernfeld, der in seinem Buch über „Sisyphos oder die Grenzen der Erziehung" geschrieben hat: „So steht der Erzieher vor zwei Kindern: dem zu erziehenden vor ihm und dem verdrängten in ihm." (Bernfeld 1973, S. 141) Und drittens wird man jetzt schon darauf hinweisen dürfen, dass ein vernünftiges Lehrerhandeln nicht darin besteht, auf allen Handlungsfeldern permanent wie ein Tausendsasa tätig zu sein, sondern darin, Akzente zu setzen, nicht das Maximum zu erstreben, sondern das Optimum, mit anderen Worten: stets auch die eigenen Grenzen zu akzeptieren.

Der gute Unterricht und: Zehn Appelle

Während meines Gründungsdirektorats an und in der Ev. Gesamtschule Gelsenkirchen (EGG) waren wir uns einig, dass ein guter Unterricht identifizierbare Merkmale aufweisen muss, die es *peu à peu* einzulösen gilt. Des-

---

3 Vgl. auch den 4. Band der fünfbändigen Adolf-Reichwein-Werkausgabe, die von Ullrich Amlung und Karl-Christoph Lingelbach herausgegeben wurde und im Klinkhardt-Verlag erschienen ist.

halb haben wir nicht nur gemeinsame Gesichtspunkte eines solchen Unterrichts ausgearbeitet, sondern uns auch auf insgesamt zehn Appelle verständigt, die zunächst einmal jeder an sich selbst zu richten hat, ehe er sie von den Kollegen einfordert. Und weil sie überaus bedeutsam waren bzw. sind, habe ich sie auch in meine Schultagebücher aufgenommen (Winkel 2008, S. 124–123). Stichwortartig liste ich die sechs Gesichtspunkte für guten Unterricht auf:

- *Lehrer-Schüler-Verhältnis*: Dialog, Akzeptanz, Autorität, Gewaltfreiheit, Gestik, Mimik, Blickkontakt, Freundlichkeit, Humor, Umgangston, ...
- *Lernklima*: Engagement, Identifikation mit dem Stoff, zurückgenommene Lehrerrolle, Resonanz, Eingehen auf Schüler, Lernfreude, zufriedenstellendes Glück – oft nach erheblichen Anstrengungen, interessierte Schüler, Schüler stellen Fragen, ...
- *Sachkompetenz*: sachliche Richtigkeit, Sicherheit, problem- und anwendungsbezogene Aufbereitung des Stoffes, verständliche und klare Darstellung, ...
- *Gestaltung des Unterrichts*: schülerorientierte Methoden, Methodenwechsel, Vielseitigkeit, Flexibilität, Medieneinsatz, Zielorientierung, Strukturiertheit, Transparenz, Kreativität, Differenzierung, ...
- *Schüleraktivität*: Ausmaß, Selbsttätigkeit, Selbständigkeit, Anregungsgehalt, Interessen- und Problembezug, ...
- *Lernergebnisse*: fachlich, erzieherisch, sozial, lernmethodisch, fassbare Ergebnisse, Zuwachs an Fähigkeiten, Wissenszuwachs, Rückkopplung, ...

Und die entsprechenden zehn Appelle lauten:
1. Sei selbstkritisch!
2. Sei humorvoll!
3. Sei fachlich kompetent!
4. Sei pädagogisch einfühlsam!
5. Sei didaktisch-methodisch auf der Höhe!
6. Sei kooperativ!
7. Sei freundlich!
8. Sei vor Überforderung gefeit!
9. Sei ein die Widersprüche Aushaltender!
10. Sei ein permanent Lernender!

Auch hier seien drei Erläuterungen gegeben. Denn erstens sind Gesichtspunkte und Appelle keine Ist-Beschreibungen, sondern Sollens-Perspektiven, approximative Ziele, Richtungshinweise. Zweitens unterliegen sie wie alle normativen Aussagen dem Wandel der Zeiten, was aber keine Beliebigkeit bedeutet. Und drittens kann man Ge- und Verbote nicht dekretieren, sondern muss sie gemeinsam erarbeiten, wenn sie Bestand haben sollen. Guter Unterricht lässt sich bekanntlich nur gemeinsam verwirklichen, denn er dient der Erziehung und Bildung aller Schüler einer Schule. Und kein Kollegium kann seine Schüler weiter-bilden, als es selbst gebildet ist oder sich zumindest um Bildung bemüht. Ein guter Unterricht muss und soll keinen Spaß machen, wohl aber Bildung ermöglichen und zur Lern-Freude anstiften. Mit *food, fun and fantasy* (jenen drei populären Normen amerikanischer Provenienz) lässt sich der schon von *Herbart* beschriebene „Erziehende Unterricht" (Herbart 1965, S. 80 ff.) nicht realisieren. Die Griechen vermieden die sich diesbezüglich auftuende Falle, indem sie klar unterschieden zwischen dem vordergründigen Spaß (der *hédoné*) und der tieferliegenden Freude (der *eudaimonia*), der häufig nicht *leisure time*, sondern anstrengende (Lern-)Arbeit vorausgeht.

Zehn Todsünden und: Typische Anfängerfehler

Eine der wichtigsten Aufgaben der Schulleitung besteht darin, die richtigen Lehrer ausfindig zu machen, mit deren Hilfe die Schule die ihr gemäße Pädagogik verwirklichen kann sowie die bereits an und in ihr tätigen Kollegen so fortzubilden, dass sie dieser Aufgabe gerecht werden. In Zusammenarbeit mit dem Gründungskollegium und in den späteren Jahren mit Hilfe einer Lehrerfindungskommission, in der jedes Mitglied ein Vetorecht besaß, haben wir uns auf insgesamt zehn Kriterien geeinigt, die einen guten von einem schlechten Lehrer unterscheiden. Gerade junge Kollegen, die während ihres universitären Studiums, aber auch in ihrer Referendariatszeit allzu selten auf die Schulwirklichkeit vorbereitet wurden, neigen zu Anfängerfehlern, die schnell zu didaktischen Todsünden ausarten können:

Die zehn Todsünden des unterrichtenden Lehrers oder typische Anfängerfehler:
1. Lautstärke (nicht) mit Lautstärke bekämpfen!
2. Ruhepausen (nicht) außer Acht lassen!
3. (K)Ein unleserliches Tafelbild präsentieren!
4. Methodenwechsel (nicht) ignorieren!
5. Auf Double-binds (nicht) hereinfallen bzw. Jein-Sätze (nicht) äußern!
6. Den Humor (nicht) vergessen!
7. Selbst das (nicht) verweigern, was ich erwarte – z. B. Ruhe, Fachkompetenz oder Konfliktfähigkeit!
8. Innere Differenzierungsmöglichkeiten, offene Lernsuchbewegungen, praktisches Lernen, außerschulische Erkundungen und ähnliche reformpädagogische Elemente des Unterrichts (nicht) dem Vergessen anheimgeben!

9. Die Rahmenbedingungen und Voraussetzungen eines guten Unterrichts (nicht) mit gepolstertem Desinteresse beachten – von der Sauberkeit im Klassenraum bis hin zur Heftführung!
10. Die von den Schülern mitgebrachten Voraussetzungen, Unterschiede, Interessen, Eigenarten, Fähigkeiten, Defizite und Probleme (in keinem einzigen Fall) unbeachtet lassen!

Letztlich geht es im Unterricht darum, den objektiven Anspruch der Kultur als einen subjektiven Ansporn mit Hilfe (d.h. mit Unterstützung) des Lehrers dem Schüler nahe zu bringen. Deshalb müssen wir oft Halt machen, wenn wir Halt geben wollen, mit anderen Worten: wenn wir vom Unreinen zum Reinen, vom Offenen zum Geschlossenen, vom Chaos zur Ordnung, vom Zerstückelten zur Ganzheitlichkeit erziehen wollen ...

Zehn Merkmale eines guten Unterrichts und: zehn Konditionalsätze

Vielleicht gibt es keine ein für allemal feststehenden guten Lehrer, wohl aber Lehrer, die sich Schritt für Schritt um einen guten Unterricht bemühen und von daher ihre eigene Qualität befördern. So gesehen sind sie Lernanstifter, Helfende bei der Lernsuche. Sten Nadolny hat diese Aufgabe in seinem Roman „Die Entdeckung der Langsamkeit" wie folgt formuliert: „Die Lehrer dürfen nicht nur Lehrer, sondern müssen auch Entdecker sein" (Nadolny 1983, S. 329).[4] Nachfolgend sind die meiner Ansicht nach wichtigsten Merkmale eines Unterrichts aufgelistet, der zumindest tendenziell um eine möglichst gute Qualität bemüht ist.

Schulischer Unterricht wird dann besser bzw. gut, wenn er
1. der Erziehung und Bildung aller Schüler dient;
2. zum Lernen bzw. zur Freude am Lernen anstiftet und deshalb
3. jeden Einzelnen sowie die gesamte Lerngruppe herausfordert und fördert; wenn er
4. klar strukturiert ist;
5. die Methodenvielfalt realisiert;
6. Übungen und Wiederholungen nicht scheut; wenn er
7. Schüler, Eltern und außerschulische Personen bzw. Wirklichkeiten einbezieht;
8. Aktivitäts- und Stillephasen aufweist;

---

4 Vgl. dazu auch die treffliche Bemerkung von Jean-Jacques Rousseau, der in seinem Erziehungsroman „Emile oder Über die Erziehung" schreibt: „Wenn man Kindern etwas beibringen will, muß man viel Zeit verlieren, um desto mehr zu gewinnen." „L'instruction des enfants est un métier ou il faut savoir perdre du temps pour en gagnier." (Rousseau 1762/1963, S. 307)

9. störfaktoriale Aspekte berücksichtigt; und
10. transparente, gerechte und humane Leistungserwartungen und -kontrollen dokumentiert.

Von Kompetenzen ist in diesem Merkmalskatalog nicht die Rede, wohl aber von Bildung; Spaß sucht man vergebens, aber Lernfreude ist ein zentraler Begriff; Tempo, Hetze und Lautstärke bewirken keinen guten Unterricht, wohl aber Verweilendürfen, Staunen und Stille. Die „Mathetik" des J. A. Comenius beginnt mit dem Satz: „Discere est quaerere... Lernen heißt etwas suchen..." (Comenius zit. bei Goltz 1996, S. 130–148) *Daran* sollten wir alles Lehren und Lernen ausrichten, aber nicht darauf beschränken. Als jemand, der hauptsächlich und immer wieder in Sachen „Unterrichtsstörungen" bzw. „Schwierige Schüler" konsultiert wird, sei es mir gestattet, den vorletzten Konditionalsatz besonders zu betonen (Winkel 2011): Ein guter Unterricht wird immer auch störfaktoriale Aspekte einbeziehen, also mit Demotivationen rechnen, Provokationen zu entziffern haben, schwierigen Schülern helfen, ihre Probleme konstruktiv zu bewältigen u.ä.m. In diese Bereitschaft und in diese Fähigkeit ist natürlich auch der Umgang mit Migrantenschülern einzubeziehen. Deren Andersartigkeit (bezüglich ihrer Herkunft, Kultur, Religion, Sprache etc.) ist so weit wie möglich zu respektieren, aber auch so weit wie notwendig zur Integration in hiesige Verhältnisse zu bringen. Um das mühevolle Ausbalancieren dieser antinomischen Spannung kommt ein guter Lehrer nicht herum, mehr noch: Wer die damit verbundenen Unvollkommenheiten, Fehler und Ärgernisse gar nicht spürt, kann kein guter Lehrer, kann keine gute Lehrerin sein. Vergessen wir doch bitte nicht den vielleicht belastendsten Satz, den je ein Pädagoge geschrieben und seinen Kollegen zugemutet hat: „Von allen Fehlern und Untugenden seiner Zöglinge muss der Erzieher den Grund in sich selbst suchen" (Salzmann 1806/1964, S. 13). Geschrieben hat ihn der Gründer und Leiter des Philanthropin, wir würden heute sagen: des Internats Schnepfenthal, Christian Gotthilf Salzmann, im Jahre 1806. Und er fügte hinzu: „Meine Meinung ist gar nicht, dass der Grund von allen Fehlern und Untugenden seiner Zöglinge in dem Erzieher wirklich läge, sondern ich will nur, dass er ihn in sich suchen soll". Selbstkritik konkret könnte man diese Aufforderung nennen.

Humor ist ... und: Lehrer sind

Wer deutsche Schulen besucht, macht (zumindest) eine bedrückende Erfahrung: In ihnen wird selten gelächelt, geschmunzelt und (noch seltener) gelacht. Gemeint ist nicht jenes höhnische Grinsen oder jenes überlaute Geiern, sondern ein befreiendes Lachen, das Freude ausdrückt. Es hat nichts zu tun mit der Ironie oder dem Sarkasmus, der bloßstellt und ins Kabarett gehört. Gewiss hat der Beruf des Lehrers mit dem des Kabarettisten manche Gemeinsamkeiten (Kempendorff-Hoene 2010), aber auch diesen entscheidenden Unterschied: Der eine will Kinder und Jugendliche über Unterricht erziehen, der andere möchte Erwachsenen über sprachliche oder auch über musikalische und schauspielerische Karikaturen unliebsame Wahrheiten zumuten. Darum aber geht es in Schulen gerade nicht.

Humor ist bekanntlich, wenn man trotzdem lacht. Er kommt aus der Liebe zu den uns anvertrauten jungen Menschen, deren Unwissen und deren Fehler nicht nur mit Kritik, sondern auch mit Verständnis und Liebe kommentiert werden. Deshalb ist der humorvolle Lehrer immer auch ein verstehender Lehrer, der mitnichten mit allem einverstanden ist, was seine Schüler da so treiben, und doch...

Wir hatten uns anfangs die Frage gestellt: Was ist (k)ein guter Lehrer, (k)eine gute Lehrerin? Und ich versprach eingangs, über die wohl wichtigste und kaum lehrbare Tugend eines solchen Lehrers, einer solchen Lehrerin, gesondert zu befinden. Fragen wir also allen Ernstes: Warum gelingt es unseren rund 40.000 Schulen so selten, gute Schulen zu werden, obgleich doch fast 700.000 Lehrer/innen all die hier gepriesenen Erkenntnisse uneingeschränkt zu verwirklichen sich bemühen? Die Antwort ist banal: Es ist der fehlende Humor, der häufig alle bewundernswerten Bemühungen zunichtemacht. Muss das so bleiben?

Literatur

Bernfeld, S. (1973): Sisyphos oder die Grenzen der Erziehung. Frankfurt am Main: Suhrkamp.
Boyes, R. (2004): Die ganz alltägliche Folter. In: Der Tagesspiegel 18541, 20.07.2004, S. 14.
Busch, W. (1865/1999): Max und Moritz. In: Busch, W. (1999): Der Wilhelm-Busch-Hausschatz. Köln: Buch-und-Zeit-Verlag, S. 33.
Diesterweg, A. (1835/2009): Wegweiser zur Bildung für deutsche Lehrer. Essen: Baedecker.
Golz, R. (Hrsg.) (1996): Comenius und unsere Zeit. Baltmannsweiler: Schneider Hohengehren.
Heyer, P. (2004): Wie Tom Sawyer am Mississippi. In: Der Tagesspiegel 18499, 08.06.2004, S. 16.
Herbart, J. F. (1965): Allgemeine Pädagogik aus dem Zweck der Erziehung abgeleitet. Weinheim und Basel: Beltz.
Jacke, C./Winkel, R.(Hrsg.) (2008): Die gefilmte Schule. Baltmannsweiler: Schneider Hohengehren.
Kempendorff-Hoene, G. (2010): Lehrer und Kabarettisten. Dissertation (UDK). Berlin: Lehmanns Media.
Nadolny, S. (1983): Die Entdeckung der Langsamkeit. München und Zürich: Piper.
Reichwein, A. (1964): Schaffendes Schulvolk. Braunschweig: Westermann.
Rousseau, J.-J. (1762/1963): Emile oder Über die Erziehung. Stuttgart: Reclam.
Salzmann, C. G. (1806/1964): Ameisenbüchlein oder Anweisung zu einer vernünftigen Erziehung der Erzieher. Bad Heilbrunn in Oberbayern: Klinkhardt.

Spoerl, H. (1933/1994): Die Feuerzangenbowle. München: Heyne.
Werner, M. (2010): Am Hang. Frankfurt am Main: Fischer.
Winkel, R. (2008): Die Schule neu machen. Glanz und Elend einer Schulgründung. Teil 1. Baltmannsweiler: Schneider Hohengehren.
Winkel, R. (2011): Der gestörte Unterricht. 10. Aufl. Baltmannsweiler Schneider Hohengehren

Arthur Brühlmeier

Lehrerbildung als Persönlichkeitsbildung

Hinführung zum Thema

Der politische, wissenschaftliche, finanzielle und organisatorische Aufwand zur Gestaltung und Umgestaltung des Bildungswesens war wohl noch nie so groß wie in der Gegenwart. Diese heillose Betriebsamkeit belegt nicht nur, dass die Bildungsergebnisse offenbar nicht zu genügen vermögen, sondern resultiert aus dem Wirken einflussreicher Kreise, denen eine weltweite Vereinheitlichung und Unterordnung der Bildung unter wirtschaftliche Interessen als wünschbares Ziel vorschwebt.[1] Dabei verlagern sich die Zielsetzungen der Schule: Stand ehedem das Anrecht des Individuums, zur „Menschlichkeit" gebildet zu werden (Pestalozzi), im Zentrum der Bildungsbemühungen, so sollen diese künftig den heranwachsenden Menschen fit machen für die Mitwirkung in der globalisierten Weltwirtschaft. Dementsprechend beherrschen zunehmend jene Gestaltungsprinzipien den Bildungsbereich, die sich in der Wirtschaft zum großen Teil durchgesetzt haben: Vereinheitlichung, Konzentration des Bildungsgeschehens auf wenige Zentren auf Kosten überschaubarer Verhältnisse, rigorose hierarchische Steuerung, systematische Kontrolle und Vergleichbarkeit anstrebende Qualitätssicherung. Bildung gilt als Rohstoff und der Einzelne als Element des Humankapitals. Dementsprechend wird auch dem Lehrer eine neue Rolle zugewiesen, denn dessen bislang übliche eigenständige Bildungstätigkeit auf der Basis einer länger dauernden personalen Beziehung zu den Schülern gilt als Störung im Rahmen eines Bildungsprozesses, der verstanden wird als Fluss von Informationen, die durch Wissenschaft, Wirtschaft und Politik in Standards definiert und dazu bestimmt sind, in der erwünschten Weise den Empfänger – den jungen Menschen – zu erreichen. Daher sollen künftig die Schulklassen weitgehend aufgelöst werden in (allenfalls altersdurchmischte) Lern- und Projektgruppen. Die Lehrer sind dann nicht mehr verantwortlich für eine das ganze Lernspektrum umfassende und harmonische Bildung und Erziehung der Kinder und Jugendlichen im Rahmen einer stabilen Klassengemeinschaft, sondern haben lediglich als Organisatoren

---

1 Siehe etwa das Weissbuch der Akademien der Wissenschaften der Schweiz: „Zukunft Bildung Schweiz – Anforderungen an das schweizerische Bildungssystem 2030" (online unter www.akademien-schweiz.ch/dms/D/Publikationen/Berichte/Zukunft BildungSchweiz_d.pdf, Abruf 12.10.2012).

von Lernsituationen zu funktionieren, zuständig für einen schmalen Sachbereich und für die ihnen jeweils zugewiesene Lerngruppe.

Ich bin überzeugt, dass die Probleme, an denen unsere Schulen, die Lehrer, Kinder, Eltern und Behörden jetzt schon leiden, durch diese Ideologie verstärkt werden, denn deren Maßnahmen widersprechen dem Wesen des Menschen und den psychischen Bedürfnissen der Kinder, interpretieren Bildung einseitig als Stoffvermittlung und vernachlässigen die Aspekte der Erziehung und der personalen Beziehung. Demgegenüber sollten die Schulreformen jene Grundsätze aus dem europäischen Humanismus beherzigen, welche Bildung nicht als Anhäufen von Wissen verstehen, sondern als das Entwickeln eines ganzheitlichen und lebendigen Bezugs des Schülers zur natürlichen und kulturellen Welt und zu sich selber.[2] Eine diesen Ideen entsprechende Schulwirklichkeit erfordert allerdings einen Lehrer, der sich nicht bloß als Organisator versteht, sondern der als Persönlichkeit einen ganzheitlichen Bildungs- und Erziehungsauftrag wahrzunehmen bereit ist. Ich bin nach wie vor davon überzeugt, dass ein wirklicher Bildungserfolg, soweit er überhaupt in der Hand der Schule liegt, nur durch eine starke Lehrerpersönlichkeit zu erwirken ist.

Eine solche Ansicht stößt sofort auf Protest: Erstens lasse sich nicht wissenschaftlich klar definieren, was das sein soll, eine „starke Lehrerpersönlichkeit". Zweitens gelte heute der Lehrberuf als eine Tätigkeit, die wie jede andere erlernbar ist. Drittens falle es schwer, die Berechtigung dieser Forderung mit einschlägigen Untersuchungen zu stützen. Viertens stecke in dieser Forderung ein moralischer Anspruch, der dem für die Ausbildung der Lehrer verantwortlichen Staat nicht zusteht. Und fünftens sei Persönlichkeitsbildung ohnehin Sache des Einzelnen selber, und die Ausbildungsstätten können bloß ausbilden, nicht aber im eigentlichen Sinne bilden.

Trotzdem wissen alle Eltern und weiß jeder erfahrene Lehrer: Den Kindern ist es wohl, sie fühlen sich glücklich und angenommen, sie sind lernbegierig und erfolgreich, wenn sie einen Lehrer haben, vor dem sie echten Respekt haben können, von dem sie spüren, dass er sie liebt, der geduldig zuhören kann, der einfühlsam auf Fehler im Lernbereich und Unarten im Verhaltensbereich eingeht, der Konflikte zu lösen versteht, der kreativ und phantasievoll ist, der das, was er in die Hände nimmt, wirklich kann und es mit Freude tut und der im Stofflichen sattelfest ist und den Stoff so darzubieten weiß, dass Verständnis, Interesse und Liebe zur Sache entstehen.

Zweifellos werden dem manche Lehrerbildner an Pädagogischen Hochschulen zustimmen und versichern, auch ihnen sei das ein wirkliches An-

---

[2] Ich verweise in diesem Zusammenhang auf mein Buch „Menschen bilden" (Brühlmeier, A.: Menschen bilden: 27 Mosaiksteine. Baden-Dättwil: Baden-Verlag, 2009), wo ich aufzeige, wie die Schule und der Unterricht zu gestalten sind, wenn man jene Grundsätze, wie sie Heinrich Pestalozzi formuliert hat, zur Richtschnur des pädagogischen Handelns nimmt.

liegen und ihre Lehrbemühungen bezweckten die Entwicklung der entsprechenden Kompetenzen. Andere allerdings werden diese Ansicht als rückwärtsgewandt ablehnen und demgegenüber monieren, ein Lehrer müsse heute das Lernumfeld so organisieren können, dass der Schüler eigenständig lernen könne, mündliche Informationsvermittlung sei im Zeitalter des Internets ohnehin überholt, und eine Sichtweise, wie ich sie vertrete, mache den Lehrer zu einer zentralen Figur im Bildungsgeschehen, womit die Schüler in ungesunder Weise abhängig würden und damit auch jeder Manipulation Tür und Tor geöffnet würde.

Mechanismus oder Organismus?

Hier prallen Welten aufeinander. Aus meiner Sicht stehen zwei grundsätzlich unterschiedliche Bildungsverständnisse einander gegenüber. Die heutigen Schul- und Ausbildungssysteme belegen in vielen Details, dass Bildung als ein Geschehen verstanden wird, wo das zu erzielende Resultat durch eine Addition von Elementen zu erreichen ist. Am extremsten erweist sich dies in dem aus den USA stammenden und in Europa zur Norm der Hochschulbildung erklärten Bologna-System. Ich empfinde diese Ausbildungsorganisation als mechanistisch und halte sie allerhöchstens in Bereichen, wo es ausdrücklich um Ausbildung geht, für vertretbar, aber dort, wo es um eigentliche Bildung geht oder gehen sollte, für grundsätzlich falsch. In diesen Bereichen sollte meines Erachtens ein Bildungsverständnis wegleitend sein, das ich – wohl etwas plakativ und im Gegensatz zum mechanistischen – als organisch bezeichnen möchte.

Grundsätzlich geht es darum: Verstehen wir menschliches Leben, ja den Kosmos insgesamt, als *Mechanismus* oder als *Organismus*? Mir ist bewusst, dass es sich bei dieser Gegenüberstellung um Modellvorstellungen handelt. Sie sind Hilfen, um das letztlich unfassbare Sein in seinem Wesen annäherungsweise beschreiben zu können. Ich bezeichne im Folgenden die beiden Sichtweisen vereinfachend als mechanistisches bzw. organisches Denken.

Nach meiner Überzeugung wird das mechanistische Denken der Wirklichkeit nicht gerecht. Der diesem Denken entsprechende Machbarkeitsglaube verleitet zu irrealen Zielsetzungen, zu Überorganisation, Systemgläubigkeit, Schematisierung und letztlich auch Hochmut. Demgegenüber ist einem organisch denkenden Menschen bewusst, dass sich manches unserem Zugriff entzieht, undurchschaubar bleibt, von Kräften oder Mächten abhängt, die uns unzugänglich scheinen, und durch geduldiges Warten und Reifenlassen besser zu erreichen ist als durch eine rigorose systematische Organisation. Doch die heutigen Bildungsverwaltungen möchten gute Bildung im eigentlichen Sinne herbeizwingen, und dabei entstehen Systemlösungen, Machtstrukturen, Zielkataloge, Verhaltensvorschriften, Kontrollmechanismen, Unterrichtsmethoden, Lehrmittelpakete, Kommunikationsgebräuche und juristische Zwänge, die der Tendenz nach Bildung mehr verhindern als fördern.

Das Mechanistische erweist sich bereits in der wie selbstverständlich akzeptierten Voraussetzung, dass die Lerninhalte für jede Altersstufe und jedes Fach im Voraus definiert sein müssen und diese an alle Schüler weiterzugeben sind. Stoff wird hier als isoliertes Objekt gesehen, das dingfest gemacht und weitergereicht werden kann. Lernen wird verstanden als In-Besitz-Nehmen relevanter Informationen, nicht als freie, auch auf ungeplante Zielsetzungen hin offene Auseinandersetzung mit einem Phänomen oder einer Problematik, nicht als Einverleibung mit der nötigen Konsequenz der Ausscheidung. Der Schüler wird gesehen im Modell eines leeren Gefäßes, das es anzufüllen gilt. In durchrationalisierten Lehrmitteln und auf vorgedruckten Arbeitsblättern wird der zu beschreitende Weg vorgezeichnet und das zu erreichende Ziel definiert. Jedes Abweichen ist Zeitverschwendung. Entsprechend mechanistisch sind die gängigen Lernkontrollen: Der Schüler gibt wieder, was er kurzzeitig erworben hat. Mechanistisch sind auch die an technische Lerngeräte geknüpften Lernprozesse, welche die Eigenaktivität des Schülers ohne Rücksicht auf dessen Individualität ungerechtfertigt kanalisieren oder lähmen und die dialogische Beziehung zum Lehrer tendenziell untergraben. Und mechanistisch sind schließlich die immer ausgeklügelteren Systeme der Leistungsmessung und des Leistungsvergleichs, die den weiteren Weg eines Schülers mechanisch vorentscheiden, sowie die Wunderwerke der Qualitätssicherung, die heute manche Pädagogen halb zum Wahnsinn treiben. Das lässt sich hier alles nur andeuten.

Zusammenfassend und pointiert ließe sich sagen: In einem Mechanismus ist das Ganze gesehen als Zusammenspiel von isolierten, für sich selbst bestehenden Elementen. Diese sind definierbar, planbar, berechenbar, steuerbar, kontrollierbar, kombinierbar, kumulierbar, austauschbar, haben aber an sich kaum einen Eigenwert. Es triumphiert das Quantitative über das Qualitative: Dieses wird entweder auf jenes reduziert oder bleibt als nicht bedeutsam oder nicht objektivierbar außer Betracht. Alles hat seinen vorbestimmten Platz und seinen erklärten Zweck. Unvorhergesehenes, Nichteingeplantes, Unwägbares sind Störungen. Auch der Lehrer ist Teil des Systems und als solcher ohne weiteres austauschbar. Da er lediglich das kanonisierte und koordinierte Wissen weitergibt und die als gesellschaftlich wünschbar betrachteten Fertigkeiten einübt, ganz gleich, wie er selbst dazu steht, kann ein anderer ohne große Probleme dort weiterfahren, wo er aufgehört hat. Und so, wie er selbst durch Lehrerbildung, Schulsystem, Lehrplan, Lehrmittel, Schulgesetz, Schulordnung und personale Hierarchie gesteuert ist, handelt er lenkend am Schüler: Er leitet weiter und vollstreckt. Er funktioniert. Er ist ein Funktionär. Ich gestehe gerne ein, dass es das in dieser reinen Form wohl eher selten gibt, und bin überzeugt, dass auch heute noch viele Bildungsplaner dies so nicht wollen.

Aber die Frage stellt sich anders: Wird in der heute gängigen Bildungspolitik und der entsprechend organisierten Lehrerbildung bewusst alles darangesetzt, um diesen mechanistischen Ungeist zu vermeiden? Wird bewusst das Gegenteil angestrebt? Sind die Strukturen überhaupt so, dass das Gegenteil angestrebt und dann auch verwirklicht werden kann?

Das *Gegenteil* bedeutet: an die Stelle des mechanistischen Denkens und Weltverständnisses das organische zu setzen und daraus die Konsequenzen zu ziehen. Betrachten wir die ganze Natur als einen lebendigen Organismus, so sehen wir, dass alle Wesen einerseits eine Welt in sich darstellen und in sich selbst sinnvoll sind, also niemals in reiner Zweckhaftigkeit aufgehen, andererseits aber alles auf nie ganz überblick- und verstehbare Weise miteinander verwoben ist. Aber dieses Bezogensein realisiert sich nicht als ein Machen, sondern als ein Wirken. *Machen* heißt: Eins ist dem andern vor- und übergeordnet, verfügt über das andere, übt Macht aus. *Wirken* heißt: Eigenleben strahlt auf Eigenleben, erregt Eigenleben, verknüpft sich mit Eigenleben.

So gibt denn der organisch denkende Lehrer nicht einfach etwas weiter, was andere als gut befunden haben, sondern verkörpert selbst, stellt selbst dar, lebt. Er spielt nicht die Lehrerrolle, sondern *ist* in seiner Art des Bezugs zur Welt, zu sich, zum Kind Lehrer. Jeder Augenblick in der Schulstube ist ihm vollgültiges Leben. Er vermittelt nicht einfach Stoff, sondern öffnet das Kind auf die Welt hin, zu sich selbst hin, und erschließt ihm die Natur und die Welt des Geistes, indem er Anteil nimmt am Erleben des Kindes und dieses an seinem eigenen Erleben teilnehmen lässt. Er achtet die Individualität des einzelnen Schülers und weiß darum, dass nicht alle dasselbe tun und erreichen können und müssen, sondern dass jeder zu seiner Eigenart kommen muss. Er weiß, dass jeder Mensch sein eigenes Schicksal und seinen unwiederholbaren Lebensweg hat. Er geht daher im Unterricht auf die seelischen und geistigen Regungen des Kindes ein. Unterricht ist demgemäß nur zum Teil planbar und alles andere als das programmierte Ablaufenlassen eines Lektionsschemas. Unterricht vorbereiten heißt für ihn zuallererst: sich mit einer Thematik – einem Text, einer Melodie, einem physikalischen Phänomen, einer pflanzlichen oder tierischen Lebensform, einem kulturellen Werk usw. – gedanklich und emotional so zu verbinden, dass dies alles ihm selber zur Bereicherung seines Lebens wird und er daher spontan aus dem Vollen schöpfen kann. Sein Ziel ist es dann nicht bloß, dass die Schüler bestimmte Fakten wissen, sondern dass sie Interesse und Liebe zur Sache entwickeln, dass sie eintauchen in den Strom des geistigen Lebens, dass sie in der Herausforderung durch die Sache und durch den Lehrer reifen und erstarken. Das Unwägbare und nicht Messbare – das, was bleibt, wenn die Schüler das meiste wieder vergessen haben – ist ihm wichtiger als die im Moment überprüfbare Leistung, Qualität geht ihm vor Quantität, Nachhaltigkeit vor schnellen Erfolgen.

Vereinfachend ließe sich sagen: Im mechanistischen Denken ist Bildung verstanden als Informationsfluss, wobei dem Lehrer eine reine Vermittlerfunktion zukommt. Er ist der Kanal, durch den das als wichtig und notwendig Befundene von oben nach unten fließt. Wie er selbst zur Information steht, ist grundsätzlich nicht von Belang, wichtig ist, dass die Information beim Schüler ankommt und sich dort festsetzt. Anders im organischen Denken: Hier steht einerseits das eigenständige Sein des Schülers, andererseits das Selbstsein des Lehrers im Mittelpunkt, und dieses wirkt in seiner unwiederholbaren Eigenart erregend und bildend auf das Wesen des Kindes (und umgekehrt). Der Lehrer ist mehr als bloßer Organisator von Lernsituationen, er ist ein Mensch, der im Leben des Schülers bedeutsam wird.

Resonanz als zwischenmenschliches Geschehen

Bisher bin ich von der Annahme ausgegangen, das geistige Leben, das der Lehrer in sich selbst erweckt hat, vermöge unter gewissen Bedingungen eine analoge Lebendigkeit auf der Seite des Schülers anzuregen. Doch wie geschieht das? Um dies zu beantworten, klopfe ich bei Pestalozzi an. Gemäß seiner Einsicht, die ich teile, trägt der Schüler nicht nur die Bestimmung in sich, zu einem vollwertigen leiblich-seelisch-geistigen Wesen heranzureifen, sondern es liegen in ihm auch – in individueller Ausprägung – die Anlagen dazu bereit. Pestalozzi spricht in diesem Zusammenhang von Kräften, die zur Entfaltung drängen. Und sie entfalten sich in dem Maße, als sie gebraucht werden.

Nun teilt Pestalozzi bekanntlich die menschlichen Grundanlagen ein in physische (Hand), intellektuelle (Kopf) und sittliche bzw. Gemütskräfte (Herz) und weist nach, dass sich diese Kräfte nach je eigenen Gesetzen entfalten. Dem kann hier nicht im Einzelnen nachgegangen werden. Wesentlich in unserem Zusammenhang ist die dem organischen Denken entsprechende Forderung, dass bei allem Tun, mithin auch beim Lernen, stets der ganze Mensch, insbesondere aber die Herzenskräfte (Liebe, Vertrauen, Dankbarkeit, Gerechtigkeitsgefühl, Schönheitssinn, Mitgefühl, Gewissen, Mut, Freude usw.) mitbeteiligt und mit angesprochen werden müssen, wenn die Tätigkeit sinnerfüllt sein soll. Da sich aber Kräfte nur durch deren Gebrauch entfalten, stellt sich die fundamentale Frage, welche Mittel dem Pädagogen zur Verfügung stehen, um das Kind zu veranlassen, dass in ihm diese Herzenskräfte in Tätigkeit kommen. Im Bereich der physischen und intellektuellen Kräfte kann der Schüler allenfalls noch mit Nötigung und Zwang zum Erbringen von Leistungen gebracht werden. Aber der Gebrauch der Herzenskräfte, also das Wichtigste, lässt sich nicht erzwingen. Man kann niemandem Liebe, Ehrfurcht, Vertrauen, Staunen usw. befehlen. Man ist hier als Lehrer in einem bestimmten Sinne machtlos. Was übrig bleibt, um wirken zu können, ist einzig das Selbstsein des Erziehers, denn im Bereich der Herzenskräfte spielt das Gesetz der Resonanz.

Das Resonanzprinzip lässt sich am einleuchtendsten am Spiel auf einer barocken Viola d'amore erklären: So wie eine angestrichene Saite keine andere Möglichkeit hat, die ihr entsprechende Resonanzsaite in Schwingung zu versetzen, als dadurch, dass sie selbst klingt, ebenso haben wir Menschen keine andere Möglichkeit, in einem Mitmenschen seelisch-geistiges Leben zu wecken und zu fördern, als durch unsere eigene seelisch-geistige Lebendigkeit. Mit andern Worten: Herzenskräfte, Gemütskräfte entfalten sich in zwischenmenschlichen Beziehungen, wo dem Kind die entwickelten Herzenskräfte in seinem Gegenüber erfahrbar werden und wo es dadurch aus seinem eigenen Selbstsein heraus zu einer analogen Seelenregung veranlasst wird.

Wer dies feststellt, sieht sich schnell dem Vorwurf der Manipulation ausgesetzt. Doch das Gesetz der Resonanz ist keine Forderung, es beschreibt lediglich einen Vorgang, den es gibt, ob es uns passt oder nicht (vgl. den Beitrag von Thomas Fuchs in diesem Band). Jedermann weiß, dass Gefühle „ansteckend" sind, und in dem Maße, wie der Mensch in Beziehung zu andern steht, unterliegt er auch den Resonanzwirkungen. Das geschieht überall und gleicherweise bei erwünschten wie bei unerwünschten Emotionen und Affekten. Wir haben uns der Erkenntnis zu fügen: Wenn wir als Erzieher dazu beitragen wollen, dass sich im Schüler die für sein Menschsein entscheidenden Kräfte auch im Rahmen unserer Bildungsbemühungen entwickeln, haben wir keine andere Wahl, als diese Kräfte in uns selbst zum Leben zu erwecken. Folglich fördert die Art und Weise, wie wir selbst zur Welt, zum Menschen, zu uns, zu einer allenfalls unsichtbaren geistigen Welt stehen, analoge Haltungen bei den Schülern, und zwar ohne unser bewusstes Zutun, aber auch ohne dass wir es verhindern könnten, vorausgesetzt allerdings, dass wir zu ihnen in einer positiven, das heißt lebendigen Beziehung stehen.

Lehrerpersönlichkeit und Lehrerbildung

Damit dürfte klar geworden sein, welche zentrale Bedeutung der Lehrerpersönlichkeit zukommt für die gesunde Entwicklung des Schülers. Die Art und Weise, wie der Lehrer selbst sein Leben führt, wie er zur Welt, zu Natur und Kultur, zum Mitmenschen und zu sich selbst steht, ist, soweit die Bildung des Schülers überhaupt von ihm abhängt, für diese schlechterdings entscheidend. Gewiss muss der Lehrer kein Tugendbold sein, aber er muss den einfachen Tatbestand akzeptieren, dass ihm nur dann ein wirklicher Bildungserfolg beschieden ist, wenn er sich um das, was er bei seinen Schülern zu bewirken berufen ist, selbst bemüht und dies – zumindest ein Stück weit – selbst verkörpert.

Die Lehrerbildung darf sich daher weder darin erschöpfen, den angehenden Lehrer mit Wissen und Techniken der Wissensvermittlung auszurüsten, noch darf sie in ihrer Bildungsarbeit stets schon den künftigen Schüler anvisieren. Sie muss sich vielmehr die ganzheitliche Bildung der künftigen Lehrerpersönlichkeit zum vollen Menschsein als ihre eigentliche Aufgabe vornehmen und darf nicht bloß auf Vorbereitung zu einer beruflichen Tätigkeit reduziert werden. Dies ergibt sich mit Notwendigkeit, wenn wir akzeptieren, dass die Schule den jungen Menschen nicht nur mit Fertigkeiten, womit er sich in der heutigen Gesellschaft irgendwie bewegen kann, auszurüsten hat, sondern ihm bei der Entfaltung seiner Menschlichkeit beizustehen berufen ist.

Beispiel einer Lehrerbildung als Persönlichkeitsbildung

Im Folgenden zeige ich die Grundsätze einer im organischen Denken verwurzelten Lehrerbildung, die sich Persönlichkeitsbildung zum Ziel setzt, konkret auf, indem ich berichte, wie das Lehrerkollegium und die Schüler das Schulleben und die Bildungsunternehmungen in jenem Lehrerseminar gestalteten, in welchem ich die letzten zwanzig Jahre meiner Lehrtätigkeit wirken durfte: im „Freien Katholischen Lehrerseminar St. Michael" in Zug (Schweiz). Diese Schule – gleichzeitig ein Internat –, die als reformfreudig bekannt war und eine hohe Akzeptanz bei Schülern, Eltern und Behörden genoss, fiel dann der Vereinheitlichung der Lehrerbildung in der Schweiz zum Opfer, gehört also der Vergangenheit an. Wenn ich nun einige jener Grundzüge, die unser Seminar besonders auszeichneten, hier wieder in Erinnerung bringe, so nicht, um das Untergegangene reanimieren zu wollen, sondern in der Hoffnung, gewisse Impulse könnten irgendwann aufgegriffen und unter neuen Umständen und auf neue Weise fruchtbar gemacht werden.

Seminaristisches Bildungskonzept

Im Gegensatz zur heutigen Ausbildungsnorm, wo im Gymnasium eine berufsunspezifische Allgemeinbildung vermittelt und die Berufsbildung an die Pädagogische Hochschule verlegt ist, gehörte es zum Wesen des Lehrerseminars, dass die gymnasiale Allgemeinbildung und die berufsspezifische Bildung organisch miteinander verbunden wurden, womit sich entscheidende Synergieeffekte erzielen ließen und diese beiden Aspekte dem Anliegen der Persönlichkeitsbildung untergeordnet werden konnten. Unsere Absolventen entschieden sich folglich bereits nach neun obligatorischen Schuljahren für den Lehrerberuf und traten mit 16 Jahren in unsere Schule ein.

Das eröffnete zuerst einmal die wertvolle Chance, das entwicklungspsychologisch bedeutsame Alter zwischen 16 und 21 Jahren im Hinblick auf das Ziel der Persönlichkeitsbildung fruchtbar machen zu können. Grundsätzlich beinhaltet „Persönlichkeitsbildung" eben auch „Erziehung", umfasst also auch Maßnahmen, die dem Schüler helfen sollen, seine Haltungen und Verhaltensweisen nach tragenden Werten auszurichten. Das setzt die Bereitschaft des Schülers voraus, sich in das Werte- und Regelkonzept der Schule ernsthaft einzulassen und die daraus sich ergebenden Anforderungen als grundsätzlich verpflichtend zu akzeptieren. Realistischerweise kann das nur in einem relativ frühen Alter des Schülers erwartet werden. Volljährige Studenten, zumeist deutlich über zwanzig, halten „erzieherische Intentionen" einer Bildungsinstitution in der Regel für unnötig und unangemessen. So schafften wir dann, als das Mündigkeitsalter in der Schweiz auf 18 Jahre herabgesetzt wurde, hinsichtlich unseres Anspruchs einer ganzheitlichen Persönlichkeitsbildung dadurch Klarheit, dass wir gemeinsam mit der Schülervertretung eine „Bildungsvereinbarung" ausarbeiteten, die sowohl die Eltern wie auch die eintretenden Schüler unterzeichneten. Damit erklärten sie sich mit dem Grundsatz einverstanden, dass in unserer Schule nicht bloß ausgebildet und unterrichtet, sondern auch erzogen wird. Im Gegenzug räumten wir den Schülern das Recht ein, in den einschlägigen Schülergremien an der Weiterentwicklung der Schule mitzuwirken, uns Lehrer zu kritisieren und ihre Anliegen bei einem einzelnen Lehrer, beim Direktor oder in der Lehrerkonferenz persönlich zu vertreten.

Auf dieser Basis war es möglich, den Schülern auch Anforderungen zuzumuten, die sie im Augenblick als beschwerlich empfanden. Als Beispiel erwähne ich das jeweils zwei Wochen dauernde Wanderlager in den Alpen, das zum Programm des ersten Studienjahres gehörte. Hier lernten die Schüler ihre Möglichkeiten und Grenzen erfahren, indem sie schwerbepackt über Berge und Täler weiterzogen, die Probleme in Kleingruppen meisterten, Wind und Wetter trotzten und insbesondere auf viele Annehmlichkeiten der modernen Zivilisation zu verzichten und unter erschwerten Bedingungen miteinander zusammenzuarbeiten und die auftretenden Konflikte zu bewältigen hatten.

Autonomie

Damit ist bereits die wesentlichste Voraussetzung für eine fruchtbare Bildungsarbeit angedeutet: Obwohl staatlich anerkannt und mitfinanziert, waren wir als private Lehrerbildungsstätte in der praktischen Umsetzung unseres Konzepts autonom. Gemeinsam arbeiteten Lehrerkollegium und Schülerschaft an der Gestaltung und permanenten Verbesserung der Schule und verfolgten das übergeordnete Ziel, alles zu tun oder zu lassen, damit die Absolventen zu eigenständigen, kreativen und verantwortungsbewussten Persönlichkeiten heranreiften. Es ist nicht einzusehen, weshalb eine politische Behörde oder außenstehende Experten besser wissen sollten, welche

Wege zu diesem Ziele führen. Ein wesentlicher Ausdruck dieser Autonomie war auch das Recht des Lehrerkollegiums, bei der Auswahl neuer Lehrkräfte entscheidend mitzureden. Auch ersetzten wir die traditionellen Notenzeugnisse durch Lernberichte, welche die Schüler selber schrieben und in welchen sie Rechenschaft über ihr Lernverhalten, ihre Lernerfolge oder -misserfolge und ihre für die kommende Zeit gesetzten Zielsetzungen ablegten. Wir Lehrer unterzogen uns der aufwändigen Arbeit, diese Berichte zu kommentieren und durch die eigene Sichtweise zu ergänzen, wenn die Darlegungen des Schülers mit unserer Wahrnehmung divergierten. Wir konnten im Rahmen der neuen Ordnung auch keine Rückversetzungen oder Schulausschlüsse bloß auf der Basis von Notendurchschnitten vornehmen, sondern unterzogen uns einem komplexeren Verfahren.

Die ganze Schule als Gemeinschaft

Persönlichkeitsbildung, wie wir sie verstanden und praktizierten, beruht grundsätzlich auf Personalität: Alle – Schüler und Lehrer – kennen einander und nutzen die gegebenen Möglichkeiten, um personale Beziehungen aufzubauen und zu pflegen. Damit wird der qualitative Umschlag von der Gemeinschaft zur Masse mit all den bekannten Zerfallserscheinungen wie Eintauchen in die Anonymität, Rückzug aus der Verantwortung für sich selbst und für die Gemeinschaft oder die Möglichkeit der unbemerkten Leistungsverweigerung verhindert. So verstandene Personalität kommt eigentlich nur unter zwei Bedingungen voll zum Tragen: Erstens muss die Schule eine überschaubare Größe haben (unser Seminar bestand aus fünf Jahrgangsklassen zu je 20 bis 25 Schülern), und zweitens braucht man für eine solche Bildungsaufgabe auch ausreichend Zeit. In der über fünf Jahre hinweg gepflegten Beziehung und gegenseitigen Anteilnahme mussten sich Schüler wie Lehrer den auftretenden Anforderungen, Spannungen und Konflikten wirklich stellen und konnten sich ihnen nicht durch Spielen auf Zeit auf billige Weise entziehen.

Die überschaubare Größe einer Bildungsstätte ermöglicht auch, dass sich ein eigenständiges und befruchtendes Schulleben entwickeln kann. In den meisten größeren Schulen ist es (einstweilen noch) die Klassengemeinschaft, die vom Schüler als maßgebende soziale Einheit erlebt wird, und nicht oder doch nur minimal die gesamte Schule. Und die tragenden Einheiten des Bildungsgeschehens sind dann die einzelnen Lektionen. Überspitzt formuliert ließe sich ein modernes, mehrere hundert oder gar tausend Schüler umfassendes Gymnasium als eine Addition von Einzellektionen und Schulklassen beschreiben. Demgegenüber bemühten wir uns bewusst darum, dass die Schüler die gesamte Schule als die tragende Einheit erlebten und dann auch bereit waren, sich mit deren Zielsetzungen zu identifizieren und an ihrer Weiterentwicklung mitzuarbeiten.

Dieses Schulleben drückte sich vorerst einmal darin aus, dass sich die einzelnen Klassen nicht gegeneinander abkapselten. Für unsere neuen Erstklässler war es meist ein eindrückliches Erlebnis, wenn sie spürten, wie sie von den älteren Schülern aktiv in die ganze Seminargemeinschaft aufgenommen wurden, ja, dass sich die älteren jeweils auf die Aufnahme jüngerer Schüler freuten. Jedem Neuen wurde ein Fünftklässler als Mentor zugeteilt, und die neue Klasse wurde von oberen Klassen zu gemeinsamen Abendveranstaltungen oder Wanderungen eingeladen.

Das Gefühl der Zusammengehörigkeit konnte immer wieder auf besonders intensive Weise erlebt werden im sog. „Großen Kreis". Zu dieser Versammlung trafen sich Lehrer und Schüler alle zwei bis drei Wochen. Hier konnten Klassen oder Gruppen irgendwelche Projektarbeiten darbieten, und jeder konnte seine Anliegen zur Sprache bringen. Gelegentlich fand auch ein Konzert oder eine andere kulturelle Veranstaltung statt.

Selbstverständlich begünstigte das Internat (rund zwei Drittel der Seminaristen lebten intern) das Gedeihen eines übergreifenden Schullebens, denn die Schule war dadurch nicht nur Stätte des Lernens, sondern auch Wohn- und Lebensraum. Die räumlichen Gegebenheiten erforderten gegenseitige Rücksichtnahme und gaben immer wieder Anlass zu Konflikten, deren Meisterung für die soziale Entwicklung junger Menschen von großer Bedeutung ist.

Zum Schulleben gehörte auch das gemeinsame Mahl. Wir verzichteten auf Selbstbedienung in einer Mensa zum Zwecke der Kalorienzufuhr und aßen gemeinsam im Speisesaal: Wir begannen zur selben Zeit, verrichteten ein Tischgebet, halfen einander beim Auf- und Abtragen, redeten miteinander und warteten, bis alle gespeist hatten. Nach jedem Mahl bestand die Gelegenheit, Informationen weiterzugeben, Anliegen zu unterbreiten oder einem Mitschüler zum Geburtstag oder Ähnlichem zu gratulieren. Das alles schuf eine Atmosphäre der Zusammengehörigkeit und das gemeinsame Bewusstsein eines übergeordneten Bildungsauftrags.

Unser Seminar verstand sich auch als christliche Schule. Daher gehörten auch Gottesdienste, Besinnungstage und Wallfahrten zum Schulleben, obwohl niemand zur Teilnahme gezwungen wurde. Diese Anlässe wurden weitgehend von Schülern gestaltet und ließen Lehrer und Schüler immer wieder spüren, dass sie sich in einer höheren Wirklichkeit miteinander verbunden fühlten. Das Erlebnis, in den wesentlichen Bereichen auf gleicher Stufe zu stehen, gibt dem Bemühen um eine lebendige Lehrer-Schüler-Beziehung das eigentliche Fundament.

Auch die einzelnen Klassen sollten mehr sein als bloße Organisationseinheiten, sondern eigenständige und lebendige Gemeinschaften, in denen sich der Einzelne getragen und angenommen fühlte und wo ihm in seinen Schwierigkeiten auch geholfen wurde. Allwöchentlich fanden ein oder zwei im Stundenplan vorgesehene „Klassenkreise" statt. In diesen Stunden konnten Probleme besprochen, Konflikte gelöst, Initiativen entwickelt und Klassenunternehmungen geplant werden.

Gemeinsame Verantwortung von Lehrern und Schülern fürs Ganze

Junge Menschen können in einer Schule seelisch und geistig nur gedeihen, wenn man sie ernst nimmt und ihnen die Möglichkeit einräumt, wirklichen Einfluss auf ihre Bildungsbedingungen zu nehmen. Und eine Schule bleibt nur solange lebendig, als sie Wert auf die Impulse legt, die von den Schülern her kommen.

Für uns bedeutete dies, bewusst Abstand zu nehmen vom „Gewerkschaftsmodell": hier die arbeitgebenden und Leistungen fordernden Lehrer – dort die arbeitnehmenden und nur wegen Druck oder Belohnung (Noten) Leistungen erbringenden Schüler. Zwischen Lehrern und Schülern dürfen keine echten Interessengegensätze bestehen, denn sie verfolgen dieselben Ziele. Bildendes Schulleben gedeiht dort, wo Lehrer und Schüler sich einem Auftrag verpflichtet fühlen, der alle in gleicher Weise bindet.

Um diesen Anspruch einzulösen, wählten die Schüler – nebst andern Maßnahmen – jedes Jahr die Schülervertretung, bestehend aus einem Schülerchef und den Hauptverantwortlichen für Sport, Ordnung, kulturelle Anlässe, Information und religiöse Anlässe. Hinzu kamen die Chefs der einzelnen Jahrgangsklassen sowie ein Fünftklässler, der als Tutor der eigentliche Vorgesetzte der Erstklässler war und vom Direktor bestimmt wurde. Der Schülerchef drückte unserer Schule mindestens so sehr seinen individuellen Stempel auf wie irgendein Lehrer, und der Tutor nahm an allen Lehrerkonferenzen teil, in denen es um Schüler oder Angelegenheiten der ersten Klasse ging. Er hatte auch ein Mitspracherecht im Rahmen der Aufnahmeprüfungen.

Die Schülervertretung befasste sich grundsätzlich mit allem, was unsere Schule betraf. Sie war verantwortlich für ein geordnetes Leben im Internat, pflegte den Kontakt zur Verwaltung und zur Küche, nahm sich aber auch Problemen des Unterrichts und der Stundenplangestaltung an. Es gab nichts, in das sie sich nicht „einmischen" durfte. Aber es ging dabei nicht um ein Fordern aus einer oppositionellen Gesinnung heraus, sondern um die Suche nach Gemeinsamkeit, um Mitdenken, Mittragen, Mitarbeiten, Mitverantworten.

Lernen als erleben

Die vielen Zwänge der modernen Schule, insbesondere das Notensystem, führen dazu, dass nicht wenige Schüler auch in den weiterführenden Schulen gegenüber dem schulischen Lernen eine defensive Haltung einnehmen: Sie halten den Stoff für irrelevant und langweilig, arbeiten nur unter Notendruck und gerade so viel, wie verlangt wird, und empfinden die Lehrer grundsätzlich als Gegner, die es zu überlisten gilt. Die Maxime für die mündliche Beteiligung heißt: vorsichtig sein, sich keine Blöße geben, nur reden, wenn man sicher ist, gut anzukommen.

Das versuchten wir zu ändern. Die Schüler sollten gleich in der ersten Klasse Freude am Lernen bekommen und erleben, dass es sich lohnt, sich ganz auf eine Sache einzulassen. Sie sollten kreativ werden, ihre Begabungen entfalten und nicht stets auf die Leistungen der Mitschüler schielen, um mangelndes Engagement entschuldigen zu können. Sie sollten eigenverantwortlich werden und aufhören, bloß gute Noten erzielen oder dem Lehrer gefallen zu wollen. Kurz: Sie sollten im Lernen sich selbst finden.

Der Weg ist nicht leicht. Das Wichtigste ist, dass sich die Schüler öffnen: Sie sollten bereit sein, Neues ohne Abwehrreflex entgegenzunehmen, und sich angewöhnen, eine Sache zuerst kennenzulernen und erst dann zu beurteilen. Das erforderte ihre Bereitschaft, sich von eingewurzelten Vorurteilen zu trennen und den eigenen Standpunkt in Frage zu stellen. Das lässt sich alles nicht befehlen, sondern nur bewirken. Die Voraussetzung sind mitmenschliche Beziehungen, in denen man sich angenommen fühlt und wo man spürt, dass sich Vertrauen lohnt und nicht missbraucht wird. Hier gedeiht Mut auf Neues hin.

Ein Teil dieser Aufgabe, dem Schüler zu helfen, die eben erwähnten Zielsetzungen zu erreichen, war mir in einem besonderen Projekt für die Erstklässler übertragen. Die organisatorische Voraussetzung bestand darin, dass die Lektionen von Deutsch, Geschichte, Religion und Didaktik im Stundenplan auf einen einzigen Tag in der Woche gesetzt und mir (als Pädagogen, Psychologen und ehemaligem Lehrer an der Volksschule, der dort alle Fächer erteilt hatte) zugeteilt wurden. So konnte ich jede Woche einen ganzen Tag mit den Erstklässlern arbeiten, allerdings ohne mich an irgendwelche Lehrplanvorschriften oder Lektionszeiten halten zu müssen, sondern einzig, um das Ziel anzustreben, in den Schülern Lernfreude, Interesse und Lernwillen zu wecken. Ich konnte als freier Mensch meine pädagogischen Ideale umsetzen und jenen Unterricht gestalten, den ich für diese Altersstufe als wirklich bildend und Freude bereitend betrachtete.

Grundsätzlich strebte ich bei jeder Unterrichtsthematik danach, gleichzeitig mehrere fachliche Zielsetzungen im Auge zu behalten. Wir führten viele Gespräche und behandelten das Thema auf eine Weise, dass es zugleich als Deutsch-, Geschichts- und Religionsunterricht gelten konnte. Und obwohl diese Fächer in meinem Unterricht das Schwergewicht bildeten, befassten wir uns auch mit anderen Gebieten, die mir zur Erreichung meiner pädagogischen Ziele wichtig schienen und die ich von einer anderen Warte aus anging als der wissenschaftlich gebildete Fachlehrer. Ein zentrales Anliegen war mir, in den jungen Menschen den Sinn für kulturelles Geschehen und kulturelle Erzeugnisse zu wecken und zu schärfen. Meines Erachtens sollte ein Lehrer kunstverständig sein, das heißt: sich angezogen fühlen von wirklichen Kunstwerken aus allen Epochen auf den Gebieten der Literatur, Musik und bildenden Kunst und sich dann auch lebenslang damit beschäftigen. Das ist gleichbedeutend mit Entwicklung von Sensibilität und Qualitätsbewusstsein. Dies befähigt einen Lehrer, den Kindern den Zugang zur Welt der Kultur zu erschließen, und er vermag dann auch die kreativen Leistungen seiner Schüler zu würdigen und zu beurteilen. Dementsprechend bildeten Kunstbetrachtung, Musikhören, Lektüre und Interpretation literarischer Erzeugnisse einen wesentlichen Teil meines Unterrichts. Zumeist erarbeiteten wir, im Kreis sitzend, die zu gewinnenden Erkenntnisse im freien oder locker geführten Schülergespräch. Diese Unterrichtsform ermöglichte auch Meditationen, Gespräche über soziale Beziehungen in der Klasse und Abstecher in die Philosophie, Pädagogik, Psychologie oder andere Gebiete.

Immer zielte ich darauf ab, gemäß Pestalozzis Anschauungsprinzip möglichst viele Sinne einzubeziehen und jede Gelegenheit zu gemüthaftem Erleben zu nutzen. Beobachten, Denken, Urteilen, Fühlen, Werten und Handeln sollten sich miteinander verbinden. Die Schüler sollten lernen, auf ihre Gefühle zu achten, und Mut entwickeln, sie auch in der Gemeinschaft auszusprechen. Sie erfuhren dabei, dass man auch schwach sein darf, ohne von den Mitschülern oder vom Lehrer verletzt zu werden. In dieser Atmosphäre wuchs jenes Vertrauen, in welchem die Schüler sich zu öffnen begannen und sich in Gebiete einließen, die sie entweder nicht kannten oder ablehnten, wie etwa klassische Musik oder moderne Malerei. Durch dieses ganzheitliche Erleben gelang es ein gutes Stück weit, das Lernen aus Zwang oder bestenfalls aus Pflichtgefühl durch ein Lernen aus Einsicht und aus Freude zu ersetzen.

Dank des großzügigen zeitlichen Rahmens war ein kreativer Unterricht möglich: Gespräche wurden nicht durch das Glockenzeichen abgebrochen, sondern geführt, bis sie sich natürlich erschöpften. Impulse der Schüler wurden aufgegriffen und in gebührender Weise weiterverfolgt, so dass jeder spürte, dass er wichtig ist und ernst genommen wird. Themenwechsel wurden spontan aus der Wahrnehmung der konkreten Situation heraus entschieden. Hektik wurde weitgehend vermieden, ein Arbeiten in Muße wurde selbstverständlich.

Die Lernfreude lässt sich leichter wecken, wenn dem Schüler möglichst weite Freiräume zugestanden werden. In meinem Unterricht erfuhr er dies unter anderem beim Üben des schriftlichen Ausdrucks. Im sog. Textheft sollte er die Freiheit im Schreiben und damit die eigene Kreativität erfahren und seine Schreibfreude entwickeln. Was, worüber und wie viel er schrieb, entschied vorerst nur er. Ich korrigierte, was er mir vorlegte, und schrieb meine (meist aufmunternden) Kommentare darunter, gab aber niemals Noten. Nach einigen Wochen oder Monaten wurde es möglich, die Schüler individuell zu führen: Dem einen riet ich, stärker in sich hineinzuhören und seine Gefühlswelt einzubeziehen, den anderen forderte ich auf, sich vermehrt mit gedanklichen Themen auseinanderzusetzen, und einen weiteren bat ich, genauer zu beobachten und zu beschreiben. Andere bekamen den Rat, Geschichten aus der eigenen Phantasie heraus zu erfinden oder sich exakt an tatsächliche Begebenheiten zu halten. Damit wirkte ich der Gefahr entgegen, dass die Schüler eine Masche entwickelten, sich routinemäßig wiederholten und gewissen Schwierigkeiten aus dem Weg gingen. Schrieb jemand über längere Zeit sehr wenig oder blieben im formalen Bereich die nötigen Fortschritte aus, so suchte ich das Gespräch. Meist zeigte es sich, dass hinter den sprachlichen Schwierigkeiten tiefer liegende persönliche Konflikte verborgen waren. Wurden diese ernst genommen und entsprechend angegangen (als Psychologe amtierte ich auch als Schülerberater), so lösten sich meistens auch die Probleme im Lernbereich.

Ganz allgemein schien mir wichtig, dass Schüler dieses Alters in bisher verschlossene oder unbekannt gebliebene Räume geführt wurden und dass sie in all diesen Räumen stets wieder dem Menschen begegneten. Ich bin überzeugt, dass sich an der Auseinandersetzung mit der Biographie bedeutender Menschen eigene Möglichkeiten des Menschseins entzünden. Die Erstklässler befassten sich daher je zu zweit mit Leben und Werk herausragender Persönlichkeiten und zwar derart gründlich, dass sie darüber frei referieren und sich von der Klasse ausfragen lassen konnten. In dieser Arbeitsweise erfuhren die Schüler auch das Wesen der Unterrichtsvorbereitung, denn nur dort, wo ein Lehrer hinlänglich aus dem Vollen schöpfen kann, wirkt er im eigentlichen Sinne befruchtend.

Schluss

Zahlreiche Aspekte unserer Schule konnten hier nur andeutungsweise oder überhaupt nicht berührt werden wie etwa das Stundenplansystem (Phasenstundenplan, Epochenunterricht), neue Fächer wie „Bewegungsimprovisation" oder „Landschaftsbetrachtung", Fremdsprach-Praktikum im entsprechenden Sprachgebiet, Sozialpraktika, Wochenendgestaltungen, begleitetes Abendstudium der Erstklässler, Instrumentalunterricht, Aufnahmeprüfungs-Verfahren, Lernberichte in den einzelnen Fächern, Klausurtagung der Lehrerschaft, Spezialkurse für Konfliktlösung nach Gordon, im Stundenplan eingesetzte Lesestunden, jährliche Sportlager, Theaterprojekte (auch in Fremdsprachen), Schülerkonzerte, Konzentrationswochen, heilpädagogisches Praktikum, selbstständige Projekt-Arbeiten und – schließlich – die gesamte über alle fünf Ausbildungsjahre gepflegte berufspraktische Ausbildung auf der Grundlage einer Meister-Lehrlings-Beziehung. Indessen hoffe ich, ein wenig verstehbar gemacht zu haben, was Lehrerbildung als *Persönlichkeitsbildung* bedeuten könnte. Es ist kurzsichtig und letztlich auch falsch zu glauben, ein künftiger Lehrer könne sich einfach „Wissen und Fertigkeiten aneignen", um der Berufsaufgabe genügend gewachsen zu sein. Ob ein Lehrer segensreich wirkt, hängt wesentlich an anderem: an seiner eigenen Lebenskultur, an seiner Liebesfähigkeit, an seinen Idealen und der Kraft, sich dafür einzusetzen, an seiner Demut und an seiner Fähigkeit und Bereitschaft, aus Berufung zu handeln.

Die Autorinnen und Autoren

Arthur Brühlmeier, Dr. phil., geb. 1934; Lehramtsstudium und Lehrertätigkeit bis 1971; 1970 bis 1976 Studium der Fächer Pädagogik, Psychologie und Publizistik an der Universität Zürich; 1976 Promotion zu Pestalozzi; Lehrtätigkeit an verschiedenen Lehrerbildungsinstituten und an der Universität Zürich; Gründung und Leitung von mehreren Erziehungsberatungsstellen und Schulpsychologischen Diensten für rund 50 Gemeinden im Ost-Aargau; eigene Website www.bruehlmeier.info mit Texten zu Pestalozzi, Psychologie, Didaktik, Bildungspolitik und anderem.

Alfred Burger, Dr. phil., geb. 1946; Erziehungswissenschaftler, Primarlehrer, Sekundar- und Sonderschullehrer; langjährige Tätigkeit an der Volksschule im Kanton Zürich; Studium in Pädagogik, Psychologie und Sonderpädagogik an der Universität Zürich; Promotion 1988 in Zürich mit der Dissertation „Der Lehrer als Erzieher: vergleichende Darstellung der Schulpraxis von Oskar Spiel und Walter Zulliger"; Langjährige Tätigkeit als Schulleiter und Lehrer an einer Privatschule in Zürich; zahlreiche Publikationen, Fachbücher, Artikel und Vorträge; Schwerpunkte sind Pädagogik, Schulreformen und Gewaltprävention.

Rainer Dollase, Prof. Dr. phil., Dipl. Psych., geb. 1943; Studium der Psychologie in Saarbrücken, Köln und Düsseldorf; 1974 Promotion an der Universität Saarbrücken; 1971 bis 1976 Abteilungsleiter in der „Projektgruppe Kleinkindforschung" Köln; 1976-1980 Professor für Erziehungswissenschaft an der Universität Essen; 1980 bis zur Pensionierung 2008 Professor für Psychologie, Entwicklung und Erziehung, an der Universität Bielefeld.

Michael Felten, geb. 1951; arbeitet seit 30 Jahren als Gymnasiallehrer für Mathematik und Kunst in Köln; ist Lehrbeauftragter in der Lehrerausbildung sowie Autor von Unterrichtsmaterialien, Erziehungsratgebern und pädagogischen Essays; eigene pädagogische Website www.eltern-lehrer-fragen.de.

Thomas Fuchs, Prof. Dr. med. Dr. phil., geb. 1958; Studium der Medizin, Philosophie und Geschichte in München, Promotionen in Medizingeschichte und Philosophie; seit 1997 Oberarzt an der Psychiatrischen Universitätsklinik Heidelberg; 1999 Habilitation in Psychiatrie; seit 2005 Professor für Psychiatrie an der Psychiatrischen Universitätsklinik Heidelberg; 2010 Habilitation in Philosophie, Berufung auf die Karl-Jaspers-Professur für philosophische Grundlagen der Psychiatrie in Heidelberg.

Charlotte Heinritz, Prof. Dr. phil., geb. 1954; Studium der Erziehungswissenschaft mit den Nebenfächern Soziologie und Psychologie an der Philipps-Universität Marburg (Diplom); Promotion an der Universität Siegen im Fachbereich Erziehungswissenschaft; seit Anfang 2008 Professorin für Erziehungswissenschaft mit dem Schwerpunkt qualitative empirische Sozialforschung an der Alanus Hochschule für Kunst und Gesellschaft in Alfter/Bonn; stellvertretende Fachbereichsleiterin; Mitherausgeberin der Zeitschrift BIOS – Zeitschrift für Biographieforschung, Lebensverlaufsanalysen und Oral History.

Jochen Krautz, Prof. Dr. phil., geb. 1966; Studium der Fächer Kunst, Latein und Erziehungswissenschaft an den Universitäten Köln und Wuppertal; Erstes und Zweites Staatsexamen; Studienrat am Gymnasium; 2003 Promotion; 2003–2008 Akademischer Oberrat im Studiengang Kunst an der Bergischen Universität Wuppertal; seit 2008 Professor für Kunstpädagogik an der Alanus Hochschule für Kunst und Gesellschaft in Alfter/Bonn; Mitherausgeber der Fachzeitschrift „Kunst+Unterricht".

Volker Ladenthin, Prof. Dr. phil, geb. 1953; Promotion 1990 in Münster, 1994 Habilitation in Münster; seit 1995 Professor für Historische und Systematische Erziehungswissenschaft in Bonn; Leiter des Arbeitsbereiches Bildungswissenschaft an der Universität Bonn; Arbeitsschwerpunkte sind historische und systematische Fragen der Bildungstheorie, Schulpädagogik, die Beziehung von Bildung und Literatur, Sprachphilosophie, organisatorische Fragen des Bildungswesen, Internate, Pädagogik und Religion, Didaktik und Fachdidaktik.

Jost Schieren, Prof. Dr. phil., geb. 1963; Studium der Fächer Philosophie, Germanistik und Kunstgeschichte in Bochum und Essen; Gaststudium in Ann Arbor (Michigan, USA); 1997 Promotion; von 1996–2006 Deutschlehrer an der Rudolf-Steiner-Schule Dortmund; 2004–2008 Wissenschaftlicher Mitarbeiter an der Universität Paderborn; seit 2008 Professor für Schulpädagogik mit dem Schwerpunkt Waldorfpädagogik und Leiter des Fachbereichs Bildungswissenschaft an der Alanus Hochschule für Kunst und Gesellschaft in Alfter/Bonn.

Bernhard Schmalenbach, Prof. Dr. päd., geb. 1962; Studium der Heilpädagogik, Promotion an der Universität Köln; langjährige Mitarbeit als Heilpädagoge und Dozent in der Camphill Schulgemeinschaft Brachenreuthe/Bodensee; Redakteur der Zeitschrift ‚Seelenpflege in Heilpädagogik und Sozialtherapie'; seit 2008 Professor an der Alanus Hochschule für Kunst und Gesellschaft in Alfter/Bonn, Leitung des Institutes für Heilpädagogik und verantwortlich für den Masterstudiengang Leitung, Bildung und Forschung in heilpädagogischen und sozialtherapeutischen Arbeitsfeldern.

Harald Schwaetzer, Prof. Dr. phil., geb. 1967; Studium der Fächer Latein, evangelische Theologie und Philosophie auf Lehramt (Gymnasium) an der Westfälischen-Wilhelms-Universität Münster; nach dem Ersten und Zweiten Staatsexamen Promotion (1996); 2002 bis 2008 Inhaber der Stiftungs-Dozentur für Cusanus-Forschung am Institut für Cusanus-Forschung der Universität und der Theologischen Fakultät Trier; Habilitation an der Westfälischen-Wilhelms-Universität Münster im Fach Philosophie (2005); als „Fellow in Residence" am „Vlamish Academic Centre" der Königlich Flämischen Akademie von Belgien für die Wissenschaften und Künste im Rahmen des Projekts „Techniques of Visualisation and Theories of Vision in the First Half oft the 15th Century" tätig (2007); seit 2009 Lehrstuhl für Philosophie an der Alanus Hochschule für Kunst und Gesellschaft in Alfter/Bonn; seit 2009 Mitbegründung und akademische Leitung der Kueser Akademie für Europäische Geistesgeschichte in Bernkastel-Kues.

Heiner Ullrich, Prof. Dr. phil.; Arbeitsgruppe Schulpädagogik/Schulforschung, Erziehungswissenschaftler an der Johannes Gutenberg-Universität in Mainz; Arbeitsschwerpunkte: Qualitative Schulforschung (Reform- und Modellschulen, Schul- und Unterrichtsentwicklung), Sozialisationsprozesse im Kindheits- und Jugendalter.

Gabriele Weigand, Prof. Dr. phil., ist Professorin für Allgemeine Erziehungswissenschaft und Prorektorin für Forschung und Nachwuchsförderung an der Pädagogischen

Hochschule Karlsruhe; Arbeits- und Forschungsschwerpunkte sind Anthropologie und Theorien der Person, Geschichte und Theorien der Schule, Ganztagsschulforschung, Begabungsforschung, Biographieforschung und Interkulturelle Pädagogik; war mehrere Jahre als Lehrerin in Gymnasien, in der Lehrerfortbildung und in der Schulleitung tätig, wirkte beim Aufbau eines Modellversuchs für hochbegabte Schülerinnen und Schülern mit; Leitung des Weiterbildungsinstituts eVOCATIOn in Kooperation mit Österreich (TIBI) und der Schweiz (FHNW) (vormals EU-Projekt); Mitherausgeberin des Journals für Begabtenförderung und Mitglied des International Panel of Experts of Gifted Education.

Christof Wiechert, geb. 1945; Waldorfschüler in Den Haag (NL). Nach dem Studium der Pädagogik und der Geographie war er während 30 Jahren Lehrer an der Waldorfschule Den Haag. In dieser Zeit Mitbegründer des staatlichen Waldorflehrerseminars in den Niederlanden. Viele Jahre Vorstandsmitglied der Anthroposophischen Gesellschaft in den Niederlanden. Er entwickelte gemeinsam mit Ate Koopmans den Kurs „Die Kunst der Kinderbesprechung". Rege Vortragstätigkeit im In- und Ausland. Seit September 1999 in der Leitung der Pädagogischen Sektion der Freien Hochschule für Geisteswissenschaften am Goetheanum in Dornach/CH tätig, deren Leitung er von Oktober 2001 bis Dezember 2010 innehatte. Er ist weiterhin für die Freie Hochschule am Goetheanum tätig und widmet sich pädagogischen und anthroposophischen Themen im In- und Ausland.

Rainer Winkel, Prof. Dr. phil., geb. 1943; nach einem Lehrerstudium zunächst im Schuldienst tätig, danach ein Zweitstudium an der Ruhr-Universität Bochum in Pädagogik sowie Psychologie und Psychiatrie; 1971 Magisterabschluss, 1973 Promotion, 1975 Habilitation; seit 1980 Professor für Erziehungswissenschaft an der Universität der Künste Berlin, seit 2003 zusätzlich an der Rheinischen Friedrich-Wilhelms-Universität in Bonn in der Lehre tätig; seit 1980 Mitherausgeber und Schriftleiter verschiedener pädagogischer Zeitschriften und der Schriftenreihe „Grundlagen der Schulpädagogik"; von 1998 bis 2002 Gründungsdirektor der Ev. Gesamtschule Gelsenkirchen und 1991 Gründung der „J.A. COMENIUS-Stiftung zur Unterstützung Not leidender Kinder und Jugendlicher".